BUSINESS CAREER
ビジネス・キャリア検定試験
標準テキスト

マーケティング

2級〔第2版〕

監修 井上 崇通
中央職業能力開発協会 編

発売元 社会保険研究所

ビジネス・キャリア検定試験標準テキスト
について

■■■

　企業の目的は、社会的ルールの遵守を前提に、社会的責任について配慮しつつ、公正な競争を通じて利潤を追求し永続的な発展を図ることにあります。その目的を達成する原動力となるのが人材であり、人材こそが付加価値や企業競争力の源泉となるという意味で最大の経営資源と言えます。企業においては、その貴重な経営資源である個々の従業員の職務遂行能力を高めるとともに、その職務遂行能力を適正に評価して活用することが最も重要な課題の一つです。

　中央職業能力開発協会では、「仕事ができる人材（幅広い専門知識や職務遂行能力を活用して、期待される成果や目標を達成できる人材）」に求められる専門知識の習得と実務能力を評価するための「ビジネス・キャリア検定試験」を実施しております。このビジネス・キャリア検定試験は、厚生労働省の定める職業能力評価基準に準拠しており、ビジネス・パーソンに必要とされる事務系職種を幅広く網羅した唯一の包括的な公的資格試験です。

　２級試験では、課長、マネージャー等を目指す方を対象とし、担当職務に関する幅広い専門知識を基に、グループやチームの中心メンバーとして、創意工夫を凝らし、自主的な判断・改善・提案を行うことができる人材の育成と能力評価を目指しています。

　中央職業能力開発協会では、ビジネス・キャリア検定試験の実施とともに、学習環境を整備することを目的として、標準テキストを発刊しております。

　本書は、２級試験の受験対策だけでなく、その職務のグループやチームの中心メンバーとして特定の企業だけでなくあらゆる企業で通用する実務能力の習得にも活用することができます。また、企業の要として現在活躍され、あるいは将来活躍されようとする方々が、自らのエンプロイアビリティをさ

らに高め、名実ともにビジネス・プロフェッショナルになることを目標にしています。

標準テキストは、読者が学習しやすく、また効果的に学習を進めていただくために次のような構成としています。

現在、学習している章がテキスト全体の中でどのような位置付けにあり、どのようなねらいがあるのかをまず理解し、その上で節ごとに学習する重要ポイントを押さえながら学習することにより、全体像を俯瞰しつつより効果的に学習を進めることができます。さらに、章ごとの確認問題を用いて理解度を確認することにより、理解の促進を図ることができます。

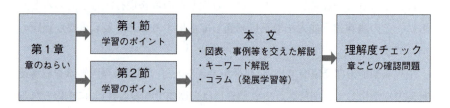

本書が企業の人材力の向上、ビジネス・パーソンのキャリア形成の一助となれば幸いです。

最後に、本書の刊行に当たり、多大なご協力をいただきました監修者、執筆者、社会保険研究所編集部の皆様に対し、厚く御礼申し上げます。

中 央 職 業 能 力 開 発 協 会
(職業能力開発促進法に基づき国の認可を受けて
設立された職業能力開発の中核的専門機関)

ビジネス・キャリア検定試験　標準テキスト
マーケティング 2級〔第2版〕

目　次

第1章　戦略マーケティング ………………………………… 1

第1節　戦略策定の枠組み ………………………………………… 2
1 マーケティング戦略策定の基点／2　　2 ビジネスの目的と目標の設定／25
3 事業の定義／27
4 市場機会の発見とマーケティング戦略課題の設定／29

第2節　セグメンテーション、ターゲティング、ポジショニング …41
1 市場細分化／42　　　　　　　　　2 ターゲティング／49
3 ポジショニング／50

第3節　マーケティング目標の設定とマーケティング・ミックス …56
1 マーケティング目標の設定／57　　2 マーケティング目標設定と管理／61
3 マーケティング・ミックスの開発／66　4 戦略代替案の開発と選択／71
5 マーケティング情報システム／76

第4節　競争戦略 ……………………………………………………82
1 競争戦略とは何か／82　　　　　　2 競争戦略のタイプ／84
3 ポジション別競争戦略類型／96

理解度チェック ………………………………………………… 106

第2章　マーケティング・リサーチと消費者・産業購買行動 … 115

第1節　マーケティング・リサーチ ……………………………… 116
1 マーケティング・リサーチと意思決定／116
2 マーケティング・データの収集計画／122
3 マーケティング・データの分析／132

第2節　消費者行動の分析 ………………………………………… 141
1 消費者購買行動の分析……消費者の購買意思決定プロセス／142
2 組織購買行動の分析……組織の購買行動／160

理解度チェック ………………………………………………… 169

第3章　製品政策 … 173

第1節　製品開発 … 174
- **1** 製品コンセプトの開発と新製品プロセス／174
- **2** 製品改良／185

第2節　製品政策の展開 … 190
- **1** 顧客価値と製品市場管理／190
- **2** 製品ミックス戦略／200
- **3** ブランディング戦略／205
- **4** サービス戦略／213

理解度チェック … 223

第4章　価格政策 … 227

第1節　一般的な価格設定アプローチ … 228
- **1** コストをベースにした価格設定／229
- **2** 競争をベースにした価格設定／231
- **3** 需要および心理的要素をベースにした価格設定／234
- **4** その他の価格設定／239

第2節　価格政策の展開 … 245
- **1** 新製品の価格設定／245
- **2** 各種割引政策／248

第3節　価格設定における考慮要因 … 256
- **1** 他のマーケティング・ミックス要素との関係／256
- **2** 心理的価格ライン（PSMなどの活用）／262
- **3** 需要の価格弾力性／266
- **4** 価格と法規制／268

理解度チェック … 278

第5章　マーケティング・チャネル政策 … 283

第1節　マーケティング・チャネル政策の前提 … 284
- **1** マーケティング・チャネルの概念とチャネル競争モデル／284
- **2** スーパー組織（組織間システム）としてのチャネル／289
- **3** チャネル構成員のタイプおよびその特性／290

第2節　マーケティング・チャネルの選定および構築 … 292
- **1** 顧客が求めるチャネルサービス水準の明確化／292
- **2** チャネルの目標設定と制約条件／293
- **3** 利用可能なチャネルの形態（伝統的アプローチの指針）／295
- **4** チャネルの段階数（長短基準）／296
- **5** チャネルの市場カバレッジ（広狭基準）／297

6 チャネルの統制力（開閉基準）／299

　第3節　マーケティング・チャネルのシステム化と管理 ………… 301
　　　1 マーケティング・チャネルに見られる取引関係と構造／301
　　　2 垂直的マーケティング・システム（VMS）の構造と展開／303
　　　3 チャネル構成員間の役割規定とコンフリクトの発生／304
　　　4 チャネル・パワーとチャネル管理の主体／305
　　　5 チャネル・キャプテンの役割とコンフリクト管理モデル／307

　第4節　マーケティング・システムの構築と管理 …………………… 310
　　　1 EDIシステム／311　　　　　2 VAN／315
　　　3 情報技術の進展とインターネットによるマーケティング／319

　理解度チェック …………………………………………………………… 323

第6章　物流政策とパッケージング政策 ………………… 327

　第1節　物流管理と物流システム ………………………………………… 328
　　　1 物流管理と物流システム／328

　第2節　ロジスティクス・マネジメントと現代物流戦略 ………… 335
　　　1 ロジスティクス・マネジメント／335　　2 現代ロジスティクス戦略／348
　　　3 現代物流およびロジスティクス・システムとグリーン・ロジスティクス／350

　第3節　パッケージングの計画・管理とデザイン ………………… 353
　　　1 パッケージングの基礎知識と初期パッケージングにおける考慮要因／354
　　　2 パッケージング開発の手順とパッケージング管理者の役割／363
　　　3 再包装マネジメント／378　　　4 新製品開発とデザイン／383
　　　5 ラベリングと等級化／386

　理解度チェック …………………………………………………………… 391

第7章　プロモーション政策 ……………………………… 395

　第1節　プロモーション政策の構築と管理 …………………………… 396
　　　1 プロモーション・ミックスの構築／396
　　　2 プロモーション・ミックスの管理／403

　第2節　広　告 ……………………………………………………………… 409
　　　1 広告メディア／410　　　　　2 広告クリエイティブ／415
　　　3 広告の効果測定／418　　　　4 消費者保護と広告倫理／419

　第3節　販売促進（セールス・プロモーション） …………………… 423

　　　　❶ 販売促進の種類／423　　　　❷ 販売促進と「独占禁止法」／431
　第4節　人的販売 …………………………………………………………… 435
　　　　❶ 人的販売と販売員管理／435　❷ 販売員の訓練と教育／439
　第5節　パブリシティ ……………………………………………………… 444
　　　　❶ パブリシティの重要性とその展開／444
　　　　❷ パブリシティにおける媒体機関の特質／447
　理解度チェック …………………………………………………………… 450

第1章

戦略マーケティング

【この章のねらい】

　軍事用語として使われていた戦略概念が、近年ビジネス領域でも盛んに使われるようになっている。現代では、戦略マーケティング、戦略経営、競争戦略など、戦略という言葉を使わないと仕事ができないほどである。

　そのようなことから、第1章では、マーケティングや企業経営で用いられる戦略の概念を再確認することから出発する。それはつまり、競争相手を廃業に追い込むための手段として用いるのではなく、持続的競争優位を追求する統合した行動として、戦略概念をとらえることである。

　そして、対象とする市場を絞り込むための作業として市場細分化やターゲッティングが問題となり、さらに、戦略経営を基礎とする戦略計画立案やマーケティング・ミックスの再確認が必要となるのである。また、それらの諸問題や諸計画の立案の意思決定を支える情報システムの関係を理解することも必要となる。

第1節 戦略策定の枠組み

学習のポイント

◆軍事戦略から借用した経営戦略や戦略マーケティング、競争戦略あるいは戦略事業単位など、ビジネスの領域で多用されている戦略概念を正しく理解することが、戦略策定の決め手になる。
◆事業の成長を左右するマーケティング環境は、どのように事業を定義するかによって規定されることを理解する。
◆事業別にマーケティング環境を把握し、機会と脅威の分析を行うことの大切さを理解する。
◆一方、事業単位ごとに競争状況(主たる競争相手の分析)と自社の経営資源分析によって、強みと弱みをつかむ必要性を理解する。
◆これら一連の分析結果を取りまとめ、戦略思考に基づき戦略計画を策定する一連のプロセスを理解する。

1 マーケティング戦略策定の基点

(1) 戦略の概念

　ビジネスの領域において戦略という用語が、非常に頻繁に用いられている。書店のビジネス領域の書棚を見ると、「経営戦略」「組織戦略」「競争戦略」あるいは「マーケティング戦略」と百花繚乱のごとく、さまざまな分野で戦略という名称の書籍の数の多さに気づくであろう。

本来、戦略という用語は軍事用語である。戦略（strategy）の語源は、もともと最高司令官の術（アート）を意味するギリシャ語の「styategos」に由来する用語である。ちなみに、平凡社の大百科事典をひも解くと、「陸軍においては兵団、海軍においては艦隊の運用方策をいい、作戦を計画し、その実施を統裁し、兵団あるいは艦隊行動の方向、目的、時期ならびに場所等の関係を定めるもの」と示している。

　戦略の概念は、もともと軍事用語として用いられていたものを借用し、ビジネス用語として使い始めたのである。戦略は特定の目的を達成するための兵力や軍需物資の計画的な配備と使用を意味する。マーケティング研究の分野でも、1920年代の文献の中にマーケティング戦略という用語がすでに用いられている（Lyon, L. S.〔1926〕.）。しかし、その文献では、戦略の概念について明快な論理的説明はなく、おそらく第一次世界大戦の軍事戦略からヒントを得て単純に用いたのであろう。わが国でも、大正から昭和初期にかけて、ビジネス用語として「商略」という言葉がしきりに使われた。しかし、それは、商売をする場合の策略あるいは駆け引きといった意味を持ち、現代的な戦略というよりも商品を売り込むための戦術的な意味で用いられている。

　1946年～1960年にかけて、マーケティング研究の分野では、GE（General Electric）社による**マーケティング・コンセプト**（**顧客志向**）理念の発表を契機に、Journal of Marketing誌（AMA）を中心に、戦略概念が論文誌上で多用されるようになったが、戦略の概念定義を検討せずに経過し、やがて経営学の領域で、1962年のA. D. チャンドラーJr. 著『戦略と組織』（*Strategy and Structure*）が出版されるに及んで、その直後から戦略概念論争や経営戦略に関する研究論文が発表され、同時に多くの戦略関係ジャーナルが発刊されたのである。

　ビジネスにおいて戦略という用語を用いる場合、戦略という用語は非常に柔軟性のある言葉であり、注意しなければならない。それは普通に用いられる場合には、多くの意味が含まれているので、かえってその意味が見失われるからである。その理由は、戦略が組織に対して目標や方

向づけを与えてくれるため、意味を明確にすることが求められる。

　ビジネスで用いる戦略は、そのビジネスの過去の行動パターンの説明にも、将来の創造的な行動プログラムに対する指針にもなる。しかし、優れた戦略であっても、考えられるすべての起こりうる状況や不測事態に対処する詳細な処方せんを提示するものではない。率直にいって、激動する市場は、遺憾ながら予測できないものであり、何もかも、ことごとく体系化しようとすると、結果的にはその戦略が硬直化し、近視眼的になってしまうのである。

（2）受動的戦略から能動的戦略へ

　デイ（Day, G. S.）やアーカー（Aaker, D. A.）、グラック、コーフマン、ウオールエック（Gluck, F. W., Kaufman, S. P. and Walleck, A. S.）によって、まったく同類の図表で予算統制から**戦略経営**に至るまでの戦略計画や経営システムの進化発展を提示している（Day, G. S.〔1984〕p.7., Aaker, D. A.〔1984〕p.11., Gluck, F. W., Kaufman, S. P., Walleck, A. S.〔1980〕p.157.）。この紙面では、デイ（→図表1－1－1）とアーカー（→図表1－1－2）を取り上げることにする。

　デイのこの進化の時代分類については、マーケティング計画策定に関するアプローチの歴史的変遷を計画システムの進化としてとらえ、マネジリアル・マーケティングから**戦略マーケティング**が台頭し展開した流れと、一方では経営学、特にアンゾフ（Ansoff, H. I.）を中心とする長期計画、戦略計画、戦略経営の展開した流れとが交錯する渦となって今日に至った経緯を踏まえて、その時代区分ごとに提起された課題を整理していることがうかがえるのである。

　これに対して、アーカーの強調点は、新しいトレンドの中に、急速な変化が発生し、これまでの経験則や方法では通用しない時代に突入し、戦略経営の必要性が生じたことを経営の強調点として、時代ごとに的確にとらえ、仮定として、問題点を整理しているのである。

　両者に共通することは、これら初期からの諸計画システムを否定し、

第1節 戦略策定の枠組み

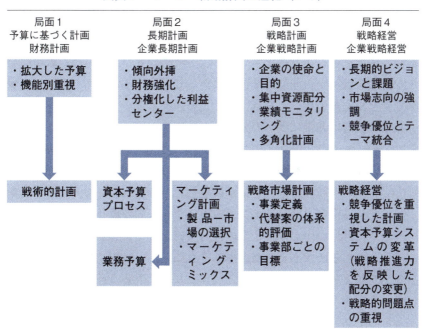

図表1-1-1 戦略計画の進化（デイ）

出所：Day, G. S.〔1984〕p.7に一部加筆修正.

図表1-1-2 経営システムの発展（アーカー）

	予　　算	長期計画	戦略計画	戦略市場経営
経営上の強調点	差異の管理と複雑性のマネジメント	成長の予測と複雑性のマネジメント	戦略的方針と必要能力の変更	戦略的に予期せぬ事態や突発的な脅威・機会への対応
前提	過去の繰り返し	過去のトレンドの持続	新しいトレンドと不連続性が予測可能	急速な変化を扱うのにプランニングサイクルは適切ではない
プロセス	定期的			随時
時期	1900年代	1950年代以降	1970年代以降	1990年代以降

出所：Aaker, D. A.〔1984〕p.11.

廃棄するのではなく、むしろ積み重ねるものであることを再認識しなくてはならないと主張していることである。この考え方からすれば、戦略経営は、予算統制システム、長期計画の予測に基づくアプローチ、戦略計画の要素を包み込み進化させ、そして戦略経営のあり方は、戦略開発を受動的な戦略から能動的な戦略によって市場にインパクトを与える戦略経営を求めた姿勢へと変革することを強調する。

　戦略の概念は非常に多くの要素から構築されていると考える必要がある。ウォーカー（Walker）らは、十分に開発された戦略には、次の5つの要素を含んでいる必要があると指摘している（Walker., et al.〔2003〕.）。

① 範囲……範囲とは、企業が競争している、市場に参入しようと考えている産業、製品ライン、市場セグメントの数と種類のことである。これについては、企業の目的や使命（ミッション）に大きく関係してくるのである。ただやみくもに新しい産業に参入したり、製品ラインを追加したりするというよりも、企業の目的や使命によって選択することになる。この範囲を持つことが戦略の構成要素となるのである。

② 目的と目標……戦略においては、目的や目標といった成果を達成する水準について触れる必要がある。この成果には、売上高の成長や利益が含まれる（→図表1－1－3）。その際には、期間を設け、かつ企業レベル（事業単位や製品市場、あるいは企業全体）を示すことが必要となる。

③ 資源の展開……どのような企業であっても、いわゆるヒト、モノ、カネといった経営資源には制限がある。戦略を策定する際には、これら経営資源を各事業単位、製品市場、部門あるいは各活動に対して、どこから調達し、どこに配分するのかを考慮する必要が出てくるのである。

④ 持続可能な競争優位の明確化……戦略では、企業の競争の方法を示す必要が出てくる。企業体、各事業単位、あるいは製品市場分野において、どのように位置づけるのか、さらには、競争相手に対し

図表１－１－３　企業目標の例

成果領域	考えられる目標
市場での地位	マーケット・シェアという点でこの領域でのわれわれのブランドを１位にする
イノベーション	研究開発に売上高の少なくとも７％を費やし、新製品を市場に導入するリーダーとなる
生産性	従業員の生産性によって測定されるすべての製品を効率的に生産する
物的・財務資源	すべての資源を保護し、維持する―設備、建物、在庫、資金
収益性	少なくとも15％の年間投資収益率を確保する
管理者の成果と責任	経営陣の深さと継承の重要な領域を明確化する
労働者の成果と態度	同業もしくは類似産業と比較して、従業員満足度を維持する
社会的責任	社会の期待と環境ニーズに対して、可能な限り適切に対応する

て、どのような競争優位を確立するのかを明らかにしなければならない。

⑤　シナジー……シナジーは、各事業や製品市場、あるいは資源や能力が互いに補強する際に生み出されるものである。シナジーが生み出されることによって、単独で行われるよりもより大きい成果を生み出す可能性が出てくる。

（３）軍事戦略アナロジーのマーケティング戦略への移植展開

　軍事戦略のアナロジーを企業戦略や事業戦略、あるいはマーケティング戦略に適用することは、２つの選択肢が考えられる。１つは競争相手を殲滅してもよいという選択肢である。他の１つは、競争相手を殲滅することよりも、より平和な状態を達成するという選択肢である。そのいずれも軍事戦略のアナロジーは大変洞察力に富むものとして用いられている。前者は、ポーター（Poter, M. E.）によって代表される競争戦略

である。後者は、マーケティング研究者が多く見られ、デイ、レビット、ウエブスターJr. を挙げることができる。

　前者の競争戦略論は、いうまでもなく経済学を基礎として、企業の目的は利益の最大化であるという前提に立っていることは明らかである。もし、利益最大化を求めるための競争戦略であるとするならば、その競争戦略はまさに弱肉強食的戦略と規定することもできるはずである。

　これに対して後者は、事業は、明確な優位性を持つような市場で地位を維持しようとする。ある競争相手が市場のニーズをうまく満たしていないときや、別の競争相手が優位性の新しい源泉を獲得するときや市場のニーズが変化し、新たな機会が創造されるときに、これらの安定した地位に攻撃がしかけられる。したがって、「事業戦略の有効な定義は、持続的競争優位を追求する統合された行動である」とデイは定義づけている（デイ, G. S., 徳永・井上・首藤ほか訳〔1992〕19頁.）。それらの状況や場面は、企業間の価格競争であったり、産業や事業分野のボーダレス化に伴う潜在的な競争相手の脅威を回避するためにゲリラ戦を挑んだり、強力な広告キャンペーンを空軍になぞらえて展開したり、市場調査部門を地中諜報機関と位置づけ敵情を探索するといった状況を想定すると、軍事戦略のアナロジーは、ビジネス界に類推しやすいことは確かである。

　ビジネスの戦略概念を軍事戦略と同義とするか、異なる概念として定義するかが迫られる問題である。

　軍事上での戦略の定義は、ビジネスの戦略目的にとって不十分でそぐわないところがある。というのは、戦略をどのようにして成し遂げられるかを示していないからである。

　いずれにせよ、いくつかの点であてはまらないところがある。それは次の3点である。

　　○ビジネスの競争相手は1社だけではない。通常、複数の競争相手が存在する。

　　　一般に軍事戦略は、敵と味方の二者間関係が多いが、市場での競争

関係は、少数独占でない限り、多くの場合は複数の競争相手と競争しているので、ゼロサム・ゲームは成り立たない。
○ビジネス戦略は競争相手を殲滅することが目的ではない。

軍事戦略の場合は、敵を殲滅することが目的であるが、ビジネス戦略は顧客のニーズや欲求を競争相手よりも、よりよく満足させることにある。利益を追求する競争戦略とは相いれず、顧客志向や市場志向は、社会の平和な状態を達成することをめざすが、競争志向は、利益拡大化をめざす。
○経営資源は、必要があれば広範囲から調達可能である。

軍事戦略の場合、どんな犠牲を払っても資源を入手できないことがあり得るが、ビジネス戦略では、魅力的な市場機会と判断できれば、資源は外部機関から調達可能である。また、組織の他の部署から必要な人材を借用できるし、各種代理店の力を借りることも可能である。

コラム 知ってて便利

《戦略の用語の多様な使い方》

戦略という用語は非常に便利な用語であるため、さまざまな意味で用いられている。アメリカの経営学者であるミンツバーグは戦略の概念を5つに類型化している（Mintzberg, H., et al.〔1998〕.）。

a．計画（plan）としての戦略
　将来に向けてどのような行動をとろうとするのかに関する指針や方針のことである。

b．策略（ploy）としての戦略
　競争相手を出し抜こうとする特別な策略のことである。

c．パターン（pattern）としての戦略
　常に一貫してとられる行動を示すもののことである。

d．「位置（position）」としての戦略
　特定の市場における特定の製品の位置のことである。

e．「視野（perspective）」としての戦略
　これは企業の基本的な理念のことである。

（4）戦略策定の枠組み：環境分析と戦略策定の関係

図表1－1－4は、本節❷「ビジネスの目的と目標の設定」以降に記述される企業の使命、企業目的、企業目標、事業の定義、戦略目標、戦略計画策定等々とマクロ環境・ミクロ環境と機会と脅威、強みと弱みなどが、どのように絡み合っているかを一覧図表にしたものである。

（5）企業戦略と戦略的マーケティング
① 戦略の階層

戦略には先述したさまざまな要素が含められると同時に、組織の階層に応じて設定される戦略の階層が存在する。具体的には、①企業戦略のレベル、②事業戦略のレベル、③機能別戦略のレベル、さらに④業務レベルの戦略である。→図表1－1－5

1）企業戦略（corporate strategy）

トップ・マネジメントによって決定される戦略が**企業戦略**である。ここでの決定には以下のものがある。

- ・全社的な企業のミッションの明確化
- ・達成すべき目標の明示化
- ・現行事業の拡大の決定
- ・新規事業に乗り出すか
- ・企業買収・合併をするか

つまり、企業の方向性や事業の構成に関する決定である。また、複数事業を展開している企業であれば、各事業間の調整も含まれることになる。

2）事業戦略（business strategy）

各事業において、特定の製品市場における競争の方法や、競争優位をつくり出すための資源活用を示すものである。**事業戦略**では、企業戦略によって決定されたミッションや目標をもとにして、それぞれの事業単位で展開される戦略を構築することになる。

多角化されている企業であれば、事業戦略は複数になる。この場合、

第1節　戦略策定の枠組み

図表1－1－4　環境分析と事業戦略策定

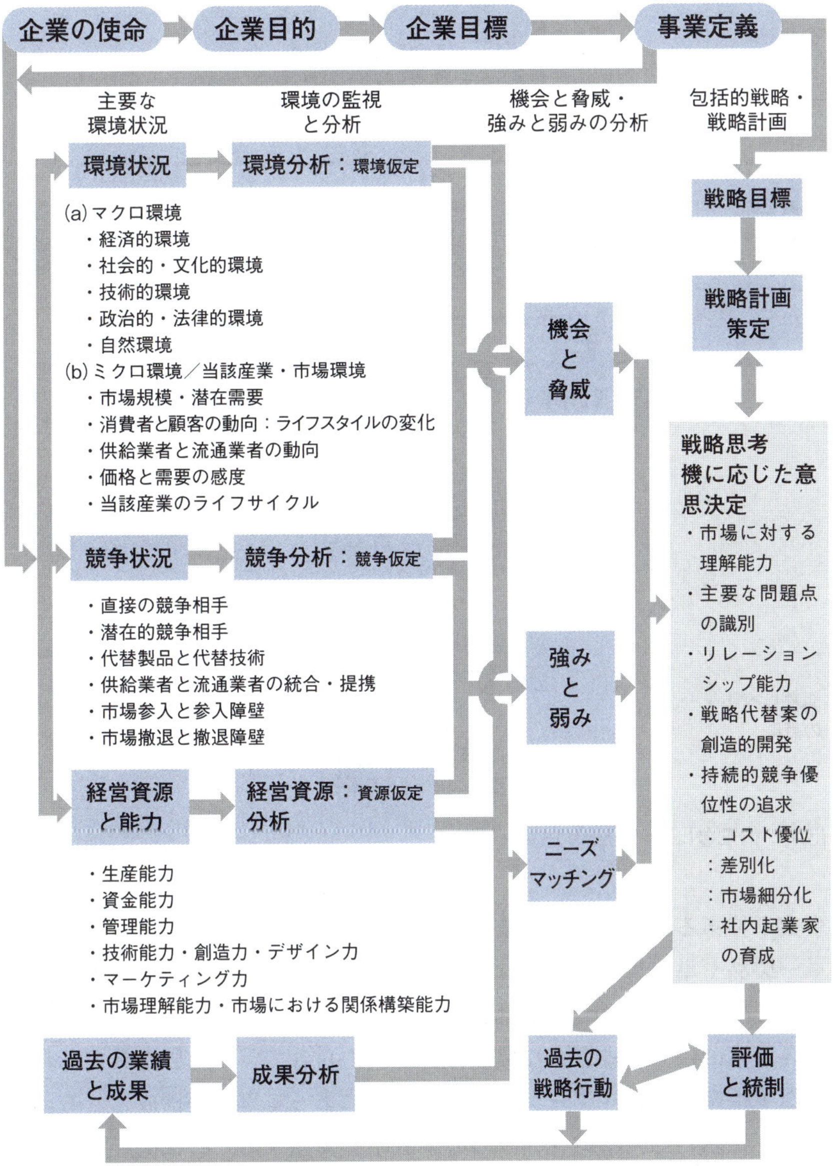

```
企業の使命 → 企業目的 → 企業目標 → 事業定義
```

主要な環境状況　　環境の監視と分析　　機会と脅威・強みと弱みの分析　　包括的戦略・戦略計画

環境状況 → **環境分析：環境仮定**

(a) マクロ環境
- 経済的環境
- 社会的・文化的環境
- 技術的環境
- 政治的・法律的環境
- 自然環境

(b) ミクロ環境／当該産業・市場環境
- 市場規模・潜在需要
- 消費者と顧客の動向：ライフスタイルの変化
- 供給業者と流通業者の動向
- 価格と需要の感度
- 当該産業のライフサイクル

競争状況 → **競争分析：競争仮定**
- 直接の競争相手
- 潜在的競争相手
- 代替製品と代替技術
- 供給業者と流通業者の統合・提携
- 市場参入と参入障壁
- 市場撤退と撤退障壁

経営資源と能力 → **経営資源：資源仮定分析**
- 生産能力
- 資金能力
- 管理能力
- 技術能力・創造力・デザイン力
- マーケティング力
- 市場理解能力・市場における関係構築能力

機会と脅威　　強みと弱み　　ニーズマッチング

戦略目標 → **戦略計画策定**

戦略思考機に応じた意思決定
- 市場に対する理解能力
- 主要な問題点の識別
- リレーションシップ能力
- 戦略代替案の創造的開発
- 持続的競争優位性の追求
  - コスト優位
  - 差別化
  - 市場細分化
  - 社内起業家の育成

過去の業績と成果 → **成果分析**　　**過去の戦略行動** → **評価と統制**

出所：徳永豊ほか〔1990〕19～20頁.

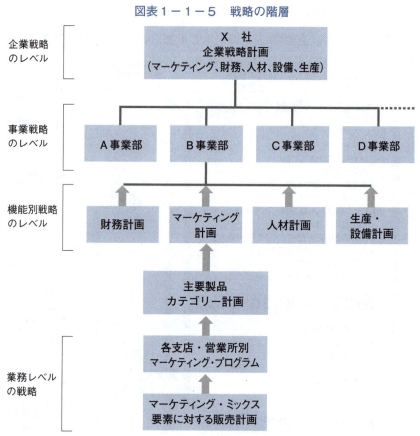

図表1−1−5　戦略の階層

出所：徳永豊ほか〔1990〕15頁．

事業単位あるいは戦略的事業単位ごとに事業戦略が構築される。一方、単一製品や単一事業の場合は、企業戦略と事業戦略は同一のものとなる。

3）機能別戦略（functional strategy）

各事業には、さまざまな機能分野が含められている。製造業であれば、製造・生産、財務、マーケティングなどによって事業が構成される。それぞれにおいて、事業レベルの競争戦略を支援するために**機能別戦略**が策定されることになる。

4）業務レベルの戦略（operational-level strategy）

　業務レベルの戦略は支店（地域別事業部制を採用する場合を除いて）や営業所レベルで機能別戦略を実行するにあたって、日常、行われなければならない決定の実行である。たとえば、販売員のセールス活動、受発注業務、あるいは小売業においては商品の陳列、品切れのチェック、値下げなどのマーチャンダイジングの決定である。

② ポートフォリオ分析

　現代企業の多くは複数の事業を展開している。有効な戦略計画を策定しようとする場合、どの事業にどの程度の重みを置くことになるのかを考慮する必要が出てくる。

　つまり、以下の状況においてポートフォリオ分析は有効となる（徳永豊ほか〔1990〕19～24頁.）。

① 企業が生産する製品の数が増加するにつれて、各製品のマーケティング計画を策定するために利用できる時間はますます減少する。
② 企業戦略レベルで、経営者は多様な製品ラインにわたって、資源配分の決定をしなければならない。
③ 資源が限定されているとき、重視する戦略事業単位（SBU：Strategic Business Unit）の決定プロセスは大変複雑になる。

　ポートフォリオ・モデルにはさまざまなものがある。ここでは、代表的なモデルである市場成長率－マーケット・シェアマトリクス（BCGモデル）と市場魅力度・事業の強さ分析（GEモデル）について解説する。

1）BCGモデル　→図表1－1－6

　1970年代初頭に開発されたこのモデルは、製品や事業を相対的マーケット・シェアと売上高の成長率によって順位づけするというものである。コンサルティング会社のボストン・コンサルティング・グループが開発したため、BCGモデルと呼ばれることもある。このモデルは、企業全体のポートフォリオを次の3点で示すものである（Abell, D., et al.〔1979〕.）。

・製品や事業別の売上金額（通常、図上に円の面積で示される）

図表1－1－6　BCGポートフォリオ・モデル

	高　相対的マーケット・シェア　低	
高　成長率　低	花形 (stars)	問題児 (problem children)
	金のなる木 (cash cows)	負け犬 (dogs)

出所：Abell, D. F. and Hammond, J. S.〔1979〕p.178.

・最大の競争相手に対する**相対的マーケット・シェア**（図の横軸上の位置によって示される）
・各製品が競争に加わっている市場の成長率（図の縦軸上の位置によって示される）

　ここで相対的マーケット・シェアとは、自社の製品や事業の売上高や売上数量に対する、最大の競争相手の製品や事業の売上高や売上数量の比率のことである。さらに、簡単に定義すると「最大の競争相手のマーケット・シェアに対する自社のマーケット・シェアの比」である。この軸は等間隔として示すのではなく、対数目盛を用いることが必要である。つまり、図表1－1－7で示しているように軸の中点が1Ｘ（1.0）の位置は、企業のマーケット・シェアが最大の競争相手と等しい場合である。この中点の左に位置する場合は、その企業のマーケット・シェアが他の企業よりも大きく指導的な地位を占めていることを表している。企業の競争地位を示す単一の指標として相対的マーケット・シェアを使用するには、通常、数量化が容易であるという事実のほかに、2つの論理的根拠に基づいている。その第1は経験曲線の原理であり、第2はマーケット・シェアが収益性に関係するという経験的な証拠である。
　最大の競争相手は当該製品分野や事業領域における最大の売上高や売上数量を持つ企業のことを指す。市場での地位が2位以下の企業の場合

図表1－1－7　相対的マーケット・シェアの表示（対数目盛り）

は、競争相手がリーダー企業となるが、リーダー企業の場合は、2位の企業となる。

　一般的に用いられているシェア（以下、絶対的シェア）は、市場全体の売上高や売上数量に対する自社の比率を指すが、相対的シェアはリーダー企業との対比で示されることになる（相対的マーケット・シェアの計算方法は、「コラム」を参照のこと）。絶対的シェアを用いず、相対的マーケット・シェアを用いるのは、リーダー企業と自社との関係を示すからである。たとえば、自社のシェアが20％であるとき、リーダー企業の絶対的シェアが60％である場合と30％である場合とでは、コストなどの点で異なってくるためである。

　したがって、この相対的マーケット・シェアは、競争地位を示す計量的な指標の1つである。

　市場成長率－マーケット・シェア・モデルはこの2つの点から、製品や事業を問題児、花形、金のなる木、負け犬の4つにカテゴリー化するものである。

- **問題児**……クエスチョン・マークとも呼ばれ、市場成長率は高いが、マーケット・シェアが低い製品・事業がここに位置づけられる。高成長市場であることから、企業や事業にとって非常に魅力的で、可能性が高いといえるが、一方で、相対的シェアを高めるためには、多額のキャッシュを必要とする。
- **スター（花形）**……市場成長率が高く、相対的シェアも高い製品・事業である。ここに位置づけられる製品・事業は、企業内においても魅力的で、注目を集めるものであろう。また、多額のキャッシュを生み出すともいえる。ただし、拡大する市場に投資することが必

要であり、つまり、生産設備を拡張するための投資や相対的シェアを維持するための巨額のプロモーション投資など、キャッシュも必要となってくる。したがって、ここに位置づけられる製品・事業から生み出される純キャッシュはそれほど多くない。

・キャッシュ・カウ（**金のなる木**）……ここに位置する製品・事業は、当該企業にとって、キャッシュの源泉となる。つまり、相対的シェアが高いことから、キャッシュを生み出し、また、成長率が低いことから、必要とされるキャッシュも少なくなり、製品・事業から生み出されるキャッシュが高いものである。

・ドッグ（**負け犬**）……低成長市場で相対的シェアの低い製品・事業である。通常、ここに位置づけられた製品・事業は、魅力性に乏しいため、撤退もしくは売却することになる。ただし、企業にとって何らかの理由で維持されることもある。たとえば、ロイヤリティの高い顧客集団がいるという場合や、その製品・事業が当該企業のルーツになる場合は、維持されることもある。しかし、多くの場合、力を入れられることはない。

この市場成長率－マーケット・シェア・マトリクス（BCGモデル）では、金のなる木から生み出されたキャッシュを成長性のある問題児に投資することで企業の成長を図るという考え方を基本としている。ただし、問題児製品・事業のうち、成長性のあるものに投資するということになる。将来性の低い問題児製品・事業については撤退候補とすることになる。

このように、このポートフォリオ分析は限られた企業の資源を、どの製品・事業に配分するのかに関するガイドラインを示しているのである。

このモデルには、いくつかの問題点がある（Peter, J., et al.〔2004〕p.24.）。第1に、市場成長率は企業にとって統制不可能要因であるということである。そのため、企業は市場を成長させることよりも、マーケット・シェアを目標に設定しがちである。第2に、マーケット・シェアを企業の成果に影響を与える重要な要因とすることは、国際市場にお

いて真実ではないかもしれない。第3に、BCGモデルはSBUの資金調達の主要な源泉を内部からに限定している。第4に、BCGモデルはSBU間に存在する相互依存性を考慮していない。第5に、BCGモデルは利益の尺度や顧客満足を考慮していない。第6に、BCGマトリクスの要点は、企業戦略が競争分析から始まるということを基礎にしていることである。

2）市場魅力度・事業の強さ分析（GEモデル）

ポートフォリオ・モデルには、先述したようにさまざまなモデルが存在する。それらは、BCGモデルの有用性を生かしながら、それの限界を克服するために開発されてきているといってもよい。

GEモデルは、製品・事業を市場の魅力度と事業の強さによって9つ

コラム 知ってて便利

《相対的マーケット・シェアの計算方法》

相対的シェアは、本文中にもあるように、自社の製品や事業の売上高や売上数量に対する、最大の競争相手企業の売上高・売上数量の比率である。相対的シェアはリーダー企業の場合、1.0以上となり、リーダーではない企業の場合は1.0以下となる。相対的シェアを計算する場合は、リーダー企業である場合とそうでない場合の2つで異なってくる。

たとえば、次の3つの企業における相対的シェアを計算してみる。

　　A社　1,000億円　　B社　2,000億円　　C社　4,000億円

先述したように、2位以下の企業の場合の相対的シェアの計算方法は次の計算式を用いる。

　　自社の売上高・売上数量÷リーダー企業の売上高・売上数量

そこで、A社の場合、1,000÷4,000＝0.25となり、B社の場合、2,000÷4,000＝0.5となる。他方で、リーダー企業の場合は、最大の競争相手を2位の企業として計算することになる。

　　自社の売上高・売上数量÷2位企業の売上高・売上数量

この例では、C社がリーダー企業であり、B社が2位の企業であるので、4,000÷2,000＝2.0となる。

に類型化するものである。BCGモデルでは、競争力要因として相対的シェアが用いられているが、GEモデルでは、マーケット・シェアだけでなく、事業の強みの源泉としてのさまざまな要因を考慮している。また、同様にBCGモデルにおいて、市場要因として用いられている市場成長率ではなく、産業の魅力度が含められている。

図表1－1－8は、GE社が提示した項目リストである。これらはSBUの置かれている状況に応じて、それぞれで項目を設定する必要がある。

産業の魅力度と事業の強さはそれぞれ総合指標である。産業の魅力度の例としては、図表1－1－9に示されるように市場規模、市場成長、収益性などが含まれる。つまり、市場規模の大きさ、市場成長率の高さ、マージンの高さは産業の魅力度を高めることになる。また、事業の強さには、マーケット・シェア、品質リーダーシップ、収益性などが含まれる。これらも高いマーケット・シェア、高い品質、高い収益性は、事業の強さを高める要因となる。

SBU（戦略事業単位）は各企業によって定義された産業の魅力度と事業の強さから9つのグリッドに配置されることになる。このうち、Aはグリーンゾーンといわれるものであり、ここに位置づけられるSBU

図表1－1－8　GE社の産業魅力度・事業の強さに関する項目の例

産業の魅力度	事業の強さ
・市場規模 ・市場成長 ・収益性 ・循環性 ・インフレからの回復力 ・世界的な範囲	〈市場ポジション〉 ・国内マーケット・シェア ・世界マーケット・シェア ・シェア成長率 ・リーダー企業と比較したシェア 〈競争の強さ〉 ・品質リーダーシップ ・技術 ・マーケティング ・相対的収益性

図表1−1−9　GE社ポートフォリオ・モデル

産業の魅力度

		高	中	低
事業の強さ	高	A 割増投資／成長	A 選択的投資／成長	B 防衛的選択／収益
	中	A 挑戦的投資／成長	B 最も重要な選択／収益	C 再構成収穫／撤退
	低	B 日和見的選択／収益	C 日和見的収穫／撤退	C 収穫／撤退

出所：Kinnear, T. C., et al. 〔1986〕p.50.

は産業の魅力度と事業の強さがともに高い。ここに位置づけられるSBUへは投資を行うことによって成長を図ることになる。Bはイエローゾーンともいわれるものであり、SBUのシェアを維持することが必要となる。Cは、レッドゾーンとも呼ばれるものであり、投資をせずに売上げを獲得することか、SBUそのものの売却を検討することになる。

③　成長戦略

　事業が成長するための選択肢には複数のものが存在する。事業を定義する際に用いる次元は、事業の成長戦略を構築するうえで有用である（事業の定義については本節3を参照のこと）。ここでは、企業が提供する製品やサービスの機能（顧客機能）と顧客セグメント、そして、付加価値の段階という3つの次元を用いて、6つの選択肢を提示する（Day, G. S.〔1984〕.）。

　まず、顧客機能と顧客セグメントという2つの次元からは4つの選択肢を導き出すことができる。すなわち、市場浸透、新製品開発、市場開発そして多角化である。→図表1−1−10

1）市場浸透戦略

　市場浸透戦略とは既存市場に対し、現在の顧客による製品の使用率を高めたり、**マーケット・シェア**を高めたりする方策を探ることである。企業によって第1に探索される方法はロイヤリティの高い顧客を

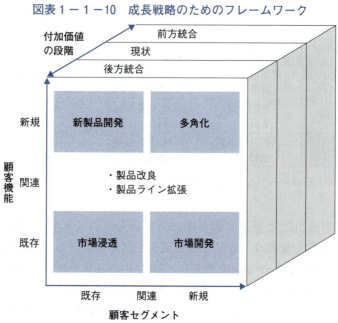

図表1－1－10　成長戦略のためのフレームワーク

出所：Day, G. S.〔1984〕訳書118頁.

維持することである。顧客の購買頻度を増やしたり、購買量を増やしたりすることなどが行われる。たとえば、小売業で行われている「ポイント増額」などのような試みは、顧客の購買を増やすために行われていることになる。あるいは、配達のスピードを高めることで顧客からの信頼を得るという方法もある。

一方、競争相手から顧客を吸引するという方法もとられる。乗り換え割引などの名称で、アプリケーションを低価格で提供する方法は、その代表的な例である。ただし、この方法は競争相手からの報復を受けることにもなりがちであるため、注意する必要がある。

2）新製品開発戦略

新製品開発戦略とは、現在の市場の顧客が関心のある新製品を開発・導入することで売上高を増やす方法である。具体的には3つの方

法がとられることになる。つまり、既存の製品ラインの拡張、既存の製品の性能や知覚価値の改善、新しい技術を用いて新しい機能を提供するというものである。

　企業が新製品を開発する動機にはさまざまなものが挙げられる。たとえば、過剰設備を有効活用することがある。あるいは競争相手が開拓した市場に参入することを目的としたものもある。

3）市場開発戦略

　市場開発戦略とは既存製品で新市場を発見したり、開発したりすることである。この戦略には２つの視点がある。第１に、地理的基盤を拡張するというものである。大手小売チェーン店が、これまで進出していなかった地域に参入するというものや、パッケージ商品を製造販売している製造業者が海外の市場に参入することなどがこれに当たる。

　もう１つは、現在の市場地域内で、新たな顧客に到達するような新しい**チャネル**を利用することがある。つまり現在の販売エリアにおいて、顧客とはなっていない潜在顧客の集団を発見し、その潜在顧客が用いているチャネルを利用するということや、あるいは、消費財を産業財向けに販売するといった方法がとられることになる。

4）多角化戦略

　多角化戦略とは新市場に対し、新製品で参入することである。多角化は関連多角化と非関連多角化に分類することができる（Aaker, D.〔2001〕.）。**関連多角化**は、参入される新事業製品や事業領域が現在のコアとなっている製品や事業と意味のある共通性を持っていることになる。意味のある共通性には、販売員や流通チャネル、ブランドもしくはブランドイメージ、生産設備、オフィス、倉庫などという点が、既存製品・事業と新規製品・事業とで共通していることで、シナジーを生み出す可能性が出てくるのである。

　一方、**非関連多角化**とは、市場や流通チャネル、生産技術、研究開発などの点で、シナジーを得るための共通性が存在しない多角化のことである。コア事業とはまったく関連しないことであるため、規模の

追求もしくは利益を安定して確保することが目的となる。

　成長戦略は付加価値の段階という視点を加えることで、前方統合と後方統合という2つの選択肢が追加されることになる。

5）前方統合

　前方統合とは、流通チャネルの消費者に近い段階の企業や機能を統合することである。前方統合が行われるのは、効率的な流通チャネルの構築、もしくは流通チャネルのコントロールである。すでに、競争相手によって流通チャネルがコントロールされている場合には、みずからが流通の段階に進出することで販路を確保するということが行われる。あるいは、生産スケジュールを安定化するために、チャネルの末端の製品売上情報を確保するために行われることもある。

6）後方統合

　流通チャネルにおいて、原材料に近い地点へと進出することを**後方統合**という。前方統合とは異なり、後方統合は売上高を増やすというよりも、原材料や製品の確保であったり、コスト削減のために行われたりすることが多い。

（6）価値創造のマーケティング

① 顧客価値とマーケティング

　前述のように、今日のマーケティング戦略の分析手法としては、ポーターの競争分析手法をはじめとし、ＳＷＯＴ分析、ポートフォリオ分析、ＰＩＭＳ、経験効果などが存在している。これらの分析手法に共通していることは、「業界の中で自社がいま、どのような状態にあるか」「ライバル会社に比べて自社がいま、どのような立ち位置にあるか」という企業のポジションと強み・弱みを勘案しながら戦略を考えるという視点である。

　マーケティング戦略には、競争相手を分析する手法と顧客を分析する手法が異なった研究領域として存在していたが、市場を中心として遂行される企業戦略としての価値創造および価値共創というコンセプトのもとで結びつけられるようになってきている。この顧客価値の創造と共創

こそ、マーケティング・コンセプトを具体的な戦略へと結びつけるキーワードとなる。つまり、すぐれた価値を創造し、顧客とともに想像していくということが、今日、企業に持続性のある収益をもたらす唯一の道である。

P.ドイルは、顧客価値創造のマーケティングは、3つの原則に基づくとしている。

① 顧客は、競合企業の中から最も価値が高いと知覚する提案を選択する。価値とは、製品やサービスのニーズ充足能力に対する顧客の評価である。
② 顧客は、製品やサービスの購買自体を目的とするのではなく、ニーズを満たすために購買するのである。ここにいうニーズとは、情緒的なものであったり経済的なものであったり、その組み合わせだったりとさまざまである。
③ 長期的に見ると、顧客との一度きりの取引を行うよりも、リレーションシップを構築し、互いの信頼を築いて顧客のロイヤルティを維持し、自社から継続的に購買してもらう方が企業の収益性は高まる。

本章では、このような視点から、マーケティングのフレームワークについて検討を加えていきたい。

② **顧客価値とマーケティングの役割**

今日の顧客を中心とするマーケティングの見解は、優れた価値の何たるかを明らかにし、それを自社の製品・サービスと結びつけ、それを顧客に届ける一連のプロセスとしてマーケティングを再定義することを必要とする。つまり、マーケティングの新しい定義は、顧客価値コンセプトとバリューチェーンを前提に構築する必要がある。

このような基本的な認識のもとで、マーケティングの役割として次のような4つのステップが必要となる。→図表1－1－11

① 顧客価値の定義づけ……顧客価値の定義とは、顧客のニーズを明確にし、それを分析することであり、その情報を顧客満足を創造す

図表1−1−11　価値サイクル

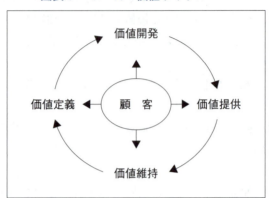

出典：Day, G. S., 徳永豊ほか訳〔2005〕81頁.

　　るための必要条件に変換することである
② **顧客価値の開発**……顧客価値の開発とは、製品開発を行い、その提供物をサービスと結びつけ、顧客が納得し、競争状況を勘案し、その価値にふさわしい価格を設定することである。
③ **顧客価値の提供**……顧客価値の提供とは、流通、保管、品揃え、危険負担といった機能をはじめとして、プロモーション諸手段を用いて、提供物について顧客に提供するコミュニケーション機能をも含むものである。さらには、届けられた製品・サービスの設置、保証、アフターサービスのような顧客サービス機能も考慮する必要がある。
④ **顧客価値の維持**……顧客価値の維持とは、顧客に価値を伝達した後、その顧客との関係を強化し、提供したブランド・エクイティの管理を行い、さらには、価値伝達にかかわる諸機能の管理とチャネル構成員との関係強化をも含むものである。

2 ビジネスの目的と目標の設定

（1） 企業理念

　企業の理念は、企業組織のあるべき姿を明示し、企業行動を方向づけるための目的を明示し、戦略展開の指針として役立つものでなければならない。

　よく見かけるのは、市場向けの企業スローガンであるが、その効果は希薄である。貧弱な広告コピーでしかない。

　・組織図の頂点にいるのは顧客である
　・われわれの使命は、ニーズを発見し、それを満たすことである
　・顧客満足は、われわれの存立の根拠である

　社内で、かんかんがくがく、あるいはトップ・マネジメントの日ごろ語る考え方の中に、深遠な理念が潜んでいるかもしれない。あるいは、創業者の格言を近代的に言語表現することも考えられる。また、マーケティングの精神・哲学を組み込むことも考えられる。

　市場志向、顧客志向、環境志向、社会的責任、これらの思想を採り入れた理念も考えられるであろう。

　最後にもう1つ加えたいことは、2004年のAMAのマーケティングの改定定義で明示されている**ステークホルダー**（顧客や消費者、従業員、地域社会、非政府組織や非営利組織など）の価値観をくみとり、それを経営理念の中に埋め込むことも考慮すべき要素の1つである。

（2） 目標の設定

　企業の経営陣にとって、目標を設定することは事業単位や従業員を方向づけることを可能とする。つまり、各事業単位や従業員は目標の達成のために特定の要因や成果の水準に向けて行動することになる。経営者からすれば、企業の成果を設定された目標を標準にして評価をすることが可能となる。

　そのためには、企業の目標は評価のために特定化され、測定可能でな

ければならない。それゆえ、それぞれの目標には4つの構成要素を含む (Walker, O., et al.〔2003〕pp.39-40.)。→図表1-1-12
・考えられるべき成果次元もしくは要素
・進歩を評価するための尺度もしくは指標
・達成される標的やハードル
・標的が成し遂げられる時間フレーム

図表1-1-12 企業、事業単位、マーケティング目標を特定化する一般的成果基準と尺度

成果基準	可能な尺度もしくは指標
成　長	売上高
	単位当たり売上高
	販売額の推移
競争力	マーケット・シェア
	ブランド認知
	ブランド選好
革新性	新製品からの売上高
	過去5年間に導入された製品市場参入からの売上高の比率
	新製品からのコストセーブの比率
収益性	収益額
	売上高利益率
	投資収益率（ROI）
	純資産収益率（RONA）
	資産収益率（ROE）
資源活用	設備稼働率
	売上高固定資産比率
所有者への貢献	シェア当たりの獲得率
	価格／獲得率

成果基準	可能な尺度もしくは指標
顧客への貢献	競争相手に対する価格
	製品品質
	顧客満足
	顧客維持
	顧客ロイヤリティ
	顧客生涯価値
従業員への貢献	賃金率、ベネフィット、人材開発、昇進
	従業員の固定率、離職率
社会への貢献	慈善事業、コミュニティ機関への貢献額
	雇用数の増加

出所：Walker, O., et al.〔2003〕p.40.

3 事業の定義

　ミッションを策定した後で、企業はそれぞれの事業の定義を行う必要がある。事業を定義しなければならない理由には次の2つがある。第1に、ミッションと同様に、事業の定義がその事業の本質的な機能や目的をはっきりさせるためである。もう1つは、事業の定義がその事業の競争する範囲を規定するためである。

　事業の定義の必要性を初めて提起したのはレビットである。レビットは「マーケティング近眼視」という論文の中で、衰退した企業の理由として、狭い範囲の中にその企業の活動範囲を限定していたことを指摘した（Levitt, T.〔1960〕.）。レビットは、アメリカの鉄道会社が衰退していったのは、みずからの事業を鉄道と規定したことにあると指摘している。つまり、製品もしくは事業領域、あるいは技術で規定することよりも、市場のニーズで規定することが必要であると説くのである。

　しかし、広く規定することが必ずしも戦略の規定や策定に役立つというわけではない。広すぎる事業の定義は、どのような戦略が必要となる

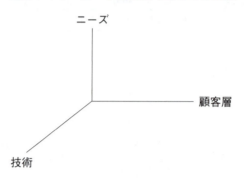

図表1-1-13　事業定義のための3次元

出所：Abell, D.〔1980〕訳書65頁.

のか、どのような顧客が対象となるのか、さらには、どのような技術が必要となるのかを明らかにできなくなってしまう。

　エイベルは事業の定義を考慮するための次元として顧客層、ニーズ、技術の3つの次元を提示した（Abell, D.〔1980〕.）。→図表1-1-13

1）顧客層

　顧客層とは戦略的に適切な特性を共有し、類似したニーズを持つ一群の顧客の集団のことである。事業はすべての顧客を対象とするか、ある特定の顧客に焦点を当てることになる。**顧客セグメント**は地理的な基準、人口統計的基準など、さまざまな基準に基づいて設定される。つまり、市場細分化と標的市場の設定の論理をベースにしているものである。なお、市場細分化の論理については、本章第2節1を参照されたい。

　事業は顧客セグメントの範囲に対して、製品やサービスを提供することになり、市場の範囲を設定すると同時に活動範囲を決定することになる。

2）ニーズ

　顧客は製品やサービスそれ自体よりもむしろ、それらの使用を通じて得られるベネフィットの束を求め、みずからのニーズを満たしたり、問題解決したりしている。つまり、選択した顧客セグメントにいる顧客の

ニーズを満たす必要が出てくることになる。それによって顧客に提供する製品や範囲の幅を規定することができる。
3）技術
　技術は、満たすべき顧客のニーズ、遂行される機能を示すものである。あるテクノロジーを顧客のニーズに適用させた結果が独立した製品となる。

4 市場機会の発見とマーケティング戦略課題の設定

(1) 環境分析
① 環境分析の必要性
　マーケティング環境の変化は企業にさまざまな機会と脅威をもたらす。急成長を遂げている企業は環境の変化を適切にとらえて、それに対応している。

　たとえば、人口統計的環境では、少子化、高齢化、または働く女性の増加が見られる。働く女性の増加や高齢化が進むことで、近年、食品などの日用品の宅配事業が急成長している。買物に行くわずらわしさや荷物の運搬に伴う労力の削減などを求める消費者が増加したことにより、スーパーやコンビニエンス・ストアあるいは生協がこれら事業に進出している。少子化は子どもを主たる市場としている企業、たとえば玩具メーカーや教育産業においては脅威となる一方、1人の子どもへの愛情が注がれることが多くなり、高額な製品やサービスが売れるようにもなっている。

　また、政府や自治体による自然環境保護への取り組みと、消費者の自然環境保護への関心の高まりは、マーケティングにさまざまな影響を与えている。たとえば、「環境基本法」や「容器包装リサイクル法」などの法的規制に対応することが必要となる。また、小売業においては、ゴミを少なくする試みを行い、自然環境保護に関心のある消費者に対応している。

マーケティング環境の変化は新たな機会と脅威を生み出す。そのため、マーケティング担当者はマーケティング環境の変化をすばやく感知する必要がある。マーケティング環境とは「企業のマーケティング管理機能にとって外部的依存であり、標的顧客との取引を首尾よく進展・維持する管理能力に影響を与える諸要因、勢力」である。マーケティング環境は大きく、**ミクロ環境**と**マクロ環境**に分けることができる。さらに、ミクロ環境は**企業内環境**と**タスク環境**に細分することができる。→図表1－1－14

図表1－1－14　マーケティング環境の分類

 コラム **コーヒーブレイク**

《ニーズと欲求と創造的マーケティング》

　グローバル化の進展と豊かな社会・経済活動の中において、生じている問題である。その代表的な問題の1つとして、「必要がないものに対して欲求を持つように仕向けることがセールス・パーソンの役割であり、マーケティングの役割である」と、平然と述べている経営幹部がいるということである。

　セールス・パーソンに対し、努力をする激励として、あるいはマーケティング戦略展開の創造的側面を強調するという意味の誤った表現であることを気づかないのであれば、その会社は役員も含めてマーケティングを根本から教育しなおさなければならない。

　この問題は、自国の消費者だけではなく、世界の国々において混乱を引き起こし、徹底的に再考するほどの価値ある問題を投げかけている。それは、人々の抱くニーズではなく欲求の上に形成された経済活動を平然と唱えているからである。この問題の解答は《ニーズから生まれた欲求を満たせ；ニーズの欲求への転換》のコラム欄を参照されたい。→**本項(3)**

企業内環境はマーケティングに影響を与える企業内のすべての要因が含まれる。たとえば、トップ・マネジメントによる企業目標や方針の決定、マーケティング部門と他の部門との関係、企業文化などである。

　タスク環境には顧客や供給業者、流通業者、マーケティング助成機関（たとえば、物流業者や広告代理店、市場調査会社など）、競争相手が含まれる。これらは企業の利害に直接・間接的に影響を与える。

　マクロ環境はこれらミクロ環境に影響を及ぼすもっと広範囲な要因である。一般に人口統計的環境、経済環境、テクノロジー環境、社会・文化環境、政治・法律環境、自然環境が含まれる。

　マクロ環境の変化はマーケティングに対して2つの主要な影響を与える（徳永豊ほか〔1998〕.）。第1に、マクロ環境の変化により、顧客や消費者の製品選好が変わる可能性があるということである。新製品にとっては市場機会を提供するが、既存製品には代替製品の出現という脅威をもたらす可能性が出てくるのである。第2に、環境の変化は新製品の機会を提供するだけにとどまらず、マーケティング・ミックスの内容にも大幅な修正を迫ることがあるというものである。

　また、政府の政策などによる環境の変化によって、これまでとは異なる顧客・消費者の行動の変化が発生することになる。たとえば、政府が推進している温暖化対策はオフィスでの職場環境を大きく変化させてきている。従来、ビジネスの場においては、猛暑であろうが、ネクタイおよび上着の着用が基本であった。しかし、2005年の夏より、「ノーネクタイ・ノー上着」というキャッチフレーズのもとで行われた政府主導による「クールビズ」は、環境を変化させた例である。

　さらに、マクロ環境の変化は、それが単独で変化するというだけでなく、他のマクロ環境要因をも変化させることがある。その場合、個々のマクロ環境要因の変化の合計よりも上回る変化が見られる場合がある。このような変化が見られるときは、マーケティング機会としても魅力的であるととらえられる一方で、変化を無視すると重大な脅威になりかねなくなるのである。

マクロ環境は企業にとって統制不可能要因である一方、企業内環境は統制可能要因であり、タスク環境は統制可能要因と不可能要因が混在している。マクロ環境を単独の企業の力で変更させることは短期的には不可能であるため、環境変化によって発生する機会をとらえ、脅威を回避するために環境分析が重要となる。

しかし、マクロ環境の中には、長期的に見れば政策変更などによって変化する可能性が出てくる。あるいは、業界団体などによって政府に対して働きかけをすることも視野に入れておく必要がある。

② 環境変化予測の手法

マクロ環境の変化は当該企業の成長性や収益性に重大な影響を与えることがある。そのため、企業は環境の変化に対する早期警戒システムを構築する必要が出てくる。そのための方法には、次のデルファイ法やクロス・インパクト法、ブレーン・ストーミング、フォーカス・グループなどの方法がある（Costello, D.〔1985〕.；宮川公男〔1994〕.；徳永豊ほか〔1990〕.）。

1）デルファイ法

デルファイ法や次に述べるクロス・インパクト法は、将来の科学技術の事象を予測する際に用いられる。**デルファイ法**は、当該分野の専門家の将来の出来事に対する一致した予測を導き出す方法のことである。デルファイ法では個別に質問し、全体の結果を返却し、さらに同じ質問を繰り返すというプロセスを複数回繰り返すことになる。この際、各回答者はそれぞれ匿名性を保つことで、有力回答者の回答によるバイアスや、回答者間の不適切なコミュニケーションを回避することになる。

また、繰り返しを行うことによって、精度を高めることができるとともに、当該分野の専門家の一致した見解を引き出すことが可能となる。

2）クロス・インパクト法

クロス・インパクト法は、未来の出来事の相互作用を研究するものである。先述したデルファイ法を修正したものであり、未来の出来事の相互作用をより詳細に探求している。

予測されるいくつかの事象の間では、それぞれの事象の相互作用によって変化する可能性がある。デルファイ法では、それぞれの事象の間に相互作用的もしくは相互排他的な関係が存在する可能性について無視することになる。

　そこで、クロス・インパクト法では、それぞれの事象とそれ以外の事象との相互作用の起こる確率をできるだけ精密に推定することになる。分析する際に用いられるのは「クロス・インパクト行列」である。ここでは、2つの将来の事象に対して2つの推定値を用いることになる。第1の推定値は、それぞれの事象がある一定期間に起こる確率であり、もう1つは、ある事象が起こることによって他の事象が起こる可能性に対する確率である。この推定値はデルファイ法などによって求められることになる。

3）ブレーン・ストーミング

　集団によってアイデアを生み出す方法の代表的なものとして**ブレーン・ストーミング**がある。ブレーン・ストーミングとは、グループをつくり、その中で他人を批判したり、他人からの抑圧を感じさせたりせずに、創造的なアイデアを生み出す方法である。非常に柔軟に行うことができる方法であり、また簡単に行うこともできる。

　ブレーン・ストーミングでは、あるメンバーがアイデアを提案し、それに対して、他のメンバーがそのアイデアに自分のアイデアを積み上げていくことになる。先述したように、創造的な空間をつくり出すために、ブレーン・ストーミングの参加者は他人の批判を言葉や態度に示してはならない。

4）フォーカス・グループ・インタビュー

　フォーカス・グループ・インタビューは、その参加者からマーケティング上の問題についてのアイデアや解決法を探るために行われるものである。この場には訓練された司会者がおり、司会者は参加者が議論しやすいように配慮する。5人から10人前後の参加者によって構成され、特定のテーマに関して議論が行われる。特定の問題へと議論の方向性を絞

ることから「フォーカス」といわれるインタビュー手法である。

　フォーカス・グループ・インタビューを実施することによって、参加者間が議論することで刺激され、個別にインタビューするよりも広範な情報やアイデアが得られる。また、普段あまり積極的に発言しないような参加者からも意見を引き出すことが可能となる。→第２章第１節**2**（3）

5）シナリオ分析

　環境の複雑性を扱う方法であり、不確実性の高い未来を予測する際に、複数のシナリオを作成する方法である。ここで、シナリオとは将来の状況を描写したものである。**シナリオ分析**の方法の１つとして挙げられるのは、将来に関する３つのシナリオを作成することである。悲観的シナリオ、現実的シナリオ、楽観的シナリオの３つがつくられることになる。

③　環境監視システム

　マクロ環境は、外的存在であるために予測やコントロールはまったくあるいは完全にできない。そのため予測可能でコントロールできる要因の重要性を過大評価したり、逆に統制不可能で予測し難いマクロ環境の要因を無視し、過少評価する傾向がある。環境の変化がダイナミックで激しい今日、経営陣は上記のような態度は許されず、組織は環境変化の兆しを早期に察知し、戦略的に適応する態勢を絶えずとりそろえておくことが不可欠となっている。その意味で戦略情報システム、環境モニタリング・システム、環境スキャニング・システム、意思決定支援システムなどの言葉の持つ重みが現在の戦略計画において必然的に重視される。環境モニタリング・システムと適応プロセスの概要を示すと、図表１−１−15のとおりである。

　企業は環境データのインプットを制度化させるシステムを創造し、マクロ環境をモニターし、短期的変化と長期的変化（トレンド）を識別し、それが企業にとって機会、脅威、または無視できる要因のいずれに該当するかを査定する。たとえば、競争環境においては短期的環境変化のモニタリングが特に重視されるのは、競争相手の行動は急激に変化する可能性があるためである。また、経済環境も短期的に変化する可能性が強

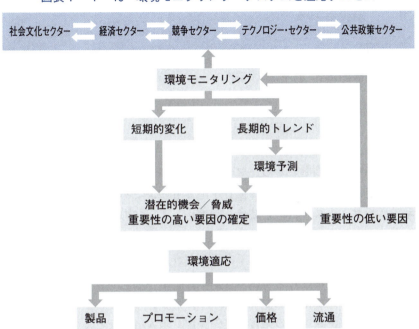

図表1−1−15　環境モニタリング・システムと適応プロセス

出所：Busch, P. S., et al.〔1985〕p.82.

い。もちろん、競争環境は急速かつ突然に変化が生じるわけではないが、各種資源の価格等は短期間の間に変動するおそれがある。

　公共政策の場合、たとえば、新しい法律は通常、施行されるまでには十分な事前通達が行われるため、そのインパクトは軽減され、対応時間にもゆとりがある。

　社会・文化的変化は、以上の要素の中でも変化のスピードが最も緩慢である。このような各種の環境に対して企業は、マーケティング戦略（マーケティング・ミックス）の修正・変更を通して対応する。これが環境適応である。環境適応は単に単一変数を修正する程度（たとえば、競争相手の値下げといった比較的単純な変化への対応としては、報復的な値下げをするか、あるいはブランドの高品質を強調する広告に切り替

第1章 戦略マーケティング

図表1－1－16　環境スキャニング・システムの手続

出所：Bull ed.,〔1986〕p.46.

えるといった)のものから、マーケティング・ミックスのドラスティックな改定あるいは企業自体に変身を迫るものまである。一般に、環境スキャニング・システムの手続は、図表1－1－16のように示される。

まず、マクロ環境の趨勢や変化が企業に及ぼす機会と脅威について、追跡・探知すべき重要な要因であるかどうかを識別するとともに、組織構成員に情報収集活動の動機づけを行う。情報源としてはオンライン・データベース、政府（刊行物など）、競争相手（アニュアル・レポート、トップ・マネジメントの発言、優先課題、求人広告など）のシグナル、供給業者や関連業者（流通業者、銀行、広告代理店、PR・DM・カタログ業者）、顧客、専門家やコンサルタント、企業の社員などが考えられる。

情報の統合・合成とは、戦略情報の分析と処理を指し、収集したデータを組織のニーズへの適合性、信頼性、制度の観点からチェックし、戦略的意味づけをした情報に変換することである。

情報蓄積と検索は、環境スキャニング・システムのメモリーにあたり、以前の結論に絶えず新しい情報を融合させ、情報の陳腐化を防ぐ役目をする。

以上の内容を持つ**環境スキャニング・システム**は、変則モデル、定期的モデル、継続的モデルに分類される。

① 変則モデルは、ある意味では例外的なプロセスで突発的なエネルギー不足や枯渇、競争相手の新製品といった危機に対する1つの対

応策であり、将来の趨勢や見通しは配慮されていない。これは通常、ビジネスで最も使用頻度の高い環境スキャニングの形態である。
② 定期的モデルは、1年に1回実施される定期的な環境見通し評価である。通常、問題指向的な評価で、たとえば、ダイエット・フーズのような健康食品のメーカーであれば、健康に対する人々の関心度を測定し、それに影響を与えそうな環境要因を分析して、将来への影響を予測に用いるだろう。
③ 継続的モデルは、特定の問題だけをスキャニングするのではなく、その特徴はマクロ環境の競争、文化、経済、法律、テクノロジーなどの要因の継続的モニタリングにあたり、プロセス指向をとるため幅広い環境システムをスキャニングするフォーマルなデータ収集システムを必要とする。前述の他の2つのモデルは、戦略計画に固有の多様性に富む問題に、現実に適合した情報を提供する。継続的モデルの時間枠は他のモデルよりも、将来的見通しがはるかに長期的で、そのカバーする領域も組織の使命の選択から、特定のマーケティング計画の選択までに及ぶ。

(2) 市場機会と脅威の発見

　環境を観察する主な目的は新しい**マーケティング機会**を見つけ出し、脅威を回避することにある。ここで、マーケティング機会とは、企業が成長を遂げたり、利益を上げられたりするような顧客や消費者のニーズが存在している分野のことである。
　マーケティング機会や脅威の発見のためには、マーケティング担当者の能力に依存することが多い。つまり、マーケティング担当者による日常の観察や情報収集が機会や脅威の発見に役立つのである。
　マーケティング機会は魅力度と成功確率によって、脅威は深刻度と発生確率によって分類される（Kotler, P.〔2003〕.）。魅力度が高いからといって、すべてのマーケティング機会をとらえると成功するというわけではない。そのため、マーケティング機会を分析する場合には、その機

会の成功条件を考慮する必要が出てくる。

　マーケティング機会の成功確率は2つの条件のもとで変化することになる。1つは、事業の強みが標的市場における成功条件と合致しているかどうかということである。もう1つは、その強みが競争相手を上回っているかどうかということである。

　同様に、**マーケティング脅威**も深刻度と発生確率によって分類されることになる。環境変化の中には、自社の事業の売上高や利益の悪化を引き起こすものがある。マーケティング担当者はこの問題に対して適切な対応が求められることになる。深刻度が高く、発生確率が高いものに対しては、あらかじめ対応策を講じておく必要が出てくる。→図表1－1－17

図表1－1－17　機会と脅威のマトリクス

機会マトリクス

魅力度	成功確率 高	成功確率 低
高	1	2
低	3	4

脅威マトリクス

深刻度	発生確率 高	発生確率 低
高	1	2
低	3	4

出所：Kotler, P.〔2003〕p.103.

　さらに、事業が直面している機会と脅威をもとにして、その事業の総合的魅力度を明らかにすることができる。コトラーは魅力度を以下の4つに分類している。

　・理想的事業……主要な機会が大きく、主要な脅威が小さい
　・投機的事業……主要な機会、主要な脅威ともに大きい
　・成熟事業……主要な機会、脅威ともに小さい
　・問題事業……機会が小さく、脅威が大きい

(3) SWOT分析とビジネス戦略上の課題設定

　事業の戦略を策定するために事業の環境の分析とその事業の能力の分

析が必要となる。これら分析を通じて、事業にとっての機会と脅威を発見し、自社の持っている強みと弱みを見つけることによって、事業の課題の設定を行うとともに、自社の競争優位を発見することになる。この分析のことを強み（strengths）、弱み（weaknesses）、機会（opportunities）、脅威（threats）のそれぞれの頭文字をとって、**SWOT分析**という。この４つの要素のうち、機会と脅威の分析はマクロ環境とタスク環境の分析となる。一方、強みと弱みの分析は企業内環境の分析となる。
→図表１－１－18

図表１－１－18　SWOT分析

出所：井上崇通〔2001〕64頁.

コラム　コーヒーブレイク

《ニーズから生まれた欲求を満たせ；ニーズの欲求への転換》
　欠乏状態にあるのは欲求であり、ニーズではない。あるものを必要とするということは、発生する正当な機会を有する状況において、それを使うことができるということである。ある製品を欲求するということは、その製品を、望ましくかつ重要であると思われる状況を実現するための手段を認識することである。マーケティングは、消費者に対してニーズを想起させることによって欲求を創造する。あるいは、ある特定の製品が消費者の持つニーズを満たす手段であると認識させることによって欲求を創造する。
　しかし、"うおのめ"や足の親指が腫れても、必要とされていないからといって、薬を消費者が欲求するように仕向けて、お金を使わせることは馬鹿げたことである。
　マーケティングは、間違いなく、欲求の創造に関するものである。しかし、欲求というものは、ニーズから生まれるものであって、ニーズとは逆の方向に発生したニーズとは、性格を異にするものではない。ニーズを欲求へと転換するのは、非常に困難なプロセスである。しかし、そのプロセスに対してマーケティングは絶えず挑戦し続けるのである。
(Wroe Alderson, "Needs, and Wants and Creative Marketing" *Cost and Profit Outlook,* Vol.8, No.9, September 1955.)

第2節 セグメンテーション、ターゲティング、ポジショニング

学習のポイント

◆今日のように多様な顧客ニーズが内在する市場を対象とするマーケティング戦略においては、その顧客グループを的確に把握する必要がある。その意味で、市場細分化の手法について十分理解しておく必要がある。市場細分化の有効性、細分化基準などの知識を深めてほしい。

◆次のステップとして、細分化された市場セグメントにどのように対応していくのか決定する必要がある。いわゆるターゲット・マーケティングの問題である。その有効性について理解してほしい。

◆最後に、自社およびその製品・ブランドが、顧客にどのように受け止められているのか、あるいはどのように受け止めてもらいたいのかを明確にする必要がある。さらに、競争企業とどのような違いが見られるのかについても確認する必要がある。これらの問題に対応する手段として、ポジショニングという道具が有効となる。その意味するところを理解してほしい。

今日のマーケティングは、一昔前のようなマス・マーケティングの通用する時代ではなくなってきている。市場に存在するさまざまな顧客の

要求に応えるには、きめの細かい市場対応が迫られてきている。そのためには市場に内在する顧客の姿を的確に把握する必要がある。このようなマーケティング戦略を**ターゲット・マーケティング**と呼ぶ。そして、このターゲット・マーケティングを実施するにあたって重要な戦略コンセプトが、**セグメンテーション**（segmentation）、**ターゲティング**（targeting）、**ポジショニング**（positioning）である。これらの頭文字を取ってＳＴＰ戦略という表現を使う場合もある。

1 市場細分化

（1）市場細分化のための必要条件

市場細分化（マーケット・セグメンテーション）とは、文字どおり、市場を細分化し個々のセグメントを明確にするという作業ではあるが、単に市場を細かく分割していくことのみを指す概念あるいは戦略手段ではない。それは、有効な標的市場を選定するという重要な目的のための準備作業である。最終的に選別され、対象として残ったセグメントが企業のマーケティング資源を集中させる価値をもっているかどうかも見極める必要がある。そこで、次のような４つの基準からセグメントを評価し、標的市場を選定する必要があろう（Kotler, P.〔1980〕pp.205-206. およびKinnear, T. C. and Bernhardt, K. L.〔1986〕pp.109-111.）。

- 測定可能性（measurability）……選定されたセグメントの規模と特徴が明確な基準で測定可能であること
- 実質性（substantiality）……選定されたセグメントの最低限の利益規模の確保が保証されること
- 到達可能性（accessibility）……選定されたセグメントに対してマーケティング・ミックスに含まれる諸手段が到達し得ること
- 実行可能性（actionability）……選定されたセグメントに対してマーケティング戦略を遂行できること

そのほか、選定したセグメントが投資コストを回収し、利益を上げう

るだけの寿命の長さを有しているかどうかといった恒久性（durability）あるいは安定性（stability）、セグメントの特徴がはっきりと現れてくる明瞭性（visibility）、さらに、選定されたセグメントが、ほかのセグメントとの比較おいてマーケティング努力への反応に明確な差が存在する程度（unique responsiveness）なども重要な考慮要因として指摘される場合もある。

（2）市場細分化の基準

　市場細分化の基準としては、地理的基準、人口統計的基準といった量的に比較的把握するのが容易な基準から、消費者の心理的・行動側面を基礎にした、サイコグラフィック基準、行動基準などといった定性的性格の強い基準まで、さまざまな基準を指摘することができる。

　また、市場細分化のための分析技法の発達も、細分化基準の多様化の原因といえる。過去において、最も利用されてきた手法は、クロス分析手法であった。しかし、さまざまな調査研究により多変量解析手法の有効性が明らかになり、情報量も蓄積されるようになってくると、回帰分析、判別分析、因子分析、クラスター分析などの手法（→第2章第1節3）が利用されるようになってきている。このような分析手法の開発は、消費者を分析し、セグメント化するうえで有効な示唆を与えてきている。そのような蓄積の中からサイコグラフィック基準、行動基準などが現れてきている。→図表1－2－1、1－2－2

① 地理的基準

　地理的基準は最も基本的な細分化基準である。全体市場はいくつかの地理的区域に分割することができる。河川や地形といった自然状態、人口規模（密度）、人口・増減率は、地域ごとにさまざまであり、地域ごとに慣習あるいは風土も異なる。さらには地域ごとの気候の違いも市場を細分化するうえで重要な考慮要因となる。

　また、今日のように、市場規模が広がり、国際的な取引の中で各国の消費者を相手にしている企業にとって地理的基準は、次に挙げる人口統

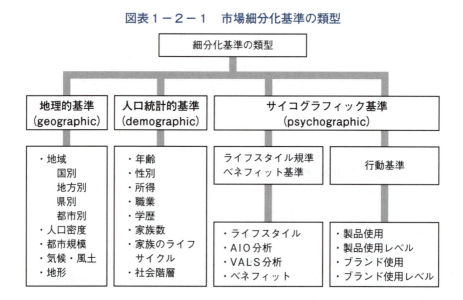

図表１－２－１　市場細分化基準の類型

計的基準およびサイコグラフィック基準による市場分析に進む前の基本的細分化基準として重要な役割を果たしている。

② 人口統計的基準

人口統計的基準としては、年齢、性、家族規模（構成）、所得、職業、学歴、家族のライフサイクル、社会階層などがある。これらの要因は、市場細分化の基準として最も広く利用されてきたものであると同時に、これらの基準をもとに消費者を分類・整理することは、市場細分化にとっても有効である。また、これらの要因の組み合わせにより、さまざまな市場細分化のマトリクスをつくり出すことができる。

人口統計的基準が有効なのは、比較的簡単に定量化され、測定することができるからであるが、その有効性が発揮されるのは、それぞれの製品の特性あるいは市場状況いかんであるという指摘も存在している。

③ サイコグラフィック基準

より優れた市場細分化を行うには、消費者の心理的側面に入り込み、そこに見られる消費者の相違を基準にしたセグメントの抽出を行う必要

図表1－2－2　主要な細分化基準の具体的事例

基　準	具　体　的　事　例
地理的基準	
地域	北海道、東北、関東、北陸、東海、近畿、山陰、山陽、四国、九州
都市規模	2万人未満、2～4万人未満、4～5万人未満、……
人口密度	都市、郊外、地方
社会経済的・人口統計的基準	
年齢	20歳以下、21～30歳、31～40歳、……
性別	男性、女性
家族数	1、2、3、4、5、6、7
所得	年収100万円以下、100～200万円未満、200～400万円、……
職業	事務職、技術職、管理職、サービス業、農業、漁業、……
学歴	中学卒、高校卒、短大卒、大学卒、大学院卒、……
家族のライフサイクル	独身、新婚（子どもなし）、新婚（子どもあり）、中年夫婦（子どもあり）、中年夫婦（子ども独立）、老年夫婦、老年夫婦（配偶者死去）
社会階層	下―下層、下―上層、中―下層、中―上層、上―下層、上―上層
サイコグラフィック基準	
ライフスタイル	AIO……行動、興味、意見 VALS…必要志向型、外部志向型、内部志向型、内外双方志向型
ベネフィット	経済性、便宜性、プレステージ
行動	ブランド使用 ブランド・ロイヤルティ 製品使用 使用レベル

出所：徳永豊ほか『新版 マーケティング管理と診断』〔2001〕191頁．

がある。**サイコグラフィック基準**による市場細分化には、ライフスタイル・セグメンテーション、ベネフィット・セグメンテーション、行動セグメンテーションなどがある。

1）ライフスタイル・セグメンテーション

　近年、顧客のライフスタイルの重要性が指摘されるようになってきている。ライフスタイルの分析手法は、AIO分析（後述）、VALS分析

（VALS1、VALS2）（→『マーケティング3級』第2章）などが開発されてきている。さらには、コーホート分析といった手法も利用されてきている。

ライフスタイルとは、「消費者の生活態度、生活様式」のことである。つまり、特定の生活パターン（様式）と言い換えることができる。この場合、特定の生活パターン（様式）を持つ消費者（顧客）とは、企業が標的として、特定の顧客を選定するうえで重要な考慮要因である。

ライフスタイルの観点に立つと、顧客の行動をより適切に記述し、理解することができる。活動、関心、要求、自我、価値観といった点に立って顧客を考えることは、提供する商品の種類、価格ライン、店内レイアウト、プロモーション・プログラムを立てるうえでメーカーや流通業者を助けてくれる。ライフスタイルを基礎とする細分化は、次のような観点からの分析を必要としている。

① 消費者は自分たちの時間をどのように使っているか。
② 消費者の関心を示しているところは何か、すなわち、彼らの置かれている状況の中で重要性を置いているものは何か。
③ 消費者自身あるいは彼らを取り囲む環境に対してどのような意見を持っているか。
④ ライフサイクル、所得、教育、そして居住地域といった基本的特性はどのようなものか。

このような**ライフスタイル・セグメンテーション**の代表的なものとして**AIOセグメンテーション**がある。AIOとは、活動（Activities）、関心事（Interests）、意見（Opinions）の頭文字をとったものであり、AIOセグメンテーションとは、たとえば、図表1－2－3のような視点から消費者のライフスタイルを分析し、そのうえで市場を細分化していこうとするものである。

2）ベネフィット・セグメンテーション

ベネフィット・セグメンテーションとは、消費者が製品およびサービスを求める基礎がそれらのベネフィット（便益）であり、それが市場セ

図表１－２－３　AIO分析の各次元に含まれる要素（１つの事例）

活動（A）	関心（I）	意見（O）
仕事	家族	自分自身
趣味	家庭	社会問題
社会での出来事	仕事	政治
休暇	地域	社会ビジネス
娯楽	レクリエーション	経済
クラブ参加	ファッション	教育
地域社会	食べ物	製品
買物	メディア	将来
スポーツ	学業	文化

出所：Plummer, J. *The Concept and Application of Life Style Segmentation*, Journal of Marketing,〔1974〕pp.33-37.

グメントの存在する理由であるという考え方を基礎にしている。したがって、このアプローチでは、消費者の価値体系やさまざまなブランドに対する消費者の知覚の内容を測定しようとする。

３）行動セグメンテーション

行動セグメンテーションは、その用語のとおり、消費者の行動を基準に市場を細分化していく。その場合、この消費者行動に基づいてセグメントを定義するには、次のような４つの基準が用いられる。

① ブランド使用……当該企業のブランドを購買する消費者と競争企業のブランドを使用する消費者の区別を出発点としている。
② ブランド・ロイヤルティ……企業の特定ブランドの使用者の中から、常にそのブランドを購入するロイヤリスト（愛顧使用者）を識別し、非ロイヤリストとの比較分析を行うこと。
③ 製品使用……個々のブランドではなく、製品カテゴリー別に購入する消費者を細分化しようとするもの。
④ 製品使用レベル……ある製品の使用率の違いから消費者を分類し、かかる消費者の特性を明らかにし、異なったマーケティング戦略の

展開を打ち出そうとするもの。よく用いられる分類として高使用者（heavy user）、低使用者（light user）、非使用者（nonuser）がある。

（3）事前的細分化と事後的細分化

市場細分化は、事前的細分化（a priori segmentation）と事後的細分化（post hoc segmentation）という視点からも分類することができる。

事前的細分化は、市場の調査を行うに先立って細分化の適当な基準を決定している場合である。1つの例としては、担当者は、特定の製品（ブランド）の使用者を、その使用率を基礎にして事前に決定された基準−非使用者、低使用者、高使用者−に基づき分類し、その後に、それぞれの差異の有無を確認し、それらのセグメントの規模を確定し、そして地理的・人口統計的・サイコグラフィック特性についての説明因子を抽出するための調査が行われることになる。

また、**事後的細分化**の場合は、まず調査が行われ、その調査結果に基づいて、消費者が細分化される。たとえば、消費者が特定の製品（ブランド）に示している態度や感じているベネフィットについてインタビューが行われ、その結果に基づいて消費者がグループ分けされる。その結

コラム コーヒーブレイク

《行動ターゲティング》

近年の情報技術の進展は、消費者の行動を分析することを容易としてきている。行動ターゲティングと呼ばれる手法は、サイト内での閲覧履歴に基づいて、表示される広告を変化させようとするものである。購買履歴やcookieによってサイトの訪問者の訪問回数等を分析することで、その人が必要とすると考えられる広告が提示される。履歴に基づいて表示されることで、むだな広告費を支出することなく、広告の効果を高めることが可能となる。

プライバシーの問題も指摘されることもあるが、この手法は、行動セグメンテーションに基づいているものとして考えることができる。

果として、各セグメントの規模あるいは地理的・人口統計的・サイコグラフィック特性が明らかにされる。

　この2つのアプローチは、共に有効な方法として広く利用されてきている。以下に挙げる細分化基準は、両者の細分化の手段として利用されるが、その目的により異なった有効性を持つものといえる。

2 ターゲティング

　市場を細分化することにより、マーケティング戦略にもたらされる効果ないしは便益とはいかなるものであろうか。一般に、市場細分化を行い、**ターゲット・マーケット**を選定することの有効性は次のような点にあると考えられる（Kinnear, T. C. and Bernhardt, K. L.〔1986〕pp.108-109. およびAssael, H.〔1993〕pp.228-229.）。

(1) 市場（消費者）のニーズの観点から市場を正確に定義することが可能である。
(2) 市場需要の変化に適応していこうとする企業の能力を最大にする。
(3) マーケティング資源の適切な配分を可能にする。
(4) 適切なマーケティング機会の発見および正確なマーケティング目標の設定を可能にする。
(5) 自社および競争企業の強い点と弱点を正確に評価することが可能となる。
(6) 自社製品の適切な製品ポジショニングを可能にする。
(7) 製品開発のためのガイドラインを提供する。

　もちろん、これらの有効性は、市場細分化を行えば自動的に生まれてくるというものではない。市場細分化がその有効性を発揮し、マーケティング戦略に貢献するためには、市場細分化からターゲット・マーケットの選定、そしてそれらのターゲット・マーケットに対応したマーケティング・ミックス戦略の作成といった一連のプロセスが、企業内で開発されている必要がある。

3 ポジショニング

(1) ポジショニングの有効性

ポジショニングの有効性を高めるには、次のような4つの用件を満たす必要がある（Arnold, D.〔1992〕．および〔1993〕．）。

① ねらいをつけたターゲット・マーケットおよび顧客に関する明確な視点がなければならない。市場の同じポジションとして位置づけられたとしても、評価する顧客グループが異なると、違ったポジショニングを与えられることがある。重要なことは、主要な標的市場に関するポジショニングをできる限り多面的に理解しておくことである。

② 同様に、ポジショニングを行う際の属性軸は、標的顧客にとって重要なものでなければならない。明らかに、価格に敏感でないセグメントを標的にした際、低価格ポジショニングは意味を持たない。ポジショニングに織り込まれる特徴（ベネフィット）は、標的顧客に魅力あるものでなければならない。

③ ポジショニングは、企業やそのブランドの本当の強みをもとにしていなければならない。理想的には、これらの強みまたはその強みを構築する際に使用されるコア・コンピタンスの組み合わせは、企業に競争相手との差異が強調されるものでなければならない。この「資源ベース」アプローチは、競争上のポジションを構築するうえで最も重要な資源を利用することで、競争相手からの攻撃への防衛策にもなれば長期的存続の可能性を高くすることもできる。

④ 最後に、選定された市場ポジションは容易に伝達できる特徴を持たねばならない。そのポジションは、ターゲット・マーケットの顧客に正確に伝えられなければならないからである。それらのポジションは、簡潔な形で表現されるものであり、広告やその他のコミュニケーション手段に載せやすいものでなければならない。

(2) ポジショニング戦略の実行

ポジショニング戦略には、次のような３つの主な段階が含まれる (Hooley.〔1995〕pp.423-428.)。
① 自社あるいは自社ブランドが現在置かれるポジションの確認
② 自社あるいは自社ブランドにとって理想とするポジションの決定
③ そのポジションを確保するために必要な戦略の構築・実行

ポジショニング戦略を開発する出発点は、製品が顧客および見込顧客の心の中で現在占めているポジションを理解することである。そのポジションが企業の意図していたものであるかどうかとは別に、一定のポジションを占めている。ポジショニング研究にもいくつかある。

① 競争関係からのポジショニング

競争相手との関係は、ポジショニングを考える場合の出発点となる。しかし、競争関係を見極めるのは、一見単純であるが、そのとらえ方によって、現れてくる競争関係は大きく異なってくる。レーマン（Lehmann, D. R.）とウィナー（Winner, R. S.）は次のような４つの段階を用意している（Lehmann, D. R. and Winner, R. S.〔1994〕pp.21-26.)。
→図表１－２－４

図表１－２－４　ポジショニングの基礎となる競争のレベル

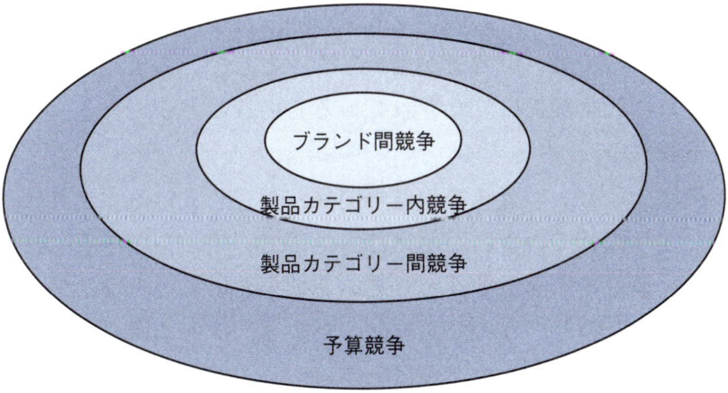

- ブランド間競争
- 製品カテゴリー内競争
- 製品カテゴリー間競争
- 予算競争

1）ブランド間競争

　ブランド間競争とは、同一の製品内の競争であることから製品内競争と言い換えることができる。たとえば、10万円クラスのデスクトップ型のパソコンを提供している企業を考えてみよう。ここでの競争の次元は、たとえば同一クラスのパソコンを提供している企業およびブランドが競争相手となる。

2）製品カテゴリー内競争

　製品カテゴリー内競争は、同じ機能を果たす製品間の競争である。たとえば、「パソコン」市場といった市場のとらえ方がこれに該当する。このようなとらえ方は、最も伝統的に受け継がれてきた市場競争関係の典型である。ここでは、より上位機種のパソコン、ノート型のパソコンも競争相手として想定されることとなる。

3）製品カテゴリー間競争

　製品カテゴリー間競争は、コトラーが「一般的競争（generic competition）」と呼んだものである。ここでは、競争をとらえる視点が、供給レベルあるいは生産レベルではなく、顧客のレベルからとらえたものになっている。たとえば、ここでの事例に合わせて考えると、情報の伝達手段としてパソコンを利用したいという消費者のニーズを満たす手段としてパソコンを購入しようとしているのであれば、携帯電話やブロードバンド対応のテレビ、といった製品が選択肢として現れてくる。ここでも、消費者が選択しようとしている製品は、企業の側からすれば競争関係に立たされているということができる。

4）予算競争

　最後に、最も広い意味での競争関係が存在している。これは「**予算競争**」と呼ばれている。たとえば、ここで一定の金額を手にしているとして、最も先に満たそうとしている欲求がいろいろな情報に接する機会を持ちたいというのであれば、テレビ、ゲーム機器、書籍、雑誌、新聞なども選択肢として浮かび上がってくる。これらの間にも確実に競争関係が存在している。

② **製品選択において重要な属性の識別**

次の問題は、顧客がそれらの競合製品の中から選択を行う基準は何かを確認することである。ここで重要なのは、どのような製品特性が顧客にとり重要なのかということである。

この情報は、最もグループ・ディスカッションのような定性的調査技術を用いて手に入れることができる。**ケリー・レパートリー・グリッド** Key Word 、**ブランド・パーソナリティ調査、自由連想法、絵画解釈法、文章完結法**のような**投影技法** Key Word も利用される。最近では、手段・目的アプローチといった技法も用いられるようになってきている。このような技法を用いると、顧客が競争製品を比較上で利用する製品特性の数多くのリストを手にすることができる。

③ **属性の相対的重要度の評価**

すべての特徴が、すべての顧客にとって等しく重要であるというわけでない。ステップ3では、おのおのの顧客グループに対して、それら抽出された特徴のうちどれがどのくらい重要か確認していく必要がある。これは、対象顧客にその特徴の重要度を答えてもらうという形で調査をかけていく方法で確認がとれる。その場合、具体的には重要度を点数化

Key Word

ケリー・レパートリー・グリッド──消費者調査の一手法で、ブランドのそれぞれを同じものとして認知するのか、違うものとして認知するのかということを言葉で表現してもらう手法である。

投影技法──調査対象者に質問しても本来の行動や感情を説明できない、もしくは説明する意思がないときに用いられる調査技法の総称である。回答は自分の言葉ではなく、他の人の行動や感情を記入してもらうことになる。

　自由連想法は、ある言葉に対してどのように思うのかを自由に回答してもらう方法で、絵画解釈法は、絵に対して思ったことを回答してもらう。文章完結法は、たとえば「Ａといえば○○」というフレーズの○○を埋めてもらうことになる。

し、ランキングや評価順位をつける形で定量化していく。**多属性態度モデル**などは有効な手法の1つである。→『マーケティング3級』第2章

　この段階で、重要度に差異が生じていることが確認されたとすれば、細分化を行ううえでの有力な根拠を提供していることとなる。先に挙げた**ベネフィット・セグメンテーション**（→本節**1**(2)③）などはこの手法を用いた細分化の1つといえる。

④　**属性評価を基礎にした競争商品間のポジションの確認**

　これは、競争相手が当該セグメントに対して提供している製品やサービスの特徴の課題を見極める段階である。言い換えると、競争相手がどのような属性を重視しているのかを確認し、自社との違いを見極めるステップである。さらに、この段階では、その違いに対して顧客がどのように知覚しているかを確認する必要がある。ここでは、定量的調査技法が有効となり、たとえば、**セマンティック・ディファレンシャル尺度**（高低や大小など対比される形容詞を用いて、行動の要因を7段階で測定する尺度）やリッカート尺度法（質問文に対して同意できるかどうかの度合いを尋ねる尺度）などが利用される。

⑤　**顧客の求めているものの確認**

　顧客が製品に求めている属性が明らかになり、競争製品間での比較ができたとすると、次に求められる作業は、顧客にとって最も求められる製品イメージ、つまり理想的なブランドの姿を描き出してもらうことであり、そのポジションと自社および競争他社との比較を行うことである。この理想型を描き出すのは必ずしも容易ではないが、回答者の代替製品のランク付けを通じて推測することも可能である。

　しかし、顧客の求めているものが同一属性のもとで測定できるとは限らない。そこで、このような分析を行うことで、①同一セグメント内にあっては、その理想型との比較において、それぞれのブランドをポジショニングすることが可能であり、さらに、②異なる要求の存在が、異なる属性の重要性を認識させてくれ、その属性に基づくポジショニングを浮かび上がらせることを可能にしてくれる。

⑥ ポジショニングの図式化

　以上のような作業を通じて、競争関係にあるさまざまなブランドあるいは自社内の複数のブランド間の違いを図式化する形でポジションを視覚化することができる。多くの場合、二次元の尺度をもって表現されることが多い。1つの例を**図表1－2－5**に挙げておいた。このような図式のことを**ポジショニング・マップ**、**知覚マップ**、**ブランド・マップ**などと呼んでいる。

図表1－2－5　ポジショニング・マップの例

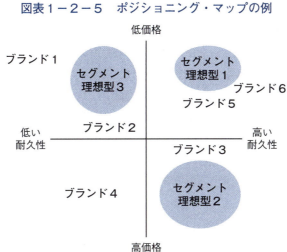

出所：Hooley, G. J. "Positiong" in M. J. Baker（ed.）*"Companion, Encyclopedia of Marketing"*, Routhtledge, 1995、p.425.

第3節
マーケティング目標の設定とマーケティング・ミックス

学習のポイント

◆戦略経営を基礎とする戦略計画立案の主要な責任は、絶え間なく外界を注視し、予期される環境と歩調を合わせた事業を営むことにある。この責任を果たす際の先導的役割は戦略マーケティングによって演じられる。

◆マーケティングは、その事業主体である企業と顧客や消費者、ならびに流通業者、競争相手との境界的機能を演じているからこそ、事業戦略の核となるのである。

◆企業戦略にかかわる経営者の責任は、マーケティング・コンセプト（経営理念）の確立と組織全体への浸透について、さらに企業目標の明示、全社的な事業範囲や各事業部門の範囲、資源配分（資金・人的）などの全責任を担うべきである。

◆これらを基礎に各事業単位の戦略目標が導き出される。そして機能別にマーケティング・ミックスをベースにしたマーケティング戦略が策定される。

◆マーケティング情報システムは、データ・システム、モデル・システム、ダイアログ・システムというサブシステムで構成されている。

1 マーケティング目標の設定

　マーケティング戦略立案、マーケティング戦略推進に際して、マーケティング計画・目的・目標が明確でなければ、組織全体に関し総合的にかかわるマーケティングがその力を集中できない。

　そのために戦略の基盤に備わっていなければならないのは**企業理念**であり、コンセプトである。つまり、理念を基盤に考え行動する諸活動の方向を決定し、より具体的で実現可能な活動に結びつけるのがマーケティング目標の基本である。

　マーケティング目標は長期、中期、短期に分けられるが、その期間は時代とともに短くなる傾向にある。

（1）企業経営とマーケティング目標
① 企業理念

　「顧客第一主義」を標榜しながら、その実は「企業第一主義」が横行している。その証拠に「どのようなモノをつくれば売れるか」「どのようにして売ろうか」と考え、結局は目標に大幅な開きを生み、むだな活動に終わっているケースが多い。

　さらには**CSR**（企業の社会的責任）、**コンプライアンス**（法令遵守）、**ISO規格**などは単独に存在しているわけではなく、その基盤には、やはり常に顧客を中核とする企業理念の存在がなければ、それぞれの施策や企業活動は単に絵に描いた餅となり、点の活動となってしまう。しかも、そればかりではなく人命をも失う事件・事故を引き起こし、時間をかけて積み重ね、育ててきた貴重な組織ならびに企業ブランドをも一瞬のうちに失ってしまう結果に導いてしまう。

② 企業の目的

　女神のサイクルといえる「顧客づくり」（＝新規市場の開拓、新規需要の開拓、新規顧客の開拓）、「顧客つなぎ」（＝顧客の離脱防止、顧客継続率向上、リピーター・リピートオーダーづくり）、「顧客つづき」

（＝顧客の愛用化、固定化、永続化）というサイクルを回すための諸活動は企業に共通する基本的な目的であるといえよう。

そのためにあるのが商品（ハード・ソフト）、設備、システム、人的サービスなどの各種サービスであるが、関連する諸活動は以下に挙げるポイントがかかわる。

1）コストダウン

コストダウンは大切だが、それはすべて顧客のために行うべきで、企業自身のためのコストダウンは望ましくない。特に、やみくもに日本的な退職を促し、人件費を削って利益を出す、いわゆるリストラと称する（本来はリストラクチュアリング＝事業再構築）やり方は本質的なコストダウンではない。すべての経費は顧客が負担してくれているからこそ、顧客に還元するためにコストダウンを行うのである。したがって、本来の企業の取り組みにおいては、商品・サービスやそれに伴う販売活動、利益の向上といった面が顧客から支持を得て、初めて貢献することになるのである。

簡単に倒産しない大企業の場合であれば、当分の間、諸経費を削り続けることができるかもしれない。しかし、中小企業では削り続けるだけの資産を持っていない。だから、本質的な業績向上は顧客次第である。この場合、値引きとコストダウンはイコールではない。

2）**企業の本質は顧客の支持による売上げ、利益の確保**

どんな世界的規模の大企業であったとしても、顧客が商品・サービスを購入しない限り、成り立たない。その意味においては他社よりも多くの顧客支持を受け、それが業績拡大につながる「業績＝顧客の支持率」を達成する必要がある。しかし、社会環境・市場環境の変化がますます顕著な状況にある時代に顧客の支持を受けることは、そう簡単なことではない。そこにマーケティングの力量が問われるゆえんがある。

3）**企業の役割**

企業理念が顧客を中核にしていない企業はトップが交代すると企業

重点主義、企業中心主義、儲け第一主義に突然、変貌することがある。単年度で業績を追求する企業に多く見られる姿である。顧客に売りつける、強引なセルインを行うなどの施策を講じる企業は、確かに短期的にはそれが功を奏して売上げ向上につながる。しかし、独占企業でない限り、中期・長期で見ると顧客離脱につながり、結果として業績を落とす。

「業績＝顧客の支持率」達成のために**CS（Customer Satisfaction＝顧客満足）**、そしてCSを中心とした経営である**CS経営**を中核にし、要件に取り組むことが大切である。そうでない限り、一貫した企業活動にはならずバラバラな点の活動となってしまい、組織の相乗効果は生まれない。個の活動で見ても単にマニュアルを作り、形式だけの企業理念を唱えておしまいとなる、形だけの活動が横行する姿はよく見る例である。

③ 企業の定量・定性目標

社内説得ができない要件は社外説得もできない。したがって、顧客理解に至らない。

何はともあれ、まずは社内理解が肝要である。社内外のコンセンサスが得られているか否かは基本要件であり、そのうえで目標達成のために練って実行する戦略展開上の市場分析に基づいた計画・実行プランが生きてくる。

企業資源、市場のポジショニング、顕在化・潜在化している市場規模に加え、技術力、販売力、組織力、システム力、財務力、そして販売金額、利益、販売個数（件数）、顧客数、市場占拠率（マーケット・シェア）、市場浸透率などや、ブランド・イメージ向上、市場機会の創出、活動指針、スケジュール、しくみと仕掛け、人員計画、予算といった展開上の戦術や具体的な活動プログラムといった計画と実行目標に基づいた結果とのズレ分析が伴う。

これらの諸活動はマーケティング活動にかかわる基本的タスクである。

④ 目標の期間

目標達成のためにはめざす時期の設定が必要である。たとえば、長期・中期・短期マーケティング目標といった具合である。しかし、このマーケティング目標は変化がますますスピード、激しさを増し、時代とともに次第にその期間が短くなってきているのが実態である。

(2) マーケティング計画と目標の設定

マーケティング目標を達成するに際しては事前に企業が置かれている現状把握と分析、また、今後の状況予測とその分析を行っておく必要がある。そこには詳細・緻密な自社と他社の強み・弱み分析が伴う。

① マーケティング計画

一定期間内におけるマーケティング活動の目標設定を行い、目標達成のための戦略を策定することが**マーケティング計画**である。

顧客基盤のマーケティング計画進行に関するステップはおよそ次のようになる。

① 顕在化した諸要素の分析（実態把握・現状分析など）
② 潜在している諸要素の分析（予測、潜んでいる要素の発掘など）
　・企業イメージ分析
　・CS経営に関する顧客から見た評価分析（定点観測とベンチマーキング）
　・部門・部署別評価分析
　・商品別・サービス別評価分析
　・設備に関する評価分析
　・システムに関する評価分析
　・人的要素に関する評価分析
　・価値観分析
　・各種の品質分析（経営・システム・設備・情報・商品・サービスなど）
③ マーケティング目標の設定
④ 社内理解の促進

⑤　目標達成のための戦略・戦術・実活動
⑥　スケジュール・タイムテーブル
⑦　計画実施と展開
⑧　途中経過の確認
⑨　結果・成果の確認

マーケティング計画はマーケティング・ミックスの諸構成要素に従い、全体と個の連動と相乗効果を考察して組み立てるべきである。

② **マーケティング目標**

マーケティング目標とは、現実的に抱えるマーケティングの問題点と企業がめざすあるべき姿の差から求めるねらい・目標を定め、マーケティング諸活動の方向性を決定し、実際に活動を開始したときに発生すると予測される各種の問題点、たとえば組織内の抵抗や市場のマイナスの反応などを挙げ、その解消策を具体化する指針であり、マーケティング目的とも表現される。

マーケティング目標に向かって決定したスケジュールに従い、活動を開始し、それがゴールに到達したときに実現する成果・効果をだれもがわかるように数値化しておくことは必要要件である。

2 マーケティング目標設定と管理

前項で挙げたマーケティング目標に従って、そのプロセスからゴール、そして次のステップへと進む一連の活動に、どのように効率よく、しかも効果を上げる前向きの取り組みを行うかは重要な要素である。

激しくスピーディに変化する時代の企業は、その様子を正確にキャッチし、先取りする取り組みを行わなければならない。そのためには顧客・市場・企業の変化をリアルタイムで正確に把握し、精度の高いマーケティング活動を進める必要がある。

（1）変化と取り組みポイント

以下は変化の時代における取り組みポイントである。→図表1－3－1

図表1－3－1　取り組みポイント

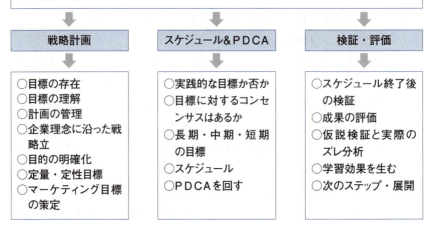

（2）マーケティングの実活動と評価

　変化が激しく、スピーディに進化する時代は変化対応、変化の先取り、変化をとらえるためのシステムとスピーディな取り組みの組織体質を構築する必要がある。

① マーケティングの実活動

　マーケティングを成功に導くためにはバランスのとれた理論と実活動のハーモニーが必要である。どれだけ優れたマーケティング戦略を構築したとしても、実活動に沿った内容になっていなければ役立たない。同様に、いくら実活動に沿った内容になっていたとしても論理性に乏しく、しかも、それぞれが点の活動になっていたのでは意味がない。また、理念が一致していれば同じ方向に一糸乱れぬ、しかもスピーディな展開が図れる。変化と活動にズレが生じてはならないといえよう。

いずれにせよ、戦略の立案が最終目標ではないし、セレモニーがねらいでもない。目標は「顧客の支持率＝業績」の達成である。マーケティング目標は、そのとおりにすれば、ある一定の歩留まりで、そのとおりになるという基盤に従って、成功の具体策が講じられてなければならないということである。それを実行するシステムと組織ならびにそこに連動する人たちの忠実に実施する活動が伴わなければ、計画も目標も絵に描いた餅に終わってしまう。

　具体的には全体スケジュール、1年単位、半年単位、4半期単位、月別・週別・日別単位、タイムスケジュールといった実践的活動プログラムとメニュー、それに5W2H（When、Where、Who、Why、What＋How、How much）による具体的な取り組みに落とし込んでおく必要がある。

　往々にして顧客の要望は、企業の組織に横断的かつ複雑にかかわることになるという解釈と理解が必要である。商品開発1つをとっても、設計・開発・工場・営業・経理部門や担当者などが横軸でかかわらなければ顧客を中核にした取り組みとはならず、縦軸でのみ取り組んだのでは顧客から支持されることが少ない。

　それが特に大切なのは、クレームに関する取り組みである。ちなみに、製品トラブルが発生したときには垂直的職能組織、すなわち技術研究所、設計・開発、工場、営業、サービス（修理部門）などがそれぞれ独自に解決を図ろうとしても、それは垂直的組織の都合にすぎず、顧客のための解決にはならない。本来なら技術研究所、設計・開発、工場、営業、サービスが発生したトラブルの分析から改善＋革新、今後の顧客対応に至る状況を共に理解し、力を融合して顧客のためになる方法を講じる必要がある。

　いずれにしても、競争の激しい時代における優位性を確保するための具体策の基盤にあるのは顧客である。

② **顧客の評価**

　一定の時期に（たとえば、毎年同じ時期に行う）定点観測により、顧

客の本音を調査し、その結果を**ベンチマーク**にして具体的な顧客評価を得る必要がある。どんなに企業が熟慮し、すばらしい商品・サービスだと思って開発し、発売しても、売れないということは顧客を基盤に置いたマーケティングになっていないからだという反省が必要である。

（3）「改善」と「創造」「革新」

マーケティング管理は、マーケティング目標の成果実態を把握するためにマーケティングのスタート、プロセス、結果を理解・分析・評価する諸活動を意味する。

経済成長期における管理とは失敗しないためのチェック・ミスの発見に焦点が置かれていたが、バブル経済崩壊後は持てる資産の有効活用やポジティブ、創造、革新が強調されるようになっている。

したがって、ここで示す管理の意味は、激変するマーケティング環境下におけるマーケティング目標をいかに成功に導くかに置かれている。

① 「改善」

「改善」の示す意味は次のとおりである。
1）事が起こってから手を打つ、後追いの活動である。
　　したがって、往々にして緊急対応、応急措置、修復、穴埋めという活動が一般的である。
2）改善はゼロを中心にすると、ゼロから下のマイナス要素の取り組みを示している。ゼロから下の活動は、したがって当然のレベルであり、うまく行ってもゼロの位置、満足でもなく不満足でもないレベルにしかならない。→図表１－３－２

② 「創造」「革新」

変化が激しく、また多様化・細分化が進行している時代にあっては、ゼロから上をめざす取り組みが必要である（顧客の求めである）。ところが、ゼロから下、ゼロから上の構造は多段階ある。ちなみに、おおまかに挙げても次のように９分類できる。→図表１－３－３

図表1-3-2 改善の意味

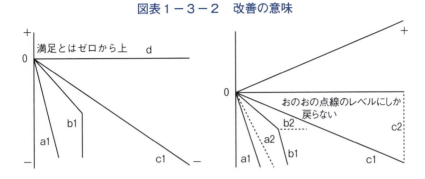

図表1-3-3 ゼロを中心とした分類

1)「創造」は新たな要素を生み出すクリエイティビティの取り組みである。従来の「改善」では顧客は納得しない。新たな要素が生み出せない限り、時代に置いていかれるか、ライバル企業に先を越される。値引き合戦が盛んな分野は主としてこのエリアである。

2)「革新」はいままでにない商品・サービス・システムなどを生み

出す活動である。革新は他社に圧倒的な差をつけるので、価格競争に巻き込まれずに他社に大きな差をつけることができる。ここではゼロから上は4段階となるが、実際にはもう少し多段階となる。100点満点にするとおよそ次のようになる（中小企業での検証による）。

- ▲100点台＝革新エリア
- ▲90点台＝成長エリア
- ▲80点台＝現状維持エリア
- ▲70点台＝問題多発エリア
- ▲60点以下＝深刻エリア
- ▲50点以下＝危機エリア

以上のように常に顧客を基盤とした目標設定と管理を行い、そのプロセス、ゴールにおける成果評価を行い、次のステップにと進むのである。

3 マーケティング・ミックスの開発

企業にとって顧客や市場環境が急ピッチに、しかも多彩な変化を続けている時代においては、マーケティングは単純に手段の混合ないしは組み合せとして安易にとらえるほど平面的ではない。

企業は時と場面に応じて**マーケティング目的**を達成するに際し、諸変化の実態に応じ、標的市場で最もふさわしい側面から顧客の特定を行い、十分な分析を行ったうえでマーケティング手段や方法を選択のうえ、その顧客との高質できめの細かいコミュニケーションを構築するための最適なマーケティング手段や組み合わせを行う必要がある。

こうして市場・顧客を時間軸の次元やコストでとらえ、最適な意思決定の結果として得られた収益をはじめとする成功・不成功がすべて顧客に依存するものとしてとらえるのである。

（1） 製品・サービス計画

企業間取引（BtoB）であれ、企業・消費者間取引（BtoC）であれ、顧客が顕在的に、そして潜在的に求めている諸要素に応えなければ顧客

に支持されない。しかも、顧客は買い替え・買い増しが圧倒的に多い。したがって、小手先の変化のみに依存した製品・サービスには顧客はあまり興味を持たないし、他社も似たようなことを行っているから独自性にはつながりにくい。

現在、製品・サービスの内容には製品・サービスライン、製品・サービスミックス、ブランド、パッケージ、ターゲット市場・顧客、価格、新製品・新サービス政策などの諸要素が含まれ、さらに「製品」＋「サービス」の融合がここにかかわる。

(2) 価格マネジメント

「安くなければ購入しない」という顧客が存在する。一方、「付加価値が伴えば、必ずしも価格には依存しない」という顧客も多く存在する。さらに、近年では1つの製品やある形態のサービスを日本各地はおろか、世界中で販売するというようなことから、次第に国や地域の状況・特性に応じて価格対応を行うケースや、1人ひとりの「個」に応じたカスタマイズが進行している。

もちろん低価格競争は進行しているが、単なる値引き合戦は愚の骨頂である。理由は資金力豊富な企業のみしか生き残れないからである。低価格競争は技術要素の革新性、流通経路の工夫、新たなビジネスモデルの構築により達成されたものが好ましい。

(3) マーケティング・チャネル

M（メーカー）→W（商社・卸・問屋）→R（販売店）→Co/U（消費者・ユーザー）という長い間の流れはITや価格競争などにより、その様子を大きく変えつつある。

たとえば、M→R→Co/UやM→Co/U、W→Co/U、R＋Mといった例が顕著だが、マーケティング・チャネルは短縮化し、低価格競争に移行し、企業の組織もフラット型・文鎮型などにより素早い市場の環境変化への対応が進んでいる。

しかし、それに伴って従来存在した価値を捨て、新たな価値創造を行っていないケースが目立つ。つまり、マーケティング・チャネルはマーケティング環境で変化しているにもかかわらず、取り組み方は以前どおりだという姿である。

たとえば、コストダウンの目的、自社に不足している機能を他社との業務提携により新たな付加価値創造を行う活動が盛んになっているが、反面、提携先の部材・部品に不具合が生じ、一蓮托生の大きなダメージを受けるという危険な出来事が多発している。CSが関連先企業との間に共有化されていないという姿である。そのため、企業は**価値連鎖**やサプライ・チェーンを含めたマーケティング価値の創造を常に検討することが必要である。

（4）物流・パッケージング

サービス機能に関し、顧客を中核にした活動が進んでいる。特に、IT進展の時代においてはコストダウン、スピードアップ、短縮化が相互に関連し、さらに変化を加速させている。

物流を例に挙げると、顧客の身近な要請に従って荷受け時間の締め切りを16時から17時・18時というように場当たり的に変えていったとしても、それは単なる改善レベルであり、その場しのぎの対応でしかなく、本質的な顧客満足にはつながらない。

本来はもっと24時間・365日・世界対応というような抜本的なシステム全体の革新を図る方向でなければ革新的ではない。というのも、現在は部材・部品の仕入れ・発注、製造・製造計画、在庫（倉庫・管理）、外装（梱包）、流通加工、受発注情報処理といった一連の流れにすべてかかわるので、単にモノの流れにのみ目を向けていたのでは顧客満足にはつながらないからだ。

（5）プロモーション計画と管理

社内説得がうまくいかなければ、取引先顧客や消費者・ユーザーとい

う社外関係の説得は成功しない。すべての機能が、複雑に細かく多様に絡み合い関連しているからである。

　ちなみに、製品・サービスの製造・創造から顧客への伝達に至るあらゆる組織関連部門、担当者は互いに相乗効果を上げるためにおのおのが連動していなければならない。さらに、現場の人的販売においては製品コンセプトや機能、それに各種のサービス内容を理解し、実活動に取り組み、その結果として顧客に高付加価値提供がなされなければならない関係にある。

　マーケティング・コミュニケーションには物的要素、人的要素、営業活動、販売促進活動、広告・宣伝など各種の物理的要素・機能・意識がかかわる。イベント・販促活動においても、売らんがための活動から、一連の流れの中での位置づけ、最終顧客・ユーザーにどれだけ役立ち、喜ばれるかの理解促進といったことから、広告・宣伝に関しても購入した顧客が購入後にその行為が正しかったと認知するための役割に変化しているなど、諸点理解が必要である。

　ところが、たとえば「営業」と「販売」という活動の範囲があいまいになっていて明確に定義されていないのが実態で、マーケティング活動と必ずしも連動していない。近年、営業・販売にまつわる論点が盛んだが、いずれもその内容は部分であったり、全体であったりして、営業・販売の意味、目的が明白ではない。ちなみに、営業・販売と称する活動範囲を現場担当者たちに挙げてもらうと、およそ500項目も浮上し、これを大きくくくると以下のとおりとなり、その時間配分・比率は次のとおりである。

　①　デスクワーク　　↗（増加している）
　②　移動時間　　　　↗（増加している）
　③　会議　　　　　　↗（増加している）
　④　トラブル対応　　↗（増加している）
　以上の合計は約85％であり、その比率は増加している。↗
　⑤　顧客面談率は約15％であり、その比率は減少している。↘

つまり、一般的には営業・販売とは①～④を指し、⑤に比重が置かれていないことが目立つ。本来なら顧客対応に中心が置かれるはずであるが、現状では必ずしもそのようになっていない。個人個人が考え、行動しているからである。

ちなみに、1日に直すと15％とは1.2～1.5時間（h）程度である。1年間を365日として土日・祝祭日、夏・冬休み、有給休暇を合計すると、休日の日数は企業平均で約120日となる。365日－120日＝245日（出勤日数）、その日数に1.2h（1.5h）を掛けると294h（367.5h）となる（顧客面談全時間数）。1日の顧客面談時間を5時間とした場合、約59日（73.5日）となる。つまり、現状ではそこまでやっても1年間で2ヵ月前後しか顧客と面談しないことになる。

しかし、そもそも営業には考える業務と行動する業務がある。考える業務はマーケティングという表現で統括でき、行動する業務は販売（セールス）と表現でき、**SFA（Sales Force Automation**＝営業担当者の活動を支援するためのシステムのこと）とも連動する。

（6）マーケティング・ミックスの実行と修正

マーケティング効果は、当初、計画し予想した要素と実行により得られた結果が、計画どおりの場合とまったく逆の結果となる場合が発生するが、意図したとおりの結果を生まないことのほうが多いのが実感であろう。

要因はいろいろ挙げられるが、まずは企業の立場中心の取り組みと、顧客第一主義における取り組みとの相違が明らかに影響しているといえよう。

前述のとおり、企業の思惑である「どのようなモノをつくれば売れるか」「どうやって売ろうか」と発想しても、なかなか顧客のニーズに合致しない、ないしはほどほど以下の成果しか挙げられない。一歩高め、現状把握のマーケティング調査を実施したとしても、ほとんどが買い替え・買い増し範囲の顕在化した意識しかとらえられない。

しかし、顧客の意識下に潜んでいる潜在要素をとらえると、顧客に支持される比率は非常に高くなる。また、1つの経験としてうまくいったことと、うまくいかなかったことを学習し、部分修正をしながら、より精度を高めるように実際に直面したことを分析し、次回に生かすようにする方法を採用せずに、1回ごとに企業発想により試行錯誤してもうまくいかないことが多い。

マーケティング・ミックスが単なる形式であったり、単なる組み合わせであったりすれば、顧客意識との乖離が発生するのは当然である。

4 戦略代替案の開発と選択

前述したとおり、企業は常に以下の活動を繰り返し、回し続けるために力を注いでいる。

◇「**顧客づくり**」活動（新規顧客の開拓、新規需要の開拓、新規市場の開拓）
◇「**顧客つなぎ**」活動（リピーター・リピートオーダー、買い替え・買い増し促進、顧客の離脱防止、顧客の継続率向上）
◇「**顧客つづき**」活動（顧客の愛用化、顧客の固定化、顧客の永続化）

マーケティング戦略の展開に際しては、絶えず変化する各種環境に関し、競争相手に比べ最大の効果あるマーケティング・ミックスが必要となっている。

（1）新製品開拓と戦略

顧客が求めている顕在化した要素を把握し、なお、顧客自身が気づいていない心の底に潜んでいる要素を見つけ、最大市場である買い替え・買い増し・リピーター・リピートオーダーに対応し、そのうえでいままでに存在しない当社初・業界初・世間に初登場の商品・サービスを開拓することにより、「顧客づくり」「顧客つなぎ」となるのである。

この場合、現在は新製品には各種サービスもすでにハード内に組み込まれ、なお、購入後の高質サービスが伴うようにソフト・サービスが提供されなければ、顧客から高い支持が受けられない時代である。顧客は製品（商品）＋サービス＋満足＋感動＋しあわせ感を購入しようとしている。次に挙げる例はその実態を如実に示している。
　カメラを購入したＡさんが販売店にクレームを表明した。カメラ店とカメラ・メーカーのカメラトラブルに対応する腹構えは①修理をする、②新品と交換する、であった。しかし、顧客は①にも②に対しても納得しなかった。店舗とメーカーは新品と交換し、「うるさい客、厄介な客、クレーマー」として退け、「これで一件落着」と考えた。
　ところが、なぜ顧客が納得しなかったのかといえば、赤ちゃん誕生で両家の親がそろってお宮参りをしたとき、明らかにカメラのトラブルで写真が撮れていなかったことを怒っていたのである。つまり、赤ちゃんの成長記録を続けていくうえで、人生でたった一度の瞬間のチャンスを逃してしまったことに対する怒りである。だから、修理でもないし、新品と交換を求めているのでもなく、その心情を理解してほしいと願っていたのである。人生に二度とないチャンスであるが、もう一度、両家がそろってお宮参りをする段取り、交通費などのわずかな費用を負担するという提案がお店・メーカーにあってもよいと内心は思っていたというわけである。
　このように、現在はハードである商品＋サービス＋その背景の理解がなければ、顧客の満足は得られないし、次の購買には結びつかない。レビットは「いうまでもなく、製品企画は、消費者、市場、およびそれらを左右する要因をすべて徹底的に理解しなければ不可能である」（Levitt, T.〔1960〕.）と述べている。

（2）サービスの構成と戦略

　人々がサービスと認知する要素の概略は以下のとおりである。
① 商品（製品）サービス

ハード・サービスは製品・ハードにも多くのサービスが組み込まれ、さらにハードに付加価値をもたらすソフト・サービスがそこに付随する。

② **設備サービス**

快適、便利、スピード、安全・安心など、人々の求める価値を実現する一端として、設備・施設・機能サービスがあるが、多くの場合、コンピュータが大きな役割を担っている。

③ **システム・サービス**

戦後約50年間に組み立ててきたシステムに疲労が生じている。変化の激しい現在、再度、システム構築が必要となっている。

④ **人的サービス**

何事につけ、最初と最後はともかく「人」で決まる。その意味で人にかかわる要素の品質向上を図らなければならない。サービスの場合も製品と同様に顧客の困っていること、不満をキャッチすることにより顧客の意識下に潜んでいる、顧客が求める要素が発見でき、新サービスの誕生に結びつくことが多く、多数の事例がそれを示している。

以上の①～④の組み合わせにより生み出す付加価値が、顧客に支持される結果を生み出す総体的なサービス戦略として大切である。

(3) 戦略立案のための各種分析

分析の方法に関しては各種の方法が存在するが、大きく分けると以下に挙げるような分析が採用される。

とりわけ、諸環境が急ピッチに変化する状況下においては、マーケティング目標を達成するために企業はマーケティング・ミックスの開発により最適を選択し、意思決定を行い、実活動に連動し、ねらいどおりの成果を生み出す必要がある。

① **外部分析**
   ① 外部諸環境分析
   ② 企業がねらう標的市場・顧客の分析
   ③ 標的市場・顧客に関するマーケティング情報の分析

④　業界分析
　　a．業種・業態分析
　　b．ボーダレス化時代におけるライバル分析
　　c．顧客分析
⑤　マーケティング・リサーチ
　　a．顧客の実態把握・現状分析・顕在化した意識分析が行われているが、実際にはこの顕在化要素を知ってもあたりまえのことをあたりまえに知るだけで余り役立たない。現状把握からは次の一手が見えてこないからである。
　　b．したがって、顧客の意識下に潜んでいる満足をキャッチするアンケートによる顧客不満足度調査（顧客不満は顧客の求めている要素であり、何気なく発している不平をはじめとしてクレームや怒りの内容を知ることにより、顧客が意識下で何を求めているかが見えてくる）が効果を上げている。
　　c．また、お客様電話相談室・ヘルプデスク（顧客の声に耳を傾け、顧客の悩み、抱えている問題の相談にじっくりと時間をかけて対応し、解決を図る機能を持つ）、コールセンター（多くは処理型で大勢の顧客対応を目的としているため１人にかける時間は乏しい。したがってＩＶＲ（自動応答装置）などに変わりつつある）。
　　d．ほかにインターネット利用のアンケート式調査（ただし、不特定多数を対象とした場合は調査結果に信憑性が乏しいので特定多数を対象）、情報メモ活動（顧客のさりげない一言をメモするが、データ数は集まりにくい）、グループインタビューなどがあるが、それぞれ一長一短があるので各種の調査を併用し、顧客理解を促進するためにも、それぞれ一とおりの知識・特性については知っておく必要がある。

② **自己分析**
　①　組織分析
　②　サービス要素にかかわる分析

③　資源・財務分析
　　a．コスト分析
　　b．強み・弱み分析
　　c．過去と現在と将来の分析
　　d．企業理念・経営哲学

　いずれにせよ、他社と異なった戦略が本当の戦略であり、したがって、他社が行っているから真似をするといった活動は本質的な戦略ではない。特に、社会環境、市場環境の変化が激しい時代は変化の多様化・細分化により、さらなるきめ細かい戦略が求められている。

　さて、戦略開発の基本に置かれているのは、①製品・市場における優位性で適切な投資決定開発、②製品市場における継続的な競争優位の開発、③各施策におけるシナジー効果の開発など、が挙げられる。

　継続的な競争優位に関しては差別化戦略・低コスト戦略・集中戦略などが挙げられる（D. A. アーカー、野中・比洞・嶋口・石井訳〔1986〕.）。

　あらゆる業種・業態がサービスである現在、製品・設備・システムなどに関してもサービスが連動していなければ顧客の支持は得られない。

　この場合、発展途上国のサービスは受け身でも評価されるが、先進国におけるサービスは要求される前に積極的・能動的に提供する前向きであることが必要とされている。特に、近年では差別化要素としてシステム・サービス、人的サービスに比重が置かれ、改善レベルを超えた革新的サービスが差別化要素として求められている。

　企業におけるすべてのコストは顧客が負担してくれていることからすれば当然のことであるが、顧客のための低コスト開発は重要課題である。さらには、スピード・短縮化の中で、**CRM（Customer Relationship Management）**のように顧客情報の一元管理のもとに取り組まれる。顧客との良質で永い"ご縁"を生み出す活動は、IT進化時代におけるコストとの密接な関係開発と連動し、重要な課題となっている。

5 マーケティング情報システム

(1) マーケティング情報システムとは

　本章で紹介してきたように、マーケティングにかかわる意思決定はかなり多様な内容を含んでいる。また、意思決定の特質という点から見ても多様であり、選択肢と選択基準が定まった状態で最善のものを選ぶといったかなり構造のはっきりしているタイプのものもあれば、白地に絵を描くかのごとく創造的でひな形のないタイプのものもある。複雑かつ急速に変化する環境の中で、こういった多種多様な意思決定をより効率的・効果的に行っていくためには、十分に整備された情報環境が必要となる。むろん、この情報環境の整備は個々人のレベルでも行えるが、一方で組織全体の問題として継続的かつ体系的に対応すべき事柄でもある。本項で考察する**マーケティング情報システム**（Marketing Information System：**MIS**）とは、こうした組織レベルでの情報環境整備を通じてマーケティング担当者の意思決定を支援するしくみを指しており、おおむね、マーケティング意思決定に関係する情報の収集、保存、分析、および組織内流通を担っている人と設備と手続の集合体として理解されている（Aaker., et. al.〔2004〕などを参照）。

　情報システムというと、コンピュータ・ネットワークと同義であるように感じられるが、上記のことからもわかるように、コンピュータ自体はMISを構成する要素の1つでしかなく、当然、MISに関与する人の問題（たとえば、MISへの情報提供者をどのように組織し情報提供をどのように制度化するか、システム管理者とシステム利用者のコミュニケーションをどのように図るかなど）やそれを運営するうえでの手続の問題（たとえば、情報システムにアクセスするための手順や権限をどうするかなど）も考慮されなければならない。

(2) マーケティング情報システムの構造

　MISの具体的な構造はそれを保有する組織ごとにさまざまであるが、

概念的なレベルで考えると、データ・システム、モデル・システム、ダイアログ・システムという3つのサブシステムによって構成されている。

サブシステムへの分割の仕方について統一的な見解があるわけではないが、3つに分ける場合と4つに分ける場合が多く見られる。ここではチャーチルとイアコブッチ（Churchill and Iacobucci.〔2005〕.）に依拠してサブカテゴリーを3つに分けているが、4つに分類する場合はモデル・システムが統計システムとモデル・システムに細分されていることが多い。→図表１－３－４

図表１－３－４　マーケティング情報システムの構造

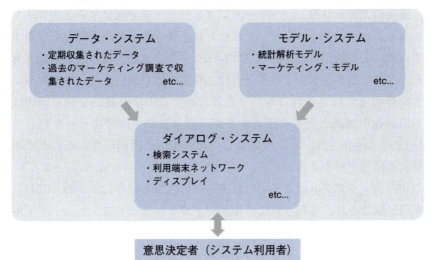

出所：Churchill, G.A.〔2005〕p.28に加筆.

① データ・システム

MISで取り扱われるデータは性格の違ったいくつかのグループに分けることができる（ここでの類型化は、古川ほか〔2003〕を参考に作成した）。1つは社内記録であり、日常的な業務が遂行された結果として生じるデータである。たとえば、販売、発注、出荷といった業務が行われ

れば、それに関するデータが蓄積されていく。むろん、こういったデータは仕入れや物流といった日常的な活動に役立てることを主目的として収集されるものであるが、MIS上で保存・蓄積されることで現象の傾向把握や時系列分析などを行う際に重要な役割を果たす。

これに対し第2のグループは、マーケティング・インテリジェンス活動の結果として収集される情報である。ここでいうマーケティング・インテリジェンス活動とは、能動的な情報収集活動であり、日々変化するマーケティング環境の状態を把握するために日常的な業務場面で行われる情報収集活動を指す。たとえば、新聞や雑誌などから情報を得たり、販売担当者や組織外部の人間に話を聞くなどがこれに当たる。

最後のグループは、マーケティング・リサーチで収集する1次データである。マーケティング・リサーチとは、特定の意思決定課題を解決するために公式的に設置されるプロジェクト型の能動的情報収集活動である。ここで収集される1次データは、特定の意思決定課題に対応することを意図して収集されるものであるため、その第一義的な利用価値は当該課題の解決とともに消滅するが、通常これらは2次データとしてMIS内に保存され、将来の類似した課題状況に再利用されることで再び利用価値を持つようになる。

データ・システムはこういったデータの収集と保存にかかわっており、実際に収集され、蓄積されているデータやそれを扱うコンピュータ・ネットワークだけでなく、どういったデータをどう整理しながら、どの程度の期間保存しておくかといったシステム運営上の決まりや手続、あるいはそれに関与する人の問題なども含まれている。

② **モデル・システム**

データ・システムに日々蓄積されていくデータ量は莫大であり、情報通信技術の発展でその傾向はますます顕著になってきている。こうしたデータをそのままの形でマーケティング意思決定に役立てることはかなり困難なため、何らかの形で情報縮約が図られる必要がある。こういった情報縮約を通じてデータを意思決定に有益な形に変換していくために

用意されているサブシステムが、**モデル・システム**である。

　このサブシステムに含まれるモデルは多種多様である。たとえば、簡単な統計量（平均値や標準偏差あるいは変数間の相関係数など）を求めたり、データをクロス集計表に要約するといった初歩的な記述統計手法や、母数の推定や仮説の検定に利用する種々の推測統計手法、あるいは多数の変数の共変動関係を一気に分析し、変数の分類や合成あるいは因果構造解明を行う種々の多変量解析手法などが含まれている。また近年では、莫大な情報集積の中から意味のあるパターンを抽出するために開発されてきたデータ・マイニングの各手法（たとえば、マーケット・バスケット分析法やニューラル・ネットワーク分析法）も組み入れられ始めている。

　こういった統計学的モデルとともに、マーケティング現象を直接モデル化したマーケティング・モデルも重要な構成要素である。たとえば、**ハワード＝シェス・モデル**（Howard＝Sheth Model）は、消費者の商品購買に関連した一連の心理や行動を構成概念の連関や関数式などによって表現したモデルである。また、イノベーター（周囲に影響されず自発的に購入する人）とイミテーター（すでに購入した人の真似をして購入する人）の割合を関数として需要規模の予測を行う**バス・モデル**（Bass Model）や、強制的遷移データ（ある製品を強制的に選択肢から除外した際に顧客がどの代替製品を購買する傾向にあるかを測定したデータ）に基づき競争構造を明らかにする**プロデジー・モデル**（PRODEGY Model）などもよく知られている（マーケティング・モデルの詳細については、大澤〔1992〕や古川ほか〔2003〕などを参照）。

③　**ダイアログ・システム**

　前述したデータ・システムもモデル・システムも意思決定に利用されることに意義がある。第3のサブシステムである**ダイアログ・システム**とは、これら2つのサブシステムとシステム利用者とのインターフェイス、つまり、マーケティング担当者によるデータやモデルの利用状況を構成するシステムである。具体的には、マーケティング意思決定者が

MISを利用する際に用いるパソコン上でのディスプレイ、データやモデルを利用しようとする際に行う情報検索手続、あるいは利用する際のサポート体制といったものなどが挙げられる。

システムを利用する側であるマーケティング担当者たちは、コンピュータやデータ解析に必ずしも精通しているとは限らない。したがって、データやモデルの選択、検索、利用、あるいは分析結果の出力や解釈といったMISの利用シーンで生じる質問や支援要請に対して、コンピュータや人的資源を通じてどのように対処し、利用しやすいインターフェイスを構築していくかが重要な課題となる。また、情報は利用するという面だけでなく、戦略上あるいは法律上保護するという面も考慮されなければならない。情報システム内の情報をさまざまな脅威から保護するという視点で見れば、使いやすいインターフェイスの前提として、各サブシステムに対するアクセス権限の問題やデータ複写に関する問題などが十分に検討されていなければならない。

（3）マーケティング情報システムの活用

これまでMISの概要や構造について説明してきたが、最後に、意思決定の代替、意思決定の支援、そして競争優位の獲得という3つの点から、MISの利用法について説明していく。

情報システムの利用法として最も古くから見られるのは意思決定の代替である。つまり、人間によってなされていた意思決定を情報システムによって代替させ、いわゆる自動化を図るというものである。この利用法は、定型的な日常的業務においてよく見られる。

一般に意思決定は、定型性の程度という点から特徴づけられることが多い。**定型的な意思決定**とは日常性と反復性のあるルーティンな意思決定であり、**非定型的な意思決定**とは単発的で手順や判断基準が事前に明確に設定されていないような意思決定を指している（定型性に関するより詳細な説明は遠山暁ほか〔2003〕．を参照のこと）。

しかし、マーケティング意思決定の中には、反復性がなく意思決定の

手順や判断基準が明確に定まっていないものも多い。特に、マーケティング戦略の策定にかかわる意思決定の多くは、定型性の程度が低く、情報システムによって代替することはかなり難しい。そういった状況で見られるMISの利用法が意思決定の支援である。**意思決定支援**とはMISが意思決定そのものを代替するのではなく、意思決定者の仮説立案や仮説検証を補助することで意思決定に寄与することを指している（詳細は第2章第1節参照）。定型性の低い意思決定の場合、情報の探索や処理について明確な手順やルールが確立しているわけではないので、マーケティング担当者は試行錯誤的にMIS上での情報と自分の持つ経験や直感を総合しながら意思決定を進めていかなければならない。データ・システムやモデル・システムに何度もアクセスしながら対話形式で進んでいくこの利用法では、ダイアログ・システムの充実がことさら重要となる。

　第3の利用法は、上記2つの利用法をさらに発展させ、情報システムを競争優位性の獲得手段として積極的に活用する方法である。1980年代以降に見られるようになったこの利用法は、他の組織では得られないような情報を戦略的に活用することが競争優位性の獲得に結びついていくという点を強調しており、そういった利用法を想定した情報システムを**戦略的情報システム（SIS）**と呼ぶこともある。上村孝樹〔1991〕によると、こういった利用法には、情報システムにより経営効率を向上させ競争優位性を獲得するケースや、情報システムが製品やサービスの差別化に寄与することで競争優位性を獲得するケース、あるいは情報システムにより取引業者や顧客との関係強化を実現し、競争優位性を獲得するケースなどが見られるとされている（類型および具体的な成功事例については上村〔1991〕を参照されたい）。

　ここでは、MIS自体の質をいかに高めるかという点だけでなく、価値創造プロセスの中にMISをいかに組み込み、競争優位性を獲得していくかという点を考慮していく必要がある。

第4節 競争戦略

> **学習のポイント**
>
> ◆競争戦略の目的は、競争相手を倒すことでなく、顧客価値により顧客創造を競うことである。競争相手ばかりを意識すると、肝心の顧客価値づくりがおろそかになる。
> ◆競争戦略を立案するということは、ある公式に当てはめれば自動的に得られるような画一的な作業ではない。企業の使命、目標、置かれた環境等によりダイナミックに変化するものである。
> ◆競争戦略を実行するということは、企業の特定部門だけがかかわる活動ではない。全社のあらゆる部門が直接的・間接的にかかわるべき活動である。

1 競争戦略とは何か

　マーケティングにおける「**競争**」とは、企業がその存在をかけて戦うことである。換言すれば、その企業が社会に存在する価値があるか否かを問う戦いなのである。しかし、「競争」という言葉の語感から、それは競合企業と戦い、打ち負かすことが目的のように考えられがちであるが、それは正しくない。競争の本質を明らかにするためには、ここで企業が社会に存在する理由、つまり**企業の目的**を確認しておく必要がある。P. F. ドラッカー（Drucker, P. F.）は、企業の目的とその意味するところを次のように定義している。

コラム　知ってて便利

《「顧客価値」とは》

　競争戦略の鍵は「顧客価値」である。顧客価値については、論者によりさまざまな表現がなされてきた。たとえば、コトラー（Kotler, P.）は、全顧客価値から全顧客コストを差し引いたものを「顧客引渡価値」として定義し、B. T. ゲールは、価値とは顧客が知覚した価値のことであり、それは価格以外の商品属性を示す品質と価格を相対比較したものと定義している。またポーター（Porter, M. E.）は、価値とは顧客が企業の提供するものに進んで払ってくれる金額であるとしている。

　それらの見解の共通点を抽出すると、次の公式のとおり、「価値（Value；Vと表示）は、効用（Performance；Pと表示）をコスト（Cost；Cと表示）で割った比率である」と総括することができる。

　　V＝P／C

　ただし、この場合の効用（P）とは、その商品の性能・機能・デザイン・ブランドなど、価格以外のすべての属性が顧客にもたらす効用を示している。また、この場合のコスト（C）とは、価格だけでなく、その商品を探索・検討するために要した費用や労力、購入・入手に要した費用や労力もすべて含んでいる。このような効用（P）とコスト（C）の比率が価値（V）なのである。

　さらに付言すれば、このV、P、Cともに企業側が評価するV、P、Cではなく、顧客が評価するV、P、Cであることに特に注意しておきたい。その意味では、V＝Customer Value（CV）、P＝Customer Performance（CP）、C＝Customer Cost（CC）と表示し、次のように表現することがより適切である。

　　CV＝CP／CC

　マーケティングにおける競争とは、このCV、つまり顧客価値をめぐる企業間の競争である。市場においては、より優れたCVをつくり出し、提供した企業が勝利を占め、劣ったCVしか提供できなかった企業は劣位に立ち、脱落していくことになる。この後に示す競争戦略のタイプも、この公式を念頭に理解していただきたい。

「企業の目的は、その企業の外部になければならない。事実、企業は社会の機関であるから、企業の目的も社会の中にあるのでなければならない。企業の目的についての妥当な定義は1つしかない。それは「顧客を創造する」ことである。(中略)

顧客が自己の購入しているものをどう考えるか、どんな「価値」を認めるか、これによって高品質の中身が決まるのである。つまり、これによって企業とは何か、何を生産するのか、繁栄するかどうかが決まるのである。また顧客が購入し「価値」を認めているのは、決して「製品」に対してではない。それは常に「効用」に対してである。つまり、製品(ないしはサービス)がその顧客のために果たすものに対してである」(P. F. ドラッカー〔1999〕pp.93-94.)。

ドラッカーの言わんとする要点は、次の2点である。
① 企業の目的は、顧客を創造することである。
② この目的は、顧客に対して価値(**顧客価値**)をつくり出すことによってのみ達成される。

マーケティングにおける競争が、企業がその存在をかけて戦う競争とすれば、その本質はまさに、**顧客の創造**を目的とした「顧客価値創造競争」である。したがって、**競争戦略**の要諦は、顧客価値づくりにおいて競争相手より優れた戦略を実施すること、つまり、**競争優位の戦略**を立案し、実行することである。

2 競争戦略のタイプ

それでは、どのような競争戦略を展開することが効果的であろうか。これに関しては、さまざまな見解があるが、本節では、代表的な競争戦略論として、M. E. ポーターの「**基本戦略タイプ**」とG. S. デイの「**包括的競争戦略**」を紹介する。そのうえで、これらの理論を実務に生かすポイントを示すことにしたい。

（1）ポーターの「基本戦略タイプ」

ポーターは、業界で平均以上の業績を達成するための基本戦略として、図表１－４－１のような３つのタイプを提示している。すなわち、①コスト・リーダーシップ戦略、②差別化戦略、③集中戦略である。

「この基本戦略のそれぞれは競争優位を求めて、根本的に違う道を歩む。競争優位を確保する戦略ターゲットの幅を広くするか狭くするか、どのタイプの競争優位を選ぶかによって、たどる道が変わるのである。コスト・リーダーシップ戦略と差別化戦略は、業界内のセグメントを広く取って、そこで競争優位を確保しようとするものである。一方、集中戦略は狭いセグメントにおいてコスト優位（コスト集中）か差別化（差別化集中）をねらうものである。

基本戦略という概念の根底にある考え方は次のとおりである。競争優位を達成するには、会社は１つの選択を行わなければならないということである。つまり、どんなタイプの競争優位を求めるのか、ねらう戦略ターゲットの幅をどうするかについての選択を行わなければならないのである。「万人向き」というのは平々凡々たる戦略、したが

図表１－４－１　３つの基本戦略

戦略ターゲット	戦略の有利性	
	顧客から特異性が認められる	低コスト地位
業界全体	差別化	コストのリーダーシップ
特定のセグメントだけ	集中	

出所：ポーター〔1987〕p.61.

って、平均以下の業績しかもたらさない処方箋である。それはひとかけらの競争優位も持てないという意味だからである」(ポーター〔1985〕pp.16-17.)。

このように、ポーターは、企業が競争優位に立つためには、まず、**戦略ターゲット**を広くするか狭くするかを選択しなければならないとしている。そして次に、戦略タイプとして、差別化またはコスト・リーダーシップ戦略をとるか、集中戦略をとるかの選択をすることを提案している。もしこの選択を行わず、不明瞭なターゲットに対し、あいまいな戦略で臨んだとすれば芳しい成果が得られるはずはないと警告しているのである。

① **コスト・リーダーシップ戦略**

コスト・リーダーシップ戦略とは、自社の属する業界において最も低コスト・メーカーとなることをめざす戦略である。この戦略をとる企業は、コスト面で競合企業よりも優位に立つために、戦略ターゲットの幅を広くとり、多数のセグメントに向けて製品・サービスを提供し、場合によっては関連業界にも進出する。

この場合、コスト優位を生み出す源泉としては、生産コストばかりではなく、研究開発コスト、原材料等の調達コスト、物流コスト、販売管理コストなどすべてのコストが対象となる。そして、コスト低減のために企業が取りうる手段としては、規模の経済性、経験(曲線)効果、操業度、チャネルとの共同行動や垂直統合などが考えられる。低コスト・メーカーとなるには、コスト優位の要因となるすべての問題を発見し、探索しなければならない。

ここで**規模の経済性**とは、ある一定期間内、たとえば1ヵ月とか1年という期間内に大量の製品を生産したほうが、少量を生産するよりも製品1個当たりの生産コストが低くなることをいう。また**経験(曲線)効果**とは、いままでに特定の製品を多く生産して経験を積んでいる企業のほうが、その製品の生産経験に乏しい企業よりも総じてノウハウが高いため、製品1個当たりを安く生産できることを指す。工場労働者の熟練

による生産性向上などをイメージするとわかりやすい。一般的には、累積生産量が2倍になるごとに単位当たりのコストが一定の割合（20〜30％）で低下するといわれている。

なお、ポーターの次のような指摘にも、耳を傾け、留意しておきたい。
「コスト・リーダーは、その競争優位をコストのリーダーシップに負うているにしても、業界平均以上の業績を上げるには、差別化への足場を、競争相手と同等ないしは近隣にまでつくりあげておかなければならない」（ポーター〔1985〕pp.17-19.）。

② **差別化戦略**

2番目の基本戦略は、**差別化戦略**である。この戦略は、業界内で買い手に特異だと思われる何かを創造することによって、競合企業に対して優位性を確保しようとする戦略である。

「すなわち、業界内の多くの買い手が重要だと認める特性を1つ、またはそれ以上選び出して、このニーズを満たすのは当社以外にはないという体制をつくるのである。その特異性の報奨として、他社よりも高い価格で買ってもらえるのである」（ポーター〔1985〕pp.19-20.）。ところで、差別化の手段は業界や企業によって異なる。製品そのものによる差別化のほかにも、ブランド・イメージ、メインテナンスや保証期間、アフターサービスの体制、あるいは販売チャネルや流通システム、広告宣伝などさまざまなものが考えられる。したがって、コスト・リーダーシップとは対照的に、買い手が特異だと認知する特性が複数ある場合には、成功する差別化戦略は必ずしも1つとは限らない。そして、「差別化に成功し、それを持続できる会社は、特異性のために払われる価格プレミアムが特異性をつくるに要した特別コストを上回る場合に、業界平均以上の収益を上げることができる」（ポーター〔1985〕pp.19-20.）のである。

③ **集中戦略**

3番目の基本戦略は**集中戦略**であり、特定の買い手グループや製品の種類、または特定の地域市場に企業資源を集中する戦略である。この戦

略をとる企業は、業界内の１つのセグメントあるいは少数のセグメントを選んで、そこに適合するマーケティング戦略を立案し、最適なマーケティング・ミックスを展開することによって、より効率のよい戦略行動を実行可能にしようとするものである。業界全体での競争優位は構築できなくても、ターゲットに選んだセグメントにおいてだけは競争優位を勝ち取ろうとするのである。

「集中戦略には２つの種類がある。**コスト集中戦略**はターゲットとしたセグメントにおいてコスト優位を求めるものであり、**差別化集中戦略**はターゲットにおいて差別化を探すものである。２つの集中戦略とも、ねらった狭いセグメントと業界内のそれ以外のセグメントとの間にはっきりとした差異をつくるのである」（ポーター〔1987〕pp.61-62.）。

（２）デイの「包括的競争戦略」

ポーターの「基本戦略タイプ」を手がかりに、デイは、顧客の「**価格感応性**（customer price sensitivity）」と「**製品の差異（知覚差異＝perceived differences）**」という２軸を用いてマトリックスを描き、図表１－４－２のような「**包括的競争戦略**」を示唆している（デイ〔1992〕p.134.）。

産業内に存在している２つの要因が、包括的競争戦略の選択をかなり拘束している。その第１の要因は、顧客の価格感応性である。これには、製品が高価であるか顧客の予算の域を超えているといった価格感応性から、製品が安く顧客の予算の範囲内に十分収まるといった低い価格感応性までの範囲が存在している。第２の要因は、市場の製品に対する顧客の知覚差異である。つまり、これは重要な差異が競争企業の製品間に存在している程度を示しており、顧客が喜んでお金を支払おうとする差異である。

図表１－４－２に示したように、価格感応性と知覚差異の可能な組み合わせは、総コスト・リーダーシップ戦略、差別化戦略、集中戦略がど

図表１−４−２　包括的競争戦略の決定要素

製品の差異もしくは顧客の知覚差異

	小さい	大きい
顧客の価格感応性　高い	総コスト・リーダーシップ戦略 ・平板スチール　・セメント ・精製砂糖　　　・ガソリン	差別化戦略 （主たる品質上・構造上の差異） ・ブルドーザー ・ホスト・コンピュータ ・電気製品
顧客の価格感応性　低い	ハイブリッド戦略 （低コストと差異の強調） ・建築用断熱材 ・微細研磨剤 ・チューインガム	集中戦略 （知覚された差別の探求） ・クレジット・サービス ・ニュースマガジン ・食品添加物

出所：Day, G. S.〔1984〕p.117., 徳永豊ほか訳〔1992〕134頁.

のような状況のときに最も適しているかを明らかにしてくれる。たとえば、集中戦略は、顧客が競争製品間の重要な差異をどのように知覚するかに依存している。このような知覚は、模倣によって差異が減少し、購買者がきめ細かい注意を払うようになることによっても変化していく。

① **総コスト・リーダーシップ戦略**

　顧客の価格感応性が高く、かつ製品に対する顧客の知覚差異が小さい製品において、よく用いられる戦略のタイプである。**総コスト・リーダーシップ戦略**（overall cost leadership strategy）の典型例は、セメントやガソリン、あるいは軽油などに見られる。

　この戦略におけるコスト優位の源泉は、主として操業規模と固定費・間接費の統制とを関連させた優越的なコスト状況において達成される。ただし、そればかりではなく、その製品が最終の消費者に届けられるまでの**総合的なコスト**の削減状況によって決まる。

　一般的にほとんどの事業では、操業規模が拡大するにつれて、間接費を広く配賦すること、より能率的なテクノロジーを用いること、あるい

は経験を重ねることによって平均費用および限界費用の双方を引き下げることが可能となる。しかし、総コスト・リーダーシップの地位を得るためには、単に学習曲線に沿った経験（曲線）効果に依存するだけでは十分ではない。自社の範囲内だけではなく、原材料から最終消費者に届けられるまでの各段階で製品の効用がインプットされていく、つまり、付加価値が増加していくプロセスの総和のコスト削減が求められるのである。

② **差別化戦略**

第2の包括的競争戦略は、**差別化戦略**（differentiation strategy）である。この戦略では、競合他社との競争において優位に立つために、すべての点で**差別的優位性**（differential advantage）を得ようと努める。どの企業も、絶えず差別的優位性を探索しているために、競争はダイナミックなものとなる。この差別的優位性は、企業の評判、諸資源および製品の特定の要素からなり、それによって、消費者の心の中に特別の価値を創造することを強調する。この差別化戦略は、2つに大別して説明できる。

1つは、**製品差別化**（product differentiation）である。初めてこの概念を明確化したE. H. チェンバレン（Chamberlin, E. H.）の『独占的競争の理論』〔1934〕によれば、「ある売り手の製品をほかの売り手の製品から区別するだけのなんらかの重要な根拠が存在するとすれば、それによって、その製品は差別化されている」という。製品差別化は、マーケターが自社製品の特質を付与することによって、同じベネフィットを提供するほかの製造業者の製品と区別しようとする試みである。差別化戦略は企業サイドから仕掛けられる戦略としてとらえがちであるが、差別化が受け入れられる背後には、顧客サイドの嗜好、所得、地位、商品の用途などが存在しているのと同時に、顧客が抱く知覚価値の差異や高低によって企業や製品のポジショニングが定まっていることにも注意しなければならない。

もう1つの差別的優位性は、売り手を取り巻く条件ないしは売り手の

立地上の便利さに基づくもの、売り手の名声や愛顧、売り手の準備するサービスや接客態度などの特異性である。たとえば、ある特定の立地にあるがゆえに、ある売り手が一定の顧客を吸引できるのであれば、限定された意味での独占的位置が生じてくる。これは場所的独占（special monopoly）と呼ばれ、一種の差別的優位性である。

③　ハイブリッド戦略

　第3の包括的戦略は、ハイブリッド戦略（hybrid strategy）である。この戦略は、デイの命名によるものであり、差別化戦略と総コスト・リーダーシップ戦略の両者を同時に追求することが可能である、という考え方に基づいている。これは、これら2つの戦略は基本的には相いれないものとしてきた伝統的な考え方を覆すものである。

　従来、品質の高い製品は高いコストに支えられて製造されると考えられてきた。つまり高品質は、コストを上昇させるような高額な部品や標準化できない生産工程、あるいは匠によって手間ひまかけた手づくり的な作業工程が必要だと考えられがちである。また、広告コミュニケーション手段への高い支出も高品質を支えるためには必要であり、販売員への支出や技術サービスを支援するためにも高コストになる、という考え方が暗黙のうちに内在している。

　しかし、ある実証研究（Philips, L. W "Product Quality, Cost Position, Business performance"）では、高品質と低コストの2つは相いれないものであるという考え方は、多くの場面で誤りを誘うと指摘している。それによれば、製品の品質が市場地位に影響を及ぼし、間接的な形で直接費を引き下げることができるという。つまり、より高い品質が高い市場シェアをもたらし、その結果、規模の経済性と経験（曲線）効果によって直接費を引き下げるのである。

　また、品質はトータル・コストに対して直接的にプラス効果をもたらすことにもなる。つまり、高い品質基準を維持するために費用がかかっても、不良品廃棄率を引き下げ、修復コストや現地修理コストを引き下げ、顧客満足度を向上させることによって、その費用は相殺される。

以上のような論拠からすれば、顧客への優れた価値創造とコスト削減とは、決して二者択一ではなく、ほとんど包括的戦略代替案がバランスよくミックスされることになる。

④　**集中戦略**

第4の包括的競争戦略である**集中戦略**（focus strategy）は、総コスト・リーダーシップ戦略の方式を採用するものではなく、あくまでも厳選主義に基づいて選択した市場を対象に差別化戦略を用いる。この戦略は、最も採算がとれ、かつ収益と販売量のある程度の減少を受け入れることによって採算性が強化され得るものである。集中戦略は、アメリカでは「**小粒の宝石戦略**」（little jewel strategy）とも呼ばれ、合理化と経費節減は、事業定義の諸次元で取り上げることができるほどに一般的である。

市場セグメントの合理化は、マーケティングの焦点を絞り込むためにむだなセグメントを取り除くことである。市場シェアの少ない企業にとって最も魅力的なセグメントは、営業規模が小さくても、サービスや品質を重視するような保護されている地域市場といったセグメントであり、投資集約度の低いセグメントである。製品ラインの合理化は、製品ラインをかなり限定することであるが、通常、特定のセグメントへの集中と結びつけて追求される。流通の合理化は、効率的なネットワークを構築するためにむだな流通システムを廃棄することである。たとえば、仕入れ本部機構を採用しているチェーンストアの場合、小規模店舗や売上げの芳しくない店舗を切り捨てることである。

（3）競争戦略の理論を実務に生かす

卓越したコスト・リーダーシップをもくろむ戦略も、差別化をもくろむ戦略も失敗に終わる場合がある。それは、以下に示すような思いがけない落とし穴にはまり込むことによって生ずる。

①　**コスト・リーダーシップの落とし穴**

コストを基盤とする競争戦略は、コストを下げるためなら何でもやろ

うとする倹約・節約型の経営者を連想させる。彼らは、組織階層を減らし、コストの低い諸国に生産拠点を移設し、規模の経済性を得るために効率的な新設備を建設し、重要な活動だけに事業を集中させることによってコストダウンを実現しようとする。そして、余分なサービスを一切排除した実用本位の製品か、標準的で範囲が限定された製品のいずれかに絞り込むのが通例である。このような戦略は、差別化の基盤がほとんど存在しない、まさに**量産市場**において成功を収めてきたものである。

しかし、**コスト・リーダーシップ**の確保に専念するのは危険な戦略であることを、十分認識しておかなければならない。たとえば、同規模で同じような意図を持つ企業が複数存在し、それぞれが市場シェアのすべての点で能力の有効利用に命運をかけていると認識される場合には、とりわけ危険である。そして、コスト・リーダーシップが、変化する要求への適応を拒む単一の目的や融通の利かない設備やシステムで達成されるようならば、リスクはさらに増大するであろう。

加えて、コストを削減するということは、企業の体力、すなわち競争力の源泉となるさまざまな資源を失うことにつながりかねないということも忘れてはならない。コスト・カットは、ある意味ダイエットと一緒である。ダイエットしすぎた体は、生存する体力さえをも失ってしまうことがあるのである。

② 差別化の落とし穴

優れた顧客価値の提供により差別化をもくろむ戦略が失敗する原因は、以下のような落とし穴に求めることができる。

1）無意味な差別化

差別的優位性のポイントが、顧客にとって重要ではない場合に発生する。そして、性能向上や低コストといった顧客にとっての明確な**ベネフィット**が生じない。たとえば、多くのソフトウェアは、ユーザーが必要とはしていないが、設計者には魅力的であるようなベネフィット（メモリーの消費量など）を特徴として製作・差別化されてきた。

2）非経済的差別化

製品への特徴の追加や製品ラインの拡張は、現実に可能な**価格プレミアム**をはるかに上回る過剰コストを製品に負担させる可能性がある。この判断が難しいのは、コストは即座に発生するのに、ベネフィットの実現は、顧客のロイヤルティの増大と価格感応性の鈍化を経た将来の時点になるからである。

3）見えざる差別化

もし顧客が差異の存在に気づかなかったり、その差異に価値を認めなかったりしたならば、その戦略は失敗である。それは、コミュニケーションの問題（広告と販売員活動の総量）や、顧客が頼りとする手がかりの不足によって引き起こされた結果である。評価するのが難しいとか、めったに買わないような製品の場合、顧客は代替製品と比較する手助けを必要とし、デザイン、パッケージ、価格、優越的な箇所、企業の評判、保証範囲、販売担当者の専門的知識等の手がかりを当てにしているのである。

③ **究極の競争戦略**

ポーターは、コスト・リーダーシップと差別化は同時に達成できることもあり、その場合の成果は格段に大きくなると主張している。

「コスト・リーダーシップと差別化が同時に可能になるのは、コスト地位が製品設計、技術の水準、提供されるサービスその他の要因によるよりも、市場シェアによって大きく決まるような場合である。ある会社が大きな市場シェアの優位を開発できたとすると、ある種の活動にこのシェアによるコスト優位を利用できるから、ほかのところでコストを増やしたとしても、まだ正味のコスト・リーダーシップは守り続けられるし、シェアのおかげで競争相手よりも差別化コストを抑えることもできる。（中略）

大きなイノベーションを率先してやり遂げた場合、強力な技術上のイノベーションが導入できると、コストを下げると同時に差別化を推進することができ、おそらく両戦略とも成功するだろう」（ポーター〔1985〕pp.26-28.）。

またすでに述べたように、デイもハイブリッド戦略という代替案を示し、コスト・リーダーシップと差別化の両者を同時に追求することは可能である、と主張している。

④ 競争志向と競争優位

競争志向（competition orientation）ないしは競争者志向（competitor orientation）と呼ばれるコンセプトは、ポーターによれば、「競争の発生する基本的な場所である業界において有利な競争地位を探すことである」とされ、それは、同一産業内で市場地位および経済的・技術的地位、そして能力（capabilities）からなる競争地位を定義しようとすることによって事業の方向性を示そうとするものであるとされる。

また、競争優位について、ポーターは「企業が競争の激しい市場で業績を伸ばすための決め手となるものであり、それは差別化とコスト・リーダーシップと集中の各戦略を追求することによって得られる」と述べているが、デイは「競争優位の本質は標的顧客にとって意味のある方法でライバルから事業を区別するポジショニングのテーマである。それはより優れた適切性（より優れた品質とサービスの提供）、より優れた迅速性（変化する顧客の必要を競争相手よりも早く把握し、充足すること）、より優れた親密性（永続的な関係の構築）である」としている。

いずれにしても、ビジネス活動における"競争"という概念は、産業およびライバルと目される企業を戦略構築上のメルクマールないしはベンチマークに据え、それらを凌駕する、もしくはそれらに勝る地位を獲得しようとすることを意味するものであるといえよう。したがって、競争志向は、それを目的に戦略を組み立てる考え方であり、競争優位とは、そのために活用可能な、ないしは必要とされる源泉または推進力となる要素を保持していることであると理解することができよう。しかしながら、現代市場においてはテクノロジーの発達や消費者の嗜好の多様化・複雑化などによって、産業の境界線はますます不明確になっていること、競争相手を意識しすぎると、"新しい何か"は生まれにくくなることもビジネス管理者は認識しておくことが必要であろう。

3 ポジション別競争戦略類型

コトラーは、市場における企業の**競争ポジション**を図表1－4－3のように想定し、4つのタイプに類型化している。すなわち、「市場の40％を占めているマーケット・シェア最大の企業は、マーケット・リーダーである。30％を占めているのは、積極的にマーケット・シェア拡大を図るマーケット・チャレンジャーである。20％はマーケット・フォロワーで、現在のシェアの維持に主眼を置いている。残りの10％はマーケット・ニッチャーと呼ばれる企業群が占めており、これらは大企業が興味を示さない小さなセグメントを対象としている」（コトラー〔1983〕p.357.）。

図表1－4－3　想定された市場の構造

マーケット・リーダー	マーケット・チャレンジャー	マーケット・フォロアー	マーケット・ニッチャー
40％	30％	20％	10％

出所：コトラー〔1983〕p.357.

そしてコトラーは、この4つのタイプごとにマーケティング上の課題と戦略を以下のように考察している。

（1）マーケット・リーダー戦略

マーケット・リーダーは、「最大のマーケット・シェアを持っている。そして、一般に価格変更、新製品導入、流通カバリッジ、販売促進の密度などにおいて市場をリードする立場にある。憧れの的で尊敬されることもあるし、そうでないこともあるが、同業他社からその市場支配力は認められている。競争企業にとっては目標であり、挑戦相手であり、模倣する手本であり、正面からの競争を避けて通る相手でもある」（コトラー〔1983〕pp.358-359.）。

コトラーによれば、"ナンバー1"にとどまるためには、以下の3つ

の戦略があるとしている(コトラー〔2016〕pp.360-364.)。
1) 総市場規模をさらに拡大すること
　① 新規顧客の開拓……市場浸透戦略、新市場セグメント戦略、地理的拡大戦略
　② 既存顧客からのより多くの使用の獲得……既存製品の追加的使用機会の提案、新使用方法の提案
2) 現在のマーケット・シェアを確保すること
　① 先見的マーケティング……顧客が要求してはいないが、熱狂的に反応する解決策を発見し、提案する(反応的予見;変化が起きる前に実行する、創造的予見;まだ明らかになっていない顧客のニーズを提供する)。
　② 防御的マーケティング……(1)地位の防御;消費者の心の中に最も望ましい地位を占有する、(2)側面防御;ありそうな攻撃に対して弱点を保護する何かを事前に備えておく、(3)先制防御;ゲリラ的行動で先制攻撃をする、(4)逆襲防御;攻撃相手が防御できないような攻撃を経済的・政治的に与える、(5)機動的防御;市場拡張や多角化を通じて新しい領域に支配を拡大する、(6)収縮防御;いわゆる戦略的撤退と呼ばれる方法(弱い市場を諦め、より強い市場に資源を集中する)。→図表１－４－４

図表１－４－４　防御戦略の６タイプ

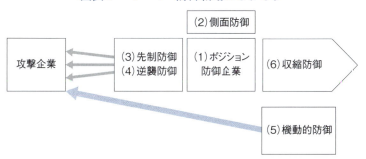

出所:P. Kotler, et al.,〔2016〕p.362.

3）現在のマーケット・シェアをさらに拡大すること

マーケット・リーダーは、より高い市場シェアを得ようとする場合、次のような4つの問題を考慮に入れておく必要がある。

① 反トラスト行為に訴える可能性……リーダー企業がさらなる市場シェアの拡大に乗り出した場合、競争相手は法的手段に訴えることがある。
② 経済的コスト……リーダー企業がさらなる市場シェア獲得に乗り出した場合、法的問題や社会的問題のへの対処などにコストがかかり、収益性が下がることがある。
③ 間違えた市場活動を追求する危険性……概して企業は新製品や相対的製品品質の向上、マーケティング費用の削減などによってシェアの拡大を行うが、価格の引き下げによって市場シェアの拡大をめざすことはかなりの危険が伴う。
④ 実際の、および知覚された品質における市場シェア拡大の効果……市場シェアの拡大によって、思わぬ品質への影響が顧客に生まれる（サービスの低下や不満足など）。

しかしながら、優越的な販売チャネルや市場シェアを持つリーダー企業は、あえて市場でチャレンジャー企業に対抗するのではなく、フォロワー企業のようにチャレンジャー企業が開発した製品や販売方法を模倣することでそのシェアを確保する me-too 戦略を採用することがままあることも実務の世界ではよく知られている。

(2) マーケット・チャレンジャー戦略

業界で2位、3位といった地位にある企業が**追走企業 (trailing firm)**である。そして、追走企業の1つのタイプが、リーダー企業やライバル企業に敢然と攻撃を仕掛け、シェア拡大を図る**マーケット・チャレンジャー**である。

「多くのマーケット・チャレンジャーは、リーダー企業を追いかけ、あわよくば追い越そうとしている。(中略)チャレンジャー企業は、

リーダー企業がいつ脅かされるかわからない事業状況にある一方で、高い大志を抱いている。チャレンジャーは、負け犬であると人々が認識している状況を利用することができるのである」（コトラー〔2016〕p.364.）。

そしてコトラーが、チャレンジャー企業が採用しうる戦略として次のようなものを挙げている（コトラー〔2016〕pp.365-366.）。

1）戦略の目的と競争相手を定義する
① マーケット・リーダーを攻撃する……これは危険は大きいが、リーダー企業が市場にうまく適応していない場合は、潜在的に高い利得を得ることができ、十分に意味のある戦略である。この戦略はまた、他のチャレンジャーに対してその企業に追いつけないと感じさせるという利益ももたらすことがある。
② 規模的にうまく事業展開ができていない、または財源不足の企業を攻撃する……このような企業は、古くなった製品や製品に過度な価格を課したりしており、顧客を満足させることができていない。
③ 弱小の田舎／地方企業を攻撃する……チャレンジャー企業のいくつかは、自分より小さな地方あるいは地域企業を呑み込む（吸収・合併する）ことで成長している。
④ 現状を攻撃する……チャレンジャーは、あまりに巨大な企業を攻撃したり、顧客のニーズを適切に取り組んでいないような方法を採用するべきではない。いくつかのチャレンジャー企業は、競争相手と自社のサービスを対比することで成功している。

2）包括的な攻撃戦略（attack strategy）を選択する　→図表1－4－5
① 正面攻撃……理論的な正面攻撃では、攻撃者は競争相手の製品や広告、価格・流通と対抗することになっているが、戦いの原理（the principle of force）からすると、より大規模な資源を持った側が勝利を得られるのである。価格の引き下げなどの変更を加

図表１－４－５　包括的攻撃戦略

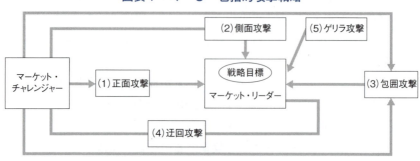

出所：P. Kotler., et al.,〔2016〕p.365を一部修正.

えた正面攻撃は、マーケット・リーダーが報復をしてこないような状況ではうまく機能する。
② 側面攻撃……側面攻撃は、市場において何らかのギャップを作り出して、そのギャップをその後充足するという変化を際立たせることと言い換えることができる。側面攻撃は、とりわけ資源をあまり持っていないチャレンジャーにとって有効である。もう１つの側面攻撃は、いまだ充足されていないニーズを対象とするものである。競争相手がうまく展開していない地理的領域に攻撃を仕掛けることもその方法の１つであろう。
③ 包囲攻撃……包囲攻撃は、複数の最前線で大々的な攻撃を仕掛けることによってその領域の少しでも広い部分を獲得しようとするものである。この戦略は、チャレンジャー企業が優越的な資源を持っている場合、意味がある。
④ 迂回攻撃……これは、あらゆる方向でより容易な市場を攻撃することで敵を迂回する戦略である。これには次の３つの方法がある。(1) 非関連製品への多様化、(2) 新しい地理的市場への進出、(3) 新しいテクノロジーの開発、である。
⑤ ゲリラ攻撃……ゲリラ攻撃は、競争相手を苦しめ、ついには確かなる足場を確保するために、選択的価格引き下げ、強烈なプロ

モーション攻撃や随時法律に訴えるといった、小規模で、断続的な攻撃や、ときには因習的で、ときにはそうでないような攻撃から構成される。ゲリラ攻撃は、正面攻撃や側面、包囲、迂回攻撃よりも費用が掛かることもあるが、競争相手を打ち負かすためには、より強い攻撃によって裏打ちされる必要がある。

チャレンジャー企業は、これらのさまざまな戦略および戦術を組み合わせて活用することでその市場地位を改善することに努めることが求められる。

（3）マーケット・フォロワー戦略

コトラーは、T. レビット（Levitt, T.）が「製品模倣戦略は、製品革新戦略と同じくらい収益性が高い」と述べたのを引用して、「"革新的模倣"は、イノベーターが新製品を開発したり、それを市場導入したりするのにコストを費やすのに比べると、より高い利益を得ることができる」と述べている。また、彼は「鉄鋼や肥料、化学品といった資本集約的で同質的な製品市場では、市場シェアはそう簡単に変わることはないので、リーダーの行動をコピーする意識的並行主義（conscious parallelism）は一般的である。（中略）フォロワーに戦略がないのではない。彼らは現在の顧客をつなぎとめ、新しい市場での確かなシェアを確保する方法を熟知している。それぞれのフォロワーは、その製造コストを低く保ち、その高い製品およびサービス品質を維持することで、標的市場に対して際立った優位性を展開しようとしているのである」と述べて、成長につながるが、報復を招かないような、フォロワーが採用する3つの戦略のタイプを紹介している（コトラー〔2016〕p.366.）。

① クローナー（Cloner＝そっくりなものを作る人）

クローナーは、リーダー企業の製品や名前、パッケージなどをちょっとした変更だけで熱心に手本として見習っている。インターネットなどのハイテク関係やスイーツ事業でよく目にする。

② イミテーター（模倣者）

イミテーターは、リーダー企業から何らかのものをコピーするが、パッケージや広告、価格、立地などで差異を付けている。リーダーは、イミテーターが積極的に攻撃してこない限り相手にはしない。

③　アダプター（採用者）

アダプターは、リーダー企業の製品を取り入れて、それを採用したり改良したりする。アダプターはリーダーとは異なった市場で販売することを選択することもある。しかしながら、アダプターは将来にはチャレンジャーになることがよくある。

（4）マーケット・ニッチャー戦略

マーケット・ニッチャーとは、大手企業がほとんど注目しないようなニッチ市場（適所・隙間市場）を見つけ出し、そこを占有している小規模企業である。ニッチャー企業の基本は、専門化である。市場、顧客、製品、マーケティング・ミックスなどの中でいずれかを専門化することによって、高収益を上げている。

コトラーは、「市場で低いシェアしか持たない企業には、適切なニッチ市場をとらえ、高収益を上げている企業がある。彼らは自分たちの標的顧客をよく知っており、より高い価値を提供することで他の企業よりもうまく彼らのニーズを充足しているのである。しかしながら、彼らはまた、プレミアム価格を設定し、より低い製造コストを達成し、そしてより強い企業文化とビジョンを形成しているのである。マス・マーケターが大量を達成しているその一方で、ニッチャーは、高マージンを達成しているのである。（中略）ニッチャーは、ニッチを創造すること、ニッチを拡張すること、そしてニッチを保護すること、の3つのタスクを持っているのである」と述べる一方で、「ニッチは永続的な市場ではない。そのため、その企業は1つのニッチに固執するのではなく、第2、第3のニッチ（複数のニッチ）を創造することで生き残る機会を増大させることができるのである」（コトラー〔2016〕pp.368-369.）と述べて、1つのニッチに固執する危険性も指摘し、複数のニッチを獲得するアイデア

として以下のような専門化の例を挙げている（コトラー〔2016〕p.370.）。
  ○エンド・ユーザー・スペシャリスト……1つのタイプのエンド・ユーザー顧客のためだけに専門化している企業。たとえば、あるコンピュータ販売業者は、ある特定の顧客セグメントだけのためソフトウェアを開発し、そのプロセスにおいてプレミアム価格を得ている。
  ○垂直的レベル・スペシャリスト……この企業は、生産−流通の価値連鎖のある垂直的レベルで専門化している。
  ○顧客規模スペシャリスト……この企業は、顧客の規模に応じて専門化し、集中的に製品・サービスを提供している。
  ○特定顧客スペシャリスト……この企業は、1つもしくは少数の顧客に限定して製品またはサービスを販売している。
  ○地理的スペシャリスト……世界のある特定の地域ないしは地方にのみ販売する。
  ○製品または製品ライン・スペシャリスト……1つの製品ラインまたは製品のみを製造または販売している企業。
  ○製品特徴スペシャリスト……あるタイプの製品もしくは製品特徴を生産することのみに特化している。
  ○ジョブ−ショップ・スペシャリスト……この企業は、個人の顧客のためにその製品をカスタマイズする。
  ○品質−価格スペシャリスト……この企業は、ロー・エンドもしくはハイ・エンドのどちらかの市場のみを取り扱う。
  ○サービス・スペシャリスト……この企業は、他の企業が取り扱わないような1つまたはごく少数のサービスを提供する。
  ○チャネル・スペシャリスト……この企業は、流通チャネルにおける1つのチャネルにのみ特化した企業である。

　以上が、コトラーのポジション別競争戦略類型であるが、マーケット・リーダー戦略の部分で触れたように、実務の世界では必ずしもこのような戦略がそのまま採用されるわけではないことも事実である。また、

市場構造の違いやチャネル上の役割や立場の違いによっても採用される戦略は異なる。たとえば、自動車産業におけるある部品メーカーなどは、チャネル上では一仕入れ業者であるが、その企業のその技術でしか作れない製品分野を持っており、その製品（技術）ではシェアはほぼ100％に近く、市場特性から見ると、それは明らかに"ニッチ市場"を構成していると考えられる製品市場もある。さらには、同一企業であっても、展開している製品市場によってはチャレンジャー的戦略を採用する場合もあれば、フォロワー的戦略で市場に参入し、その後側面攻撃によってリーダーのシェアを奪おうとするといったこともある。

このように、現実の競争市場ではただ単純に上述のようなシェア状況やポジションにある企業が、これらの類型どおりの戦略を採用するわけではないことは読者も気づいていることであろう。しかしながら、これらの戦略類型は、競争市場において戦略を立案する上での有用な1つ指針となるものであるということができるであろう。

コラム　コーヒーブレイク

《ニーズの再発掘・再発見》

ミラー（Miler, H.）は、次のように述べている。「大衆は、そのニーズに気づいていないが、それを知ればほしくなるようなものか、または一般に知られてはいるが、いまだ満たされない欲求を満たさねばならない、もしくは市場の中で十分役立つと信じられている既存の製品やサービスに、改良を加えるものでなければならない」

カール・ヴェスパー（Karl H, Vesper）は、上記の短い言葉の中にいくつかの重要なポイントが潜んでいると指摘し、その1つは起業家の神髄は顧客の欲しているものの発見である。もう1つは、それらの欲求を満たす方法にはさまざまな形があると指摘し、次のような簡単なベンチャー創造の例を用いてニーズを5分類示している。

○いまだ気づいていないニーズ：1950年代に、片手で取り扱える蛇口を開発し、市場に出したが、配管業者はそれを取り扱ってくれなかった。そこで、マーケティング・キャンペーンを実施し、成功した。その結果、

全米最大の配管器具製造企業に成長した。
○気づいていない将来のニーズ：ある開発者が1973年に制御プログラム／モニター・オペレーティング・システム（CP／M）を開発したとき、彼自身もそれが会社創業の基礎となることに気づかなかった。彼はそれをインテル社に持ち込んだが関心を示さず、彼は星占い器具の開発に専念したあと、パソコンが市場導入されるに及んで、CP／Mの需要がにわかに高まりつつあることに気づき、自らデジタル・リサーチ社を設立し成功した。
○気づいているニーズ：ある起業家が住んでいた居住区内は、きちんとしたごみ収集が行われていなかった。地区委員会でごみ収集問題が取り上げられたとき、委員の1人があなたがトラックを調達して行えばとアドバイスしてくれたのをきっかけに、自身でごみ収集専門会社を設立した。
○既存製品の改良：1950年中ごろ、デジタル・コンピュータは広範に利用されていた。当時31歳だったK氏は、マサチューセッツ工科大学のリンカーン研究室で回路設計に従事していた。彼は、特定の市場セグメントに対して、マイクロ・コンピュータをつくろうというアイデアを持っていた。既存のコンピュータ会社はその機会をつかもうとしなかったので、彼は、デジタル・イクイップメント社を創設し、IBMの国内最大の競争相手になった。
○サービスの改良：航空郵便サービスには長い歴史があるが、イエール大学大学院の学生であったフレッド・スミスは、大学院修士レポートで「翌日渡し配送システムとハブ・アンド・スポークシステム」を組み合わせて航空郵便の改善ができるというアイデアを見つけ出し、卒業後、フェデラル・エクスプレス社を創設し業界のリーダーとなった。
（徳永豊・井上崇通・小林一ほか訳『ニューベンチャー戦略』同友館、239～240頁）

第1章　理解度チェック

次の設問に解答しなさい（解答・解説は後段参照）。

1. 戦略策定に関する次の記述のうち、適切なものを1つ選びなさい。
① 戦略計画においては収益性の確保が第一なので、予算統制による戦略計画が最も効果的である。
② 十分に開発された戦略には、範囲と目的と目標、資源の範囲が、企業の使命を考慮する必要はない。
③ 単一製品や単一事業を運営する場合、企業戦略と事業戦略は今後の成長のことを考えると分けておかなければならない。
④ 支店レベルの戦略を機能別戦略といい、各支店での販売員の活動や受発注業務などを遂行する。
⑤ 戦略は多様に用いられており、計画として、策略として、パターンとして、位置としてのほか、視野としての戦略がある。

2. 次の市場セグメントにおける実質性基準に関する記述として、適切なものを1つ選びなさい。
① 選定されたセグメントは、顧客までの流通ルートが確保されている。
② 選定されたセグメントは、十分な利益を確保できる大きさである。
③ 選定されたセグメントは、さまざまな基準に照らしてその存在を十分確認できる存在である。
④ 選定されたセグメントに対してマーケティング・ミックスに含まれる諸手段の効力を十分に発揮できる。
⑤ 選定されたセグメントは、他のセグメントとまったく同じであってもよい。

3. 次のうち、ターゲット・マーケットを選定することの有効性に関する記述として、不適切なものを1つ選びなさい。

① 標的を決めることによって、適切なマーケティング機会の発見および正確なマーケティング目標の設定を可能にする。
② 対象となる自社製品の相対的な関係がわかるので、自社製品の適切なポジショニングが可能になる。
③ 標的を決めることができるので、その後に続く市場細分化のガイドラインを提供することができる。
④ 市場への関心が高まるので、環境の変化に適用する企業の能力を高める。
⑤ マーケティング資源は有限であるので、その配分を適切に行うための目安を提供する。

4. 次の項目のうち、予算競争の例として適切なものを1つ選びなさい。
① デスクトップ・パソコン間の競争
② デスクトップ・パソコンとノート型パソコンの競争
③ スマートフォンとノート型パソコンの競争
④ スマートフォンと自動車の競争
⑤ タブレットのブランドAとブランドBの競争

5. ポジショニングに関する次の記述のうち、適切なものを1つ選びなさい。
① ポジショニングを行うときの属性軸は、顧客よりも企業の視点から設定するほうがよい。
② 選定された市場ポジションは、競争上の観点からライバルに伝わるのを避けるため、わかりにくいものにする必要がある。
③ ポジショニングを設定する際には資源ベースの視点から企業のブランドといった強みをベースに設定することが必要である。
④ 製品が同一である場合、顧客グループが異なっていたとしてもポジショニングは同一するほうがマーケティング戦略上有益である。

⑤ ポジショニングを図式化する知覚マップでは、正確に表現するために次元数をできるだけ多くする必要がある。

6. マーケティングの目標設定に関する次の記述のうち、不適切なものを1つ選びなさい。
① 顧客を中核とする企業理念を入れることによって、コンプライアンスやCSR等に対応することができる。
② マーケティングの目標は、環境の変化でスピード感が求められるようになっているので、設定する期間が短くなってきている。
③ 不透明な時代であるので、定量的な目標はマーケティングの目標設定としては不適切となってきている。
④ 顧客の支持を受けることによって業績拡大につながるようなマーケティングの目標設定が必要となる。
⑤ マーケティング目標にはまずはコストダウンに着手することを含める必要がある。それには人件費の削減から取り組むことが求められる。

7. ポートフォリオ分析に関する次の記述のうち、適切なものを1つ選びなさい。
① ポートフォリオ分析は、単一事業を展開する企業において有効である。
② ポートフォリオモデルの代表例の1つが、アンゾフの提示した成長ベクトルマトリクスである。
③ BCGモデルでは、絶対的マーケット・シェアを競争力として位置づけている。
④ BCGモデルは、事業を問題児や花形、金のなる木に分けることによって、キャッシュをどのように配分するのかを考えるモデルである。
⑤ BCGモデルにおける負け犬事業は、その事業の人員の奮起を

期待して、これからの成長のために注力する事業となる。

8. 競争戦略の目的に関する記述として、適切なものを1つ選びなさい。
① 技術特許において、競合企業を圧倒する取得を行うこと。
② 顧客価値の創造において、競合企業よりも優れた活動を行うこと。
③ 市場での競争を通じて、競合企業を苦境に追い込むこと。
④ 株式の時価総額において、競合企業を抜いてトップに立つこと。
⑤ 顧客の視点から、競合企業に対する評価を落とすこと。

9. 次の項目のうち、ポーターが基本戦略として挙げているものはどれか。該当するものを選びなさい。
①市場創造戦略　②集中戦略　③模倣戦略　④追随戦略　⑤コスト・リーダーシップ戦略　⑥細分化戦略　⑦コモディティ戦略　⑧差別化戦略　⑨上澄戦略　⑩分散戦略

10. 市場ポジション別戦略のうち、マーケット・チャレンジャーに関する記述として正しいものを1つ選びなさい。
① 最大のマーケット・シェアを持っており、新製品導入、流通力バリッジなどにおいて市場をリードし、市場開拓をチャレンジする立場にある。
② マーケット・リーダーを追走する企業であり、リーダーの方法を模倣することによって市場でのポジションを獲得しようとする。
③ リーダーを追走する企業であり、リーダーとはすべての面において独自性と差別性を打ち出そうとする。
④ 大手企業がほとんど注目しないような隙間市場を見つけ、その市場において専門化を図る。
⑤ アダプターと呼ばれる企業であり、リーダー企業の製品を取り入れて、改良を試みることになる。

第1章　理解度チェック　解答・解説

1. ⑤
戦略には多様な視点が存在している。

2. ②
市場細分化してもビジネスとして有益であるかどうかが重要である。実質性はその基準となる。

3. ③
市場は細分化してからターゲット・マーケットを選定することになる。

4. ④
予算競争は直接の競争は見られず、広い範囲で影響がある製品間の競争のことをいう。

5. ③
ポジショニングは、顧客の視点からわかりやすいものでなければならない。

6. ⑤
不要なコストダウンは、企業の競争力を低めてしまうので避けることが求められる。

7. ④
BCGモデルは、企業のキャッシュの配分を通じて成長戦略を考慮するものである。負け犬事業は一般に撤退を考えることになる。

8. ②
軍事戦略とは異なり、企業の戦略は顧客の支持の獲得をめざす競争である。

9. ② ⑤ ⑧

10. ③
チャレンジャーは、リーダーを上回る製品や事業システムが必要である。

第1章 戦略マーケティング

〈参考文献〉

上村孝樹『SISの実際』日本経済新聞社、1991.

大澤豊『マーケティングと消費者行動－マーケティング・サイエンスの新展開』有斐閣、1992.

遠山暁・村田潔・岸眞理子『経営情報論〔新版補訂版〕』有斐閣、2015.

徳永豊「マーケティング環境と機会および脅威の分析」『明大商学論叢』第73巻第1号、1990.

徳永豊・森博隆・井上崇通編著『例解 マーケティングの管理と診断〔改訂版〕』同友館、1990.

中村邦夫「破壊と創造で超・製造業を目指す」『ハーバード・ビジネス・レビュー』2001年2月号、ダイヤモンド社.

古川一郎・守口剛・阿部誠『マーケティング・サイエンス入門－市場対応の科学的マネジメント〔新版〕』有斐閣、2011.

丸田芳郎『心身学道』NTT出版.

陸正『マーケティング情報システム－その戦略的視点と未来の構図』誠文堂新光社、1988.

D. A. アーカー、野中郁次郎・北洞忠宏・嶋口充輝・石井淳蔵訳『戦略市場経営』ダイヤモンド社、1986.

G. S. デイ、徳永豊・井上崇通・篠原俊彦訳『市場駆動型の組織』同友館、2005.

M. E. ポーター、土岐坤訳『競争優位の戦略』ダイヤモンド社、1987.

P. F. ドラッカー、野田一夫・村上恒夫監訳『マネジメント－上－』ダイヤモンド社、1999、2001.

P. F. ドラッカー、上田惇生訳『現代の経営』ダイヤモンド社、1965.

P. コトラー『マーケティング・マネジメント』プレジデント社、1983.

Aaker, D. A., *Strategic Market Management,* 1984.

Aaker, D. A., Kumar, V. and Day, G. S., *Marketing Research,* 8th ed, John Wiley & Sons, Inc., 2004.

Abell, D. F and Hammond, J. S, *Strategic Marketing Planning,* Prentice-Hall,

1979.

Arnold, D., *The Handbook of Brand Management*, London: Economist Book Ltd, 1992.

Assael, H., *Marketing Principles and Strategy*, The Dryden Press, 1993.

Bulled, Handbook of *Marketing*, 1986.

Busch, P. S., Houston, M. J., *Marketing*, 1985.

Churchill, G. A., and Iacobucci, D., *Marketing Research: Methodological Foundations*, 9th ed, 2005.

Costello, D. C, New Venture Analysis, Dow Jonens-IRWIN, 1985.（徳永豊訳『ニューベンチャー分析－企業内ベンチャーの調査・計画・資金調達』同友館、1999.）

Day, G. S., *Strategic Market Planning*, 1984.（徳永豊・井上崇通・首藤禎史他訳『戦略市場計画』同友館、1992.）

Day, G. S., *Market-driven Organization: Understanding, Attracting, and Keeping Valuable Customer*, Free Press. 1999.（徳永豊・井上崇通・篠原俊彦訳『市場駆動型の組織』2005.）

Doyle, P. *Value-based Marketing: Marketing Strategy for Corpolate Growth and Shereholder*, John Wiley & SonsInc. 2000.（恩蔵直人訳『価値ベースのマーケティング戦略論』東洋経済新報社、2004.）

Gluck, F. W., Kaufman, S. P., Walleck, A. S., "Strategic Management for Competitive Advantage," *Harvard Business Review*, July-August 1980.

Hooley, G. J., "Positioning" in M. J. Baker (ed.) Companion, Encyclopedia of *Marketing*, Routhtledge, 1995.

Hooley and Saunders, *Competitive Positionig: the Key to Market Success*, London, Prentice Hall International, 1993.

Kinnear, T. C., Bernhardt, K. L., *Principles of Marketing*, second edition, Scott, Foresman and Company, 1986.

Kotler, P., *Marketing Management*, Prentice-Hall, 1980.

Kotler, P., Keller, L. K., *Marketing Management 15e. Global Edition,* Pearson

Education Ltd., 2016.

Lehmann, D. R. and Winner, R. S., *Analysis for Marketing Planning*, 3rd. ed., Irwin, 1994.

Lyon, L. S., *Salesmen in Marketing Strategy*. MacMillan, 1926.

Montgomery, D. B. and Urban, G. L., *Management Science in Marketing*, Prentice-Hall, Inc., 1969.

Phillips, L. W., Chang, D. R., Buzzell, R. D., Product Quality, Cost Position, Business Performance, *Journal of Marketing*, Spring, 1983.

第2章

マーケティング・リサーチと消費者・産業購買行動

【この章のねらい】

第2章では、前半をマーケティング・リサーチ、後半を消費者ならびに産業購買行動に分けて学習する。

前半のマーケティング・リサーチでは、さまざまな戦略レベルにおけるマーケティング意思決定を情報面で支援するリサーチ活動の意義について簡単に説明した後、マーケティング・リサーチの主たる局面であるデータ収集とデータ分析について、その手続や方法について理解することをねらいとしている。

後半は、消費者および産業購買行動について、買い手の抱いているニーズや欲求だけではなく、人々の心理的・社会的・文化的な行動要因を理解する。一方、産業購買者は、企業取引あるいは生産財や産業財取引にかかわる問題を理解することによって知識を広めるよう努めてもらいたい。

第1節
マーケティング・リサーチ

学習のポイント

◆ マーケティング・リサーチは、仮説の立案と検証という2つの面で意思決定を支援する。また、こうした支援内容の違いに応じて調査の特性も2つのタイプに分けることができる。
◆ マーケティング・リサーチの主たる局面は、データ収集とデータ分析であり、データ収集計画では調査対象、調査様式、調査内容という3つの事柄を決定しなければならない。
◆ マーケティング・データの調査様式には、観察する、質問する、実験するという3つの基本的な様式がある。
◆ マーケティング・データを分析する際には、多変量解析法を活用する方法や、マーケティング・モデルを活用する方法などがある。

1 マーケティング・リサーチと意思決定

(1) 導入事例：口紅ブランドXに関するマーケティング・リサーチ

　口紅ブランドXは、発売以降順調に売上げを伸ばしてきていたが、導入から1年が過ぎたころから多くの販売地域で伸びが鈍化し、前回の業務報告会で前期比マイナスになる地域も出てきていることが報告された。問題の存在を確認したブランド・マネジャーAは、その問題を明確に定義するために次のようなことを行った。
　・専属モニター20人に対する簡単な電話調査を行い、ブランドXのイ

メージにネガティブな点が見られないことを確認した。
・マーケティング情報システムを通じて売上高推移のデータを検索し確認したところ、成長鈍化が見られ始めたのは昨年の11月ころからであることがわかった。
・営業担当者に対してヒアリング調査を行った結果、昨年の8月にライバルの展開するブランドYが容器デザインとPOP広告の内容を一新していたこと、そしてXとY両ブランドの客層が最近かなり似てきていることなどがわかった。

ブランドYはかなり強いブランドなので、ブランドXは標的市場の年齢層を下げることで開発当初からYとの競合を避けるように展開されてきた。しかしこれらの情報から、Aは、ブランドXの不振の原因が「ブランドYとポジショニングが重なってしまった」ことにあるのではと考えている。

そこで、標的市場に該当する女性被験者400人からブランドXとYを含む主要12ブランドについての類似度データなどを収集し、多次元尺度法を使って口紅ブランドの知覚マップを作成した。その結果、ブランドXとYの組み合わせはすべての組み合わせの中で最も似ているペアであると認知されていること、この市場層は製品の外見を非常に重視するということ、製品外見に関する評価はXとYの間で明らかに差がある（Yのほうが優れていると評価されている）ことなどがわかった。直面している問題が明らかになったので、Aは次に… 〈事例終了〉

上記は、マーケティング問題の確認からその問題の定義に至るまでのプロセスを描いたものであるが、おそらくその後、この問題に対する解決策を決定し、それを実施した後にはその解決策の問題解決能力を評価しなければならないだろう。こういった意思決定の流れは、Aaker and Day〔1980〕に示されているマーケティング・プログラムの開発プロセス（環境の監視⇒問題や機会の定義⇒代替案の識別と評価⇒代替案のテストと精緻化⇒成果の監査と評価）に沿ったものである。ここでは、マ

ーケティングにかかわる問題の探索を起点に話を進めているが、同様の議論はマーケティング機会を起点としたプロセスでも論じられうる。

　ここで読み取ってほしい点は2つある。第1に、**マーケティング・リサーチ**の主目的が**意思決定支援**にあるということは『**マーケティング3級**』のテキストですでに説明しているが、その支援には多様な内容が含まれるという点である。一連の流れの中でマーケティング・リサーチが果たしている役割は、医療診断のメタファーでいうと、定期健康診断、精密検査、症例データの検討、あるいは治療成果の経過観察といったものに該当している。そこでは、関連現象を監視し続けたり、問題に関連する仮説を検証したり、あるいは刺激と反応の間の因果関係を解明するといったことを通じてマーケティング意思決定を支援している。

　第2に、意思決定を支援するためにはさまざまな調査方法が組み合わされるという点である。マーケティング・リサーチの計画とは何か1つの調査方法を計画することではない。問題を定義する場面だけに限ってみても、上記の事例のように小規模なモニター調査、マーケティング情報システムを使った2次データ調査、営業担当者へのヒアリング調査、そして大規模なアンケート調査などが行われている。調査の規模や形式、あるいは調べるデータの特性などによって多種多様な調査方法があるが、マーケティング・リサーチでは、これらの調査方法を上手に組み合わせることで、直面する意思決定課題をより効果的に支援していかなければならない。

（2）仮説の立案と検証：意思決定支援の2つのタイプ

　マーケティング・リサーチが具体的にどのような意思決定を支援するのかという点は、『マーケティング3級』**第2章第1節**ですでに説明したとおりであり、標的市場の選択やブランドのポジショニング、そしてマーケティング・ミックスの策定や管理といった多種多様なマーケティング意思決定において、マーケティング・リサーチは情報面での支援機能を果たしている。ここでは、こうした支援の内容を2つのタイプに整

理しながら、支援内容と調査特性の関係について説明を行っていく。

前述したブランドXの調査事例を図でまとめると、図表２－１－１のようなプロセスとして描くことができる。このプロセスは、仮説の立案と検証という下位のプロセスによって構成されている。ここでいう仮説とは、マーケティング問題や機会、市場、あるいはその組織の提供物などに関する仮の考えであり、「Aは〜である」といった状態に関する言明や、「XであるほどYである」といった因果関係に関する言明をとることが多い。むろん、ビジネスの文脈で利用する仮説や検証といった言葉は、学術研究の場合のそれとは違いかなりあいまいなものとなることが多い。

マネジャーAは、調査モニターや営業担当者などに対する調査から「ブランド・イメージ上で予期せぬ問題が発生しているとは思えない」ことや「ライバル・ブランドYの動きが今回の不振と時期的に重なっている」こと、「最近両ブランドの客層が似てきているように感じられる」ことなどを知り、「今回の問題は、ブランドYとのポジショニング上の競合による不振である」という仮説を導き出した。そして、この仮説は、

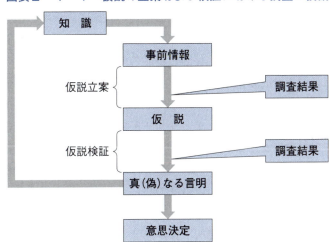

図表２－１－１　仮説の立案および検証における調査の役割

大規模な消費者調査を通じて得られた情報（ブランドXとYは似ており、製品外見の評価ではYのほうが勝っており、かつその外見はブランド選択の重要属性であるという情報）と照合され、「仮説は現実と合致している（正確には"合致していないとはいえない"）ので正しい」という判断が下されたのである。こういった流れを考えると、調査による意思決定支援は**仮説立案の支援**と**仮説検証の支援**という２つのタイプのものが存在すると考えられる。

図表２－１－１に示すとおり、仮説はすでに入手している情報（ここでは事前情報と呼ぶ）と調査結果から論理的に導き出される。したがって、事前情報が十分備わっている（たとえば、以前にも同じ状況を経験したなど）場合、仮説立案の段階での調査の重要性は低くなる。しかし、それが不足している場合、調査による意思決定支援の意義は大きくなる。この状況で調査に求められることは、仮説に結びつくような情報を探索し、補充することである。もし、事前情報でカバーできていない領域の情報を幅広く提供することができれば、より包括的な観点から妥当性の高い仮説を設定することができるようになる。

一方、いったん設定された仮説は、事実との整合性という点で評価され、その真偽が決定されなければならない。この場合、調査に求められていることは、仮説の照合対象となる事実の状態や因果関係の構造を明らかにすることである。先の事例でいうと、両ブランド間で知覚されている類似性の状態やブランド評価と製品の外見に対する評価との間に見られる因果関係などが調査を通じて明らかになれば、仮説を評価することができるようになる。

このように、マーケティング・リサーチによる意思決定支援のタイプには２つの種類があるが、その違いは調査計画を最適化する際に重要な意味を持っている（→図表２－１－２）。仮説立案の文脈における調査は、多種多様な情報源から比較的自由度の高い方法で情報を得ることにより、多面的な問題の検討を支援しなければならない。また、実際問題として、この段階に十分な時間と金銭的予算が用意されていることはあまりない。

第1節 マーケティング・リサーチ

図表2－1－2　支援タイプの違いによる調査特性の差

支援の概要	仮説立案の支援	仮説検証の支援	
調査目的	多面的に情報を提供する	事実の状態を明らかにする	因果構造を明らかにする
調査の規模と形式	小規模、非定型的	大規模、定型的	大規模、定型的
代表的手法	2次データ調査 定性的調査	定量的調査	定量的調査
具体例	新製品のアイデアを集める 購買判断基準の候補を把握する	ブランドの認知率を調べる プロダクト・マップを作る 購買者の特徴を把握する	広告露出量と認知率の関係を把握する 売上高の予測式を作成する

コラム **コーヒーブレイク**

《インターネットは両刃の剣》
——全国の消費生活センターと国民生活センターのデータを基礎に

総数	
商品・サービス	件数
デジタルコンテンツ	182,095
インターネット接続回線	41,975
商品一般	41,145
不動産貸借	39,003
フリーローン・サラ金	30,727
工事・建築	20,028
携帯電話サービス	16,312
相談その他（全般）	14,746
四輪自動車	12,923
役務その他サービス	12,283

消費生活相談件数の多い分野は、「商品・サービス商品・サービス」である。その中身をさらに詳しく分類して上位商品を見ると、アダルト情報サイトや何らかのインターネットサイトに関連する「デジタルコンテンツ」の相談が最も多く、他の商品・サービスを大きく引き離している。2番目に多いのは「インターネット接続回線」となっており、ウェブサイトのコンテンツと、それを利用するための通信サービス等のインターネットに関連した商品・サービスについての相談が消費生活相談で大きな割合を占めていることがわかる。

消費者の相談内容もまさにインターネット時代を反映している。

（備考）1．PIO-NETに登録された消費生活相談情報（2016年4月10日までの登録分）。
　　　　2．総数には、年齢が無回答（未入力）も含まれる。

出所：平成28年度『消費者白書』第3章「消費者問題の動向」116～117頁（図表・文とも）．

そのため、ここでは、操作性に乏しいものの迅速かつ安価に情報が入手できる2次データ調査や、規模は小さくとも調査プロセスの自由度が高く現象の包括的な理解に適した定性的調査などが多く採用される。一方、仮説検証の文脈における調査は、客観的にそして再現可能な方法を通じて事実の状態や因果構造を明らかにしていく必要があるので、定型化された内容を大規模に調査する定量的調査がよく利用される。

2 マーケティング・データの収集計画

(1) データ収集計画の全体像

マーケティング意思決定に有用なデータを入手するためには、適切なデータ収集計画を立案する必要がある。図表2-1-3は、こうしたデータ収集計画の概要をまとめたものである。時間軸に沿ってこの図を見る場合は、図の中央部分から外側に向けて収集計画が進んでいくことになる。

まず、収集計画の最初にやるべきことは**調査目的の設定**である。『マーケティング3級』第2章で学んできたように、マーケティング・リサ

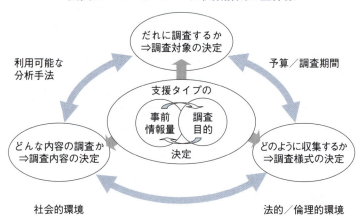

図表2-1-3　データ収集計画の全体像

ーチとは始点と終点のあるプロジェクト型の活動である。定められた予算と期間の中で、このリサーチ活動を通じて何を明らかにしたいのか、どのような情報を意思決定者に提供するのかといったことを事前に明確に決めておく必要がある。これが不明確なままであると、これ以降の計画に無理やむだが生じてしまう可能性があり、また、当該リサーチ活動の成否を判断することもできなくなる。調査目的が定まると、その目的を果たすために必要な事前情報がどの程度すでにあるのかが評価できるようになり、事前情報の蓄積度合いに応じて、仮説立案型の支援を行うのか、仮説検証型の支援を行うのかという支援のタイプが決定される。先の図表２－１－２で示したように、支援のタイプによって調査の規模や形式などの大枠が方向づけられる。

次の段階では、「調査対象」「調査様式」「調査内容」という３つの項目が決定される。**調査対象の決定**とは、具体的にだれに対して調査を行うかを決めることである。たとえば、高齢者のスポーツ用品の購入実態について調査を行うとしよう。調査目的の設定段階で調査の母集団が高齢者となることは決定されるかもしれない。しかし、調査対象の決定段階では、こうした漠然とした対象だけでなく、標本をどのように抽出するかや具体的に何人に調査を行うかといったような調査を実際に行うために決めておかなければならない点も検討することになる。なお、標本抽出法については『マーケティング３級』第２章第１節を参照されたい。**調査様式の決定**とは、観察法、質問法、実験法という３つのデータ収集様式をどのように組み合わせるかを決めることである。この後の**(2)**で詳述するように、これらの調査様式はそれぞれ特徴があり、収集したいデータの内容によって適切に使い分けたり組み合わせたりしなければならない。**調査内容の決定**では、調査の内容を漠然と決めるだけでなく、具体的な質問の文言や答えさせ方についても決定しなければならない。

こうしたさまざまな決定事項を取り囲むように図示されているのが、収集計画に影響を持つ**環境要因**の代表的なものである。予算／調査期間や法的環境が調査計画内の各種の決定に影響を及ぼすことはいうまでも

ない。調査を取り巻く環境としての社会環境とは、調査を行うことや調査に協力することに対する社会的な認識や意味合いといったことを表している。リサーチ活動が詐欺行為や悪意のある勧誘行為などと同一視されるような社会環境になれば、調査への協力が得られにくくなり、計画段階での選択肢も限定されてしまうようになる。適用可能な分析手法が何であるのかという点も、データの収集計画に影響を及ぼす。データの分析はデータ収集の後に行われることであるが、『マーケティング3級』で説明しているように、利用したいと思っている分析手法がどんなデータに対しても適用できるとは限らない。収集するデータにどのような尺度を適用するかによって、利用可能な分析手法の範囲が決まってくるため、調査目的を達成するためにどのような分析手法を利用しなければならないかがあらかじめ決まっている場合は、それに合わせた収集計画を立案しなければならないようになる。

(2) 1次データの収集における3つの様式

データを収集する方法にはさまざまなものがあるが、それらは、質問法、観察法、実験法という3つの収集様式を使って整理することができる。以下では、これらの3つ収集様式について詳しい説明を行うが、実際の調査ではこれらの様式のいずれかが用いられるというよりも、調査目的の達成に向け組み合わされて用いられることのほうが多い。

① **質問法と観察法**

質問法とは、調査対象に対して質問を行いその回答をデータとして収集するという方法である。マーケティング・リサーチでは最も基本的なデータ収集様式であり、これを用いた実践的な調査様式には図表2−1−4に示すようなさまざまなものがある。図表からもわかるように、質問と回答のやり取りは、人を介して行われる場合(たとえば面接法、電話法、会場法)もあれば、紙のアンケート票やWebページなど非人的な媒体を通じて行われる場合(たとえば郵送法、インターネット法)もある。この方法では、質問の内容や順序、あるいは回答のさせ方といっ

図表2－1－4　質問法の実践的形式とその特徴

- 面接法：調査員が直接面会している状況で口頭質問を行い、回答者の口頭での回答を記録し、それをデータとする
- 電話法：調査員が電話で口頭質問を行い、回答者の口頭での回答をデータとする（機械あるいは録音音声によるケースもある）
- 会場法：特定の会場を設定し、そこに回答者に集合してもらい、口頭あるいは調査票（質問紙）による調査を行う
- 留置き法：調員が回答者を訪問し、調査票を手渡し、一定期間後に回答済み調査票を回収するために再度訪問する
- 郵送法：回答者に郵便で調査票を送り、回答後にその回答済み調査票を再び郵便で返送してもらう
- インターネット法：Eメールや Web ページ等に質問票を公開・配布し回答を回収する

	面接	電話	会場	留置	郵送	インターネット
費用	高い	—	低い	中～高	低い	低い
調査範囲	狭い	広い	—	—	広い	広い
調査期間	—	短い	—	—	長い	—
回収率	—	—	—	—	低い	—
回答への圧力	強い	強い	—	—	なし	なし
調査員熟練度	必要	必要	必要	必要	不要	不要
各種回答確認	容易	—	—	困難	不可	不可
複雑な質問	可能	不可	可能	—	不可	—
その他	—	調査員の管理が容易	—	—	—	普及率に依存 回答者の偏りに注意が必要

た点が収集されるデータに大きく影響を及ぼすため、調査項目の設計を慎重に行う必要がある。

　面接調査などのように調査員と調査対象者が直接面談しながら質問を

行う場合、複雑な質問を行うことが可能で、質問の内容や順序を臨機応変に対応させることもできる。また、回答として得られる情報だけでなく、表情や口調といった非言語的な情報を収集することが可能なので、調査対象者ごとに得られる情報量は多くなるというメリットを持つ。一方、調査員の配置、訓練、移動などにかかるコストが高くなってしまい、また、調査員の違いによる調査結果の偏りが発生してしまうというデメリットがある。調査員を介さない郵送法やインターネット法は、広範囲に向けて画一的で安価な調査が実施できる反面、調査対象者の回答内容や回答態度に臨機応変に対応することが難しく、回答データ以外の情報を得ることも困難である。留置き法は両者のメリットとデメリットを半分ずつ持ち合わせており、総務省統計局の行っている国勢調査はインターネット法と留置き法を組み合わせた調査様式が採用されている。

　一方、**観察法**は、可視的な現象の状態を人の目や機械を通じて観察し、その結果をデータとする収集方法である。消費者が小売店舗に入店してレジに行くまでの移動経路を調査する客動線調査や、どんな状況下でどんな製品カテゴリーのどんなブランドがどんな人に購買されたかを調査するPOS（Point of Sales）売上調査などは、観察法の代表例である。観察は人によって行われることが多いが、観察対象が人間の観察力では認識できない場合（たとえば、眼球や脳波の動きなど）もあるので、その際にはさまざまな観察装置が利用されることがある。また、情報技術の高度化に伴い、データ収集の効率という点で機械が観察を代行することも多くなってきた。

　この質問法と観察法は対照的な性格を有している。観察法では概して可視的な情報を収集することが多い。たとえば、代表的な観察法の1つである交通量調査では、実際に目に見えている現象の状態（人や車の往来数など）がデータとなる。こういった情報は測定しやすく、またバイアスがかかりにくいため、観察法は得られるデータの信頼度が比較的高いという長所を持つ。しかし、得られる情報は観察可能なものに限定されるので、不可視的な情報（たとえば、購買動機や製品に対する意見な

ど）を収集することは困難である。

　これに対して、質問法では、観察法では得られない不可視的な情報を引き出すことが可能となる。マーケティング・リサーチの場合、消費者の心理的な状態（意見や態度など）や過去に行ったことなど、その場で直接観察することが困難なものが必要データに含まれることが多いので、質問法はマーケティング・リサーチにおいて不可欠な収集様式であるといえよう。こうしたメリットがある反面、得られるデータの信頼性について問題を有している。質問に対する回答という一連の流れの中では、調査する側とされる側の間に必ず相互作用が発生する。調査員の質問の仕方（口調や表情など）が調査対象者の回答内容に影響を及ぼすことはいうまでもないが、調査票を使う場合であっても、質問文の表現や質問の順番が回答に影響を及ぼす場合がある。こうした回答への影響は、調査する側から及ぼされるばかりでなく、調査される側からも生じる。質問法の場合、心理的な状態など調査対象者本人にしかわからない内容を調べる場合が多く、また、調査対象者に調査されているという意識が常に働くため、回答を歪曲させる可能性が高くなってしまう。

② **実験法**

　1次データを調査する場合には先述した質問法や観察法を利用することが多い。しかし、考察対象に対して何らかの意図的な操作を行うことでデータを収集することもある。本項で説明する**実験法**がこれに該当する＊。

　　＊本来、実験法は調査法の中に含まれないことも多いが、リサーチ実務上しばしば利用される手法なので項目に含めることとした。また、この原理に類似したものとしてテスト法がある。マーケティング・リサーチにおいては、新製品導入などさまざまなマーケティング・プログラムを本格的に展開していく前の段階で行われる予行という意味合いが強い。マーケティング・ミックスの策定段階での意思決定課題を支援する際によく用いられる。

　実験法は、仮説検証の文脈において因果関係を解明する際に用いられる手法であり、調査する側が実験条件の違いを生み出すために調査対象者に対して何らかの操作や働きかけ（たとえば、広告を見せる／見せないや値引きをする／しないなど）を行い、その結果をデータとする方法

である。その基本的な考え方はきわめてシンプルであり、原因とおぼしき要因を操作した際に結果とおぼしき現象が変化するならば、この要因と現象の間には因果関係が存在している、あるいは要因が現象を変化させる効果を持っていると考える。たとえば、ある飲料水のボトルに景品を付けることが売上げに効果を持つかどうかを確認したいとする。その場合、まず景品を付ける地区群（実験群という）と景品を付けずにいままでどおりに売る地区群（対照群という）に分けてそれを実行する。一定期間後に両群間で売上げに差が出ていれば、景品を付けることの効果はあったということになる。あるいはもっと単純化し、景品を付ける前と付けた後の売上高を比較する方法も状況によっては可能である。

　しかし、こういった実験法を実際のフィールド上で実施する場合、セテリス・パリバス条項（「他の事情が同じならば」という条件）の確保という難題が待っている。たとえば先の例でいうと、景品という要因の売上げに対する影響を知るためには、実験群と対照群の違いがその要因の差だけであり、売上げに影響を及ぼす他の事情がすべて同じであるという前提が成り立っていなければならない。しかし、実際のフィールドでその他すべての事情をコントロールすることはほとんど不可能である。

　これに対し、さまざまな他の事情を統制するために実験的な空間やバーチャルな空間で実験を行うこともあるが、今度はそういった実験場の雰囲気が日常とは異なっているため、調査対象の行動に影響が出てしまうことも考慮しておく必要がある。

（3） 2次データ調査と定性的調査

　2次データとは、『マーケティング3級』で説明したように、別の目的のためにすでに収集されているデータのことを指す。**2次データ調査**とは、文字どおりこの2次データを調査することであるので、換言すれば「すでに存在するデータを探し出す」作業といえる。したがって、この調査の具体的な内容は、目的とする2次データの有無、所在、入手可能性などを検討し、実際にそのデータを入手して、データの整理や分析

を行うといったものになる。探索先としては、組織外部（行政機関、協会・業界団体、メディア、調査会社・シンクタンク、大学・研究所など）が公表あるいは販売しているデータに加え、組織内部のデータベースや関係部署にあるデータも考慮しなければならない。

　２次データを調査する際に注意しなければならないのは、データ内容のコントロールができない点である。１次データの場合は、先に述べたような収集計画を立てることで「だれに」「どんな内容を」「どのように」調査するかを決定することができるが、２次データはすでに収集されてしまっているのでこういった点を調査目的に合わせることができない（→図表２－１－５）。したがって、調査目的に完全に合致する２次データを得ることはなかなか難しく、データ間での定義や調査方法が統一されていないため単純に比較や合成ができないといったケースも多く見られる。また、外部２次データはロー・データではなく統計資料などのような加工データの形で提供されていることが多いため、多変量解析など変数間の関係を分析するような手法の多くが適用できない。

　調査というと、大規模なサンプルから定量データを収集し、それらを客観的な手法で分析するといったことを想像するかもしれない。こうしたタイプの調査は**定量的調査**と呼ばれ、仮説検証型の支援を行う際によく用いられる。しかし、マーケティング・リサーチではこれとはまったく違ったアプローチも存在している。**定性的調査**とは「少数の標本から

図表２－１－５　２次データを取り扱う際に注意すべき点

データの定義：データの内容をどのように定義しているのか
調査対象：だれに対して調査が実施されているのか
標本の大きさ：何人の調査対象からデータを集めたものか
標本の抽出方法：どうやって標本を選んだのか
調査方法：質問法か観察法か実験法か、質問法ならば面接調査か調査票を使った調査かなど
回収率：どの程度の調査票が回収できたのか
など

非定型的な形式で収集した大量の情報を用い、観察者の主観を交えて論述を中心に考察を進める調査法」(豊田秀樹〔1998〕13頁.)であり、マーケティング・リサーチでは仮説立案の文脈においてよく利用される手法である。その実践的形式としては、心理学の手法を多用し調査対象の深層心理を調査する**デプス・インタビュー**や、調査対象集団の中で座談会形式の自由な討論をやってもらいそこから情報を得る**フォーカス・グループ・インタビュー**、あるいは専門家や経験者に対してさまざまな意見を聞く**ヒアリング調査**などがよく利用される。

　定性的調査の目的は、その事象に関する分析枠組みを初めから持つのではなく、調査対象者の自由な意見を可能な限りそのままの状態で収集することにある。これにより、事前情報に縛られない形で物事が理解でき、また、思いもよらない事実の断片が見えてくることもある。こういった非定型的な性格を持っているため、新製品開発プロセスの初期段階など仮説立案の文脈で利用されることが多い。定性的調査では、ほかの調査法と異なり、調査員の裁量がかなり認められている。細かな質問項目や回答様式が事前に決められているわけではないので、それらを上手に統制するためには調査員に高い能力が要求されるし、調査結果をほかの調査員の行った調査の結果と単純に比較することもできない。このように調査手続の客観性や再現性が制約されている点もこの調査法の大きな特徴である。

(4) インターネットを利用したさまざまな調査様式

　インターネットを活用した調査は、最もよく利用される調査様式になってきた。WebページやEメールなどを通じてアンケート調査を実施することは、質問法を代表する手法になってきている。コストやスピードといった点だけでなく、鮮明な画像や動画を使った質問が可能で、また、収集されたデータをそのまま分析に利用することができるなど、多くのメリットを持っている。また、多くのインターネット調査会社が調査サービスを提供しており、各社がさまざまな人口統計学的セグメント

に属する調査モニターを準備しているため、調査対象者の大規模な確保が非常に容易になってきている。

　こうしたインターネットの活用は質問法ばかりでなく、観察法にも見られるようになってきている。たとえば、行動ターゲティング広告は、最近非常に多く利用されている広告手法であるが、インターネットを活用した観察法としての特性を持ち合わせている。行動ターゲティング広告では、Web上での検索行動や閲覧行動などに関するデータを収集し、その消費者の興味や関心を人工知能などを使って推測することで、消費者ごとにカスタマイズされた広告を提供するというしくみが利用されている。また、スマートフォンなどを通じて消費者の位置情報が収集されたり、アプリの使用内容に関するデータが収集されたりしていることも、インターネットを活用した観察法の1つとみなされる。近年のIoT（Internet of Things）の発展は、インターネットを使った観察調査にこれまで以上の可能性をもたらしている。IoTとは、パソコンやスマートフォンなどのいわゆる通信機器ではないものにもセンサー機能と通信機能を持たせ、インターネットに接続することを指す。最近では、IoTに対応した製品は、テレビや照明器具などの家電製品だけでなく、自動車や寝具に至るまでさまざまな製品カテゴリーの中で見られるようになってきており、こうしたIoTのしくみを使ったマーケティング・リサーチは、製品の使い方にかかわるデータをリアルタイムかつ正確に観察することができる手法として活用され始めている。

　しかし、問題も残されている。質問法へ活用される場合、紙面がWeb画面へと移り変わることで調査の可能性がこれまで以上に広がってきているが、調査が可能になる対象はあくまでもインターネットが使用可能な環境にいる人に限られてしまう。特に、たとえば70歳以上の高齢者などインターネットを利用している割合が高くない層を調査対象に設定している場合は、インターネット調査会社に登録している調査モニターの回答に代表性があるとはいいにくく、調査結果の一般化には慎重な姿勢をとることが求められる。また、観察法へ活用される場合は、企業のリ

サーチ活動が消費者のプライバシーを侵害する可能性に十分注意しなければならない。一般に、消費者が通信機器やIoT製品を利用する際に、企業がどのような消費者情報を収集しそれをどのように利用するかについては、プライバシー・ポリシーと呼ばれる文書の形で提示されている。消費者は製品を購入する際、あるいは最初に使用する際に、そうしたデータの収集と利用に同意するか否かを選択することができる。しかし、実際には、そうしたデータ提供に同意しないと製品やサービスの一部の機能が使えなかったり、時には製品やサービス自体が利用できなくなったりすることもあり、実質的には、消費者はそうしたデータ提供に同意せざるを得ない場合も多い。こうした状況にかんがみると、インターネットを活用した消費者調査については、今後、マーケティング・リサーチ倫理の観点から、慎重な対応と適正な基準づくりが求められる。

3 マーケティング・データの分析

収集されたデータから有益な情報を得るためには分析を行う必要がある。『マーケティング3級』では、その基本的な部分として単変量データ分析と2変量データ分析について説明してきた。本テキストでは、より高度な統計的分析手法である多変量解析法を使った分析（多変量データ分析）とマーケティング・モデルを使った分析について説明を行っていく。

(1) 多変量解析法を使った分析
① 分析の概要

多変量解析法、あるいは**多変量データ分析**とは、複数（通常は3つ以上）の変数の間に見られる関係を分析するさまざまな手法の総称を指している。たとえば、8つのブランドに対する態度得点を調査したとする。このとき、ブランドごとに態度得点の平均値を出したり（単変量データ分析）、ブランドのペアごとに相関関係を考察したり（2変量データ分

析）することもできるが、8つのブランドに対する態度得点をすべて使って、反応の似ているブランドを分類してみたり、あるいはブランドの好き嫌いが似ている消費者をグループ分けすることもできる。ここではさまざまなマーケティング意思決定においてどのような分析が利用され、どのような情報が導き出せるのかといった点を中心に説明していく。

② 回帰分析
〔状況例〕
　ホテル経営者のAさんは、宿泊客の全体的な満足度を高めるためにはサービス要素のどのような部分（接客員、客室、食事、露天風呂など）の満足度がカギとなるのかを知りたいと思っている。この状況を支援するためには、各部分の満足度が全体的な満足度にそれぞれどの程度影響を及ぼしているのかという情報が有益である。

〔回帰分析の解説〕
　回帰分析は、原因と結果の関係を明らかにしたり、複数の原因のうちどの原因の影響力が強いのかといったことを分析したりする際に利用される。また、原因と結果の関係を考察することで、結果を予測することもできる。先のAさんの例でいえば、最初に、サービスの部分ごとの満足度を独立変数（原因にあたる変数）、全体的な満足度を従属変数（結果にあたる変数）とした回帰モデルを作成する。そして、そのモデル内に算出されている回帰係数（あるいは偏回帰係数）に対して、統計的検定を行うことでどの独立変数が従属変数に対して有意な影響を及ぼしているかを検討したり、標準化された回帰係数（あるいは偏回帰係数）の大きさを比べることで、各独立変数が従属変数に対して持つ影響力の大きさを比較したりすることもができるようになる。

　回帰分析は、一般に、独立変数と従属変数がともに定量データ（→『マーケティング3級』第2章第1節）である場合の因果関係分析に利用される。これに対して、ある製品の売れ行きが天気や曜日や時間帯によってどのような影響を受けているかを考察する場合など、独立変数が定性データであるときの因果関係の分析には、独立変数をダミー変換し

て回帰分析を実施するダミー回帰分析が利用される。

③ **判別分析**

〔状況例〕

　ガソリンスタンドを運営する企業で、オイル交換のプロモーション・キャンペーンを担当しているBさんは、これまでの同様のキャンペーンに対する参加状況のデータから、今回のキャンペーンに参加してくれそうな会員に対してダイレクトメールを送りたいと考えている。

〔判別分析の解説〕

　判別分析は、結果のとりうる状態が2通りある際に、いくつかの定量データによって条件づけられている調査対象がそのどちらの状態となりうるかを予測するための分析手法である。先の例でいえば、各会員が今回のキャンペーンに参加するかしないかという2通りの結果カテゴリーのいずれになるかを、給油頻度や過去のキャンペーンへの参加回数といった量的な事象によって予測することになる。原因となる変数と結果となる変数の間に見られる関係から結果を予測するという点では、先の回帰分析と類似している点も多いが、判別分析の場合、結果を量的に予測する回帰分析とは異なり、予測する結果は2つのカテゴリーのうちのいずれになるかということになる。

　一般に判別分析では、参加するか否か、満足するか否かなど、2つのカテゴリーのいずれかを予測する際に利用され、判別先が3つ以上のカテゴリーになる場合は、正準判別分析を適用することになる。

④ **因子分析**

〔状況例〕

　アルコール飲料メーカーの製品開発を担当しているCさんは、若者たちの飲酒の仕方を規定している要因をあぶりだしたいと考えている。予備調査でピックアップした30項目の飲酒機会（調査項目）ごとに、どの程度お酒を飲む必要性を感じるかどうか（10点評定）を500人の若者に調査した。このデータを使って、お酒を飲む・飲まないという判断を規定している要因を明らかにしたいと思っている。

〔因子分析の解説〕

　因子分析は、測定されたデータの背後で、そのデータのバラつきを規定していると思われる潜在的な変数（これを共通因子あるいは単に因子という）を抽出し、多くのデータでとらえられている複雑な現象をよりシンプルな形で理解するための分析手法である。先の例でいうと、30個の飲酒機会についてそれぞれ測定されている「飲酒度」の相関関係をベースとする共通した動き（これは、因子負荷量行列というものの中に示されている）を考察し、データ全体を最もうまく説明しているような少数の因子の抽出と命名を行う。この因子をベースに、たとえば「社会的コミュニケーション・ツール」「自分へのご褒美」「習慣」といった若者の飲み方を規定するキーワードが見えてくるかもしれない。

　因子分析には、事前に仮説がない状態で探索的に因子を抽出しようとする探索的因子分析と、事前に仮説があり、実際に測定したデータがその仮説にあるような因子によって上手に説明できているかを確かめる確証的因子分析という2つの種類のものがある。また、因子分析と非常によく似た原理で、多数の項目の合成得点を作成する主成分分析というものがあり、企業の経営指数を作成するときなどに利用されている。

⑤　クラスター分析

〔状況例〕

　フィットネス・ジムの顧客満足度増進キャンペーンを担当しているDさんは、ジム会員の人たちのジムの使い方が多種多様であると感じており、全会員に向けてただ漠然と同じキャンペーンを実施してきたこれまでのやり方に疑問を持っている。そこで、このジムの会員を「ジムの使い方」が似ているグループに分け、グループごとに個別のキャンペーン内容を考えたいと考えている。

〔クラスター分析の解説〕

　クラスター分析とは、文字どおり、ある集合体をいくつかの類似したグループ（これをクラスターという）に分類するために利用される分析手法である。先の例でいうと、会員のスポーツジムの使い方に関す

る種々のデータをもとに、その使い方の似ている会員グループをつくり、その特徴をまとめることで、市場細分化を支援するような情報の獲得が期待される。クラスター分析の目的は、多数の種々雑多なものを少数の同質的なグループにまとめることであるが、ここで難しいのは、多くの対象を少数のクラスターにまとめていくことと、クラスターを構成する対象をなるべく同質にすることとの間にあるトレードオフ関係のバランスをいかにとるかという点である。クラスター内の同質性を高めると、クラスターを構成する人数は少なくなり、クラスターの数は多くなる。しかし、クラスターの数が多くなりすぎると、クラスター分析を行う意味は薄れてしまう。そのため、クラスターの数を少数に抑えようとすると、今度はクラスター内の同質性は低くなってしまう。実際のクラスター分析では、デンドログラムという図などを活用しながら、このバランスをとるように努め、分析目的に合うようなグループ分けを行うことになる。

(2) マーケティング・モデルを使った分析

　マーケティング論の中には、これまでの研究を通じて開発されたさまざまな理論やモデルがある。(1)で見てきた分析手法は、統計学で開発された理論やモデルをベースに行われるものであるが、マーケティング・リサーチにおけるデータ分析では、こうした**マーケティング・モデル**を活用した分析も見られる。マーケティング現象にかかわるモデルには多種多様なものがあるので、ここではその代表的な例として、AIDAモデルを活用したコミュニケーション上の課題分析のケースと、ハフモデルを活用した商圏分析のケースについて説明を行う。

　AIDAモデルは、マーケティングの中では最も有名なモデルの1つであると思われる。企業からのマーケティング・コミュニケーションを通じて、消費者の認知心理学的／行動学的な状態がどう移り変わっていくかを、一種のコミュニケーション・スペクトラムとしてモデル化したものであり、注意（Attention）、関心（Interest）、欲求（Desire）、そ

して(買い物)行動(Action)という各段階の頭文字をとったものである。もちろん、AIDAモデルの修正版や現代版として、AIDMAモデルやDAGMARモデル、AISASモデルなど多くの段階モデルが提唱されているが、ここではマーケティング・モデルを使った分析を例示するために、構造がシンプルなAIDAモデルを利用している。

　AIDAモデルを使った分析は、現状のマーケティング・コミュニケーション上の課題を抽出し、プロモーション戦略の方向性を検討する際に、有益な情報を提供してくれる。そのために必要なデータとは、標的としている消費者層におけるそのブランドの知名度、関心の高さ、購買意図の水準、そして購買率などである。これらを測定することで、そのブランドのコミュニケーションにかかわる現状を把握することが可能になる。たとえば、図表２－１－６には２つのブランドのコミュニケーション現状が描かれている。ブランドXは、注意から欲求までの３つの段階において非常に高い比率を有しているものの、実際に購買まで結びついていない状況にある。一方、ブランドYは、知名度の段階から低い比率が記録されているが、段階を進んでもそれほど比率が低下しないまま、購買行動に結びついている。こうした現状の理解に基づくと、ブランドXのコミュニケーション課題は、買ってもいいかなと思っている人たちを実際に購買行動に踏み切らせるために何をすべきかということになる

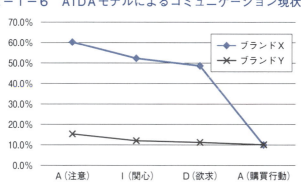

図表２－１－６　AIDAモデルによるコミュニケーション現状の分析

し、ブランドYのコミュニケーション課題は、知名度や関心といったコミュニケーション・スペクトラムの最初の段階に多くの標的消費者を進ませることになる。このように、収集したデータをモデルに当てはめることで、マーケティング現象を理解するための手がかりを得ることができ、プロモーション戦略の立案を支援するような情報を提供することができるようになる。

　もう1つの例は、ハフモデルを使った小売商業施設の商圏分析について説明する。**ハフモデル**とはハフ, D. L. によって提唱された小売店舗（ショッピングセンターなど商業集積も含む）の吸引力に関するモデルである。ハフモデルは、消費者の購買行動に関する2つの前提から成り立っている。1つは、近い小売店舗に足を運びがちである（店舗選択確率は店舗までの距離に反比例する）という点であり、もう1つは、大きな小売店舗に足を運びがちである（店舗選択確率は店舗面積に比例する）という点である。こうした行動傾向をもとに、任意の小売店舗に対して足を運ぶ割合をモデルにすると、以下のような式で表現することができるとされている。

$$P_{ij} = \frac{\dfrac{S_j}{D_{ij}^{\lambda}}}{\displaystyle\sum_{j=1}^{n} \dfrac{S_j}{D_{ij}^{\lambda}}}$$

　　P_{ij}：買物出向確率（i地点の消費者が店舗jに買物に行く確率）
　　S_j：店舗jの売場面積
　　D_{ij}：i地点から店舗jまでの距離（所要時間を利用する場合もある）
　　λ：距離（時間）に関する抵抗係数
　　n：競合店舗数

　ここでいう抵抗係数とは、買い物をする場所に移動するために長い距

離（長い時間）を移動することについての心理的な抵抗感の大きさを表している。この係数は、一般に、最寄品の買い物の場合に大きくなり、買回品の買い物の場合に小さくなると考えられている。

　この式に、地図情報システム（Geographic Information System：GISと呼ばれている）を通じて得られるデータやフィールド調査を通じて得られる競合店データを当てはめることで、ｉ地点の消費者がある店舗（店舗ｊ）に買い物に出かける確率を算出することができる。そして、これをさまざまな地点において計算することでその小売店舗の店舗吸引力を把握することができる。もちろん、競合店舗もそれぞれ吸引力を持っていることから、競合店の吸引力マップを作成し、自社のものと重ね合わせることによって、自社が圧倒的に強い地域、競合店が圧倒的に強い地域、競り合っている地域、どこからの吸引力も強く働いていない地域などを把握することができるかもしれない。このハフモデルは1960年代のアメリカのビジネス環境の中で開発されたモデルであるため、日本では、通産省（現在は経済産業省）が日本の実情に合わせて修正を加えた、いわゆる**修正ハフモデル**が利用されることが多く、大規模小売店が小規模な商業施設や商店街などに及ぼす影響を分析する際などにも使われている。

　ここまで、AIDAモデルやハフモデルなど比較的簡単なモデルを取り上げ、それらを活用したデータ分析についてその概要を説明してきた。マーケティングに関する研究領域には、これら以外にも多種多様なモデルが存在しており、そうしたモデルを活用することで、収集されたデータの意思決定を支援する力は高まっていく。ただし、モデルはマーケティング現象そのものをありのままに表現しているわけではない。モデルの役割は、複雑な現象を理解しやすくし、それに基づいてさまざまな意思決定が引き出せるようにするために、現象のエッセンス部分を抜き出したものである。そうしたモデル化を行うために、その過程でいくつかの前提が必ず置かれている。たとえば、ハフモデルでいえば、店舗の吸

引力と正の比例関係にあるものとして店舗面積が取り上げられているが、実際には、消費者を店舗に引き寄せる要素には多種多様なものがある（たとえば、店舗施設のきれいさやポイント制度の内容など）。しかし、これらをすべてモデルの中に入れ込んでいくと、モデルは一気に複雑化し、意思決定を支援するための道具として使いこなすことが難しくなるのである。マーケティング・モデルを活用する場合、それが開発された背景とは異なる場合が多いため、状況に合わせた修正を施すことは、有益な情報を引き出すという意味で非常に重要である。そのためには、そのモデルが有している前提をどう修正するかがカギとなるが、モデルの過度な複雑化を招かないように慎重に取り扱わなければならない。

第2節
消費者行動の分析

学習のポイント

◆本節では、消費者の購買行動の全体像を把握していきたい。3級のテキストでは、消費者行動を理解するうえで必要なキーワードに関する知識を蓄積してきた。それは社会的・心理的諸側面からの理解であった。しかし、そのような知識は、消費者理解の出発点として消費者の諸断面を理解するのには役に立つが、さらなる理解のためには、包括的な消費者像を理解する必要がある。

◆そこで、消費者の心理的プロセスを、その外的影響を含みつつ、立体的に把握する必要がある。今日の消費者行動研究においては、そのような消費者の購買過程を意思決定プロセスあるいは情報処理プロセスとして把握していく方法が考え出されている。ここでは、このプロセスをいくつかの段階に分け、そのうえで、一連の流れを理解していく。

◆今日の消費者の購買行動研究では、合理的な購買行動ばかりでなく、買い物自体を楽しむ消費者心理についても研究が進んでいる。つまり、買い物自体が喜びをつくり出したり、安らぎにつながったりという感情に与える影響についても注目されるようになってきている。その意味では、企業も買い物環境の演出の重要性を認識すべき時期にきているともいえる。

◆最後に、本節では、最終顧客としての消費者ばかりでなく、企業間取引における組織の購買行動についても触れておく。組織購買行動が、最終消費者のそれと異なることは容易に推測がつく。そこで、その具体的な違いを整理し、理解しておく。

1 消費者購買行動の分析……消費者の購買意思決定プロセス

　消費者は、何らかの形で社会の一員として行動している。家族、学校、会社、その他さまざまな組織に参加しており、友人、隣人とのつながりも無視することはできないであろう。言い換えれば消費者は、ロビンソン・クルーソーのような外界と遮断された孤立した存在ではない。その意味で、消費者は社会的あるいは社会文化的環境の中で行動する心理的実体であるといえる。ここに、消費者という個人の内面に起こるさまざまな変化とそれに影響を与える諸要因の解明の必要性が出てくるのである。さらに、時間という変数を加え、時間とともに変化する心的状態と環境要因の影響をプロセスとしてつかまえる必要がある。これらの要点をまとめると以下の表のようになる。

消費者は社会的あるいは社会文化的環境の中で行動する心理的実体
① 消費者の行動を包括的に把握するための単純化されたイメージの抽出
② 個人の内面に起こるさまざまな変化……**内的要因**
③ それに影響を与える諸要因の解明　……**外的要因**
④ 時間という変数　　　　　　　　　……**時間プロセス**
　＝時間とともに変化する心的状態と環境要因の影響をプロセスとしてつかまえる必要がある。

---

(1) 消費者行動のモデル化の出発点

　もちろん、心の中に起こっている変化（心理的プロセス）は、目に見えるものではないし、それに対しどのような外的（環境）要因がどのように影響を与えているか視覚的に把握できるものでもない。そこに消費者の行動をモデル化する有効性が出てくる。

最も単純なモデル化は、インプット、アウトプット、ブラック・ボックスおよびフィードバックの要素で示される図表２－２－１のようなモデルである。これは、刺激－反応モデルの延長線上にある考え方であるが、単に刺激とその結果としての反応を見るだけではなく、消費者をブラック・ボックスとしてとらえ、そのブラック・ボックスの中にいかなる要因が介在し、その要因がどのような相互作用を示しているかという部分に光を当てる研究でもある。しかも、今日では、消費者のさまざまな情報を収集し、処理し、代替的行動案の中から１つを選択し、その結果として環境に積極的に働きかけたり、時には単に受動的に反応する多様な側面をもつ存在として考えている。

図表２－２－１　ブラック・ボックス・モデル

　このようなモデルをさらに詳しく追求していくためには、インプット、アウトプット、ブラック・ボックスおよびフィードバックが具体的にどのような構成要素から成り立っているのか、概念的に整理し、必要とあればいくつかの仮説的構成要素を組み立てる必要がある。その際、一般的にとられる方法として、消費者の心理過程に起こる要因あるいは心理内で相互に結び合い影響し合っている要因を心理的要因あるいは内的要因として整理し、刺激として外界から消費者行動に影響を与える要因を外的要因あるいは環境要因として整理する方法である。心理的要因には動機、知覚、学習、態度などが含まれ、社会的要因には企業からのマーケティング・ミックス要因および文化、社会階層、集団（家族、準拠集

団、オピニオン・リーダー）などが含まれている。

（2）消費者の購買意思決定プロセス

　消費者がある製品およびサービスを購入するまでには、いくつかの段階を経過していると考えられる。あなたが洋服や電化製品を購入するときのことを考えてみるとよい。そのとき、手に入れる可能性のある代替的な商品およびサービスのセットを評価する手助けとしてさまざまな源泉から情報を探索し、最終的にどの商品あるいはサービスを選ぶかについて悩み、その後、それらの商品およびサービスの購買を実行しているはずである。そして、買い物が終わったあと、その意思決定についてさまざまな評価を下す。これを**購買意思決定プロセス**と呼ぶ。つまり、購買意思決定プロセスは、消費者が商品およびサービスを購買し使用するという意思決定を下すうえで通過する一連の段階であると定義することができる。この購買意思決定プロセスを明らかにするということは、先に挙げたモデルのブラック・ボックスの部分、すなわち消費者の内面で起きていることを時間の流れとともに明らかにする作業である。

（3）単純な消費者の購買意思決定プロセス

1）AIDAモデル

　購買者の心的プロセスについて、最初にモデル化されたものが、「**AIDAモデル**」である。AIDAモデルは購買者の心的プロセスを図表2－2－2のような階層に分け説明しようとするものである。

　AIDAとはそれぞれの段階の頭文字をとったものであり、モデルが提唱されて半世紀以上たつが、今日でも広告あるいは人的販売努力に適応されてきている。また、欲望と行動の間に記憶（Memory）の段階を入れた「**AIDMAモデル**」、あるいは最後に満足水準（Satisfaction level）の段階を加えた「**AIDASモデル**」もよく利用される。

2）イノベーション採用モデル

　イノベーション採用モデルは、新しい技術や新製品が消費者にどのよ

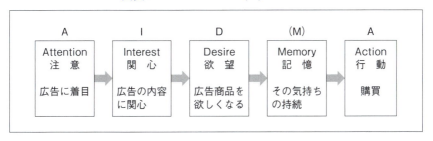

図表２−２−２　ＡＩＤ(Ｍ)Ａモデル

うに受け入れられていくかを明らかにしたモデルである。当時、農村社会学者であったロジャース（Rogers, E. M.）により提唱されたものであり、広くマーケティングの領域で紹介・利用されているモデルである。そのモデルは、図表２−２−３のようなプロセスとなっている。

図表２−２−３　イノベーション採用モデル

（１）知覚段階（awareness）：ある人が新しいアイデアの存在に気づくが、そのアイデアについての十分な情報をまだ持っていない段階。
（２）関心段階（interest）：その人がイノベーションについての関心を強め、さらに詳しい情報を求める段階。
（３）評価段階（evaluation）：新しいアイデアを自分の現在および将来の状況に照らし合わせてみて、そのアイデアを試しに使ってみるかどうかを決める段階。
（４）試行段階（trial）：新しいアイデアが自分にとってどのくらい、効果を持つものなのかをそのアイデアを実際に使い試してみる段階。
（５）採用段階（adaptation）：新しいアイデアを継続的かつ全面的に使うようになる段階。

（４）複雑な消費者の購買意思決定プロセス

　消費者購買意思決定プロセスの単純な図式化は図表２−２−４に示したようになる。そこには５つの段階が含まれており、マーケティング担当者が理解しなければならない重要な段階である。

図表２－２－４　消費者購買意思決定プロセスの５つの段階

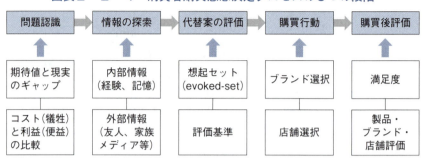

① 問題認識

消費者の問題認識に対する最も一般的な見解は、「消費者が理想としている状態（期待値＝expectation）と、ある時点での現実の状況（現状＝actual state）に差（gap）を知覚したときに生じる」というものである。

 コラム　コーヒーブレイク

《コーラが好きな理由（わけ）》

近年、ニューロ・マーケティングという新しい研究領域が開発されてきている。これは、脳の活動と消費者行動の関連を研究しようとする新しい領域だ。その研究成果の１つとして次のようなおもしろい成果が報告されている。ペプシ・コーラとコカ・コーラのコーラ戦争に一石を投じたものだ。人々は飲料水としてのおいしさではペプシ・コーラに軍配を上げるのに、なぜコークを多く購入するのかという疑問への解答だ。

その解答として、それぞれの飲料に対する脳の活動部位が異なるからであるという研究成果が発表されたのである。ペプシもコークも満足感を感じるときに活性化する部位（腹側被殻）に反応が起きたが、コークのみが自己イメージ、対象への評価・判断、複雑な思考にかかわるときに反応する部位（内側前頭前野）が大きく活性化しており、この反応の違いが売上げに大きな差異をもたらしているのである。

それは、われわれの生存に欠かせない基本的要求から生まれることもあれば、趣味・嗜好といった高度の要求から生じることもある。いずれにしても、ある商品およびサービスが不足ないし欠如していることが、その消費者の生活のうえで、不満や不自由を感じさせるであろう場合に生まれてくる。→図表２－２－５

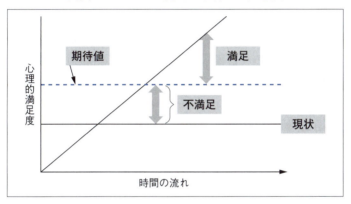

図表２－２－５　満足と不満足の概念図

　また、消費者に対する企業からのプローモーション活動や友人・知人からの刺激が、購買へ向かわせることになることもある。
　われわれは、現在使用している製品が故障したり古くなったりすることにより新しい商品の購入に迫られることもあれば、テレビ、雑誌、あるいは新聞などの広告によって新しい商品を購入したいという願望に襲われたりすることもある。このようなきっかけにより購買意思決定プロセスが開始されることになる。この段階を問題認識の段階という。別の言い方をすると、消費者が理想としている状態と、ある時点での現実の状況に差が生まれ、それを解消したいと考えたときに生じる。それは、われわれの生存に欠かせない基本的要求から生まれることもあれば、趣味・嗜好といった高度の要求から生じることもある。いずれにしても、ある商品およびサービスが不足ないし欠如していることが、その消費者

の生活のうえで、不満や不自由を感じさせるであろう場合に生まれてくる。この段階の心理過程を理解するのに動機、知覚といった概念が役に立つ。

② **情報探索**

消費者により探索される情報は、消費者自身の記憶に蓄積されている内部情報と、広告や友達などの外部情報に分けることができる。多くの**情報探索**プロセスは、内部情報の探索から始められる。そして内部情報の探索で十分満足のいく決定が下せないとき、外部情報の探索が行われる。外部情報には、友人・家族・知人などから提供される情報、広告・セールスマン・製品それ自体（価格、包装なども含む）など企業から提供される情報、その他、新聞・雑誌・消費者情報誌などパブリック・ソースからの情報などが含まれている。→図表2－2－6

③ **代替案の評価**

1）想起セット……代替案評価の範囲

さまざまな情報の収集を行ったあと、具体的な商品およびサービスが評価の対象として現れてくる。この段階を代替案の評価の段階と呼ぶ。この代替案の候補のことを一般に「**想起セット**」と呼んでいる。この想起セットとして考慮されるブランドは、通常、ごく限られた数のものである。→図表2－2－7

2）評価基準

次に、この想起セットを評価するための「**評価基準**」の設定が必要である。この場合、一般に、価格、性能、使いやすさ、評判、外観などが評価基準となる。このような評価基準のリストに基づき代替案の評価を行いランク付けを行う。この段階では、製品およびサービスの評価のみでなく、さらに店舗についても同様の評価を行う必要がある。→図表2－2－8

情報収集および代替案評価の段階の理解のためには、社会階層、準拠集団、家族、オピニオン・リーダーといった概念の理解が必要である。

④ **購買行動**

図表2-2-6　外部情報の厳選とその必要性

内部情報の探索で十分満足のいく決定が下せないとき、外部情報の探索が行われる。

【外部情報】
（1）口コミによる情報　　　　　……友人、知人などによる情報
（2）マーケティング情報　　　　……広告、セールスマン、包装、価格、店舗などから提供される情報
（3）パブリック・ソースからの情報……新聞や雑誌の記事、あるいは商品情報・テストを提供してくれる専門誌などが含まれる
（4）試行に基づく情報　　　　　……消費者が実際に商品に接することにより得られる情報

【外部情報探索の増加するケース】
・過去の購買経験において不満足度が高い場合
・過去の購買から時間的な経過が大きい場合
・代替製品が変化あるいは増加している場合
・消費者自身の状況が異なる場合
・購買に要する時間のゆとりが大の場合
　など

図表2-2-7　想起セットと類似概念

「想起（喚起）セット（evoked set）」　……購買時点で想起するブランド代替案のセットのこと。
「不適合セット（inept set）」　　　　　……選択対象としないセットのこと。
「あいまい候補（inert set）」　　　　　……選択、非選択どちらにも属さないセットのこと。

　代替案の評価に基づいて、その最も評価の高かった商品（ブランド）を最も評価の高かった店舗で購入しようとするであろう。もちろん、このような満足すべき状況が常に設定されるとは限らない。そのような場

図表２−２−８　評価基準の一例

商品購買の評価基準の一例

コスト	性能	適合性	便宜性
価格	耐久性	ブランド	店の立地条件
修理	能率	スタイル	店内配置
設置	経済性	ストア・イメージ	店の雰囲気
維持費	材質	製品イメージ	店のサービス
付属品コスト	信頼性	時間的要素	関連製品の取りそろえ
機会コスト		外観	

出所：Walters. & Paul., *Consumer Behavior*,『体系・消費心理学』〔1974〕．

合、購買することを断念するか、第２・第３の候補が選択されるか、第１の候補が用意されるまで購買を控えるかもしれない。

⑤　購買後評価

購買が終了すると、その意思決定の評価が始まる。商品の使用の結果が消費者の期待と一致すれば、消費者は満足するであろう。不満足であったり、購買後悪い評判を聞いたりした場合は、今後、その商品や店舗から購入を行わないか、不安を取り除く行動に出るであろう。いずれにしても、情報は蓄積され、次回の購買の際、内部情報として使用される。

(5) 経験価値と消費者行動

前節まで、消費者行動という表現を用いてきたが、その内容は「購買行動」に焦点が当てられていたことに気がつく。一般に消費者行動といった場合、そこには、「購買行動」と「消費行動」が含まれる。これを図式的に表現すると下記のようになる。

　　消費者行動＝購買行動＋消費行動

この２分割をこれまで説明した消費者行動の意思決定プロセス（→図表２−２−４）と結びつけると、次のような公式を導くことができる。

消費者行動＝購買前行動＋購買行動＋消費行動（購買後行動）
　　　　　　　＋（廃棄行動）
　　消費者行動＝消費者購買意思決定プロセス
　　　　　　　＝問題認識＋情報の探索＋代替案の評価＋購買行動
　　　　　　　＋購買後評価

　従来の消費者行動の研究対象が、購買に至るまでのプロセスに力点が置かれていることが、この図式からも読み取ることができる。消費者が実際に商品・サービスを入手し、生活の中でその価値を実現し、それらの本来の価値を実現させていくであろうプロセスは、消費行動あるいは購買後行動として一括されている。これを図表２－２－４と比較できるように、図式化すると図表２－２－９のようになる。

　しかし、消費者にとり最も重要なプロセスはこの段階であり、今日の企業にしても、この段階を十分に理解する必要があることは明らかである。

　第１章で、生涯シェア・顧客価値、経験価値といった概念の意味を説明したが、その意味の重要性を考えると、この最終段階の分析・研究の重要性が浮かび上がってくる。

　そこで、従来の消費者行動研究の持つ限界あるいは問題点を整理すると、以下のような諸点を指摘することができる。
① 購買行動と消費行動を区別していない。
② 暗黙裏に購買行動に力点を置いている。
③ 購買行動を経済行動として把捉している。
④ 問題認識あるいは情報の入手から購買に至るまでのプロセスに力点を置いている。
⑤ 購買後の消費活動そのものには力点が置かれていない（③への批判）。
⑥ 結果として、消費行動の意味についての研究が不十分である。

　このように、消費者が日常生活の中で、商品やサービスを入手し、その価値を表現していくプロセスに焦点を合わせると、消費者の日常生活

図表2−2−9　消費者行動研究の枠組みの再構成

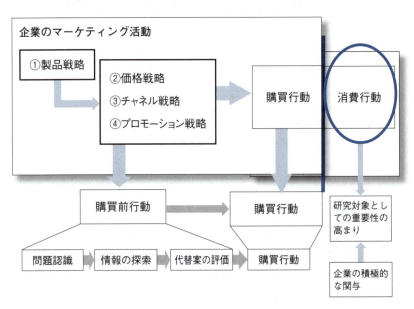

の中で製品・サービスからどのように価値を創出しているかについて、企業はより深く理解していく必要がある。この消費者の日常における経験から引き出される価値を「経験価値」と呼ぶ。研究者によっては、消費者の日常から離れた特殊な環境に置かれた状況から引き出される特別な価値を経験価値と呼ぶ場合もあるが、ここではより広義に、以下のような状況における製品やサービスの経験から引き出される価値が重要であることを強調する必要がある。

① 消費経験それ自体の有用性の獲得……スポーツや芸術鑑賞など消費から引き出されるアウトプットではなく、消費行動それ自体が価値を持つ場合
② 社会的役割表現の手段……商品・サービスの経験が顧客の社会的な立場や役割を表現している場合
③ 人間関係の表現手段……商品・サービスの経験が、その経験して

いる顧客の人間関係を明らかにしている場合
④　自己表現の手段……自分の価値観や美意識を表現する手段として商品・サービスを利用（経験）する場合
⑤　文化的意味の獲得と表現……経験から引き出される価値は、当然その消費者の所属している国・地域・世代において共有されている価値に影響される

　このような視点から、「経験価値」の重要性を認識し、自社の製品やサービスの価値が顧客との共同作業において引き出されるという認識を持つ必要がある。

（6）買い物自体を楽しむ消費者……「フロー（flow）」概念

　経験型の行動を理解するうえで重要な概念となるのが、「フロー（flow）」という概念である。消費者は、「手段－目的」の連鎖の中で、情報を探索し、目的を達成するにふさわしい製品あるいはブランドの候補（手段）を選定し、その中から1つを選択していく。そして、その一方で、その製品・ブランドを購入すべき店舗を選定していく。このような意思決定プロセスが消費者行動を検討するうえでは前提となってきた。

　しかし、このような「手段－目的」の連鎖という合理的な関係では説明のつかない行動が存在している。スカイダイビングを行う人は、一歩間違えれば命を落としかねない危険な試みを行っており、その過程において、経済的な意味での価値を創出しているとはいえない。しかし、人はその過程自体を楽しみ、結果として充実した満足感を手に入れている。また、消費者の行動にあっても、目的もなく、1日かけてウィンドウショッピングを行い、結果として何1つ購入した商品がなかったにもかかわらず、その日1日をむだにしたとは感じないであろう。チクセントミハイは、1970年代に入り、人間行動の創造活動を研究する過程で、その人間の心理状態に生まれるそのような特別な状態に注目し始めている。

（7）インターネットと消費者行動

インターネット上の消費者行動の特徴として以下の諸点を指摘することができる。

① 消費者とハイパーメディア型ＣＭＥ

今日のインターネット環境の急速な進展に伴い、消費者の購買行動にも大きな変化が生じてきている。確かに、多くの研究において、インターネットを中心としたハイパーメディア環境が、現実世界における購買環境と異なった環境を消費者に提供しているという点が指摘されるようになってきている。しかし、ここで重要な点は、そのような特殊な環境が、単にコンピュータを介在させたという意味で特殊であることにとどまらず、消費者の購買行動およびそのプロセスにおける心理状態に特殊な状況をつくり出しているという点を指摘しているところである。このような環境を「**ハイパーメディア型コンピュータ介在環境**（hypermedia computer-mediated environments＝ハイパーメディア型ＣＭＥ）」と呼ぶ。

②「目的志向型行動」対「経験志向型行動」

消費者行動の購買行動を、**目的志向型の購買行動**（goal-directed shopping/goal-directed behavior）と**経験志向型の購買行動**（experiential shopping/experiential behavior）に分類することがある。

このような目的志向型行動と経験志向型行動という２つの分析視点は、リアルサイトの消費者行動の分析においても必要である。しかし、インターネット上の購買行動で、このような行動パターンがよりはっきりとした形で現れている。ホフマンとノバック〔1996〕によると、インターネット初心者には、経験志向型行動が多く見られ、インターネット経験者においては目的志向型行動が増加するとされている。しかし、インターネットにおける購買行動を見ると、一般的傾向として「プロセスそのものを楽しむ」という経験志向が強く、ベテランユーザーでも一概に目的志向というわけではない。この目的志向型行動と経験志向型行動の特徴は図表２－２－10のようにまとめられる。

図表２－２－10　目的志向型行動と経験志向型行動の購買行動

	重要な要素	望まれる成果
目的志向型	●アクセスの容易性／便宜性 ●選択性 ●情報の入手可能性 ●社会性の欠如	●自由度、コントロール ●経験ではなく目的に対するコミットメント
経験志向型	●製品クラスでの関与 ●ポジティブな社会性 ●ポジティブな驚き ●バーゲン・ハンター	●楽しみ ●目的よりも重要なものとしての経験へのコミットメント

　今日、消費者の購買行動プロセスを時系列的に整理すると、一般に、問題意識、情報検索、商品／サービス評価、比較プロセス、購買というプロセスをたどるものと考えられる。さらに、インターネット上の購買を考えると、購入要求、情報検索、商品評価、安全性評価、購買決定、代金支払い、受領と確認、購入後の処理といった一連のプロセスとして検討する必要があろう。

③　消費者の購買プロセスと企業のネット対応

　消費者がとるであろうネット上での購買行動を、特定の製品の入手を目的とした選択行動として考えた場合に、そのニーズに対応して出現する企業によるネット上の対応としては以下の３つの形態が考えられうる。
→図表２－２－11

１）アソートメント

　これは、十分な選択肢の中から消費者が納得、あるいは満足のいく選択を行えることを保証する機能である。その意味で、ネットにアクセスしてくるであろう不特定多数の消費者に対して、その選択の可能性を高め、結果としての満足へと導いていく最も一般的な手法と考えられうる。

２）パーソナライゼーション

　これは、個人対応の形で、それぞれの消費者のニーズに適合していくことを可能とする方法である。すなわち、ある消費者がニーズを満たす

図表２－２－11　企業によるネット上の対応

製品を探索している際に、そのニーズに適合する製品を個別に支援するしくみとして考えられる。リアルサイトでは企業におけるセールス担当者の対応であり、個店の店員の対応がそれに当たる。Webサイトにおいては、各種のサーチ（探索）ツールやリコメンデーション（意見・提案）ツールがそれに当たる。このプロセスにおいては、企業は個人消費者の選好について理解することが求められる。

3）カスタマイゼーション

これは、単に個々の消費者のニーズを満たす製品の選択の支援だけではなく、個人のニーズに適合した製品を作り出すという生産過程にまで踏み込んだ対応を指している。そこでは、アソートメントやパーソナライゼーションの場合と異なり、消費者の求めているものに最も近い製品の探索と提供を支援するというのではなく、いま一歩踏み込み、個人の求めているニーズに適合した製品を生産することによってそのニーズを満たすという過程を伴っている。

このような区分は、さまざまな消費者がどのような形でネット上の情報を利用し、どのタイプの購買行動をとっているのか検討するうえでの示唆を与えてくれるものである。また、その一方で、特定の消費者がネット利用の経験を蓄積するに従い、アソートメントタイプの利用からカスタマイゼーション型の利用へ進化していくとも考えられる。これは、購入する製品に対して、消費者の意向を反映させることができるかということと密接に関連してくる。すなわち、消費者自身によるコントロールの範囲に対する消費者自身の知覚の問題である。消費者が、自分たちの求めている要件を正確に企業あるいは業者に伝達することができれば

（無機的情報および有機的情報を含む）、パーソナライゼーションからカスタマイゼーションへと向かう購買行動に移行し、その能力的あるいは技術的限界があると判断する場合には、単なるアソートメントタイプの購買・選択行動に移行するであろう。

④ **インターネット上の新たな消費者との関係構築**

インターネットの成長・拡大は、個人の情報伝達あるいはコミュニケーションにも大きな変化をもたらしてきている。個人のコミュニケーションがインターネットを通じて行われるとき、そこには新しい姿が出現することになる。具体的には、掲示板やブログがその代表的なものである。この特徴をコミュニケーションの視点から整理すると以下のようになる。

① 個人のプライベート情報である。
② ある特定の人との個人的な会話である。
③ 多くの人がその内容を閲覧している。
④ 会話をしている当事者は多くの場合、匿名である。

これらの特徴をさらにまとめてみると、①と②は、対人コミュニケーションの特徴、すなわち、口コミ情報である。③と④は、マスコミとしての特徴を有している。すなわち、インターネットの世界に入り込んだ個人、すなわち消費者は、マスコミュニケーションと対人コミュニケーションの両方の特徴をうまく利用していることになる。別の言い方をすると、消費者のコミュニケーション手段に、これまで存在しなかった新しい手段が増えたことになる。このようなインターネットによるコミュニケーション手段を、企業が効果的に利用していく必要がある。

従来、口コミと呼ばれるものは自然発生的で、コントロールすることのできるものではないとされてきた。しかし、インターネットの中でつくられるコミュニティ、いわゆる**ネット・コミュニティ**は、その主催者が企業である場合、そこでやり取りされる情報あるいは会話が、新製品開発や改良に結びついたり、オピニオン・リーダーの発掘につながることも多く存在している。さらには、顧客が主体となって顧客どうしが積

極的に情報を交換し、提供されている製品やサービスの価値の創出に積極的にかかわっていく場合もある。時には、その結果として、企業の想定していなかった新たな価値を顧客から提案されることも出てくる。
　そのような中で、注目されているのが「**プラットフォーム・ビジネス**」

コラム　コーヒーブレイク

《インターネット利用者は世界第3位》
　わが国において、インターネットはすでに企業の経済活動や国民の社会生活に深く根づいている。総務省の通信動向利用調査によれば、2013年末時点でインターネット利用者数は1億44万人、人口普及率は82.8％となった。インターネット利用者数は中国、米国に次いで世界第3位の規模である。→図表2-2-12

図表2-2-12　インターネット利用者数と人口普及率

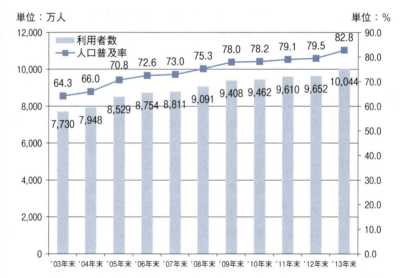

出所：「平成26年度我が国経済社会の情報化・サービス化に係る基盤整備」
　　　（電子商取引に関する市場調査）18～19頁（図表・文とも）.

である。これは、企業と顧客、顧客と顧客、あるいは企業と顧客と顧客が、同じプラットフォーム上で相互に価値提案をし、新たな製品・サービスの価値創出につなげたり、新たなビジネス機会を発見していこうとするものである。すでに音楽業界、アパレル業界、食品業界などで取り

コラム コーヒーブレイク

《スマートフォンの利用拡大》

図表２－２－13は、インターネット利用時の端末に関する統計データである。「自宅のパソコン」「自宅以外のパソコン」「携帯電話」が軒並み低下する中で、スマートフォンの利用が急激に拡大していることがよくわかる。スマートフォンは「携帯電話」「自宅以外のパソコン」を抜き、「自宅のパソコン」に次いで２番目に利用されている端末である。

図表２－２－13　インターネット利用端末の種類

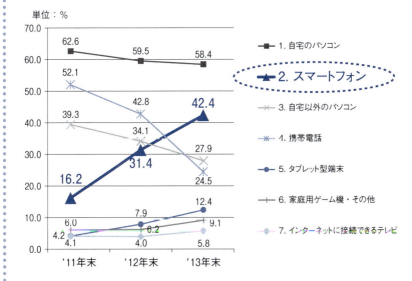

出所：「平成26年度我が国経済社会の情報化・サービス化に係る基盤整備」
（電子商取引に関する市場調査）18〜19頁（図表・文とも）.

組まれ、成果を上げつつある。

2 組織購買行動の分析……組織の購買行動

　第1章で述べたように、今日のマーケティングは、伝統的な消費者志向に立ちながら、しかも、ほかの企業との競争を考慮した戦略志向を打ち出していかなければならない。これは、企業が将来にわたって存続できるような競争的優位性を確保するには、第1章で述べたように、標的とする市場に存在している消費者についての十分な理解が必要であり、しかも、他の企業との比較を行いながら自社の持つ優位性を確立していかなければならないということを意味している。

　そのためには、企業のアウトプットの側面としてマーケティング戦略の4Pに代表されるようなさまざまな戦略手段を考慮するだけではなく、企業へのインプットとしての諸資源の購入の問題も重要な課題となってくる。このインプットされたさまざまな資源が、企業の諸部門に配分され、効率的に運営されて初めて短期的・長期的な利益を確保することができる。

　このように組織の購買行動は、企業戦略の出発点として、今日、その重要性が再認識されてきている。企業の重要な2つの側面、すなわち市場戦略と財務戦略の両面から考えると、資源の購入は、戦略を成功させるための質的および量的な資源の確保という側面を持っている。その意味で、組織購買担当責任者は、その部門の責任を担うだけでなく、企業全体の戦略意思決定にも大きな責任を担っているのである。

　そこで、今日の組織の購買行動も、このような前提に立って、一般に、企業戦略上必要とされる製品およびサービスの購買にかかわる一連の意思決定であると規定できる。

（1）組織購買行動の性格
① 戦略的マーケティングと組織購買行動

戦略的マーケティングの意思決定は、その企業にとって必要な資源を購入し、配分していく資本予算決定にかかわる意思決定と裏表の関係にある。第1章で指摘したように、企業には、一般に、その企業の存続を可能にしてくれるさまざまな市場機会が存在している。製品ポートフォリオによって明らかにされる市場機会、すなわち問題児、スター、金のなる木、負け犬に対して、それぞれ異なった資源配分の量を決定しなければならない。これは一方で、ルーティン化された資源購入の戦術的方法の確立とともに、常に、遭遇するであろうさまざまな機会あるいは脅威に対して、対応していくための戦略的な購買意思決定プロセスが確立している必要がある。

　このように、組織の購買行動は、消費者の購買行動以上にその決定を行う主体者、つまり企業の存続を左右し、環境変化、特に競争企業とのかかわりの中でとらえなければならない問題である。このような組織購買行動は消費者の購買行動とは、大きく異なる点が存在するであろうことは容易に推測できるであろう。そこで、次に、その消費者購買行動と組織購買行動の違いについて、より具体的に調べてみることにする。

② **消費者購買行動との相違点**

　一般に、組織購買行動の持つ消費者購買行動との違いには、次のような諸点が考えられる。

① 組織的購買行動は、一般に**集団意思決定プロセス**である。消費者購買行動においては、分析単位として個人に焦点を合わせているが、組織購買行動では、多くの場合、集団が分析単位となる。それらの人々が、購買センター（buying center）と呼ばれる組織内の意思決定単位を構成している。

② 技術的複雑性（technical complexity）が、組織の購買行動の特徴の1つである。このことは、組織の購買行動のプロセスを複雑にし、しかも長期的性格を持たせることになる。

③ 買い手と売り手の相互依存関係（interdependence）は、組織購買活動において、より大きいものと思われる。消費者購買行動の場

合、消費者は選択することのできる多数の企業もしくは製品を手にしている。生産者にしても多数の潜在顧客を考えることができる。しかし、組織購買の場合、売り手と買い手ともに少数の相手としか取引していない場合が多い。これは、相互の関係を密接なもの、長期的なものにするが、危険性（リスク）の分散という面では問題が残る。

④　買い手と売り手の間の密接な相互行為には、交渉プロセス（negotiation process）が生起すると思われる。そこで特に、人的販売がより重要であると考えられる。

⑤　購買後プロセス（postpurchase process）が、組織購買行動ではより重要になると思われる。それは、設備の設置、アフター・サービス、保証などへの要求がより大きくなるからである。

⑥　組織購買者は、仕様書に合った製品をデザインすることを売り手に要求しようとする。結果として、組織購買者は消費者のように広告に基礎をおいた事前販売（買い物する以前に購入する商品を決定している状態）を行おうとはしない。仕様書に基づく生産では、消費者の場合とは異なる市場細分化が行われる。一般に、あるセグメントは1つあるいは2つの企業によって代表される。

（2）いくつかの組織的意思決定

組織購買意思決定は、その意思決定の複雑さによって次のような3つのタイプに分類される。

1）反復再購買（straight rebuy）

ルーティン化を基礎として行われる反復的購買である。購買者は経験による十分な知識を蓄積している。したがって、新しい情報探索はほとんど必要としない。そして納入業者は、事前に選定されたリストから選ばれる。この種の意思決定は消費者行動のルーティン化された購買と対応する。

2）修正された再購買（modified rebuy）

これもまた、反復的購買状況であるが、納入業者が変更されたり製品仕様書が変更されたりする場合である。そこでは、情報探索が必要とされる。この種の意思決定は、限定された意思決定に対応する。

3）**新規購買あるいは新しいタスク**（new buy or new task）
　新たな製品およびサービスを購入するための購買意思決定である。頼りにできる過去の経験をほとんど持っていないことから、積極的な情報探索が必要とされる。選択すべき供給業者の探索を必要とし、適切な製品仕様書を開発することが要求される。この意思決定の重要性は、それが将来の反復再購買のパターンを決定するところにある。この種の意思決定は、複雑な意思決定と対応する。

（3）イノベーションの採用──新規購買

　上記で分類した3つの購買意思決定のタイプのうち、特に企業の成長戦略にとって重要な役割を果たすものが新規購買である。これは、その企業あるいは事業の革新性と関係がある。
　一般に、次のような条件のいくつかが満たされるとき、**イノベーション**が採用され、その結果として新規購買が促されることとなる。
　① 企業あるいは事業が、必要としている投資に見合った規模である場合
　② 企業あるいは事業が、高い技術的変化率を持った業界に属している場合
　③ 企業あるいは事業が、激しい競争にさらされている場合
　④ 企業あるいは事業が、不確実性を減少するためにイノベーションに関する十分信頼できる情報を持っている場合
　⑤ 企業あるいは事業が、イノベーションが既存の購買製品の投下資本利益率と比較して比較優位性を持っていると判断した場合
　⑥ 企業あるいは事業が、これまで採用してきた製品と互換性のあるものとしてイノベーションを判断した場合
　⑦ 企業あるいは事業が、マーケット・シェアおよび利益目標の観点

から考えてイノベーションがその希求水準を十分達成すると判断した場合

このようなイノベーションを受け入れることのできる企業は、その業界全体から考えると、いわば業界内のゲートキーパーもしくは初期採用者である。その意味で、このような購買意思決定をするには、かなりのリスク・テイキング（危険負担）を覚悟する必要がある。

（4）組織の購買意思決定プロセス

組織の購買意思決定プロセスは、基本的には消費者の購買意思決定プロセスと同様の要素を含んでいるものと理解される。しかし、組織の購買行動には、消費者購買行動と異なる側面を有している。そこで**組織の購買意思決定プロセス**では、独自のより精緻化されるべき特性を考慮しなければならない。そこには6つの段階が含まれている。

① 問題認知
② 製品およびサービスの仕様書の作成
③ 代替製品あるいはサービス、および供給業者の探索
④ 提案の評価
⑤ 代替製品あるいはサービス、および供給業者の選択
⑥ 成果の評価

① 問題認知

購買意思決定プロセスにおける問題認知は、企業内のさまざまな部門により生まれてくる。これは、企業のトップ経営者により認知されることもあれば、製造、販売、R&D、財務などの諸機能部門の業務遂行の中から問題が認知される場合もある。

このような情報は、さらに、購買意思決定プロセスの後の段階においても引き続き必要とされる場合がある。たとえば、広告やプロモーション（非人的商業的源泉）は、供給業者選定の初期の段階でより重要であり、同僚や内部資料（人的非商業的源泉）が、最終選定においてより重要となる傾向にある。

そこには、以下のような情報インプットが考慮される。
- 人的商業的情報源（セールスマンの）
- 人的非商業的情報源（企業の同僚、企業の内部記録、外部コンサルタント）
- 非人的商業的情報源（納入業者による広告、セールス用パンフレット、展示会、その他のプロモーション）
- 非人的非商業的情報源（新聞社、業界組合、業界および政府の製品評価サービスといった公平な源泉）

次に検討すべきは、情報の内容である。一般的な例を示すと次のようになろう。
- 新しい技術の登場……新製品のための生産設備およびその原材料
- 既存設備の維持……既存設備の破損による買い替えおよび部品交換
- マーケット・シェアの拡大……設備の拡張
- 競争企業の台頭あるいは挑戦……より優れた設備・原材料の必要性

② **製品およびサービスの仕様書の作成**

次に、購買部門もしくは購買担当者が、問題解決のために必要な製品あるいはサービスの仕様書の作成にかかる段階が続く。

この段階では、社内のエンジニアやその製品の使用者が重要な役割を果たすこととなる。この場合、仕様書に含まれる内容は、具体的であり、かつ技術的に正確である必要があるので、製品に望まれる耐久性、信頼性、価格、数量などの属性に関する知識を十分備えている必要がある。

③ **代替製品あるいはサービス、および供給業者の探索**

第3の段階では、上記の仕様書の要求にふさわしい製品あるいはサービスの探索に着手する。ここでは、さまざまな取引可能な供給業者から獲得される情報をデータベース化しておく必要がある。さらには、供給業者の探索・選定も行っていく必要がある。そこで、購買担当者は適切な製品およびサービスを提供する供給業者をリストアップできるように準備しておく必要がある。

④ **提案の評価**

前段階でリスト化された供給業者から提案書の提出を求める。そして、この獲得された提案書に基づき代替的な供給業者の評価を行う。そこでは、それらの供給業者の提案が自社の仕様書を満足させ得る能力を持っているかどうかの評価が行われる。

⑤ 代替製品あるいはサービス、および供給業者の選択

供給業者の選択のためには、次のような項目のチェックを必要としている。

① 代替的供給業者を評価する際に利用される基準の確立
② 供給業者に関する情報の獲得
③ 供給業者を選択する際に含まれるリスク

供給業者を評価するために利用される属性としては、一般に、価格、注文の便宜性、供給業者の評判、サービス、供給業者の技術能力、製品オペレーション特性が特に重要であるとされている。→図表２－２－14

その製品が、使用上の問題を引き起こさなければ、価格と納入期日が

図表２－２－14　供給業者の評価属性

1. 供給業者の全般的評判
2. 財務状態
3. 自社の要求に対する供給業者の弾力性
4. 供給業者の過去における類似の経験
5. 提供される技術的サービス
6. セールスマンの信頼性
7. 注文場所の便利性
8. 製品の信頼性に関するデータ
9. 価格
10. 技術的仕様書
11. 操作あるいは使用の容易性
12. 製品の使用者の好み
13. 供給業者の提供する技術指導
14. 技術指導の期間
15. 約束した納入期日に関する信頼性
16. メインテナンスの容易性
17. 購買後に期待されるサービス

より重要となる。使用上の問題を引き起こすならば、技術的サービス、企業の要求に適合する供給業者の弾力性、製品の信頼性がより重要になるであろう。

　供給業者を評価するうえで利用される基準は、組織によって異なっていると思われる。このような形で供給業者が選択される。

　供給業者を1社のみに選定すべきか、数社を選ぶべきかは、慎重に検討する必要がある。特定の供給業者と特定の期間、合意された価格で商品を供給し続ける「限定的契約」を結ぶような場合、1社供給になる場合が多い。この場合、供給業者と購買者の関係は強固になり、他業者の入り込む余地は少なくなる。しかし、1社のみからの購買は、その供給業者の遭遇するさまざまな危機を同時に購買者がかぶるという危険性を内包している。そのようなリスクを回避するためには、複数の供給業者から分割して仕入れることが適切となる。さらに、複数の供給業者から

コラム　コーヒーブレイク

《消費者となる学習》

　人々は、明らかに飽くことを知らないニーズと欲求を持って生まれている。生まれたときから人々は、消費する特殊な能力、あるいはそれらを消費する方法、そして、本当に重要であると思われる消費してはいけないものを学習する。消費の仕方を学習することは、何が適切であるかということに限らず、入手できるものを知覚する仕方を学習することを意味している。それは、少年の消費者と少女の消費者、富んだ者と貧しい者、鋭敏な者と鈍感な者、中流の消費者と労働階級の消費者、世間ズレした者とウブな者とがどのように異なっているかを解くことを意味している。

　学習は、種々の方法で定義されている。ベイトン（James A. Bayton）は、それは「外部刺激の状態に比例して、時間の経過によって起こる行動の変化である」と定義している。

出所：James A. Bayton, "Motivation, Cognition, Learning-Basic Factors in Consumer Behavior," *Journal of Marketing*, *January*, 1958, pp.282-289.

仕入れることにより、供給業者間に緊張関係を生み出し、競争を促進するという効果もある。

⑥ 成果の評価

最後は、選定した供給業者およびその原材料の適切さについて検討を加え、今期の取引の成果について評価する必要がある。それにより次回以降の取引の継続につき判断が下されることとなる。

その意味では、この種の慎重な評価をもたらすこの一連の購買プロセスのモデルは、反復再購買よりも新しいタスクやおそらく修正された再購買の説明に利用することができるであろう。

第2章　理解度チェック

次の設問に解答しなさい（解答・解説は後段参照）。

1. マーケティング・リサーチに関する次の記述のうち、適切なものを1つ選びなさい。
① 調査プロセスの客観性は、マーケティング・リサーチで用いるすべての調査手法が共通して持っていなければならない特性である。
② マーケティング・リサーチでは結果が重視されるので、法的・倫理的な配慮は考えなくてもよい。
③ 仮説を立てるための調査は、多くの発見をするために大規模に行うのが一般的である。
④ 二次データは、事前に別の目的で集められたものであるため低コストで利用できる長所を生かして、データ内容をコントロールすることができる。
⑤ 新規アイデアを収集する観察法は、可視的な情報の収集に適している。

2. 次の消費者行動を説明するうえで利用される「フロー」という概念の内容に一致しない記述を1つ選びなさい。
① インターネット・ショッピングに夢中になり、気がついたら数時間がたっていた。
② 買い物に出かけ、目的とする買い物ができなかったが、この日はそれなりに充実した日だった。
③ コンサートに行き、好きな歌手の歌を堪能し、充実した気分で帰路についた。
④ パソコンを買うために店に行き、十分な時間をかけ店員の説明を聞いた。
⑤ スリルを味わう趣味を持つことは、生活のメリハリをつけるために必要である。

3. マーケティングプロモーションの反応別にDMを送ろうとしている。次のマーケティング・データの分析方法の中で、グループに分類する手法を1つ選びなさい。
   ① クラスター分析
   ② 因子分析
   ③ 相関分析
   ④ AIDMA
   ⑤ 主成分分析

・・・・・・ **第2章　理解度チェック　解答・解説** ・・・・・・

1. ⑤
情報の収集にあたっては、法的・倫理的な配慮が求められる。検証には客観性が求められるが、仮説発見では定性調査として主観的や裁量で進めることによって、マーケティング機会の発見につながる。

2. ④
フローという概念は、特定の行動をとるとき、自分を忘れるほどにそのことに夢中になる心理状態であり、④はその意味と合致しない。

3. ①
グループに分類するための手法がクラスター分析となる。

〈参考文献〉

板倉勇『大型店出店影響度の読み方−通産ハフモデルの手引き』中央経済社、1990.

応用統計ハンドブック編集委員会編『応用統計ハンドブック〔第9版〕』養賢堂、1999.

経済産業省商務情報政策局流通政策課「大規模小売店舗立地法の解説〔第4版〕」2007.

酒井隆『マーケティング・リサーチ・ハンドブック』日本能率協会マネジメントセンター、2004.

杉本徹雄『新・消費者理解のための心理学』福村出版、2012.

高根芳雄『多次元尺度法』東京大学出版会、1980.

豊田秀樹『調査法講義』朝倉書店、1998.

野村順一『マーケティング論〔改訂増補〕』千倉書房、1994.

林知己夫・村山孝喜『市場調査の計画と実際』日刊工業新聞社、1982.

林英夫・上笹恒・種子田實・加藤五郎『体系マーケティングリサーチ事典』同友館、2000.

松江宏・村松幸廣編著『現代消費者行動論〔第4版〕』創成社、2015.

武藤眞介『統計解析ハンドブック』朝倉書店、2004.

M. チクセントミハイ、今村浩明訳『楽しみの社会学』新思索社、2001.

Aaker, D. A. and Day, G. S., *Marketing Research:* private and public sector decisions, New York: Wiley, 1980.(石井淳蔵・野中郁次郎訳『マーケティング・リサーチ−企業と公組織の意思決定』白桃書房、1981.)

Berry, B. J. L., Parr, J. B., Epstein, B. J., Ghosh, A. and Smith, R. H. T., *Market Centers and Retail Location Theory and Application,* Prentice-Hall, Inc. 1988.(奥野隆史・鈴木安昭・西岡久雄 共訳『小売立地の理論と応用』大明堂、1992.)

Churchill, G. A., and Iacobucci, D., *Marketing Research: Methodological Foundations,* 9 th ed, 2005.

Converse, P. D., New Laws of Retail Gravitation, *Journal of Marketing*, Vol.14, 1949.

Huff, D. L., Defining and Estimation a trading Area, *Journal of Marketing*, Vol.28, 1964.

Reilly, W. J., Methods for the Study of Retail Relationships, *University of Texas Bulletin*, No.2944, 1929.

Stanton, W. J., Etzel, M. J., and B. J. Walker, *Fundamentals of Marketing*, 9th ed, McGraw-Hill, Inc., 1991.

第3章

製品政策

【この章のねらい】

　第3章では、企業成長の中核的な地位を占めている新製品開発に焦点を当てた課題を学習する。企業の得意な分野の技術をベースに派生した技術分野から芽生えたり、既存の技術の改良によって生まれる製品もある。戦略マーケティングの分野では、ほとんどがこうした前提の製品開発の枠組みの中で議論されている。しかし、今後は企業買収・合併を見通し、製品多角化を視野に入れる必要性も無視できない時代である。

　製品ライフサイクルは、一般的には製品の導入期、成長期、成熟期、衰退期として説明されているが、現実の企業体における製品は、一製品でなく多数の製品のライフサイクルによって描くこともできる。そのほかの方法も考えられるので、思考を働かすことも興味あることである。

第1節 製品開発

> **学習のポイント**
>
> ◆製品開発は、マーケティング部だけで完結する課業ではなく、研究開発部、製造部、調査部などの他の部門と協力をしながら進められるものである。部門の間で対立するのではなく、協調する企業文化を創造していくという視点で学習していくことが望まれる。
> ◆「決して間違いを犯さない人とは、何もしない人のことである」という格言があるが、製品開発においては前向きな失敗から学習する姿勢が不可欠である。

1 製品コンセプトの開発と新製品プロセス

　生物に寿命があるように、製品にも寿命があるという考え方を**製品ライフサイクル**というが、製品のライフサイクルは生物の寿命のように確定的ではない。効果的なマーケティング戦略によって製品のライフサイクルを伸ばすことは可能である。とはいえ、技術革新によって売上げが著しく落ちてしまうことがある。CDやフィーチャーフォンなどは新しい技術によって売上げが減ってきている。また、消費者のライフスタイルの変化によって、売れなくなってしまう場合もある。たとえば、クールビズの定着によるネクタイなどである。

　製品にはライフサイクルがあるとともに、このような技術変化や消費者の変化によって、売れなくなってしまうことがある。突然、売れなく

なってから、売れる製品を開発しようとしても間に合うはずはない。そこで、企業は既存製品が売れているうちに、次の製品の開発をしなければならないのである。つまり、今日の利益を生み出してくれる製品と明日に利益を生んでくれるだろう新製品が、企業にとってはぜひとも必要なのである。新しい製品を開発する場合には、未知の部分やリスクを伴うことになるが、既存製品にばかり頼ってチャレンジしないと企業はジリ貧になっていってしまうことになる。

　アーバンとハウザーは、新製品開発を成功に導くためには、創造的なインプットと分析技術が必要なのに、実際はシステマティックでないプロセスで行われていることがあると指摘している。同様に、ウインドとマハジャンも、新製品開発プロセスの有効性を向上させるためのフローチャートを提示し、新製品開発における3つの問題点として、①新製品の高い失敗率、②革新的でない新製品が多いこと、それに③貧弱な品質／価値しかないと知覚されている製品が多すぎること、を挙げている。そのうえで、それら3つの問題点の解決策として、次のような13のガイドラインを提示している。

① 社内的な開発努力への全面的な依存から、社内および社外的な開発努力へのバランスのとれた焦点調整へ
② 製品特性へ全面的に焦点を合わせることから、消費者のベネフィットに焦点を合わせた製品およびサービスのトータルな提供物という広い観点へ
③ 単一の学問分野（R＆D＝研究開発）の焦点から、R＆Dに加えマーケティング、マネジメントおよび財務的な考慮を含んだ学際的な焦点へ
④ R＆Dと消費者インプットのみへの偏った依存から、すべての利害関係者（流通業者、供給業者など）からのインプットを含んだ広がりのある焦点へ
⑤ 新製品開発プロセスから分離された商品化活動から、新製品開発プロセスと統合された商品化活動の計画へ

⑥ 短期成果の低いリスクのプロジェクトへの偏った焦点から、短期－長期、低い－高いリスク（および収益）のバランスのとれたポートフォリオへ

⑦ 組織的支援の欠如から、おのおののプロジェクトにリーダーを持つことへ

⑧ 国内的な焦点からグローバルな焦点へ

⑨ 硬直的なプロセスから、そこに関連する特定の状況に依存しつつ変化する柔軟なプロセスへ

⑩ 長い製品ライフサイクルを志向するプロセスから、短い製品ライフサイクルで製品開発を促進するようなプロセスへ

⑪ 評価調査への偏った焦点から、創出と評価の両方の調査への焦点へ

⑫ 静的な市場状況のもとでの評価から、動的および静的な市場状況のもとでの評価へ

⑬ 市場シェアと販売予測への焦点から、価値創造を査定する統合的な経済的評価システムへ

それでは、このガイドラインをベースとして、システマティックな新製品開発のプロセスについて学習していくことにしよう。ここで説明される新製品開発のプロセスは、アイデア創出、アイデア・スクリーニング、製品コンセプトの決定、製品開発、市場テスト、商品化（および市場導入計画）である。

（1）アイデア創出

企業の目的に適合する製品のアイデアを探索するのがこの段階である。アイデアの源泉は多様であるが、社内と社外に大別される。社内の源泉としては、研究開発部門、製造部門、営業部門、市場調査部門、経営陣などがある。社外の源泉としては、消費者を含むユーザー、サプライヤー、流通業者、競争企業、展示会や業界紙などが挙げられる。

アイデアを創出する手法には、**ブレーン・ストーミング**、**デルファイ**

コラム 知ってて便利

《創造性に対する概念的ブロック》
　アダムスは、問題解決者が正しく問題を知覚したり、その問題の解決策を考えたりすることを「ブロックする心的な壁」と呼んでいる。そして、心的壁は5つに分類され、以下のように説明されている。
① 知覚的ブロック
　・問題を明確化することの困難さ
　・問題領域を非常に狭く設定してしまう傾向
　・期待したように見てしまうこと（ステレオタイプ化）
　・飽和
　・五感からのすべてのインプットを利用できないこと
② 文化的ブロック
　・理性、論理、実務はよいもので、感情、直感、定性的判断を悪いものとする文化的価値観
　・伝統を守り、変化を避ける文化を好むこと
　・科学的思考と多額のお金があれば、すべての問題は解決できるという信念
③ 環境的ブロック
　・同僚と協力し信頼することができないこと
　・独裁的上司
　・気をちらすもの（電話や訪問）
　・アイデアを行動へ移すための物理的・経済的あるいは組織的支援の欠如
④ 感情的ブロック
　・誤り、失敗、それにリスクを負うことの恐怖
　・あいまいさに耐えられないこと
　・アイデアを創出するよりもアイデアを評価することを好むこと
　・アイデアをふ化できず、何もしないこと
　・想像性の領域へ近づけず、想像的コントロールが欠如していること
⑤ 知的および表現的ブロック
　・不正確な言語の使用
　・正確な情報の欠如
　・アイデアを表現したり記録したりするための不的確な言語技術
　・柔軟性の欠如つまり知的な問題解決戦略の不的確な使用

法、クロスインパクト分析法（→第１章）、**フォーカス・グループ・インタビュー**（→第２章）、**形態学的分析法**などがある。形態学的分析とは、２つ以上の技術の次元を組み合わせて機会マトリックスをつくる方法である。アダムスも指摘しているように、創造性を発揮することを阻害する壁は多く存在し、それらの壁を取り払うことが、アイデア創出では不可欠な作業といえる。→**本項「コラム」参照**

（２）アイデア・スクリーニング

　創出されたアイデアのどれが優れていてさらなる研究開発に値するかを判別することが、この段階で行われる。この選別のプロセスでは、２つの過ちを犯す危険がある。１つは有望なアイデアを誤って除去してしまうことであり、もう１つは有望でないアイデアを除去できないことである。

　具体的な作業としては、ある程度見込みのあるアイデアについては、具体的な製品企画書が作成され、十分な研究と批評を加えるために、関係部門に回送される。各部門はそれぞれ異なった観点から検討が加えられることになる。

　モンゴメリーとアーバンは、以下のように、市場性、永続性、製造能力、それに潜在成長性という４つの観点からアイデアをスクリーニングすることを提唱している。具体的には、17の項目について１点から５点の尺度で評価することを求めている。なお、尺度は、非常によい（5）、よい（4）、普通（3）、悪い（2）、非常に悪い（1）である。つまり、合計点が高いほど望ましく、低いものは除去されることになるというわけである。

　１．市場性
　　１－１　現在の販売経路との関連において
　　１－２　既存の製品ラインとの関連において
　　１－３　品質・価格との関連性
　　１－４　サイズ・等級の数

1 - 5　商品の特徴
　1 - 6　既存製品の販売上の効果
2．永続性
　2 - 1　安定性
　2 - 2　市場範囲
　2 - 3　景気変動に対する抵抗力
　2 - 4　季節変動に対する抵抗力
　2 - 5　デザインの独占性
3．製造能力
　3 - 1　必要な設備
　3 - 2　生産に必要な知識と要因
　3 - 3　原料調達の有利性
4．潜在成長性
　4 - 1　市場での地位
　4 - 2　見込競争状況
　4 - 3　見込最終消費者の利用可能性

　ここで留意すべき点が2つある。1つは、これらの評価項目はすべてを網羅しているわけではないということである。追加（削除）すべき項目を検討する必要がある。たとえば、製造能力ばかりでなく、販売能力についての項目の追加が必要かもしれない。もう1つは、評価項目の重要度について加重すべきであるという点である。いずれの項目も同程度に重要とは限らない。つまり、何を重要視するかを検討したうえで、スクリーニングを行う必要があるといえる。

（3）製品コンセプトの決定

　製品のアイデアは、たとえば「大豆を用いた健康飲料」などのように抽象的な表現で提示される。そのアイデアをだれが（Who）、いつ（When）、どこで（Where）、なぜ（Why）、どのように（How）を決定することによって、特定化されたものが**製品コンセプト**であるとここ

図表3−1−1　アイデアとコンセプトづくり

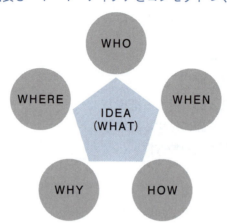

では定義する。→図表3−1−1

　たとえば、「大豆を用いた健康飲料」は、子ども、中年男性、高齢者のいずれをターゲットにするのかによってコンセプトは異なる。また、朝に飲むのか、午後に飲むのか、それとも夜に飲むのか、という時間帯によってコンセプトは異なる。さらに、自宅で飲むのか、それとも職場か、あるいはスポーツの後かによってもコンセプトは異なってくる。食事の代わりに飲むのか、コーヒーや紅茶の代用として飲むのか、それとも美容も考えて飲むのかによってもコンセプトは異なるであろう。携帯できるようなペットボトルか、缶入りか、それともブリックパックかによっても違うであろう。

　さらに、候補となる製品コンセプトは、競合するだろう市場の既存製品に対して差別的なポジションを占めなければならない。そこで、利用される分析が**知覚マップ**である。知覚マップは、2ないしは3次元の評価軸上で、製品あるいはブランドの位置を描いたものである。ここでは知覚マップの作成手法として、多次元尺度法を用いて説明をすることにしよう。それは、それぞれの製品あるいはブランドがどの程度、似ているかについて消費者に判断してもらい、その情報を用いて地図を描く方

法である。

　それでは、缶コーヒーという具体的な事例でその手順と内容を見てみよう。まず、大学生から便宜的なサンプル（n＝68）を選び、9つのブランドについて調査をした。もちろん、ほかにも缶コーヒーのブランドはあるが、9つのブランドは事前に大学生に純粋想起法でブランド名を尋ねた結果から選定した。ここでは、実際のブランド名ではなく、aからiで示している。

　次に、質問票で、下記のように2つのブランドがどの程度似ているかを尋ねる。「非常に似ている」から「まったく似ていない」まで7点尺度で該当するところに丸をつけてもらう方法でデータを収集した。組み合せは、以下のとおりである。

　　aとb；aとc；aとd；aとe；aとf；aとg；aとh；aとi
　　bとc；bとd；bとe；bとf；bとg；bとh；bとi
　　cとd；cとe；cとf；cとg；cとh；cとi
　　dとe；dとf；dとg；dとh；dとi
　　eとf；eとg；eとh；eとi
　　fとg；fとh；fとi
　　gとh；gとi
　　hとi

　そして、そのデータを用いて、多次元尺度法のプログラムによって作成された知覚マップが図表3－1－2である。マップ上には、大雑把にブランドa、ブランドb、それにブランドhからなる集団（仮にX集団と呼ぶ）、ブランドc、ブランドd、それにブランドfから構成される集団（同様にY集団と呼ぶ）、そして、ブランドe、ブランドg、それにブランドiからなる集団（Z集団）の3つが存在している。似ていると知覚されることは代替される可能性があるわけで、競合関係にあると言い換えることができる。特に、ブランドeとブランドg、それにブランドdとブランドfが類似していると知覚される。したがって、お互いに厳しい競争関係にある。この知覚マップを作成して、候補となるコ

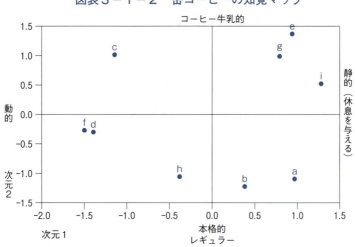

図表3−1−2　缶コーヒーの知覚マップ

ンセプトがマップ上のどこにポジションを占めるかを検討することができる。

(4) 製品開発

　選択されたコンセプトの試作品が作られ、さまざまな検討が加えられる段階である。また、他の部門とのコミュニケーションや交渉が不可欠な段階である。なぜならば、実際に試作品を作るのは技術者であり、マーケティング部門だけでは決済できない費用が発生するからである。さまざまな重要な課題に取り組む必要があるが、その中でも、消費者の選好を具体的な製品属性へと転換することがマーケティング担当者にとって最も重要な課題となる。

　開発された製品が、消費者が実際に使用する状況で、どのように動作あるいは作用するかをチェックするためにさまざまなテストが行われるのがこの段階である。テストは実験室テストと消費者テストに大別される。実験室テストでは製品パフォーマンスに関する問題がさまざまに検討される。たとえば、新しい家庭用プリンターであれば、印刷のスピー

ドと紙詰まり率の関係などが検討される。この実験室テストを通過した後に、消費者テストが行われる。製品はできるだけ実際の使用状況に近い状況で消費者によってテストされる。ただし、消費者は製品の評価の際に、製品の物理特性ばかりでなく他の特性にも影響を受けるので十分な注意が必要となる。たとえば、ビールの評価の際には、ビールの味よりもブランドによって評価する傾向がある。そこで、ブランドを付けずに、味のみを評価してもらうというブラインド・テストという方法が考案されている。また、ソフトウェアでは、試作段階のバージョンをベータ版として、希望者に無料で提供し、不具合をチェックするという消費者テストも行われている。

(5) 市場テスト

　アッペンバウムによれば、市場テストの計画では、3つの条件を考慮しなければならないという。1つはテストが行われる地域が全体を代表していること、2つ目はテストが注意深く統制されていること、3つ目はテストが正確に測定されていることである。

　市場テストを行う最大の理由は、新製品の失敗のリスクを減少させることである。たとえば、全国発売をして20億円の損失を出すよりは、1億5,000万円をかけて市場テストをすることを選ぶであろう。しかも損失はお金だけでなく、販売先の信用を失い、販売員のモラールを低下させ、消費者からのマイナスの評価を受けることになるとアーバンとハウザーは指摘している。

　確かに、市場テストは失敗のリスクを減少させてくれるが、コストが高いことが問題となっている。また、期間が長いために、新製品の情報が漏れてしまうという欠点を持っている。そこで、これらの欠点を克服したプリテスト市場分析が開発されてきている。代表的なものに、シルクとアーバンが開発した**アセッサー**がある。それは、選好／購入モデルとトライアル／リピート・モデルの両方を使って、市場シェアを推定する方法である。そして、両方のモデルのアウトプットが似通ったものに

（6）商品化

　製品を実際の市場へ導入することが商品化である。商品化で重要な点は導入のタイミングである。導入のタイミングの違いによって、3つのタイプに分類される。先発導入戦略、同時導入戦略、後発導入戦略である。

　先発優位性とは、市場に最初に参入して成功を収めた新製品が、競合企業が同様な新製品を後から導入しても、優位性を保つことができるというものであるが、それがゆえに、先発導入戦略が最も優れていると考えられている。コピー機のゼロックスやドライ・ビールのアサヒ・スーパードライがある。しかしながら、あくまでも成功を収めた場合であり、最初であるがゆえに、リスクは最も大きくなる。たとえ、先発で新製品を市場に導入したとしても、それがいわゆる**デファクト・スタンダード**（事実上の標準）とならず、後発の新製品がデファクト・スタンダードになってしまった場合は、先発優位を獲得することができない。たとえば、家庭用ＶＴＲのベータマックスとＶＨＳは有名な事例であろう。

　これに対して、**後発導入戦略**は、他社の新製品が導入された後に、新製品を導入するやり方である。先発導入された他社の新製品は、あたかもテスト・マーケティングとして多くの情報を習得することができる。また、改良すべき点が発見されるかもしれない。たとえば、デジタルビデオカメラでは、先発の新製品を使った消費者が手ぶれで困っていることを調査し、手ぶれ防止機能を追加することが可能となる。

　しかし、あまり遅く導入すると市場は競合する新製品で飽和状態となり、参入できなくなる可能性がある。そこで、ほぼ同時に導入するという戦略が採用されることがある。複数の企業がほぼ同時に導入することによって新製品について市場を立ち上げることができる。たとえば、カーナビゲーション・システムの場合、複数の新製品が導入されることによって、多くの消費者に情報が提供され、市場が開拓された一例である。

2 製品改良

どのような状況において、製品は改良されるべきなのであろうか。ウインドは次のような状況の場合は改良を検討すべきだと指摘している。
① 販売量、販売率、市場シェア、あるいは利益率における減少
② 当該製品に対する消費者の態度の変化
③ 競合他社の新製品の導入あるいは競合企業の既存製品の変化
④ 新製品の導入による既存製品のポジションへの影響、特に共食い
⑤ 特定の製品あるいは素材などに対する政府の規制の変化
⑥ 流通システムの変化
⑦ 製品の寿命などに影響を与える技術変化
⑧ 環境変化などのその他の変化

変化が起きてから対応策を策定するのでは、手遅れである。変化を正しく把握するためにはシステマティックな評価が不可欠である。ウインドは次のような項目について継続的に評価すべきであると主張している。

1．製品販売
　1－1　絶対的製品売上げ
　1－2　企業の売上げの割合としての売上量
　1－3　売上成長
　1－4　プロジェクトされた売上げの割合としての売上げ
　1－5　期待される将来の販売量
　1－6　期待される将来の売上高成長
2．市場シェア
　2－1　現在の（絶対的）シェア
　2－2　現在の相対的シェア
　2－3　市場シェアの**趨勢**
　2－4　予測されたシェア
3．産業売上
　3－1　売上量

3-2　売上成長
4．競争地位
　　4-1　主要な競合製品との力関係
　　4-2　期待された新製品の優秀さ
　　4-3　製品の品質（苦情がないこと）
5．利益貢献
　　5-1　投資に対する利益および収益
　　5-2　プロジェクトされる利益と投下資本収益率
6．必要な投資
　　6-1　新しい工場と設備
　　6-2　運転資金
　　6-3　管理時間
　　6-4　マーケティング支援
7．戦略的適合性
　　7-1　望ましい製品ポートフォリオ
　　7-2　計画的生産施設
　　7-3　流通販路
　　7-4　マーケティング組織
　　7-5　企業イメージ
8．環境的適合性
　　8-1　法的必要性
　　8-2　政治的風土
　　8-3　生態的基準
　　8-4　変化する消費者の嗜好
　　8-5　技術開発
9．マーケティング効率性
　　9-1　プロモーション弾力性
　　9-2　広告弾力性
　　9-3　価格弾力性

10. 生産効率性
　　10－1　生産コスト
　　10－2　生産柔軟性

今日では、プロジェクト・ベースではなく、マーケティング情報システムを構築し、継続的に評価していくことが望まれている。

（1）品質改良

　『JISハンドブック 品質管理』によれば、品質とは、品物またはサービスが使用目的を満たしているかどうかを決定するための評価の対象となる固有の性質・性能の全体と定義される。客観的品質は、いわゆる**QCサークル**において、計画・実施・統制という管理サイクルを通して、不断に改良されていく。このような欠陥がないという意味での客観的な品質の改良に加えて、今日では、主観的品質である知覚品質の向上が重要視されるようになってきている。長期的に見て、事業単位の成果に影響を与える最も重要な要素の1つは、競争業者のそれと比べた自社の製品やサービスの（相対的な知覚）品質である（バゼルとゲイル）という事実は、PIMS研究の主要な発見である。知覚品質が市場占拠率にプラスの影響を与え、高価格設定を可能にし、収益性に貢献することが証明されている。アーカーは、知覚品質をある製品またはサービスの意図された目的に関して代替品と比べた、全体的な品質ないし優位性についての顧客の知覚と定義している。客観的品質の改良ばかりでなく、知覚品質の向上が今日的な課題となっている。

（2）特徴改良

　この課題に取り組むための有力な手法に、**コンジョイント分析**がある。コンジョイント分析には物理的特性を直接的に取り扱えるという利点がある。たとえば、家庭でだれもが使いやすいファックス機というコンセプトに対して、最も当てはまりのいい製品属性の組み合せを示してくれるのである。たとえば、家庭用ファックス機の改良において、3つの属

性(紙の種類／コピー機能／使用可能な紙のサイズ)について、それぞれ2つの水準(普通紙／特別用紙)、2つの水準(コピー機能あり／なし)、そして、3つの水準(B5／A4／B4)の組み合せを考えたとしよう。その場合は、$2 \times 2 \times 3 = 12$通りである。12枚のカードを用意して、各カードに製品の属性を組み合わせた製品を1つずつ記述する。消費者に12枚のカードを好きな順に順位づけをしてもらう。この順序情報をインプットして、コンジョイント分析を行うのである。

コンジョイント分析の欠点は、評価をする属性の数に限界がある点である。たとえば、3つの属性に対し、それぞれ5つずつの水準の組み合わせがあると、$5 \times 5 \times 5 = 125$通りとなってしまい、順序づけが非常に困難な作業となってしまう。

(3) スタイル改良

新製品や改良製品は、その企業の取り扱っている製品群に影響を与えるばかりでなく、消費者の使用している製品にも影響を与える。新製品や改良製品の市場導入により、既存製品は陳腐化するからである。陳腐化とは本来その製品が、もう使えなくなってしまうという意味の物理的陳腐化を示していたが、今日ではスタイルの変更による機能的陳腐化や心理的陳腐化が大きく取り上げられるようになってきている。機能的陳腐化とは、既存製品よりも優れた機能、あるいは新しい機能を追加した製品を市場導入することによって、まだ使用可能な既存製品の価値を物理的に低下させることである。また、心理的陳腐化とは製品の機能上の改良なしに、スタイルなどの外観上の新しさを盛り込んだ製品を市場導入することによって、物理的には、まだ使用可能な既存製品の価値を低下させることである。

ゼネラルモーターズ社が導入したといわれているモデル・チェンジというスタイルの改良(変更)は、既存製品の使用年数を短縮させ、買い換え需要を喚起させようとするものであった。これにより古いスタイルの車が安く手に入るようになるという見解があるが、他方で、資源のむ

だ使いであるとの批判もある。

コラム **ドッチも本当？**

《期待利益仮説と情報の粘着性仮説》
　本章では、メーカーが主体となって新製品開発を進めるという視点から記述されている。しかし、ユーザーが主体となって新製品開発が進められることもある。どのような条件が主体を決めるのかについての仮説がある。1つは、イノベーション（新製品開発）から獲得できると期待される利益の大きさが場所を決めるというもので、期待利益仮説と呼ばれている。メーカーとユーザーのうちで、期待利益が大きいと考えたほうが、イノベーションを行うというものである。
　これに対して、情報の粘着性仮説では、期待利益の大きさではなく、情報の粘着性の高さによって、イノベーションの主体は異なるというものである。つまり、イノベーション関連で粘着性の高い情報がある場所でイノベーションが起きるというものである。粘着性が高い情報は容易に移転できず、情報が存在する場所、つまりメーカーの側あるいはユーザーの側で、その情報を生かしたイノベーションが行われるという仮説である。

第2節 製品政策の展開

学習のポイント

◆マーケティングの機能は、一機能部門としてのマーケティング部門を超えて全社に及ぶ。このとき、製品市場管理に習熟したマーケターは多大な貢献を果たす。
◆製品市場管理の一環として、製品ミックスに関する意思決定が必要になる。これに基づいて、個々の製品に関する意思決定を展開する必要がある。
◆ブランド・パワーの活用が、製品政策の展開において重視されるようになってきている。ブランドをただ重視するだけでなく、ブランド意思決定を製品ミックス戦略と個別の製品開発および商品化の双方をつなぎ合わせる戦略として、どのように組み込むことができるのだろうか。

1 顧客価値と製品市場管理

(1) 顧客価値と経験価値

　コモディティ化が進む中で、顧客価値を高めていくことが現代マーケティングで求められる。顧客にとってその製品の価値は、有用性と希少性のよって決定される（池尾恭一ほか〔2010〕.）。製品の機能によって決定される価値が有用性であり、機能的属性から発生することになる。たとえば、自動車であれば、移動するということになる。そのため、収容人数や燃費などが重要となる。

一方、このような機能的な価値だけでなく、感性的価値も重要になる。五感にかかわる属性やブランド化によって形成される属性は、感性的価値を形成する。

　機能的属性の場合は、数値化が容易である。いわゆるスペックとよばれるものであり、自動車であれば馬力であり、パソコンであればスピードなどになる。それに対して、感性的価値はそれそのものが目的になることもあり、客観性を高めることが難しい。

　さらに、近年では、経験が重視されるようになっている。その製品を使用することによって、発生する生活の状況を経験と呼ぶ。パインとギルモアは、経済発展の歴史を検討したときに、中心的な経済価値も変化していったことを明らかにした。これは図表３－２－１のようになる。このような考え方は、最近、コト消費と呼ばれることがある。

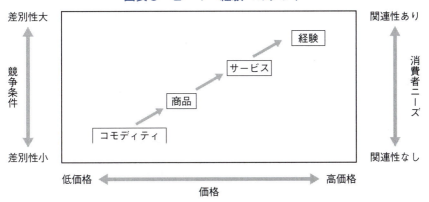

図表３－２－１　経験へのシフト

出所：Pine and Gilmore〔1999〕訳書57頁を一部修正.

（２）製品ライフサイクルの段階別意思決定

　製品政策に携わるマーケティング部長や係長あるいはプロダクト・マネジャー Key Word およびブランド・マネジャー Key Word であれば、その管理業務におけるプランニングの段階で、図表３－２－２に示す内容の

第3章 製品政策

図表3－2－2　製品ライフサイクルの段階別の意思決定連鎖

	市場導入期	成長期	成熟期	衰退期
マーケティング目的	拡大（市場浸透）	拡大（市場浸透、市場開拓）	維持（製品改良、新用途開発）	収穫、撤退
マーケティング目標	製品認知と試用の拡大	市場シェア、売上高成長率の最大化	市場シェアの維持	支出削減
製品戦略	基本属性、基本機能の提供	膨張属性、膨張機能の提供	新次元での製品差別化、アイテムの追加	弱小アイテムの削除
ブランディング戦略	ブランド強化	ブランド強化	ブランド維持、ブランド再強化、ブランド変更（成熟後期）	ブランド再強化、ブランド変更、弱小ブランドの削除

全体を視野に収めていなければならない。なお本節では、マーケティング・ミックスの製品政策以外の政策および戦略には言及していない。

マーケターの属する事業部が機能別組織、製品別組織または市場別組織さらには製品市場別組織といういずれの事業組織であっても、マーケ

Key Word

プロダクト・マネジャー——企業規模が拡大し、複数製品を生産し販売するようになると、機能別組織のもとで著しく増加する機能担当者の管理と調整上の負担を軽減し、個別の製品に十分な管理上の注意を払うために編成される製品別組織に配置される製品管理担当者のこと。製品が異質な複数の市場に販売されることによって編成される市場別組織においては、同様に市場管理担当者であるマーケット・マネジャーが置かれる。これらの高度な発展型が、製品市場別組織における製品市場マネジャーである。

ブランド・マネジャー——多数のブランドを持つ企業がブランド別に担当者を置いた場合をブランド・マネジャーという。

ターにとって最も興味がある製品ライフサイクル（PLC：product life cycle）は、製品カテゴリーおよび特に製品ブランドのそれであろう。

製品ポートフォリオ法に基づく製品市場管理による使命は、既述のように製品カテゴリーおよび製品ブランドごとの**マーケティング目的**となる。そのマーケティング目的を数量的に表現したものが、**マーケティング目標**である。したがって、図表３－２－２内では数値では表していないが、実際の現場では、何％増・減というように具体的な数値で示すものである。ただし、目的と目標を逆転させた用語法もあることは知っておけばよい。

ここでは、**市場シェア優先仮説**（市場シェアを投資収益率の最も重要な規定因であるとする仮説）を踏まえているが、市場シェアだけがマーケティング目標ではない。売上高成長率を高めたほうが、投資収益率に貢献するというデータもある。また、市場の境界が明確に画定できない場合には、マーケティング目標として市場シェアを掲げることの意味が低下する。競合・代替関係にある製品群の全体シェアの算定が恣意的にならざるを得ないからである。

マーケティングにおける製品概念の理解には、提供と期待の関係的循環がもたらす製品膨張についての理解が必要である。→『マーケティング３級』第３章第１節**2**(1)

図表３－２－２における基本属性、基本機能とは、製品開発期にその過程でテストに通り、期待と提供のギャップが埋まり、均衡に達したという判断のもとで発売が決定された**プロトタイプ**が有する属性や機能である。そのあとも製品は、何度も新たな均衡点を求めて、その属性や機能の膨張を繰り返す。成熟期には、新次元での製品差別化といいうるような、製品属性や機能の膨張によって、その衰退を免れ延命が可能となる。ロングセラー商品となる秘訣が、ここにあるといってもよい。

そして、製品とブランドを別次元で考えることも必要である。ブランドが残っても製品はまったく別物になっていることもあれば、その逆もないわけではない。後者には、「フレッシュライフ」から「通勤快足」にブ

ランド変更を行ったレナウンの抗菌防臭ソックスという周知の例がある。

図表3−2−2では、PLCの各期における代表的なブランディング戦略を示してある。しかしながら、各期のブランディング戦略の選択肢は、ほかにも、**ブランド・リポジショニング、ブランド開発、ブランド拡張（ライン拡張、カテゴリー拡張）**などがある。→本節**2**（1）、**3**（1）

（3）産業発展とその軌道

製品ブランドのPLCはマーケティング活動によってある程度可変的であるが、そのマーケティング活動は**産業発展** Key Word の段階によって条件づけられているという考え方が示されてきた。ここでいう**産業**とは、製品階層における**製品クラス**を意味している。

従来までの産業のライフサイクル論やこれに基づく研究からくみ取ることができる示唆を、いくつか挙げておこう。

まず、ニッチ的な起業に対するマス・マーケットを対象とした大規模な企業の後追いによって、産業が創生される場合が見られるようになっている。これは、大規模な企業が、模倣的な新市場開拓を行う場合の手法の1つにもなっている。また、産業の創生期では、**業界標準**をめぐる規格競争を勝ち抜くために、同一規格を共有する**ファミリー企業群**の多数派工作に成功したパイオニア企業が、競争優位を獲得し、持続することになる業界がある。

産業の成熟期には、一群の競争企業間の競争によって、市場における住み分け的な分断化を伴うセグメント化が進行する。しかし、イノベーションが起きれば、その逆のカウンター・セグメンテーションを伴うスーパー・セグメントが生じる。

Key Word

産業発展——産業は、ニーズを満たそうとする競争によって生まれ、技術や社会的過程によって変化するが、保護の対象として伝承されるものは消滅しない。

そして、産業のライフサイクルと製品ブランドのPLCの歩調の段階的な一致・不一致を考察することで、ライフサイクル理論の応用が戦略的に検討できるようになる。産業創生期にほぼ並行的に参入して業界平均並みの収益を上げていく製品は、歩調が段階的に一致していると考えてよい。しかしながら、産業では、それ以外のさまざまな製品が出現しては消えていく。

　ある製品が競争優位に立ち、ドミナント・デザインと呼ばれる支配的な製品仕様となることによって、PLCの短縮化する製品があるのは、まさしく産業内の優勝劣敗を物語っている。そこで、ドミナント・デザインの模倣製品が生まれる。ところが、いつの日かドミナント・デザインを破壊する製品が生まれる。それで、産業自体が発展することもあれば、衰退することもある。たとえば、産業の成長期、特に成熟期において後発的に市場導入される製品には、属性競争により産業を活性化する場合と、製品進化による産業の創造的破壊をもたらす場合がある。むろん破壊といっても、既存産業のすべての企業がすぐさま消滅するわけではない。ゆえにこそ、製品進化は、むしろ、われわれに多様な豊かさをもたらしてきたのである。

　産業発展に関する最近の研究では、**産業軌道**の相違と、**産業軌道のシフト**を主張する考え方が示されている。図表３－２－３を参照してほしい。

　マクガーハンは、同図表における**コア資産**と**コア活動**を特定するために必要となる「資産」「活動」「コア」のそれぞれの定義を、次のように下している。資産とは、産業内の企業が所有する耐久性のあるモノやサ

図表３－２－３　産業軌道の類型

		コア資産の劣化の脅威	
		有	無
コア活動の劣化の脅威	有	激震型	関係型
	無	創造型	漸進型

出所：McGahan, A.〔2004〕訳書57頁を一部変更.

ービスのことである。所有していると認められるのは、企業が有形資産または無形資産として所有権を主張できる場合に限られる。活動とは、企業のために売上げを上げ、コストを管理することを目的に、企業の指示により産業内で行われる経営機能別の諸活動などをいう。そして、仮にその資産や活動が今日消滅し、その状態が１年以上続いたときに、何かほかの資産や活動で代替しようと試みても、１年後に産業全体の収益性が今日より大幅に落ちている場合に、それらがコアであるとする。

そして、コア資産やコア活動の劣化をもたらす「脅威」とは、真に産

コラム 知ってて便利

《製品進化》

以下は、製品進化の例である。

ろうそく→電気照明。提燈→懐中電灯。団扇→扇風機→クーラー。算盤→電卓→コンピュータ。タイプライター→PC。バブル・ジェット→レーザー・プリンター。レコード→カセットテープ→CD→DVD。8インチFD→5インチFD→3.5インチFD。FD→CD→DVD。ガソリン・エンジン→ハイブリッド・エンジン。ブラウン管→平面ブラウン管。ブラウン管→液晶→有機EL→無機EL。

時間の経過に伴う技術向上の軌跡を、技術軌道という。製品進化は、技術軌道のシフトをもたらす。技術軌道のシフトは、破壊的技術が生まれたときに起こる。破壊的技術とは、それまでの技術を過去の痕跡としての遺物同然にやがては追いやるという意味で「破壊的」といわれる革新的な技術である。

既存製品あるいは既存工程の改良や改善、すなわち漸進的革新の積み重ねが、飛躍的な技術向上すなわち急進的革新、いわゆるジャンプをもたらす。しかし、それまでの技術を引き継いでいるという意味で「持続的」な革新は、技術軌道のシフトには結びつかない。

破壊的技術が生まれたときのほうが、急進的技術が生まれたときよりも、それまでの技術に基づく既存製品は、一気にコモディティとなりやすい。

それから、技術軌道のシフトは技術的な原因から起きる変化であるが、それに比べ本文中で述べている産業軌道のシフトはあらゆる要因に影響を受けて起きる変化である。

業規模で起き、戦略的に対応しないすべての企業が影響を受けるようなものである。ただし、脅威が実体化することで、すべてのコア資産やコア活動が劣化するとは限らない。実際に、脅威にさらされたほとんどすべての産業で、全面的な劣化は起きていないとしている。

　アメリカの1980年代から1990年代にかけての18年間にわたる726社の調査データから、その42.9％は「**漸進型**」であったという。コア資産にもコア活動にも劣化の脅威はない「漸進型」は、数十年という長いサイクルにわたって起きる。顧客もビジネス・パートナーも総じて基本的に満足しており、その中で、各社は独自性を追求するしかない。しかし、独自性の追求は、この産業を支配する持続的革新に基づいている。持続的革新に失敗したとしても、致命的にはならない。フィードバックに基づいて、すばやく反応すれば問題が解決できるからである。破壊的技術などの破壊的革新こそが、コア資産やコア活動に劣化をもたらす脅威となるのである。従来までのライフサイクル論がいう成熟期に、今日まで長きにわたり属しているとみなされる産業の場合には、この軌道上にあると考えてよい場合が多いだろう。

　6.1％は「**創造型**」であったという。コア資産には劣化の脅威があるが、コア活動にはないときに「創造型」が起きる。ビジネスを支えるコア資産に関する構想を抱いてから、ビジネス体制を形成するまでに何年もかかるプロジェクトを成功させなければならない。一般には、起業家が、こうしたプロジェクトを立ち上げる。しかしながら、いつ劣化が生じるともわからぬそのコア資産を維持しつつ、リスク管理に取り組みながら、持続的成長を図るのである。そのため、次々と新製品を開発および商品化できるコア活動のシステム化が必要になる。ただし、最初の投資から利益を上げ始めるまでに長い時間を要するので、資本の蓄積がなければ、そうは耐えられない。これまでの基幹産業に替わり新世紀に開花が期待されている未来型産業の場合にも、高い収益を上げるようになるまで、以上と同じ経緯をたどる場合が必ずあるだろう。

　32.1％は「**関係型**」であったという。情報の流れが変化し、その結果、

従来より効率のよい取引方法が生まれ、顧客やビジネス・パートナーが従来のビジネス方式から離れていくときに、コア活動が劣化の脅威にさらされ「関係型」が起きる。当初は、リーダー企業が利益を維持するかもしれないが、ついにはイノベーションを完成させたライバルからの追撃に抗しきれなくなる。そこで、コア資産を新たなビジネス方式に転用しようとする企業が増えていく。そのため、それまでの活動の大規模な整理が行われ、残余の従来型の顧客に必要なだけの活動の稼働能力と資産が転用されずに残される。たとえば、アメリカではオートバイテル・ドットコムのようなイノベーターの登場によりオンライン自動車販売が増え、ディーラーの従来の活動の多くは結局時代遅れとなった。そこで、多くのディーラーは、従来までの店頭対面販売や訪問販売の人員をリストラし、それまでのブランド資産、修理などのサービス資産、在庫管理資産といったコア資産を転用しつつ、オンライン自動車販売によるサービスをみずから熱心に提供するようになった。

　18.9％は「**激震型**」であったという。コア資産とコア活動の両方が劣化の脅威にさらされるときに「激震型」が起きる。どの既存産業にも起こりうるが、激震型にシフトした産業は、完全にすべてのことが問い直される。そして、規模を縮小した産業に変わる。それでも、脅威がいつまでも残るならば、永久に縮小を続けなければならない。製品進化の煽りを受けた産業の中の、破壊の程度が著しくスイッチング・コストのおかげで余命の時間を稼いでいるにすぎないような産業は、縮小の一途をたどるだろう。こうした産業にとどまる企業間では、消耗戦が起きやすいが、そこで払う犠牲が獲得できる利益を上回ることはない。縮小均衡に甘んじて生き残りに賭けるか、あるいはコア資産やコア活動の転用を図る多角化によって問題に対処しようとする企業が多い。

　産業軌道は、コア資産やコア活動の劣化の脅威が消えるか、新たな脅威が現れることによって、それまでの発展の軌道から、別の軌道にシフトする。別の軌道といっても、ほかの3つのどれかなのである。どの軌道かは、脅威の種類による。

産業内の企業は、通常には、明確な支配的モデルをつくり、それによる利益追求のための活動を展開する。そのため、ほとんどの産業は、漸進型か創造型からスタートする。顧客価値がわからぬうちにコア資産をつくらなくてはならない場合は、収益の予測が困難になるが、その産業は創造型でスタートする。たとえば、大規模な装置産業および資本集約的な産業がそうである。

　しかし、いずれの場合でも、支配的モデルに変化の圧力がかかってくる。そのとき産業は、コア活動の劣化の脅威にさらされ、激震型または関係型の軌道にシフトする。そして、数十年単位の時間をかけ、活動や資産を再構成すると、ようやく脅威は消え、漸進型や創造型の軌道に戻る。

　以上のような産業軌道の型の相違を理解したうえで、みずからの産業がそのいずれの型のどの段階にあるのかを見極めておく必要があるだろう。そして、さらに注視しておくべきは、ライフサイクル論をベースにした製品クラスのPLCが活用できるのは、漸進型と創造型の場合に限られると主張されている点である。

　マクガーハンは、漸進型と創造型の場合には、その産業発展段階を分裂期、再編期、成熟期、衰退期というライフステージに分けている。そして、関係型と激震型の場合には、出現期、収斂期、共存期、支配期という4段階を識別しているが、これはライフサイクルとは何の関係もない法則で動いていることを強調している。ライフサイクルに従って動いているかのごとき戦略を立てると、多くの危険な間違いを犯すことになるとしている。

　以上では、マクガーハンの主張にはない加筆を、適宜施している。これまでの記述に触発されたならば、さらに上級をめざす方々には、ぜひ一読をお勧めしたい書籍である。→図表3－2－3

2 製品ミックス戦略

(1) 製品ミックスの決定

製品ミックスの決定は、製品ミックス戦略に基づく。**製品ミックス戦略**は、次の3つのマトリックスにおけるそれぞれの選択肢のすべてを視野に入れて策定されるものである。

第1は、「市場セグメント－製品」のマトリックスである。第2は、「市場セグメント－ブランド」のマトリックスである。第3は、「ブランド－製品」のマトリックスである。これらのマトリックスを3次元で表しておけば、関連を整理しやすいだろう。→図表3－2－4

図表3－2－4　製品ミックス戦略空間

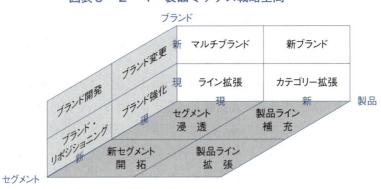

第1のマトリックスは、アンゾフによる企業の**成長ベクトル**の考え方を事業レベルにブレークダウンしたものであり、企業成長に対する事業成長のベクトルを意味している。複数の事業を展開している多角化企業の場合には、事業ごとに製品ミックスを考える必要もある。

事業が標的とする市場は、通常、いくつかの市場セグメント（以下では単にセグメントという）から成り立っている。したがって、まずは、現セグメントにおける現製品の購買頻度の増加、買い増し、買い替えによって、売上げを伸ばすために可能な限り**セグメント浸透**を考える。そ

して、販売機会損失を防止し、過剰能力を活用し、そして競争相手につけいる隙を与えないために、現セグメントを対象とする既存の製品ライン内に新しい製品アイテムを追加することを目的に**製品ライン補充**（product line filling）や、新用途開発などにより、現製品を新セグメントでも販売できるようにするために**新セグメント開拓**を行う。さらに事業の売上げを伸ばすためには、新セグメントを対象とする**製品ライン拡張** Key Word を行う。ただし、製品ライン補充と製品ライン拡張は、**新製品カテゴリー開発** Key Word を伴う場合と伴わない場合がある。なお、新製品カテゴリー開発を伴う製品ライン拡張によって、さまざまなセグメントにさまざまな製品を提供している状態を、**マルチセグメント**という。マルチセグメントでは、そのセグメントの数が空白のセグメントを除く市場内のセグメント数と一致するとき、あらゆる競争相手との競合セグメントを全面攻略していることになる。

　従来の製品ミックス論は、製品ラインおよび製品アイテムの数を中心にして検討する傾向が強かった。しかしながら、製品とブランドを別次元で検討することの意義が、組織の合理的購買行動によりブランドへの関心が比較的低かった産業財の場合ですら、増加してきている。

Key Word

製品ライン拡張（product line stretch）──既存製品ラインの範囲を超えて、より低価格な製品ラインを導入する下方拡張、より高価格な製品ラインを導入する上方拡張、そして上下双方向拡張がある。トヨタによるレクサス、日産によるインフィニティ、ホンダによるアキュラの導入は上方拡張の例。

新製品カテゴリー開発──現セグメントに対して新しい製品カテゴリーを開発する場合と、新セグメントに対する新しい製品カテゴリーを開発する場合がある。新製品カテゴリー開発は、新製品ラインの追加という形だけでなく、既存の製品ラインの再編や、既存製品ラインと新製品ラインとの統合をもたらす場合もある。

第2のマトリックスは、ブランドによる事業成長ベクトルを意味している。まずは、現ブランドのブランド認知のレベルを高め、ポジティブなブランド・イメージの好ましさ、強さ、ユニークさのレベルを高めるために、可能な限り**ブランド強化**を考える。そして、ブランド強化による成長の限界を超えるべく、**ブランド変更** `Key Word` や**ブランド・リポジショニング** `Key Word` を行う。さらに、事業の売上げを伸ばすために、新セグメントを対象とする**ブランド開発**を行う。

　第3のマトリックスにより、製品ミックスを複数の**ブランド・ライン**から構成される**ブランド・ミックス** `Key Word` として再考できる。

　成功したブランドを親ブランドまたはオリジナル・ブランドとして、

Key Word

ブランド変更──ブランド・エクイティの負債が資産よりも大きく、現製品が再びゼロからのスタートを余儀なくされる場合や、市場の拡大につれて行われる場合がある。また、ライセンスによるブランド使用が契約終了によって変更を余儀なくされるケースもある。イソジンから明治うがい薬、リッツからルヴァンへの変更などがその例である。

ブランド・リポジショニング──2006年9月に酒販免許が実質自由化され、2017年に酒税法が改正されたことにより、サントリーは、ビールに使用可能となる副原料を活用する技術と、同社の持つ特許技術を掛け合わせた新製品を投入し、ブランドのリポジショニングを行っている。また、チョイ呑みが多くなってきていることから、つまみやアルコールを取りそろえて展開する吉野家の吉呑みは、牛丼チェーン店のリポジショニングである。

ブランド・ミックス──製品ラインとブランド・ラインのマトリックスを作成してみるとよい。たとえば、多数のブランドを有しており、その多くがさまざまな製品カテゴリーに拡張されているならば、ブランド・ミックスは広く深いとみなすことができる。

マルチブランド──同じ製品カテゴリー内に2つ以上のブランドを展開すること。事業買収などによって、新しいブランドを得ることもある。

その資産を活用することにより、**ライン拡張**（成功したブランドを同じ製品カテゴリー内の他の製品アイテムに導入すること）や、**カテゴリー拡張**（category extension＝成功したブランドを新しい製品カテゴリー内の他の製品アイテムに導入すること）が行われる。

マルチブランド Key Word により、異なった購入動機にアピールでき、小売店でより多くの棚スペースを確保することもできるし、主力ブランドの脇を固めることもできる。P＆Gジャパンが洗剤・ファブリックケアのカテゴリーで6種類のブランドを市場に出しているのはこのためである。ただし、ブランド間のカンニバリゼーションに配慮し、相互の差異をしっかりと確立する必要もある。

新ブランドは、新しい製品カテゴリーに参入するにあたって既存ブランドがどれも適切でないときや、既存ブランドの力が衰えたときなどに開発されるが、多く提供しすぎると経営資源が拡散し、効果が薄れることがある。そこで、弱小ブランドは切り捨てて、製品カテゴリー内でナンバー1かナンバー2になれるブランドだけにマーケティング資源を集中する戦略に切り替える企業が、大規模な消費財メーカーに増えている。資生堂も、この方向を打ち出した。

さて、以上のまとめとして、製品ミックスの決定に関する8種類の基本戦略パターンと、その成長ベクトルを示しておくことができる。図表3－2－5を参照してほしい。

なお、現代の製品は、それが有形財であるかサービス財であるか、あるいはバーチャル情報財であるかを問わず、それだけが単独で提供されることはまずない。製品態様に基づく分類上のいずれの製品であっても、他の態様の製品との組み合わせで提供されている場合が多い。→『マーケティング3級』第3章第1節**1**(2)、**2**(1)

そこで、それぞれの製品をトータル・プロダクトとして考えることから拡張される「膨張的ミックス」についても検討しなければならない。第4のマトリックスが、そのために必要になる。企業によっては、有形財とサービス財のマトリックス、有形財とバーチャル情報財のマトリッ

クス、バーチャル情報財とサービス財のマトリックスというすべての膨張的ミックスのマトリックスについて考える必要もあろう。

（２）製品ラインの長さと製品ミックスの幅

製品ラインの長さと製品ミックスの幅は、既述の基本戦略に従い変化することになる。ただし、各ラインが長く幅が広い製品ミックスを構築できるのは、業界の有力企業に限られる。そこで、製品ミックスの幅や長さを限定して注力することにより、下位企業は、上位企業との競争対応を考える。

以下では、図表３－２－５の基本戦略（１～８）と、４通りの変化を示した図表３－２－６の各セル（Ⅰ～Ⅳ）の対応を示しておく。

- 基本戦略１、２、５、６――セルⅠ
- 基本戦略３、４（新製品カテゴリー開発なし）――セルⅡ
- 基本戦略３、４（新製品カテゴリー開発あり）――セルⅣ
- 基本戦略７、８（新製品カテゴリー開発なし）――セルⅢ
- 基本戦略７、８（新製品カテゴリー開発あり）――セルⅣ
- 基本戦略３、４（新製品カテゴリー開発なし）と
  基本戦略７、８（新製品カテゴリー開発なし）の併用――セルⅣ

なお、ブランド・ラインの長さとブランド・ミックスの幅の変化に関しても、こうした対応を整理しておくことができるだろう。また、メーカーのサービス・ラインの長さとサービス・ミックスの幅の変化にも応用できるだろう。サービス業が有形財ラインの長さと有形財ミックスの幅の変化を考えるときには、これと同様に考えておけばよい。

ただし、ある製品ラインの長さを伸長するか短縮するか、ある製品ラインを削除するかは、製品ポートフォリオ分析を用いた製品市場管理に基づく相対的位置づけ、すなわち**ポートフォリオ・ポジション**に従って行われることが多い。

図表3－2－5　製品ミックスの基本戦略パターンと成長ベクトル

1．セグメント浸透のために、ブランド強化を行い、成功したブランドのライン拡張を行う。
2．セグメント浸透のために、マルチブランド化し、衰えたブランドを変更する。
3．製品ライン補充を行いながら、ブランドを強化し、成功したブランドのカテゴリー拡張を行う。
4．製品ライン補充を行いながら、衰えたブランドを変更するために、新ブランドを開発する。
5．新セグメントを開拓するために、ブランド・リポジショニングを行い、そのブランドが成功すればライン拡張を行う。
6．新セグメントを開拓するために、ブランド開発を行い、マルチブランド化する。
7．製品ライン拡張のために、ブランド・リポジショニングを行い、そのブランドが成功すればカテゴリー拡張を行う。
8．製品ライン拡張のために、新ブランドの新製品を開発する。

$$(2,3,5) \xleftrightarrow[8]{1} (4,6,7)$$

図表3－2－6　製品ミックスの変化

		製品ラインの長さの変更	
		無	有
製品ミックスの幅の変更	無	Ⅰ	Ⅱ
	有	Ⅲ	Ⅳ

3 ブランディング戦略

(1) ブランド階層のデザイン

ブランドの基本階層として次の3つが挙げられる。

○**企業ブランド**(corporate brand)
　ブランド階層の最上位にある常に１つのブランド。子会社の名称が用いられる場合をハウス・ブランドともいう。企業ブランドはほとんどの場合、製品あるいはパッケージのどこかに表示されている。

○**統一ブランド**(family brand)
　複数の製品カテゴリーおよび製品ラインに共通して設定されるブランド。これが企業ブランドでないならば、レンジ・ブランド、アンブレラ・ブランドともいう。

○**個別ブランド**(individual brand)
　ある製品カテゴリー内のいくつかの製品タイプごとに設定されるブランド。

　統一ブランドについては、いくつかのとらえ方があるので柔軟に考える必要がある。また、個別ブランドは、**モディファイヤー** _{Key Word} を伴う場合がある。

　一般に、日用品のような相対的に単純な低関与製品のブランド階層は、製品特徴の違いを説明するモディファイヤーを伴う個別ブランドや統一ブランドからなる。一方、自動車、コンピュータ、あるいは他の専門品のように複雑な高関与製品の場合には、より多くの階層レベルが必要になる。

　しかしながら、**ブランド階層**の望ましいレベル数は、当該ブランドにかかわる製品ラインおよび製品ミックスの複雑さに依存する。製品ミックス内の製品間の類似性が低下するにつれて、下位階層のブランドを用いなければ、製品の意味を維持することはより困難になる。

　また、その望ましいレベル数は、企業が製品ラインおよび製品ミックス内におけるいずれかの製品に結びつけたいと考えるブランド・イメー

Key Word

モディファイヤー(modifier)——ある製品タイプ内の製品アイテムを識別するために設定される限定的語句など。

図表３−２−７　ブランド知識の構造

出所：Keller, K.〔1998〕訳書132頁．

ジの組み合わせにも依存する。そこで、それぞれの階層レベルのブランドに存在する**ブランド・イメージ**について検討する必要もある。→図表３−２−７

　ブランドの重要性が認識されるにつれ、製品・ブランドの一致という単純なブランディング戦略から、すでに、１製品に複数ブランド、１ブランドに複数製品という具合にブランドの増殖が行われてきた。それだけに、ある製品の失敗が、同一ブランドを冠した他の製品にも影響を及ぼすことなどを勘案して、慎重にブランド拡張を行わなければならない。

　また、製品に複数のブランドが結合される場合には、各ブランドの相対的重みづけを検討する必要がある。製品や市場セグメントに応じて強調されるブランド要素は異なり、まったく現れないブランド要素もある。

　いくつかの諸説や既存の調査を整理すると、この重みづけには次のようなタイプがある。各タイプの説明にあたっては、製品ブランドと企業ブランドの関係を中心に説明しておこう。

　１．一体型……製品イメージと企業イメージが未分離である。単一製品ライン、単一製品タイプの企業に多い。「キリン　ラガー・ビー

ル」に変更前のかつての「キリン・ビール」。
2．均衡型……製品ブランドと企業ブランドのどちらかが強調されるということはない。
3．偏重型……製品ブランド強調型、企業ブランド強調型に区分できる。日本酒の酒造メーカーの場合には、製品ブランド強調型が多い。産業財メーカーの場合には、これまでは企業ブランド強調型が多かったといえる。
4．混合型……製品ブランドが強調されたり、企業ブランドが強調されたり、双方が同程度に強調されたりする。「キリン　ラガー・ビール」。

(2) ブランディング戦略の基本類型

　より複雑な**ブランディング戦略**では、販売対象となるどの製品にいかなるブランド要素を選択し、採用するかを決定し、そして新製品に適用される新規かつ、または既存のブランド要素の属性を決定することになる。新製品のブランド化には、①固有の新ブランドの開発、②既存ブランドの適用、③親ブランドとなる既存ブランドに①を結合する、という3つの方法が考えられる。②と③の場合には、**ブランド拡張**（広義）が行われている。

　図表3-2-8は、ブランディングにあたって採用されるブランド基本階層（個別ブランド、統一ブランド、企業ブランド）の数と、それぞれのブランド間の結びつきという視点から、ブランディング戦略を分類したものである。

図表3-2-8　ブランディング戦略の基本類型

		基本階層の結びつき	
		分　離	結　合
基本階層の数	1	個別ブランド	個別ブランド内回遊
	2〜3	ブランド・エンドースメント	ハイブリッド・ブランド

個別ブランド戦略は、上位階層のブランドを冠さず個別ブランドを単独で用いるが、製品ライン補充が行われ製品タイプ内および製品カテゴリー内の製品アイテム数が増加するにつれ、それらをさらに区分するためのモディファイヤーを伴う。

　日本に比べ欧米では、この個別ブランド戦略を採用する企業の割合が多いといわれてきた。近年では、資生堂が、企業名を冠さない初の化粧品ブランド「イプサ」を立ち上げ、アジアでも販売される有力ブランドに育てている。

　セグメント・マーケティングを実践するうえで、この個別ブランド戦略は中核的な戦略となる。しかしながら、個別ブランド戦略だけでは、ブランド・エクイティを構築するための支援プログラムの分散化と支出増大を招く。したがって、後述するようなその他の基本戦略とのベスト・ミックスを考える必要もある。

　個別ブランド内回遊戦略は、製品ライン拡張に対応し、同一顧客が同一個別ブランド内で、入門と上級あるいはロー・エンドとハイ・エンドの製品タイプおよび製品アイテム間のスイッチができるようにする戦略である。本来はモディファイヤーの一種であるグレード表記に突出性を持たせていって成功する例が多い。したがって、その場合には、モディファイヤーの製品ブランド化と、当の個別ブランドの上位ブランド化によるカテゴリー拡張の方向に進む傾向がある。

　たとえば、「ジョニー・ウォーカー」の赤ラベル、黒ラベル、ゴールドラベルや、「BMW」の7シリーズ、5シリーズ、3シリーズが挙げられる。これに対して、OSなどでのホーム・エディション、スタンダード・エディション、プロフェショナル・エディションといったグレード付けの場合には、モディファイヤーがブランド化することはなく、工夫の余地があるだろう。

　ブランド・エンドースメント戦略 Key Word は、企業ブランドや統一ブランドと個別ブランドとの間に距離感を保つ戦略である。新製品へのブランド連想の移転を最小限にとどめ、あらゆるネガティブなフィードバ

ック効果の可能性を最小化することに努め、企業ブランド名よりもむしろロゴを突出させたり、接頭語や接尾語などを使ったりして、その品質保証的な働きを活用することが多い。

　ブランド・エンドースメント戦略とは対照的な**ハイブリッド・ブランド戦略**は、サブ・ブランディング戦略ともいい、さまざまなブランド階層のブランドを結合させる戦略である。今日では、新製品をブランド化する際の最も一般的な戦略となっている。「企業ブランド＋統一ブランド＋製品ブランド」という形の基本3階層のブランド結合、「統一ブランド＋製品ブランド」という形の基本2階層のブランド結合に大別できる。ただし、いずれの場合でも、どのレベルが強調されるかは、企業により、あるいは製品カテゴリーや市場セグメントなどにより、さまざまである。最も強調されるレベルのブランド以外のブランドを、サブ・ブランドとして結合させる。

（3）ブランド・ポジショニング

　ブランド・ポジショニングに際しては、①市場細分化とターゲッティング、②主要競合ブランド、③自社ブランドと競合ブランドの**相違点** `Key Word`、④自社ブランドと競合ブランドの**類似点** `Key Word`、について決定する必要がある。既述のブランド・リポジショニングにおいては、これらの変更点を決定するのである。

　市場細分化とターゲッティング（→第1章第2節）によって標的顧客が決まっても、競争の範囲をあまり狭く定義しすぎないほうがよい。競合関係にあるとみなすべき代替品、すなわち競合ブランドについては、属性レベルだけでなくベネフィットのレベル、さらにさまざまなレベル

`Key Word`

ブランド・エンドースメント戦略——何らかのブランド要素をブランド・ネームの一部として直接含めるのではなく、パッケージや表示などに表すことが多い。

で生じる競争を検討して想定したほうがよい。

相違点を適切に打ち出すことは、**製品差別化**の核心である。相違点は、競争戦略のタイプを反映し、企業ごとにさまざまである。**カテゴリー類似点**は、ブランド選択の必要条件であり、少なくとも提供が期待と均衡していなければ備えることができない連想である。そして、**競争的類似点**は、競争相手が優位に立っている領域で引き分けに持ち込むことができるようにデザインすることを考える。

「アサヒ　スーパー・ドライ」は、「コクがあるのにキレがある」というスローガンにより、コクがあるという競争的類似点でキリン・ビールの優位性を解消し、なおかつ、キレがあるという相違点を打ち出した。そして、負けることのない競争ポジションを確立したのである。

ブランド・ネームは、顧客の記憶の中で製品と非常に密接に結びつけられるため、のちに変更することが最も難しいブランド要素である。理想的なブランド・ネームは、ブランド・ポジショニングの基礎として有効であり、特定の製品カテゴリーおよび製品クラスや特定のベネフィットを明確に示唆し、そして、実際には容易なことではないが5大選択基準（→『マーケティング3級』第3章第1節**3****(4)**）をすべて満たすものである。

ネーミングは、サイエンスでありアートである。発音、つづり、複合

Key Word

相違点（points of difference）──顧客があるブランドについて、競合ブランド以上にポジティブに評価する属性やベネフィットなど、あらゆるタイプの連想。

類似点（points of parity）──必ずしもあるブランドにとってユニークなものではなく、他のブランドと事実上、共有されている連想。「カテゴリー類似点」と「競争的類似点」に区分されている。前者は、あるカテゴリーにふさわしく信頼できる提供物であると顧客がみなすうえで必要な連想。後者は競争相手の相違点を打ち消すためにデザインされた連想。

語などの形態、隠喩や換喩などの比喩、そして言葉遊びなどの掛詞といったさまざまな言語学的特性を考慮しつつ、相違点と類似点を反映したブランド・ネームが顧客を振り向かせる。

ブランド・ネームにも、これまでに注目を集めた例がある。説明型では、小林製薬の「熱さまシート」や「しみとりーな」、サッポロビールの「畑が見えるビール」など。説明型の一種であるが、これまでにない新カテゴリー製品であることをアピールするために、名詞ではなく会話文スタイルを採用した日本水産の干物缶詰「干物をおいしく焼きました」。パソコン周辺機器メーカーのイーレッツによる「記憶喪失」「充電一直線」などの掛詞型。イメージ喚起型では、東芝が平面ブラウン管TV「FACE」を継承した薄型TV「beautiful face」に残るブラウン管のイメージを払拭するためにブランド変更した「REGZA」など。

ヤング・アンド・ルビカム社は、BAV（BRAND ASSET VALUATOR）と呼ぶ実証に基づいてブランド構築理論を開発した。→図表3－2－9

コラム　コーヒーブレイク

《ブランド設定者とPBの多様化》

ブランドはその設定者によって、分類することができる。製造業者やサービス業者が設定するブランドはナショナル・ブランド（NB）とよばれ、全国的な展開を前提としているものである。プロモーションによってブランド価値を向上させるように投資されることになるため、プロモーションコストがかかる。一方、小売業者や卸売業者が設定するブランドはプライベート・ブランド（PB）と呼ばれる。PBは、一般的に低価格である一方、流通業者にとって粗利益も高くなるので、近年では多くの小売業が導入してきている。

わが国のPBの導入比率は、欧米諸国と比べると低いといわれている。そのため、数多くのPBの開発が行われている。加えて、PBの多様化が進んでいる。NBと比べて、低価格であるPB（一般的PB）よりもさらに価格の低いPBを導入する一方、高価値のPBが導入されるようになり、多様化してきている。

図表３−２−９　ＢＡＶモデル

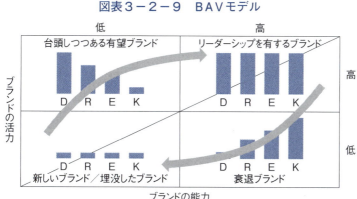

D：差別性　R：適切性　E：尊重　K：知識

出所：Keller, K.〔1998〕訳書720頁.

　成功するブランドは、「差別性」「適切性」「尊重」「知識」というきわめて固有な消費者知覚の進展を通じて構築されているという。そして、差別性を伴った適切性を「ブランドの活力」、尊重と知識を合成することで「ブランドの能力」と呼んでいる。差別性はブランド連想のユニークさに、適切性はブランド連想の強さに、尊重はブランド連想の好ましさに、知識は認知と馴染に、相当すると考えられる。

　このモデルは、さまざまな製品カテゴリー間や国別にブランドを比較する際に適用可能なようにデザインされている。したがって、戦略計画の策定ツールとして用いれば有効である。そして、これに基づいて、ブランド・マネジャー以下のマーケターが当該ブランドの状態を知り、そのうえで各ブランドのブランド・エクイティの管理を行う必要がある。

4　サービス戦略

（１）サービス品質

　製品と異なり、サービスは非有形で手に取って見ることができないた

め、客観的な品質評価が難しい。サービス品質は、顧客によって主観的に評価される傾向にある。そのため、サービス・マーケティングの研究者の多くは、**サービス品質**とは顧客の事前期待に対する事後評価によって判断されるとみなしている。たとえば、グルンルースは、事前の期待サービスと事後の知覚サービスの比較によって知覚サービス品質が決定され、それは技術的品質と機能的品質の2つの次元から構成されると提案した（Grönroos, C.〔1984〕.）。**技術的品質**とは、サービス生産プロセスの最中における顧客とサービス提供者のインタラクションの結果として、「何が」提供されたのかに対する顧客の知覚である。つまり、サービス・プロセスの成果の中身のことである。これは、ある程度、客観的に評価できる。たとえば、ホテルの部屋とベッド、レストランの食事、バスや電車での移動などである。**機能的品質**とは、技術的成果（品質）が「どのように」提供されたのかに対する顧客の知覚である。つまり、サービス・プロセスの成果の提供方法のことである。これは、ほとんど主観的に評価される。たとえば、銀行やレストランへのアクセスのしやすさ、ウエイターの外観や行動、バスや電車の運転手の運転パフォーマンスなどである。イメージとは、顧客が知覚した技術的および機能的品

コラム **コーヒーブレイク**

《日本人の好きなレジャーは？》

　『レジャー白書2016』をもとに、わが国のレジャーの傾向を見てみよう（→図表3－2－10）。2015年は「国内観光旅行（避暑、避寒、温泉など）」（5,500万人）が参加人口の首位となり、5年連続の首位となっている。2015年は多くの種目で参加人口が減少したが、その中で「国内観光旅行（避暑、避寒、温泉など）」は前年に比べて参加人口が100万人増加し、5,000万人を超えた唯一の種目となっている。

　順位が上昇した種目としては、3位の「ドライブ」、5位の「映画（テレビは除く）」、7位の「動物園、植物園、水族館、博物館」、8位の「音楽鑑賞（配信、CD、レコード、テープ、FMなど）」、10位の「カラオケ」、11位の「宝くじ」、16位の「音楽会、コンサートなど」がある。19位の「ジョギング、

マラソン」は2014年の28位から順位を上げるとともに、参加人口も50万人増えて2,190万人となったことがわかる。

図表３－２－10　余暇活動の参加人口上位20位（2014年～2015年）

2014年			2015年		
順位	余暇活動種目	万人	順位	余暇活動種目	万人
1	国内観光旅行（避暑、避寒、温泉など）	5,400	1	国内観光旅行（避暑、避寒、温泉など）	5,500
2	外食（日常的なものは除く）	5,000	2	外食（日常的なものは除く）	4,390
3	読書（仕事、勉強などを除く娯楽としての）	4,990	3	ドライブ	4,340
4	ドライブ	4,870	4	読書（仕事、勉強などを除く娯楽としての）	4,230
5	ウィンドウショッピング（見て歩きなど娯楽としての）	4,510	5	映画（テレビは除く）	3,660
6	複合ショッピングセンター、アウトレットモール	4,430	6	複合ショッピングセンター、アウトレットモール	3,620
7	映画（テレビは除く）	4,050	7	動物園、植物園、水族館、博物館	3,460
8	動物園、植物園、水族館、博物館	3,690	8	音楽鑑賞（配信、ＣＤ、レコード、テープ、ＦＭなど）	3,340
9	ウォーキング	3,630	9	ウォーキング	3,290
10	ビデオの鑑賞（レンタルを含む）	3,590	10	カラオケ	3,160
11	温浴施設（健康ランド、クアハウス、スーパー銭湯等）	3,570	11	宝くじ	3,050
12	音楽鑑賞（配信、ＣＤ、レコード、テープ、ＦＭなど）	3,560	12	ウィンドウショッピング（見て歩きなど娯楽としての）	2,930
13	カラオケ	3,400	13	温浴施設（健康ランド、クアハウス、スーパー銭湯等）	2,880
14	宝くじ	3,340	14	ビデオの鑑賞（レンタルを含む）	2,860
15	園芸、庭いじり	3,000	15	園芸、庭いじり	2,670
16	トランプ、オセロ、カルタ、花札など	2,900	16	音楽会、コンサートなど	2,430
17	ＳＮＳ、ツイッターなどのデジタルコミュニケーション	2,770	17	ＳＮＳ、ツイッターなどのデジタルコミュニケーション	2,330
18	テレビゲーム（家庭での）	2,680	18	トランプ、オセロ、カルタ、花札など	2,300
19	音楽会、コンサートなど	2,560	19	ジョギング、マラソン	2,190
20	ピクニック、ハイキング、野外散歩	2,440	20	テレビゲーム（家庭での）	2,170

（注１）2015年の網かけは前年に比べ順位の上昇、参加人口の増加があったことを示す。

出所：（公財）日本生産性本部　余暇創研『レジャー白書2016～少子化時代のキッズレジャー～』（概要報告書）（図表・本文とも）．

質によって形成されるもので、否定的なイメージは知覚サービス品質を低下させ、肯定的なイメージは知覚サービス品質を向上させる。知覚サービス品質とは、イメージを通じた技術的品質と機能的品質の2つの次元の品質の束を顧客がどのようにとらえたかの結果である。図表3－2－11は、サービス品質モデルの全体像を示している。

パラスラマンらは、事前のサービス期待と事後のサービス知覚とで差異が生じる原因について、**ギャップ・モデル**を開発した（Parasuraman, A., et al.〔1985〕。）。図表3－2－12は、このギャップ・モデルを示している。図中の中央に水平に引かれた点線は、サービス業のマーケターの領域と消費者の領域の境界線を意味している。この点線の上側の部分では、その消費者の個人的ニーズと過去の経験だけでなく、他者からの口コミによって事前のサービス期待が形成され、マーケターからサービスを受けた後の事後のサービス知覚との比較を示している。この点線の下側の部分では、マーケターが消費者の事前のサービス期待を認識し、それをサービス品質スペックに転換し、そのスペックに基づいて計画したサービス内容を顧客にコミュニケーションし、そのサービスを顧客に提供することを示している。このモデルでは、それらの過程で、顧客による事前のサービス期待と事後のサービス知覚の間にギャップが生じる機会が5つある。

① ギャップ1
　顧客が知覚するサービスへの期待とそれに対する経営者の認識のギャップ。顧客の事前期待を経営者が理解していないことで生じる。
② ギャップ2
　顧客の期待品質に対する経営者の認識とサービス設計仕様書のギャップ。顧客の期待を理解している経営者の意向が提供されるサービスの内容に反映されない場合に生じる。
③ ギャップ3
　サービス設計仕様書とサービス・デリバリーのギャップ。設計したサービスの内容と実際に提供されたサービスの内容が異なる場合に生じる。

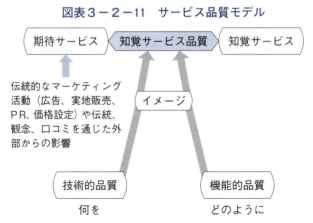

図表3−2−11 サービス品質モデル

出所：Grönroos, C.〔1984〕p.40.

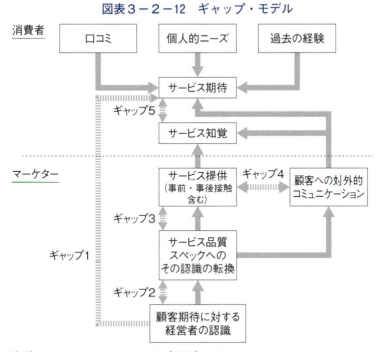

図表3−2−12 ギャップ・モデル

出所：Parasuraman, A., et al.〔1985〕p.44.

④　ギャップ4

サービス・デリバリーと対外的コミュニケーションのギャップ。顧客へのマス広告の内容と実際のサービスの内容が異なる場合に生じる。

⑤　ギャップ5

顧客の期待サービスと知覚サービスのギャップ。顧客の期待を超えるサービスを提供できない場合に生じる。

サービス業あるいはそのマーケターたちがこれらのギャップを生じさせなければ、顧客の事前のサービス期待を上回るサービス知覚に至らしめ、結果として、サービス品質および顧客満足の向上につながる。

（2）サービス品質の測定

サービス業にとっては、サービス品質を向上させることが顧客満足に不可欠だが、サービスは無形で、かつ規格化および標準化することが困難である。そのため、有形な製品のように客観的な品質評価基準が存在せず、顧客の主観に頼らざるを得ない。そこで、開発されたサービス品質の測定法がSERVQUALである（Parasuraman, A., et al.〔1985〕.）。これは、サービス（Service）と品質（Quality）を組み合わせた造語で、有形性、信頼性、反応性、確信性、共感性という5つの次元から構成されている。有形性とは、最新の機器が導入されていたり、設備が視覚的にアピールされていたり、スタッフの服装がしっかりしているかどうかということである。信頼性とは、約束が守られているか、頼りがいがあるか、正確に記録を保存しているかということである。反応性とは、従業員たちがてきぱきとサービスを提供したり、顧客の要求に迅速に対応しているかどうかということである。確信性とは、従業員たちが礼儀正しく、信用でき、安心感があり、企業からのサポートを受けているかどうかということである。共感性とは、企業や従業員たちが1人ひとりの顧客に注意を払っているか、顧客のニーズを理解しようとしているか、顧客の最大の関心事に配慮しているか、営業時間の利便性はどうかとい

ったことである。SERVQUALでは、これらの5つの次元に対する顧客からの評価が高い場合に、そのサービス品質も高いと解釈される。

(3) サービス・エンカウンター

　サービス業では、サービスを提供するスタッフと顧客との間で直接的なインタラクションが行われることが多い。たとえば、美容院では美容師と顧客との間での髪型についてのやり取りが行われたり、経営コンサルティングではコンサルタントとクライアント企業の経営者の間で経営の現状把握や将来の戦略について議論が行われたりする。このような顧客がサービスと直接的にインタラクションする一定の時間を**サービス・エンカウンター**と呼ぶ（Shostack, G. L.〔1985〕.）。

　このサービス・エンカウンターで向かい合っているサービス提供者と顧客によるインタラクションの中のわずかな瞬間に顧客はサービス品質を知覚する。その瞬間は、**真実の瞬間**と呼ばれている（Normann, R.〔1991〕pp.16-17.）。サービス提供者と顧客が向かい合っている最中にどんなことが行われるかは、彼ら自身にかかっている。もはや企業はどうすることもできない。サービス業は労働集約的であるがゆえに、顧客と直接的な接触を持つスタッフである**コンタクト・パーソネル**は、そのサービス業者と顧客とのインタラクションにおいて重要な資源とみなされる。そのようなことから、サービス業では、サービス・エンカウンターで顧客と直接的にインタラクションするコンタクト・パーソネルが顧客志向となるように、それらのスタッフに対してインターナル・マーケティングを施している。**インターナル・マーケティング**とは、サービス業が自社の従業員を最も重要な顧客とみなし（Sasser, W. E. and Arbeit, S. P.〔1976〕p.61.）、それらのコンタクト・パーソネルを動機づけし、顧客志向の従業員にすることである（Grönroos, C.〔1981〕p.237.）。

（4）サービス・デザイン

　サービス業では、コンタクト・パーソネルと顧客が接触する機会が多く、かつ顧客がサービスの生産に参加するため、サービス業者は自社のサービス・プロセスを明確にデザインしなければならない。サービス・デザインが不十分な場合には、コンタクト・パーソネルによるサービス・オペレーションが非効率になったり、サービスの生産に顧客をうまく参加させることができず、結果としてサービスの生産性を低下させてしまうばかりか、**サービスの失敗**も増大し、顧客の事前期待を満たすことができずに顧客不満足に至らしめてしまう。**サービス・プロセス**とは、サービス・オペレーションを遂行する手段や手順を連携させて顧客への価値提案を実現させる過程であり、そのサービス・プロセスを設計することを**サービス・デザイン**という。サービス・デザインの手法の1つに、サービス・ブループリントがある。**サービス・ブループリント**とは、サービス・プロセスを詳細に描写したサービスのフローチャートである。このサービス・ブループリントを事前にしっかりと描くことによって、サービス・プロセスの全体像を把握することができる。

　サービス・プロセスを設計するにあたっては、サービス品質だけでなく生産性にも配慮しなければならない。製造業と異なり、生産の大部分を人間が行うサービス業にとって、生産性は収益に大きな影響を及ぼす。そのため、サービス業では、だれが行っても平均的なパフォーマンスが発揮できるように、コンタクト・パーソネル向けのマニュアルを作成し、その内容を教育訓練によって従業員たちに習得させている。ファスト・フードのチェーン店では、そのような**サービスのマニュアル化**によって、サービス品質の標準化と生産性の向上を両立させている。そのほかにも、それまで人間が行っていた業務を機械に置き換えることで、サービス品質の標準化と生産性の向上を図ることができる。たとえば、銀行のATM（現金自動預け払い機）はその一例である。しかし、**サービスの機械化**は顧客に**セルフ・サービス**を強いることになるので、顧客側がそれを受け入れるかどうか慎重に判断してからでなければ、サービスの機

械化とセルフ・サービスを導入することはできない。顧客が対人サービスを強く望んでいたり、機械の操作が難解でわずらわしかったり、頻繁に機械が故障したりする場合には、生産性も顧客満足度も向上しないだろう。また、サービスの機械化とセルフ・サービスを導入した場合には、サービス生産への**顧客参加**の内容も変化する。サービス業は、顧客を自社の**部分スタッフ**（partial employees）とみなして、彼らが自身の役割を適切に遂行してくれるかどうか管理する必要がある（Bowen, D. E. and Schneider, B.〔1985〕; Mills, P. K., et al.〔1983〕.）。

（5）サービスと共創

　サービスの機械化は、サービス業の経営に製造業の発想を取り込むことを意味している。これは、**サービスの工業化**と呼ばれるものである（Levitt, T.〔1976〕）。他方で、製造業の経営にサービスの発想を取り込むことを**サービタイゼーション**と呼んでいる（Vandermerwe, S. and Rada, J.〔1988〕.）。こうした動きは、産業分類上の製造業とサービス業という区分をあいまいにし、今日では、どんな企業であれ製品とサービスの双方を生産および販売しているとみなされるようになっている。

① サービス・ドミナント・ロジック

　こうした見方から、マーケティング研究の中では、企業は有形な製品あるいは非有形なサービスのいずれかを顧客に提供しているという発想ではなく、それらの背後にある専門化された知識やスキルの適用を顧客に提供しているという発想が台頭してきた。このような発想（モノの見方や考え方）を**サービス・ドミナント（S-D）ロジック**と呼んでいる（Lusch, R. F. and Vargo, S. L.〔2014〕.）。S-Dロジックにおけるサービスという用語は、無形財を意味するものではなく、「ベネフィットを得るために専門化された知識やスキルを適用すること」を意味している。たとえば、自動車メーカーは、エンジンやボディおよびシャシに関する専門化された知識やスキルを原材料である鉄鋼やプラスチックなどに適用して、自動車という有形な製品を生産および販売している。S-Dロ

ジックは、これを企業のサービスとみなす。他方で、この自動車を購入した顧客は、自動車に自身の運転スキルを適用し、かつ交通法規に関する知識を適用して、ある地点から別の地点へと移動する。S-Dロジックは、これを顧客のサービスとみなす。S-Dロジックは、企業と顧客は自動車という製品や保守といったアフター・サービスを交換しているのではなく、互いのサービスを交換することで価値が共創されるとみなす。そして、価値共創の結果としてのベネフィットは、その顧客に独自のもので主観的に知覚されると考える。S-Dロジックは、この価値を**文脈価値**（Value-in-Context）と呼んでいる。自動車の例では、ある地点から別の地点への移動をして価値を知覚する消費者もいれば、家族との触れ合いのひとときとして知覚する消費者もいると考える。

② サービス概念の進化

　S-Dロジックのようなモノの見方や考え方は、サービスという概念の進化を表わしている。従来のサービスという用語は、有形でないもの（無形財）として、そのデメリットをどのように克服するかを中心にマーケティング戦略が策定されていたが、新しい進化したサービス概念を用いれば、企業は顧客とどのようにサービス交換をして**価値共創**できるかを中心にマーケティング戦略を策定することになる。また、製造業者は、単にアフター・サービスのような無形財を付加することで競合他社と差別化すると考えるのではなく、競合他社とは異なるサービス・プロセスや顧客とのインタラクションをデザインすることで差別化すると考える必要があるだろう。

第3章 理解度チェック

次の設問に解答しなさい（解答・解説は後段参照）。

1. 新製品開発プロセスに関する次の記述のうち、不適切なものを1つ選びなさい。
   ① 新製品開発は競争優位の源泉であるので、社会の開発努力に全面的に依拠すべきである。
   ② 消費者はみずから価値を創出するので、企業はみずからの立場で製品属性に全面的に焦点を当てたほうがよい。
   ③ 生産分野はもちろんのこと、マーケティングやマネジメントといった学際的な視点が必要になる。
   ④ 消費者向けのBtoCの場合、流通業者よりも消費者のインプットに集中すべきである。
   ⑤ ダイナミックな視点は焦点が定まらないので、製品開発では短期的で、スタティックな観点を持つ。

2. 製品政策に関する次の記述のうち、正しいものを1つ選びなさい。
   ① デファクト・スタンダードとは、先発した企業が設定した標準となっている規格である。
   ② プロダクト・マネジャーは、市場規模が拡大する際に取り入れられるもので、市場別にマネジメントを行うことになる。
   ③ 新製品を開発するにあたり、フォーカス・グループインタビューなどを用いるが、クロスインパクト法は、社内分析で用いられるので製品開発には含まれない。
   ④ 市場テストは、実際にマーケティング活動を行う前に行うと、低コストで実施することができる。
   ⑤ 製品コンセプトは、「だれが、どこで、どのように利用するのか」が必要になる。

> **第3章　理解度チェック　解答・解説**
>
> **1.** ⑤
> スタティック（静的）な視点だけではなく、ダイナミックな視点を持つ必要がある。
>
> **2.** ②
> 製品ラインが拡大すると製品別にマネジメントを行うことがある。この際に導入を検討するのが、プロダクト・マネジャーである。

〈参考文献〉

池尾恭一・青木幸弘・南智惠子・井上哲浩『マーケティング』有斐閣、2010.

小川進『イノベーションの発生論理〔新装版〕』千倉書房、2007.

高橋昭夫『現代商品知覚論』同友館、2001.

德永豊『マーケティング戦略論』同文舘出版、1966.

長谷川博『マーケティングの世界〔第2版〕』東京教学社、2001.

JISハンドブック『品質管理』日本規格協会、2016.

『日経デザイン』2006年5月号

Aaker, D. A., *Managing Brand Equity,* The Free Press, 1991.

Achenbaum, A. A., "Market Testing: Using the Marketplace as a Laboratory", in Rothberg, R. R. ed., *Corporate Strategy and Product Innovation* 2nd ed., 1981.

Adams. J. L., *Conceptual Blockbusting: A Guide to Better Ideas,* Wilt, Feeman & Co, 1974.

Bowen, D. E. and Schneider, B., "Boundary-Spanning-Role Employees and the Service Encounter: Some Guidelines for Management and Research," in Czepiel, J. A., Solomon, M. R. and Surprenant, C. F. (eds.), *The Service Encounter Managing Employee/Customer Interaction in Service Business-*

es, Lexington Books, pp.127-147, 1985.

Buzzell, R. D. and Gale, B. T., *The PIMS Principles,* The Free Press, 1987.

Christensen, C. M., *The Innovation Dilemma,* Harvard Business School Press, 1997.（玉田俊平太監修、伊豆原弓訳『イノベーションのジレンマ〔増補改訂版〕』翔泳社、2001.）

Grönroos, C., "Internal Marketing: An Integral Part of Marketing Theory," Donnelly, J. H. and George, W. R.（eds.）, *Marketing of Services,* American Marketing Association, pp.236-238, 1981.

Grönroos, C., "A Service Quality Model and its Marketing Implications," *European Journal of Marketing,* Vol.18, No.4, pp.36-44, 1984.

Keller, K. L., *Strategic Brand Management,* Prentice-Hall, 1998.（恩蔵直人監訳『戦略的ブランド・マネジメント〔第3版〕』東急エージェンシー、2010.）

Kotler, P. K. and Keller, K. L., *Marketing Management,* 12th ed., Prentice-Hall, 2006.

Lusch, R. F. and Vargo, S. L., *Service-Dominant Logic: Premises, Perspectives, Possibilities,* Cambridge University Press, 2014.（井上崇通監訳、庄司真人・田口尚史訳『サービス・ドミナント・ロジックの発想と応用』同文館出版、2016.）

Levitt, T., "The Industrialization of Service," *Harvard Business Review,* Vol.54, No.5, pp.63-74, 1976.（土岐坤訳「サービス活動の工業化」『ＤＩＡＭＯＮＤハーバード・ビジネス』第2巻第1号、pp.21-32、1977.）

McGahan, A. M., *How Industries Evolve,* Harvard Business School Press, 2004.（藤堂圭太訳『産業進化4つの法則』ランダムハウス講談社、2005.）

Mills, P. K., Chase, R. B. and Margulies, N., "Motivating the Client/Employee System as a Service Production Strategy," *Academy of Management Review,* Vol.8, No.2, pp.301-310, 1983.

Montgomery, D. B. and Urban, G. L., *Screening New Product Possibilities,* in Rothberg, R. R. ed., *Corporate Strategy and Product Innovation* 2nd ed, 1981.

Normann, R., *Service Management: Strategy and Leadership in Service Business,* 2nd ed., John Wiley & Sons, 1991.（近藤隆雄訳『サービス・マネジメント』NTT出版、1993.）

Parasuraman, A., Zeithaml, V. A. and Berry, L. L., "A Conceptual Model of Service Quality and Its Implications for Future Research," *Journal of Marketing,* Vol.49, No.4, pp.41-50, 1985.

Parasuraman, A., Zeithaml, V. A. and Berry, L. L., "SERVQUAL: A Multiple-Item Scale for Measuring Consumer Perceptions of Service Quality," *Journal of Retailing,* Vol.64, No.1, pp.12-40, 1988.

Pine, B. And Gilmore, J., *The Experience Economy,* Harvard business School. 1999.（岡本慶一・小高尚子訳『経験経済』ダイヤモンド社、2005.）

Sasser, W. E. and Arbeit, S. P., "Selling Jobs in the Service Sector," *Business Horizons,* Vol.19, No.3, pp.61-65, 1976.

Shostack, G. L., "Planning the Service Encounter," in Czepiel, J. A., Solomon, M. R. and Surprenant, C. F. (eds.), *The Service Encounter: Managing Employee/Customer Interaction in Service Businesses,* Lexington Books, pp.243-253, 1985.

Silk, A. J. and Urban, G. L., "Pre-Test-Market Evaluation of New Packaged Goods: A Model and Measurement Methodology", *Journal of Marketing Research,* 15 (2), 1978.

Urban, G. L. and Hauser, J. R. *Design and Marketing of New Products,* 2nd ed., Prentice Hall, 1993.

Vandermerwa, S. and Rada, J., "Servitization of Business: Adding Value by Adding Services," *European Management Journal,* Vol.6, Vol.4, pp.314-324, 1988.

Wind, Y. J., *Product Policy: Concepts, Methods, and Strategy,* Addison-Wesley Publishing Co. 1982.

Wind, Y. and Mahajan, V., "New Product Development Process: A Perspective for Reexamination", *Journal of Product Innovation Management,* 5, 1988.

第4章

価格政策

【この章のねらい】

　第4章では、さまざまな視点から価格設定のあり方について学習し、価格政策の基本的な政策について学習する。

　戦略マーケティングにおける価格政策は、単に製品やサービスに価格を設定すればよいというものではない。顧客に提供する製品やサービスの価格設定(値段や値札を付けること)には、2つの意味がある。1つは、設定された価格が製品の品質レベルを表現することである。それはまた、製品ブランドや企業ブランドのイメージの形成にも影響を及ぼす。第2は、その価格が製品・サービスの販売量に大きく作用すると同時に、製品の売上高に直結し、企業の製品の収益の増減に影響を及ぼすことである。

　上記の事柄は、価格を設定するとき、意識すると否とにかかわらず、消費者・顧客、競争相手なども絶えず注目している。マーケティング担当者は価格設定において顧客の知覚価値を十分に理解し、価格政策に反映することを学習することが大切である。それはまた、顧客価値の創造や競争優位の問題と直結しているのである。

第1節 一般的な価格設定アプローチ

学習のポイント

◆製品は、その製品の機能や品質がどんなに優れていても、消費者や使用者が受け入れられる価格でなければ価値を実現することができない。

◆本節では、価格政策のうち最も基本的なコスト・プラス法、競争に基づく方法、需要に基づく方法のそれぞれについて具体的に説明するほか、新製品の価格設定ならびに各種割引政策について説明していく。

〔価格の構成要素〕

　商品価格は、メーカーの場合には製造原価に営業費と目標利益を加えて設定される。一方、小売業者などの販売業者の場合には仕入原価に営業費と目標利益を加えたものである。製造原価・仕入原価・営業費の内訳を示すと以下のようになる。

　製造原価：原材料費、労務費、諸経費など
　仕入原価：仕入価格、仕入諸掛（仕入れに要した運送費、保険費、荷造費）など
　営 業 費：従業員の給料、家賃、光熱費、原価償却費、販売に要する広告費など

　製造原価、仕入原価、営業費、純利益をもとにして製造・卸・小売段階での販売価格の構成は図表4－1－1で示すことができる。

図表４－１－１　各段階での販売価格の構成

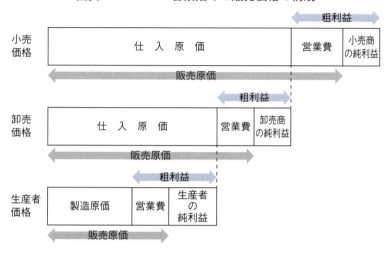

1 コストをベースにした価格設定

コスト・プラス方式による価格設定のうち製造業者がとる例としてカンディフ（Cundiff）らは、労務費、原料費、工場間接費、**マークアップ（値入額）** などを考慮して、次のように説明している。

	製品A	製品B
労務費／単位	￥ 500	￥ 200
原料費／単位	￥ 100	￥ 850
工場間接費（労務費の150％）	￥ 750	￥ 300
総費用／単位	￥1,350	￥1,350
マークアップ（値入れ）		
労務費の（コストの100％）	￥ 500	￥ 200
原料費の（コストの20％）	￥ 20	￥ 170
工場間接費の（コストの10％）	￥ 75	￥ 30
トータル・マークアップ／単位	￥ 595	￥ 400
価格＝（コスト＋マークアップ）	￥1,945	￥1,750

	製品C	製品D
労務費／単位	¥500	¥200
原料費／単位	¥100	¥850
労務費・総原料費／単位	¥600	¥1,050
マークアップ（値入れ）		
労務費／単位×5	¥2,500	¥1,000
原料費／単位×2	¥200	¥1,700
トータル・マークアップ／単位	¥2,700	¥2,700
価格＝(労務・原料費・単位＋マークアップ)	¥3,300	¥3,750

出所：Cundiff, E. W.〔1980〕p.321. ただし、＄表示を¥表示に変更.

次に販売業者によるコスト・プラス法について見ると、多くの小売業者と卸売業者によってとられている方法としては、仕入価格に一定の利益を上乗せする方法が一般的である。したがって、販売価格を決定するには次の方式が用いられる。

　ア．販売価格＝製造原価(仕入価格)＋利幅
　イ．販売価格＝製造原価(仕入価格)×(1＋値入率「マージン率」)

ア．の式を用いた場合には、値入率および利幅率は次のようになる。

製造原価(仕入価格) 80円	利　幅 20円	販売価格 100円

$$値入率 = \frac{利幅}{製造原価(仕入価格)} = \frac{20}{80} = 0.25(25\%)$$

$$利幅率 = \frac{利幅}{販売価格} = \frac{20}{100} = 0.2(20\%)$$

また、イ．の式を用いた場合には次のようになる。

| 製造原価(仕入価格)
80円 | 値入率(25%)
80円×1.25 | 販売価格
100円 |

$$値入率 = \frac{利幅率}{1-利幅率} = \frac{0.2}{1-0.2} = 0.25(25\%)$$

$$利幅率 = \frac{値入率}{1+値入率} = \frac{0.25}{1+0.25} = 0.2(20\%)$$

2 競争をベースにした価格設定

(1) 競争企業対抗法

　競争企業に対抗する形で、価格設定が行われている代表的な業界としては自動車、家電製品、電子機器、モバイル機器などが挙げられる。
　新製品の開発・導入（発売）が繰り返されると、新製品による差別化が困難となり、いわゆる価格の引き戻し効果が減少するとともに価格競争が激化するので、そのような製品から収益を上げていくことが困難になってくる。
　したがって、｜"価格競争型"の企業では、製品のライフ・サイクルを通じて低下していく市場価格を前提にして価格を設定していかなければならない。同時に高度のニーズに対応した特性・品質に見合った価格の範囲内で新製品開発を素早く進めていくことも重要である」（上田隆穂〔1995〕34頁.）。

(2) 市場価格基準法

　この価格決定方法は、大手企業が設定した価格を業界基準価格として認識し、みずから価格設定の主導を握ろうとしない方法である。すなわ

ち、自社の属する業界の基準価格をみずからに与えられたものとして受け入れ、その価格をそのまま適用するものである。したがって、「業界基準価格が上がったときは生産量が増産され、売上高を高めようとする。逆に業界基準価格が下がったときは生産量を減産する方法が採られる」（上田隆穂〔1995〕85〜86頁.）。

業界のリーダーが設定する価格を参考に、それよりも高い価格を付けたり、低い価格を設定することも市場価格の基準に従った行動といえよう。

（3）入札価格法

1）請負工事入札

一般にダム建設、高速道路・鉄道建設、住宅地開発などの公共事業や民間の建設事業などの工事を請け負おうとする場合、その契約をめぐって複数の企業が事業を依頼する側に対して入札という方法で、価格を決定する方法である。この場合の入札法とは、工事を請け負おうとする企業が文書で価格を提示し、競い合って依頼主の求める一番低い金額を提示した企業に、その工事を請け負わせる方法であり、請負の権利を得た企業を落札企業という。

落札しようとする企業は、工事を請け負った場合の限界費用を考慮に入れて入札する。入札価格は限界費用よりも大きければ大きいほど利益は大きくなるが、競争企業の入札価格よりも高くなり、落札できる可能性は低くなる。逆に、入札価格を限界費用に近い金額に提示した場合には落札の可能性は大きくなるが、実際に落札した場合の利益を圧迫することになる。そこで、これまでに入札企業間で、しばしば違法な談合が行われ、利益を確保する手段として利用されてきたのである。

2）不動産競売入札

金融機関は、企業や個人に対して融資する際、その見返りに土地・建物などの不動産を担保として設定することが多い。金融機関としては融資を受けた企業や個人が契約どおり返済してくれればよいが、企業倒産

が起こったり、個人に不慮の出来事が起こったりすると、途中で返済不能となる。債務不履行になった場合、金融機関はその担保物件を入札による競争売買にかけることが多い。

国や地方自治体は税金を納めない納税義務者に対し、土地や建物を差し押さえることがある。また、現金で納めることのできない納税者は現金の代わりに物納として土地や建物を納めることがある。

国や地方自治体は差し押さえたり、物納された土地や建物をいつまでも保有していくわけにいかなくなる。現金化しなければ国や地方自治体の財政を圧迫することになるので、入札による競売にかけられることになる。

金融機関の場合も、国や地方自治体の場合も競売対象となる物件は、一般に地方裁判所を通して「不動産競売物件情報」として新聞等で公開され、①入札期間、②開札期日、③売却決定期日、④入札場所、⑤閲覧開始日などが示される。同時に、入札に参加することのできる資格も公開される。

入札に参加しようとする者は、申込書とともに最低売却価格の1割以上（通常は不動産の売却基準価額の20％）の入札保証金を納入しなければならない。ただし、落札できなかった場合は全額返済される。

落札者の決定は、金融機関や国・地方自治体の予定価格以上の価格で、かつ最高金額の価格をもって有効な入札をした者に決定される。

3）卸売市場の入札

卸売市場は大量の農産物や魚介類を短時間に大量に売買する公設機関として運営されている。したがって、中央卸売市場も地方卸売市場も個人で営むことはできない。

卸売市場では、従来から短時間に大量の品物を売買するのに便利な方法として「せり売買」の方法が活用されてきたが、最近では「相対取引」の割合が次第に増大してきている。

このような状況の中で最近では、次のような方法で入札売買が行われている。すなわち、買い手は求める品物について紙片に単価、数量、申

込者名等必要事項を記入し、卸売業者の販売担当者に交付する。その際、一番高い値段を付けた者に売り渡す（落札する）取引方法である。

　この方法とせり売りによる方法の違いは、この方法の場合には価格形成過程が公開されておらず、落札が決定するまでは、売り手と買い手の両者に価格がわからないという点にある。

３ 需要および心理的要素をベースにした価格設定

（１）需要の価格弾力性

　一般的に、単価（価格）を引き下げることにより、製品やサービスの総収益が増加するとき需要は弾力的であるといわれる。価格を引き下げることにより総収益が減少するとき、需要は非弾力的であるといわれる。つまり、他の要素が一定である場合、価格の変化によって生じるであろうと期待される製品ないしはサービスの需要量にどれだけの影響を与えているかを示す指標が需要の価格弾力性である。→本章第３節❸

（２）顧客の知覚価値

　顧客は絶えず提供される製品やサービスに接しながらそれらと価格を知覚し、評価している。つまり、顧客は製品やサービスによって得られるベネフィットを入手するために懐具合と価格を天秤にかけながら熟考し、ベネフィットに対して負担が大きければ購入しないであろう。顧客が平均的な価格で平凡な性能と品質を選ぶように説得されることはまずないであろうし、特に優れた性能または品質という特性が重要でない場合には、顧客は単純に最も低い価格を選ぶだろう。そうでなければ価格プレミアムが余分のベネフィット（あるいは顧客の予算）を上回らない限り、顧客にとって有益でよさがはっきりしている代替製品を選択する。最善の価値を提供する製品と代替品との知覚されるベネフィットとの開きが最大のものを選ぶことになるであろう。

　図表４－１－２の知覚マッピングの45度の線上に位置している知覚価

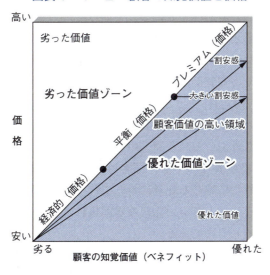

図表４－１－２　顧客の知覚価値と価格

値と価格の均衡状態は、製品やサービスに対して、顧客が知覚した範囲内で支払可能な価格を示しており、上になるほど高価格を指している。45度線を境に２つに分けられた領域内のうち、優れた価値の領域内で価格を設定するか、劣った価値の領域内で価格を設定するか二者択一である。その傾き方によって知覚価値と価格のギャップが生じる。

業種によって当然に異なるが、顧客が最も価値を認める領域は、低価格で製品品質、サービスや経済性などの総合的な価値の開きであるところになる。価格以外の要素としては、顧客との親密さ、従業員の質、ロケーション、技術的リーダーシップ、イノベーションのような非価格競争要因が含められることはいうまでもない。

（３）知覚価値法

需要を基礎とする価格設定の１つに「知覚価値型価格設定」がある。これは、顧客によって感じ取られた（知覚された）価値に基づいて決定される価格である。したがって、コストを基礎とするアプローチでは、

製品の製造にかかったコストをベースにするのに対して、この方法では需要および心理的要素がベースになっている。

コトラーによると、この方法の場合、「購買者の心理に知覚価値を形成するために、マーケティング・ミックスの中の非価格変数を活用する。そして、価格はその知覚価値に対応するように設定される」(Kotler, P., et al.〔1983〕訳書426頁.）とされる。

たとえば、レストランでは同じ商品でありながら、店によってさまざまな価格が設定されている。普通・中級・高級のレストランの等級によってそれぞれ価格が異なっても、顧客はそのレストランのレベル（等級）や雰囲気に対して感じる知覚に対して代金を支払うのである。つまり、顧客は高級なレストランの高級な雰囲気に対しては、高い価格を支払ってもよいと感じるのである。

「知覚価値型の価格設定を行う企業は、購買者の心理に対して競合他社が提示しているのとは違った価値を見いださなければならない」(Kotler, P., et al.〔1983〕訳書426～427頁.）。コトラーによると、販売者は、購買者の知覚価値以上の価格を設定したならば、企業の売上げは落ちるだろう、といっている。

消費者が知覚する価値・評価の対象は、消費者の心理に影響を与える商品の品質、性能、デザイン、サービスなどの非価格要素が中心である。いずれにしても、消費者の商品に対する知覚価値を重視して設定される価格である。

① **慣習価格**

慣習価格とは、特定商品について慣習的に長期間にわたって価格が維持されているものである。たとえば、チューインガム、チョコレート、のど飴、タバコ、自動販売機の清涼飲料水、ファストフードの人気商品などがこれに当たる。そして、これらの商品は市場占有率の大きさとは無関係に、それまでの価格がごくあたりまえに受け入れられており、何のわだかまりもなく、ごく自然に購入されているという特徴がある。それゆえ、逆にわずかでも価格が引き上げられると消費者は拒否反応を起

こし、たちまち売上げが低下してしまう。反面、引き下げた場合にはかなりな売上げ増が期待される性質をもっている。

　従来、慣習価格を維持していく策としては、価格はそのまま据え置き、商品の中身の個数や内容を減らす形がとられてきた。また、値上げをすることによって失敗した例として吉野家が挙げられる。かつて牛丼の吉野家は当時、一杯300円の牛丼を一挙に50円値上げし、350円にしたところ消費者の拒否反応にあい、会社更生法に追い込まれた事例で有名である。

　こうした慣習価格を打破して新しい価格を確立していくためには、中身、外観、デザイン、パッケージなどに魅力的な付加価値を付け、前もって広告・宣伝、イベントなどによって顧客の理解を得ながら変更していかなければならないといわれている。

② **名声価格**

　購買対象となる商品、たとえばハンドバッグ、化粧品、装飾品、貴金属、ミンクのコートなどの高級ブランド品やぜいたく品は、購入頻度が低く、商品の品質の判断が難しいという特徴がある。そして、それらの商品を購入する消費者の多くは価格が高ければ品質もよく、それを使用することによってステータスを誇示できると思われている場合が多い。

　このような消費者の心理を踏まえて品質のよさをアピールするために、意識的に高い価格を付けることが一般的に行われている。言い換えれば、こうした商品は、高い価格を付けるほうが消費者に受け入れやすいのである。このようにして設定された価格を**名声価格**（威光価格）という。

① 百貨店の例……ステータスを好む消費者に対しては、品質のよさを印象づけるために高級なものに意識的に高い価格を付けるのが普通である。かつて、百貨店で高級毛皮コートを特売場で破格の価格で販売したところまったく売れなかったので、元の高級品売り場に戻し、以前と同じ高価格を設定したところ、たちまち売れたということがいわれている。これは品質そのものよりも、特売価格ではステータスと誇りを示し得ないという典型的な例である。

② 輸入ブランド品に対する批判……名声価格を設定した場合には、品質も当然、名声価格にふさわしい内容でなければならない。見せかけの名声価格によって消費者が不利益をこうむるようなことがあってはならない。ところが、今日、高級輸入製品が品質に比べて割安価格で輸入されているにもかかわらず、名声であるがゆえに高価格を設定しているケースがあるという。これは、消費者を欺く行為として社会的批判を受けてもしかたがないことになる。

③ 端数価格

消費者に対して、価格を最低限にまで引き下げ、精一杯努力しているという印象を与えるように、100円、1,000円、10,000円というようなキリのいい価格ではなく、98円とか980円とか9,800円といったような価格を付ける方法である。本来、この方法は、1円単位まで端数として用いられいるものであるが、わが国の場合は、キリのいい価格ではないもの全般を端数価格という。

端数価格は今日ではスーパーの食料品からマイホームの価格にまで適用されている。いわゆる消費者心理に訴えるものである。

（4）差別価格法

需要志向価格設定のもう1つ別の形は、需要差別型価格設定である。

この価格設定の場合、「1つの製品またはサービスが異なった複数の価格で売られ、しかも、この価格の違いは限界費用の相違を反映しているものではない」（Kotler, P., et al.〔1983〕訳書439頁.）。それにもかかわらず、さまざまな価格差別がとられている。

① 顧客差別……取引顧客の購入金額、あるいは前もって決められた条件に適合する割合に応じて、ほかの顧客よりも安い価格を設定する方法である。具体的には、「大量に購入してくれる常連客、長期にわたって安定的な取引関係を構築している上得意、広告キャンペーン期間中に当該広告記事の一部を持参した消費者、キャンペーン実施期間などの特定期間中に来店した顧客などへの値引き販売など

がこれに相当する」（原田一郎〔1992〕176〜177頁．）。
　このような場合、同一製品や同一サービスに対して顧客によって支払う価格が異なることになる。一見、不条理に思われるが、売り手側からすれば、販売促進の手段として不可欠な存在といえよう。
② **製品形態差別**……これは異なる付随部分を持つある製品に、それぞれ異なった価格が設定されるような場合にあてはまる。この価格の違いは付随部分の限界費用の違いに比例しない。たとえば、自動車のカーナビが純正かどうかで価格が異なることが見られる。
③ **場所差別**……場所に対する需要の強度によって異なった価格を設定するものである。しかし、この場合、その場所の提供に関する限界費用は異ならないという特徴がある。たとえば、日当たりのよい住宅地とそうでない住宅地での価格の違い、また道路に面した角地とそうでない土地の価格の違い、日当たりのよいマンションの部屋とそうでない部屋の価格の違いなどがこれに相当する。これらは、その場所を取得することから得られる効用が高いために、高い価格を設定しても需要が存在するのである。
　また、劇場や球場の座席にしても役者や選手の顔が見やすく、その席を求めることによって顧客満足を得ることができるような場所（座席）には高い価格の設定が成り立つのである。

4 その他の価格設定

（1）均一価格政策

　原価の異なる商品に均一価格を設定し、全体としては一定の利益を確保していこうとする価格政策である。たとえば、「新年の初売福袋よりどり10,000円」とか、「特売場の婦人モノどれでも5,000円」といったように原価の異なる商品に均一価格を設定し、購買者に買い得をした（消費者余剰を得た）という心理を働かせることにより、購買意欲をかき立てる政策である。実際には、かなり利幅の異なる商品をミックスするこ

とにより、全体のバランスをとっている。

① 100円均一ショップ……今日ではダイソーを筆頭とする単一価格店舗「100円ショップ」の台頭によって、一般小売店ではたとえば300円以上するものを100円均一で販売することにより人気を呼んでいる。海外生産などでコストを切り詰め、利幅を抑えることで一定の利益を確保することで日本全国に展開している。原価と利幅の異なる商品をうまく組み合わせて100円均一のイメージを実現しているが、実際には100円以上の商品も販売していることが挙げられる。

運営上の利点としては、多くの商品は値付けが不要でラベルを貼る必要もなく、店員教育も簡単で経費が削減できることが挙げられる。

② 均一価格オーダーメード……百貨店の紳士服売り場などで期間を限定し、同一生地であればどの顧客に対しても均一価格で注文仕立てに応じるといった形がこれに属する。一種の販売促進を兼ねた均一価格政策といえよう。

このほか、今日ではネット通販による均一価格注文を採用している企業も存在する。一例を挙げると、ある企業がカーテンを生地限定で均一価格を実行している。幅100×丈180cmで税込み4,000円といった具合である。

（2）プライスラインとプライスゾーン政策

プライスラインとは取扱商品の売価の種類である。一方、**プライスゾーン（価格帯）** とは取扱商品の上限から下限の範囲をいう。いま、1,980円、2,980円、3,980円、4,980円という商品群があるとすると、1,980円〜4,980円までがプライスゾーンとなり、プライスゾーンの中の1,980円、2,980円、3,980円、4,980円がそれぞれプライスラインとなり、プライスラインの種類は4つ存在することになる。

顧客は所得額や生活水準によって求めているものが異なるが、大きく分類すると、①プレステージ（権威商品）、②ボリューム（中心商品）、

③エコノミー（奉仕商品）、の３つに分けられる。

　普通、プレステージ（権威商品）は有名百貨店・高級専門店のイメージとなり、ボリューム（中心商品）は百貨店の普通売り場、エコノミー（奉仕商品）は大規模スーパーのイメージとなる。

　したがって、店主としては、自己の店舗の顧客層をどこにねらいを定め、どこの価格帯を中心に品揃えをしていくかが重要となる。「一般的には、ボリューム（中心商品）ゾーンが最も需要の多い価格帯であるが、それでもほかの階層の顧客も考慮して、プレステージ（権威商品）とエコノミー（奉仕商品）も多少は品揃えせざるを得ないであろう」（上田隆穂ほか〔2004〕100頁.）。

（３）エブリデイ・ロープライスとプロモーション・プライス政策

　百貨店の特売期間、プロ野球の優勝セールといったような期間限定の割引によって顧客を誘引しようとする政策に対して、**エブリデイ・ロープライス**（EDLP）は１年を通して、いつでも毎日、低価格を設定し顧客を誘引しようとする政策である。前者が日本型であるのに対して、後者は米国型である。

　エブリデイ・ロープライスの利点は「価格の変動がないために、店頭の需要予測がしやすく、過剰在庫や欠品を引き起こしにくいメリットがある。したがって、在庫管理が容易になり、在庫コストの削減が可能である」（上田隆穂ほか〔2004〕196〜197頁.）。これに対して、ハイ・ロー価格設定は価格を上下させることによって、需要を刺激する方法である。チラシなどを活用するスーパーマーケットのほか、各種小売業では、一般的に用いられている方法である。価格による需要のコントロールに加えて、高い価格と低い価格の差で高品質を訴求することと、さらに、多様な市場へ普及することが可能となる。

　エブリデイ・ロープライスは、年間を通じて店舗全体の売上げには貢献するが、利益を出しにくい価格政策になってしまう。したがって、エブリデイ・ロープライスを可能にするためにはローコスト・オペレーシ

ョンが必須条件となる。ローコスト・オペレーションによってエブリデイ・ロープライスを可能にしうるのは「ハイパーマート」や「パワーセンター」といった企業である。そして、ロープライスは売上げ増大に貢献し、プロモーションの一翼を担うことになる。すなわち、消費者の購買行動が低価格にシフトしている今日、ロープライスは消費者の購買を刺激し、プロモーションの機能を発揮することにつながる。消費者にとって、ロープライスが毎日行われていることは、安心して買い物ができるというメリットを得ることになる。

(4) 顧客による価格設定

　企業は価格設定の方法として、単一価格設定（ワン・プライス）と柔軟価格設定（フレキシブル・プライス）の2つを選択することができる。多くの商品は、市場の需給状況で価格が決定されることはない。原材料が上昇したからといってすぐに価格に反映することができない。一度設定された価格をすぐに変えられるだけの柔軟性を有することは、現在の技術では難しく、設定された価格の中で、コスト面の調整を図ることになる。

　単一価格設定は、同じ条件のもとにある場合、すべての顧客に同じ価格を設定することである。公共料金や運賃その他多くの小売業は、この単一価格を設定している。原材料で短期的に変わることはなく、需要が大幅に増えても変えることはできない。

　一方、**柔軟価格設定**は、ダイナミック価格設定とも呼ばれ、個々の顧客の状況や購買状況に応じて価格を柔軟に変更することである。伝統的にはガソリンスタンドで導入されているものであり、原材料の価格や需給状況に応じて変更することになる。また、最近では、ホテルチェーン店の中で、各チェーン店の状況に応じて価格を変更している（イールド・マネジメント）ことも柔軟価格設定である。イールド・マネジメントは過去の販売データや販売動向で調整を行う。

　さらに、近年では顧客データベースに応じて、価格を変更することが

行われる。非会員、会員、上得意会員という3つのレベルに価格を設定するようなケースも小売業の中に出現している。あるいは、昔ながらの家電量販店で販売員と交渉しながら、価格が調整されることも柔軟価格設定となる。

(5) 環境志向型価格設定

今日、二酸化炭素（CO_2）などの排出による地球温暖化、大気・水質・土壌汚染、砂漠化の進行などによって地球環境問題が深刻さを増している。これらの問題に対して熱心な消費者やNPO団体は、地球環境を保全していくために商品購入を通して環境保全に協力している者も少なくない。

しかし、アンケート調査によると、多くの消費者は、エコグッズを購入したいと答えているが、いざ購入する段階になると実際には価格の安いモノを購入し、エコグッズを敬遠している結果が報告されている。

1つの例として、「米国の調査ではエコグッズの購入者はわずか6％で100人のうち94人は普通の商品を購入しているという報告がある」（Fuller, D. A.〔1999〕275頁.）。また、一方では、自然エネルギーで発電された電気には10％割高でも積極的に購入するという消費者も存在する。

環境志向型価格を遂行している代表的な企業としては、イギリスの南岸ブライトンにおいて2人の姉妹が始めた「ザ・ボディショップ」を挙げることができる。この企業は天然材料をベースにしたスキン・ケア（skincare）用品ならびに化粧品を製造・販売することで出発したが、今日ではEU諸国、米国、オーストラリア、アフリカ、日本などにフランチャイズ展開を図り、自然派消費者に好評を博している。パッケージやボトルを簡素にしたり、詰め替えサービスで割安感を打ち出したりして、環境志向の価格を設定している。

しかし、一般にエコグッズは、たとえばトイレットペーパーのように再生材料から作られたモノが多く、品質に比べて価格が高く消費者から

敬遠されているのが実情である。これを克服していくためには、コストの削減と品質の向上が不可欠である。

　工業製品とは別に、食料品となると消費者の態度は一変し、農薬を使っていない自然食品、無農薬野菜、有機栽培で生産された農産物には高い価格を支払う消費者が多い。

　わが国の現状では環境税が施行されておらず、価格に環境コストを上乗せすることが難しい。それでも、エコマーク、エコラベル商品に協力していこうとする消費者が増加しているのも事実である。

　たとえば、トヨタのハイブリッド車であるプリウスは、同じ排気量の車に比べ当初50万円ほどの割高といわれていたが、トヨタは環境保全に協力する立場から利益を度外視して215万円の価格を設定した。今日では、ガソリン価格の高騰も後押しし、売れ行き好調である。環境に配慮するとともに経済性も重視する消費者が増えることによって、プリウスなどのハイブリッド車やＥＶ（電気自動車）が人気を集めている。

　いずれにしても、将来に向けて地球環境を維持・保全していくためには、それに要するコストの分だけ、商品価格に上乗せすることが望ましいが、消費者の理解を得るのは容易ではない。

第2節
価格政策の展開

学習のポイント

◆本節で学習することは、新製品の価格設定、特に初期高価格政策、別名スキミング価格政策と初期低価格政策、および各種割引政策についてである。割引政策には、現金割引、数量割引（累積割引と非累積割引）があり、業者割引（仲間割引とか卸売・小売の機能割引などとも呼ばれる）、そのほかには、季節割引、促進割引などがある。

◆この割引政策については、最近の情報機器、とりわけインターネットや携帯電話の普及による価格情報への影響（割引情報など）が著しく、伝統的な記述のみでは説明しきれないために、部分的にインターネットのダウンロードの助けを借りた。筆者としては新しいところを取り入れたつもりであるが、読者からすると違和感をもたれるかもしれない。その点はご了解いただきたい。

1 新製品の価格設定

　まず、ここでの新製品の定義には、これまでこの世に存在したことのないまったく新しい製品であり、既存製品の改良による新しい見せかけや既存製品の新用途の発見による新しさといった概念は含まれない。

　製品価格政策でユニークな理論を展開しているアンドレ・ガボール（André Gabor）は「新製品とは、その企業によって現在つくられてい

るどの製品とも密接に関連していない製品をいう。そして、その新製品が資本利益率の改善をもたらすことを期待している」(Gabor, A.〔1986〕訳書79～80頁.) といっている。

したがって、それは基本的には他に競争者が存在せず、追随企業が参入するまでは、一時的・独占的に差別化された製品である。それゆえ、思い切った価格戦略が展開可能である。つまり、製品差別化の持続性が強いと思われる場合には、**独占的価格設定**が可能となる。しかし、現実には、遅かれ速かれ追随企業が参入してくることを考えると、「**初期高価格政策**（early high price policy）、別名**上澄み吸収価格政策**（skimming price policy）ないしは**初期低価格政策**（early low price policy）、別名**浸透価格政策**（penetration pricing policy）のどちらかが選択されることになる」(Kotler, P., et al.〔1983〕訳書432頁.)。

（1）初期高価格政策

わが国の家電メーカーにおけるテレビ、洗濯機、冷蔵庫、エアコンなどならびに自動車メーカーで見られたように、それまで市場に存在しなかった新製品に対しては総じて初期高価格政策がとられてきた。

コトラーは、初期高価格政策を説明するにあたり、ポラロイド社のオリジナルなインスタント・カメラを例に挙げている。「ポラロイド社は、他社製品よりも高い利益を求めて、消費者が買うであろうという前提で最も高い価格を設定した。つまり、最新型のカメラを手に入れることに大きな価値を見出す市場セグメントに向けて価格を設定したのである」(Kotler, P., et al.〔1983〕訳書432頁.)。その後、売れ行きが鈍ると次なる顧客を求めるため、価格を引き下げていった例を挙げている。

つまり、初期高価格政策は、別名スキミング価格政策（skimminng price policy）と呼ばれているように、「スキムというのは牛乳のウワカワをすくい取ることで、この場合、需要の一番よいところをすくい取って」(三上富三郎〔1974〕227頁.) 先取りし、リスクを回避し、利益を確保していく価格政策である。

コトラーとアームストロングは、この政策がとられる理由として、次の4点を挙げている（Kotler, P., et al.〔1983〕訳書432～433頁.）。
① 優れた製品の品質やイメージが高価格を支えていること。
② 高価格でも多数の購買者が実際にその製品を欲していること。
③ 少量生産によるコストが、高価格を要求する優位性を打ち消すほど高くないこと。
④ 競争企業が容易に市場参入を果たしたり、簡単に安い価格で参入できないこと。

実際に、初期高価格政策が成功する理由として、次のような点を挙げることができる（久保村隆祐ほか〔2000〕118頁.）。
① 初期の段階では、需要が価格に関して非弾力的であること、すなわち価格が少々高くても売れ行きにはあまり影響がない。
② 所得ないしは購買力によって市場を細分化し、最初に高価格を設定することによって製品の差別性・独占性に反応し、価格をあまり問題にしない高額所得者をすくい取ることができること。
③ 導入期の高価格設定は、低価格設定よりも多額の収入をもたらすことができること。
④ 導入期には巨額の広告・宣伝をはじめとする販売促進費がかかるため、それを回収するには高額所得者にターゲットを絞った初期高価格を設定することが望ましいこと。
⑤ 高品質のイメージを創造するには高価格設定が有効であること。

（2）初期低価格政策

既存市場に存在しないような革新的な新製品、たとえばわが国では、かつての蛍光灯・ボールペンといった製品の場合、比較的低い価格で市場に浸透することができ、成功した例として挙げられている。低価格で早期にマーケット・シェアを確立すると、ブランドに対する愛顧心も確立し、新規参入者を阻止することにもつながるので、長期的に安定利益を得ることが可能となる。実際に、「フォード自動車はこの初期低価格

政策をとることで、マーベリックの価格決定に際し、成功したといわれている」（Kelly, E. J.〔1972〕訳書186〜187頁.）。

また、コトラーは、「この政策は革新的な新製品を低価格に設定し、多くの顧客を引きつけ、大きな市場占有率を獲得しようとするものである」といっている。その事例としてテキサス・インストルメンツ社を挙げ、「同社は巨大な工場を建設し、可能なかぎり低価格を設定して大きなシェアを獲得していった。また、倉庫型ストアやディスカウント・ストアもこの方法を用いている」といっている（Kotler, P., et al.〔1983〕訳書432〜433頁.）。

結論的にいうと、初期低価格政策は、新製品の大量生産によるコスト低減が図られる場合、あるいはその新製品が市場に導入されて間もなく、強力な競争企業の参入が予想されるような場合に有効となる。つまり、この政策によって競争企業の新規参入を阻止することが可能となり、早期に大量市場への道を切り開くことが可能となるからである。

2 各種割引政策

① 現金割引……購買者が業者以外でも、高額な商品を現金（即金）でまとまった数量を購入する場合には割引がなされていることがまれではないが、ここで取り上げた現金割引は業者に適用されるものであり、一般の購買者は対象になっていない。

たとえば、卸・小売業者間の取引で、代金が掛払い、手形払いを条件にして決められている場合、売掛金を迅速に回収することを目的として、期日以前の支払いに対して与えられる割引である。「典型的な例として、「2/10ネット30」というように表示された条件を挙げることができる。これは支払い期間が30日以内と決められている取引において、買い手が10日以内に代金を支払うならば、2％の割引を受けることができるということを表している」（Kotler, P.〔1989〕訳書49頁.）。

この割引の意図するところは、支払いを迅速化し、貸し倒れのリスクを軽減すると同時に売掛金の回収を削減するところにある。
② 　数量割引……大量購入する買い手に対して価格を割り引く特典を与えることである。図表４－２－１に見られるように数量割引の主な目的は、「購買者の小さな注文の度数を減らして大きな注文に代え、注文を処理する経費を節減することにある」（深見義一〔1966〕314頁.）。これには、累積的割引と非累積的割引がある。

図表４－２－１　数量割引の例

１回の購入量	割引率
１ダース以下	０％
１ダース～１グロス	10％
１グロス～10グロス	20％
10グロス～50グロス	25％
50グロス～100グロス	30％
100グロス以上	35％

出所：深見義一〔1966〕315頁.

③ 　累積的割引……一定期間内（たとえば３～６カ月）において買い手の購買総量が一定以上に達した場合に適用される。たとえば、100万円までは割引なし、100～200万円までは２％、200～400万円まで３％などがある。これは期間を一定に区切り、常得意の確保を目的としているところから、愛顧取引とも呼ばれているが、この方法は買い手が継続的に注文を繰り返し、期限日内にかなりの購買数量になる顧客を維持していくうえで効果のある方法といわれている。
④ 　非累積的割引……１回ごとの個々の注文に対して数量の大きさに従って割引される方法である。これは売り手側からすれば、大量販売によって、少量販売の場合と比較して販売費のほか集金、荷造り、発送業務などが合理化され、節約できる理由から、その節約分だけ割引される制度である。

⑤ **業者割引**……業者割引は製造業者が自己の製品のマーケティング経路上、必要とされるマーケティング機能、すなわち販売・保管・記帳など流通業者が商品流通上で果たしている役割（機能）に対して与えられる割引であり、**機能割引**（functional discount）とも呼ばれている。

業者の果たしている機能に対して、たとえば小売段階での価格が1,000円と設定されている場合、卸売業者に対しては40％引きの600円で、小売業者に対しては25％引きの750円で販売するというのが例である。→図表４－２－２

図表４－２－２　業者割引の例

1,000円		
小売業者向け25％割引750円		250円
卸売業者向け40％割引600円	150円	

出所：深見義一〔1966〕310頁を参照して作成．

この場合、卸売業者に対する40％の割引は、製造業者から見れば小売業者に対する割引も含んでおり、卸売業者への実質的な割引率は15％ということになる。

業者割引の理論的根拠は、メーカーが流通チャネルにおける販売業者の機能を認め、それに対する報賞と流通秩序を維持する点にある。具体的にいえば、メーカーみずからが流通段階で販売活動を遂行しようとすると、販売活動に要する費用が膨大になると同時に、卸・小売業者よりも優れた効率が期待できるかどうかも疑問である。こうした流通経路上の疑問を取り除く流通業者（販売業者）の機能に対して適用されているのが業者割引にほかならない。

消費財製造業者は、あらかじめ小売業者が製品を販売する時点の小売価格を設定していることが多い。この価格は、卸売業者や小売

業者との取引上の表示価格あるいは上代価格、指示価格、さらには標準価格などと呼ばれている。現在では、オープン価格として販売業者にゆだねるケースが多くなった。

たとえば、製品の小売価格が800円で、40％（小売業者）と10％（卸売業者）の業者割引が与えられているとすれば、メーカーはこの製品に対して432円を得ることになる。この432円は卸売業者がメーカーに支払う金額である。小売業者の仕入原価は480円である。この関係を示すと次のとおりである。

メーカーの指示価格（100％）………………………	800円
営業割引40％を差し引いたもの（小売業者へ）	−320円
	480円
業者割引10％を差し引いたもの（卸売業者へ）	−48円
卸売業者がメーカーに支払う価格…………………	432円
卸売業者の仕入原価	432円
営業経費と純利益（すなわち粗利益）	＋48円
小売業者の仕入原価………………………………	480円
営業経費と純利益（すなわち粗利益）	＋320円
消費者への小売価格	800円

また、業者割引は上記のように指示価格の40％の割引というように単独で提示される場合もあるが、その一方で、指示価格の20％−10％−5％というように提示されることもある。これを**連続割引**（series discount）あるいは**連鎖割引**（chain discount）と呼んでいる。この方法は、アメリカのタイヤ業界で最も一般的な慣行となっている。

この連続割引がメーカーによって与えられる際、連続の各割引は、その前の金額から差し引かれる。上記の例で、メーカーと小売業者の関係（指示価格800円に対して40％の業者割引を与える）について、

この連続割引を説明すると、最初の25％の割引は800円に対して適用され、その結果600円となる。次の10％の割引は600円に対して適用され、その結果540円となり、そして最後の5％の割引は540円に適用され、最後の正味価格は513円が与えられることになる。

この計算は、次のように単純化して求めることもできる。つまり、それぞれの割引率の余数を相乗することによって求められる。

0.75×0.90×0.95＝64.12％、800円×64.12％＝513円

⑥ 季節割引……シーズン・オフに利用したり、購入したり、注文したりする顧客に対して行われる割引をいう。

⑦ 物品の季節割引……特定の商品やサービスの場合、季節によって需要が大きく変動するものがある。たとえば、家庭用灯油、木炭、スキー・スケート用具などのウインタースポーツ用品、あるいは冬場とは逆に水着・アクアラング、モーターボートなど夏のスポーツ用品、クールビズなどは、その季節に大きな需要が期待されるが、季節を過ぎるとほとんど需要が見込めなくなる。

このような用品に対しては、次期の需要を見越して早期の注文を取り、顧客に一定の割引をすることによって年間販売の平均化を図ることができる。同時にまた、倉庫保管料金の節約など、経営資源の効率化に寄与することにもなる。

⑧ サービス業界の季節割引……ホテル料金・旅行料金などに見られるように、利用客の少ない時期に少しでも売上げを伸ばすため、季節割引を実行することによって需要を掘り起こすものである。たとえば、冬の寒い時期に旅行会社がヨーロッパ旅行に対して低価格を設定したり、航空会社が割引運賃を実行するのがこれに当たる。実際にこれらの政策には**割安（消費者余剰）**という心理が働き、若者（卒業旅行者など）を中心に需要が増大する。

また、利用客の多いシーズンのホテルやゴルフ場などの土・日・祭日料金には高価格が設定されているが、特に冬場のシーズン・オフには、割引価格や接客サービスを向上させることで需要の拡

大に努めている。「業者は、このような季節割引を行うことによって、年間を通じて安定した収入を維持することができるのである」（Kotler, P., et al.〔1989〕訳書439頁.）。
⑨　促進アロウアンス……これは売り手から見て買い手（卸・小売り）が遂行する販売促進サービスの支出額に対して、売り手によって与えられる価格割引である。一般的には、メーカーが販売業者に対する販売促進の手段としてとるもので、普通は期間を限定して通常の値引きよりもさらに値引率を上げることで仕入価格を安く提供するものである。また、小売業者がメーカーの製品を広告する場合、その広告料金の半額をメーカーが負担して差し引くことで、実質上の割引となっている。

　促進アロウアンスのことを**販促アロウアンス**（promotional allowance）とも呼ぶが、その目的は販売業者の促進活動を活発にさせ、自己の販売拡張に結びつけようとするところにある。とりわけ、新製品の販売促進に効果がある。
⑩　契約割引……契約割引はメーカー、卸・小売間の商品売買においてというよりは、専門雑誌の購読、携帯電話の継続・ファミリー契約、ホテルのマンスリー契約といったたぐいにおいて成立している。
⑪　運送割引……運送コストは生産された場所から消費される場所まで製品を運送するのにかかる費用であるが、基本的には、業者間の運送費負担である。この場合、メーカーと卸売業者または卸売業者と小売業者の間でどちらが運送費を負担するかの問題といえよう。つまり、前者の場合メーカーは、必要となる運送費を卸売業者が負担してくれれば、その分だけ価格を割引するというものであり、後者の場合も小売業者が運送費を負担してくれれば卸売業者はその分だけ価格を割引するというものである。

　運送費をどちらが負担するかの問題は、運送中に起こりうるリスク負担をどちらがもつかの問題でもある。具体的には運送中に鉄道の貨車や高速道路でのトラックが横転事故を起こし、積載貨物の商

品が無価値になった場合、運送費を引き受けた側がリスクを負うことになる。したがって、そのリスクを免れようとすれば、損害保険を掛けなければならないことになり、実質的な運送コストはさらにかさむことになる。

しかし、買い手側がこのようなリスクを前もって避けようとする場合には、運賃保険料込み価格で購入すれば、そのリスクは売り手側が負担してくれることになる。

⑫　地域割引……わが国で地域というと一般的に北海道、東北、関東甲信越、東海道、北陸、近畿、中国、四国、九州といったブロックに分類されるが、地域ごとに異なる価格を設定する場合と、全国均一価格を設定する場合とがある。地域ごとに異なる価格を設定する場合は、地域ごとの所得水準、生活習慣、商圏範囲内の運送費、競争条件などを考慮して設定されている。

しかし、地域価格ではなくて地域割引となると、その決め手になるのは主に運送費であるといえよう。自動車の価格設定では北海道や沖縄は運送費がかさむので、その分、割増価格が設定されるが、それとは逆に一定地域内で運送コストが安く、しかも地域内での新聞折り込み広告などの販売促進費などに比較的費用がかからないとすれば、その地域内の顧客に対してその分だけ割引が可能となるはずである。

つまり、販売地域によって運送費や販売促進費が異なる場合、それを節減できる地域については、その分だけ割引を行うことをいう。百貨店で、お中元やお歳暮の時季に都内23区内であれば、送料無料というのは実質的な地域割引に相当するものと思われる。

コラム **コーヒーブレイク**

《人口減少の時代を迎えて――わが国の総人口の見通し》
　2010（平成22）年の国勢調査において１億2,806万人であったわが国の総人口は、今後、出生数の減少と死亡数の増加により長期的な減少過程に入る。国立社会保障・人口問題研究所「日本の将来推計人口（平成24年１月推計）」によると、2048（平成60）年には9,913万人と１億人を割り込み、2060（平成72）年には8,674万人になると推計されている。2010年時点より4,132万人の減少となり、半世紀の間におよそ３分の１の人口を失うことになる。その減少規模は、2014（平成26）年の東京都・神奈川県・大阪府・愛知県の人口を合計した数を超えるものとなると見込まれている。なお、最も人口が多く推移した場合の、出生高位・死亡低位推計の結果においても2060年には9,602万人となると推計されており、いずれにしても人口減少は避けられない状況となっている。

図表４－２－３　わが国の人口推移

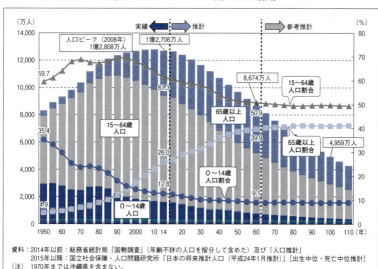

資料：2014年以前：総務省統計局「国勢調査」（年齢不詳の人口を按分して含めた）及び「人口推計」
　　　2015年以降：国立社会保障・人口問題研究所「日本の将来推計人口（平成24年1月推計）」［出生中位・死亡中位推計］
（注）　1970年までは沖縄県を含まない。

出所：平成27年度版『厚生労働白書』序章６頁（図表・文とも）．

第3節
価格設定における考慮要因

> **学習のポイント**
> ◆マーケティング・ミックスと価格との関係を理解する。
> ◆品質と価格の関係を理解し、価格感度分析について理解する。
> ◆価格設定において遵守すべき法律を理解する。

1 他のマーケティング・ミックス要素との関係

　価格設定を考える場合、マーケティング戦略における他のマーケティング・ミックス要素について無視することはできない。たとえば、取り扱っている製品の種類によって価格の設定方法は変わってくる。これは、製品の種類の違いにより消費者の価格に対する反応が異なるためである。取り扱っている製品が専門品であれば、価格は製品選択において、それほど重要にはならない。そこで価格を高めに設定することが可能となる。一方、買回品であれば、製品の品質やデザインだけでなく価格も重要な購買決定要素になるので、その価格設定には十分注意しておく必要がある。

　また、家電量販店の中には、その地域内での最低の価格を付けることを保証することを実施している企業がある。これは、買回品となる家電品の特徴を踏まえた価格設定であるといえよう。さらに、これを新聞の折り込みチラシやテレビCMなどで消費者に訴求することにより、プロモーション活動とも関連させている。

　このように、価格を決定する場合には、他のマーケティング・ミック

ス要素をあわせて検討する必要がある。つまり、価格設定は製品やチャネル、プロモーションなどと一貫性を持つことが求められるのである。

（1）製品計画と価格設定
① 製品ラインと価格設定
　企業のほとんどは複数の製品やブランドを市場に投入している。そして、これら製品やブランドにはそれぞれに対し個別に価格が設定されることになる。たとえば、ホテルはそれぞれの部屋のグレード別に応じた価格が設定されている。さらに、アメリカのホテルチェーン店であるマリオット・インターナショナル社は、マリオットブランドによるホテルチェーンをはじめとして、コートヤード・バイ・マリオット、マリオット・エグゼクティブ・アパートメント、レジデンス・イン・バイ・マリオット、フェアフィールド・イン＆スイートバイ・マリオットなど、多くのホテルチェーンを展開している。同様の試みは、日本のホテルチェーンでも行われており、JR東日本はメトロポリタンホテルズとホテルメッツという2つのブランドのホテルを展開している。これらのブランド間には、品質の差と価格の差を設定する必要が出てくる。

　一企業で代替品を提供している場合は、その差を明確にできる価格差を設定する必要がある。代替品とは、ある製品の販売で他の製品の販売が不利になる状況のことである。

　一方、製品ラインの中には、ある製品の販売が別の製品の売上げに貢献するものがある。このような製品は補完製品となる。

　たとえば、プリンタインクはプリンタの補完製品である。このような製品は**キャプティブ製品**ともいわれ、本体を動かすために必要な製品である（Kotler, P.〔2003〕.）。カメラメーカーとフィルム、カミソリと刃がこの関係になる。キャプティブ製品は、高いマークアップを付けることが多い。

　小売業では、**プライスライン**とよばれる価格設定が行われる。これは、コストなどによって多様に設定される価格を複数のプライスラインに整

理することである。小売業でこれが行われる場合、顧客の選択の容易性を高めるために行われることになる。コストやそのほかの要因を検討すると多様な価格設定になってしまうので選択をしやすくするために複数の価格帯にそろえることになる。

② **サービスの価格設定**

サービス企業では、価格を製品に対する価格設定と異なった形式で設定することがある。特に**固定料金**と**変動料金**を組み合わせて、価格設定が行われていることが多い（Kotler, P.〔2003〕.）。

たとえば、ほとんどの携帯電話会社は固定料金に通話・通信料金を加算して請求することになる。また、インターネットのプロバイダもインターネット接続に関して、基本料金と一定時間を超えた部分に対して課金するということを行っている。この場合、2つの方法がある。第1がサービスの利用を促すために、固定料金を低く設定し、変動料金から利益を得ようとする方法である。もう1つは変動料金を設定せずに、固定料金だけを設定するというものである。

③ **製品バンドルの価格設定**

企業は自社の製品をまとめてセット価格で販売することがある。たとえば、プロ野球球団のシーズン・チケット、東京ディズニーリゾートが提供している年間パスポートなどは、一定回数以上、利用するならば、個々に購入するよりも低価格で設定される。

あるいは、オプション製品を別々に提供するよりも、まとめて提供することがある。たとえば、テレビとビデオ、パソコンとプリンタいった組み合わせがそうである。このことを**製品バンドル**という。1つの単位のみの購入を考えていた消費者が**セット価格**によって提供されることで割安に感じて、購入に至るようにすることが必要となる。そのため、製品をバンドルして提供する場合は、顧客がバンドルされた製品の価値が適切であると感じる水準にする必要が出てくる。

一方、バンドル全体を要求しない顧客への対応策を考えておく必要が出てくる。この場合は、価格を引き下げる一方で、利益を生み出す水準

の確保を考えておかなければならない。

④ 目玉商品政策

目玉商品政策、あるいは**ロス・リーダーシップ政策**はスーパーマーケットをはじめとして、多くの小売業で導入されている手法である。目玉商品もしくはロス・リーダーとは、「購入したいと考えている人々全員に販売することを十分に意図して、小売業者が異常な安値で提供する商品のこと」である（徳永豊ほか〔1989〕.）。目玉商品のことをおとり商品と呼ぶことも多い。

この手法は、目玉商品によって顧客を引き付けることを目的としているものである。顧客を引き付けるほど低価格である必要があるため、目玉商品それ自体の販売では利益が出ない、もしくは損失が生じることになるため、ロス（損失）・リーダーといわれている（徳永豊ほか〔1990〕.）。つまり、目玉商品そのものは仕入原価を下回る価格を設定することもよく行われている。

このように、一見すると収益性を悪化させる手法のように思われるが、この手法がめざすところは目玉商品に加えて、店舗内の他の商品を購入してもらうことで、店舗全体の売上高や利益を高めることにある。

目玉商品となるための条件には以下の2つがある（Nagle, T. et al., 〔2002〕.）。1番目は頻繁に購入される製品であることである。通常、顧客は、スーパーマーケットなどのような小売店においては多くの商品を購入する。そして、詳細に1つひとつの商品の価格を、他店を比較して覚えていることが少ない。そのため、価格を訴求する目玉商品においては、価格を比較的覚えていると思われる商品にしておくことになる。

2番目に、価格に敏感な消費者が購入する商品であるということである。店舗において購入するすべての顧客の価格感度は、通常、異なると考える必要がある。たとえば、大家族の家庭と1人暮らしの家庭では、一般的に前者のほうが価格感度は高くなる。価格感度が高い消費者が購入する商品を目玉商品とすることが必要となる。

また、目玉商品政策を用いる場合には、不当廉売にならないよう配慮

する必要がある。特定の商品の価格を大幅に低く設定したり、仕入価格を下回るような価格を設定したりすることによる不当な廉売によって、競争相手の営業を困難にするような場合、**独占禁止法**の違反行為となることがある。

（2）価格設定とプロモーション

　価格は、買い手がその製品やサービスを入手するために必要となる金額を単に示すだけでなく、マーケティング上、プロモーションの要素を含んでいる。

　たとえば、小売業の中では**最低価格保証**が行われることがある。一定地域内で販売される同種の製品の中で、その店舗が最も低価格であることを示すものであるが、この政策は価格政策とプロモーションを関連づけて行われているといえよう。つまり、最低価格であるということを訴求することで、低価格で販売しているということを消費者に認識してもらうことが可能となる。

　このように、価格政策とプロモーションは競争関係の中で検討することが求められる。特に設定される価格は、競争相手の品質と広告を考慮する必要が出てくる（Kotler, P.〔2003〕.）。また、広告そのものが価格感度を低下させることにもなる（Nagle, T., et al.〔2002〕.）。

　たとえば、パソコンのアプリケーションソフトの中には、「乗り換えパッケージ」と称する低価格商品が導入されているものがある。このような製品は、より安いコストで同じ価値を提供するために広告を利用することになる。他方で、**価格感度**を下げるような広告も行われることになる。他社製品よりも優れていると強調することで、製品に対する価格感度を低下させることになる。

（3）チャネル

　メーカーが価格を設定する場合には、当然、消費者市場における価格を想定しながら、さまざまな価格設定要因について検討することになる。

再販売価格維持行為は後述するように法律違反であるため、最終的な価格設定は小売業者が決定することになるが、参照価格として「メーカー希望小売価格」と表示することもある。ただし、近年では、このメーカー希望小売価格が小売段階での値引率の基準となってしまうため、「オープン価格 Key Word 」を設定する場合もある。

　一方、メーカーは最終価格ではなく、流通業者に対するマージンもしくはマークアップを考慮しなければならない。一般に卸売業者や小売業者は仕入価格とそれ以外にかかる費用、それに一定の利益を加えて価格を決定する。この販売価格から原価の差額を**値入額（マークアップ）**という。→図表4－3－1

　メーカーが想定している最終価格と流通業者が仕入れる価格にあまり差がない商品と差がある商品とでは、流通業者にとって利益貢献という点での魅力度が大幅に異なってくる。つまり、一般的にマークアップが高い製品を小売業者は積極的に販売しようとするであろうし、そうでない製品はそれほど熱心に販売しない可能性がある。そのため、小売業者のマージンをある程度確保するような価格設定を行うことが求められる。

　また、メーカーの中には小売業者に対するインセンティブとして、リベートを提供することがある。つまり、販売実績の高い小売業者にリベートを提供することで、自社の製品を大量に販売している小売業者を優遇することになる。また、リベートは累進的な設定になっていることが多い（石井淳蔵ほか〔2004〕.）。

Key Word

オープン価格制度（Open Price System）──わが国で、オープン価格制度が採用されるようになったのは、1970年代の後半からである。最初にこの制度を採用したのは、医薬品業界である。それに続いて家電業界が追随した。アメリカでオープン価格制度が採用されるようになったのは、1936年からである。それは、ロビンソン・パットマン法が制定された年である。

図表４－３－１　流通の段階と価格の推移

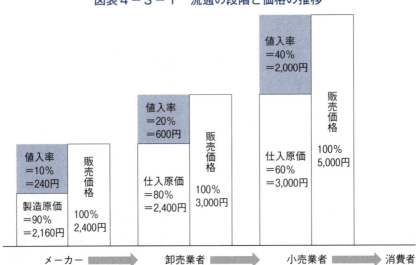

出所：井上崇通〔2001〕323頁.

　ただし、このようなリベートは小売業者におけるディスカウント政策のための原資として利用される場合がある。つまり、小売業者にとっては、大量販売を実施することで得られるリベートを想定して、その分、低価格での販売を実施することになる。一方、メーカーにとっては、このような小売業者の行動が販売数量を高めるが、製品の最終市場での値崩れを引き起こしてしまうことになる。

2　心理的価格ライン（PSMなどの活用）

（１）価格と品質の関係

　消費者にとって、価格は製品やサービスを購入する際の基本的な情報の１つとなる。製品やサービスには価格が設定されており、入手するためにはその価格を売り手に支払う必要がある。したがって、高価格の製品やサービスの場合、消費者の予算の制約のため、多くの消費者は購入

できないことが起こりうる。一方、低価格に設定した場合、数多くの消費者が購入可能となることになる。

また、価格は消費者にその製品やサービスの品質を推定させる。たとえば、通常、1万円で販売されている製品と同種の製品が2万円で販売されているのであれば、品質が高いと考えるかもしれない。一方、3,000円で販売されているのであれば、品質に対して不安を抱くかもしれない。

価格はその製品やサービスの品質と関連することになる。一般に品質の高い製品は価格が高くなり、品質のよくない製品の価格は低くなるだろう。ただし、この場合、品質のレベルを消費者がどのように判断するのかが重要になってくる。つまり、知覚品質が購買に大きな影響を与えると考えられるのである。

(2) 価格認知と価格感度

価格に対する消費者の反応を理解するために重要な概念として、価格認知、価格感度が挙げられる（上田隆穂ほか〔2004〕.）。

① 価格認知

価格は購買の場面において重要な考慮要因となるが、必ずしも、記憶されているものではない場面が多い。たとえば、スーパーマーケットやディスカウント・ストアにおいては、それぞれの小売店が価格を差別化しており、価格が重要な購買の要因となるが、消費者の購買がルーティン化している場合は、さほど注意を払わないことが指摘されている。消費者はその製品の相対性、つまり、高いか、安いか、同じくらいかのみを記憶していることになる。そのため、棚から商品を取り出したとしても、小さい変化をあまり気にしないことになる。

② 価格感度

価格感度とは価格の上下に対して消費者が反応する程度のことである。価格感度には消費者特性、ブランド・ロイヤリティ、競争的市場の集中度などが影響を与えている。たとえば、教育水準が高く、お金が自由に使え広くて立派な家に住む人は価格感度が低く、ブランド・ロイヤリテ

ィがない消費者はブランドの価格がかなり低いときのみ購入するというように価格感度が高くなるであろう。

(3) 内的参照価格と外的参照価格

通常、消費者は製品・サービスの価格水準を判断する場合、何らかの比較対象となるものとの対比で判断することになる。その製品やサービスが高い、安い、妥当と判断する価格イメージのことを参照価格という。参照価格は内的参照価格と外的参照価格に分けられる。

内的参照価格とは、消費者の心の中に形成される対象製品・サービスにふさわしい価格イメージであり、「この製品・サービスならばこれくらいかな」と消費者が考える価格である（上田隆穂〔1999〕81頁．）。つまり、消費者が心の中に抱いている価格のことである。

一方、外的参照価格とは、消費者の外部から消費者に与えられる価格イメージのことであり、競合製品の価格、業界の平均的価格、広告やチラシで提示された価格などが挙げられる。

内的参照価格はさまざまな水準で形成される（白井美由里〔2005〕．）。通常、ブランドごと、もしくはカテゴリーごとに形成される。たとえば、ある消費者は中型の自動車というカテゴリーに対して一定の価格イメージを有するとともに、高級中型自動車のブランドに対しては、また別の価格イメージを有する。あるいは、内的参照価格は対象となる商品カテゴリーとは異なる商品カテゴリーで形成されることもある。ワインはビールなど他の酒類の参照価格から形成される可能性もある。さらに、店舗によって異なる場合もある。たとえば、百貨店で売られている生鮮食料品と食品スーパーで売られている生鮮食料品とでは、消費者の内的参照価格は異なるであろう。

(4) PSM分析

本章第1節で示されているように、価格設定にはさまざまな手法がある。特に消費者の価値志向を前提とする価格設定方法では、消費者の当

該製品に対する知覚価値をもとにして価格設定することになる。この方法の代表的な手法としてPSM分析がある（Nagle, T., et al. 〔2002〕.）。

PSM（Price Sensitivity Meter）分析とは価格感度測定法といわれるもので、顧客に対して次の4つの質問が行われる。

① 安すぎて品質に疑いを抱き始める価格
② 安いと感じるけれど、品質に対する不信感を抱かない価格
③ 高いと感じるけれども、その品質ゆえに購入する価値があると感じ始める価格
④ あまりにも高額なので、その品質にかかわらず購入しないという価格

①の質問は消費者が受け入れない最低価格（**非受容最低価格**）、②は消費者に受け入れられる最低価格（**受容最低価格**）、③は消費者に受け入れられる最高価格（**受容最高価格**）、④は消費者に受け入れられない最高価格（**非受容最高価格**）、に関する質問ということになる。

PSM分析ではこれら4つの質問を尋ね、それに関する回答の累積パーセンテージを利用して、図表4－3－2のようなグラフを作成する。図には交点が4つ存在し、それぞれが以下の4つの価格を示すことになる。

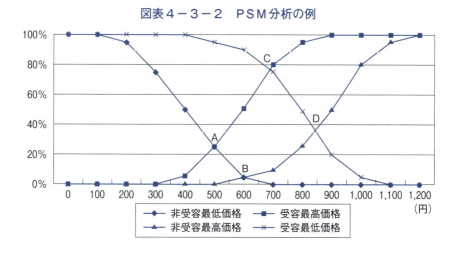

図表4－3－2　PSM分析の例

① **最低価格**（図ではA）

受容最高価格と非受容最低価格の交差する点が最低価格を示す。これよりも低いと、低価格により、品質に疑問を持つ消費者が増えていくため、この点が最低価格となる。

② **理想価格**（図ではB）

非受容最高価格と非受容最低価格の交差する点が理想価格を示す。この価格帯は、消費者にとっての理想の価格ということになる。

③ **妥協価格**（図ではC）

受容最低価格と受容最高価格の交差する点が妥協価格を示す。顧客にとって妥協できる価格ということになる。

④ **最高価格**（図ではD）

受容最低価格と非受容最高価格の交差する点が最高価格を示す。これを超えると、価格の高さのため、消費者が受け入れられなくなってしまうことになる。

つまり、図の例でいえば、最低価格が約500円、理想価格が約600円、妥協価格が約700円、最高価格が約850円となる。

3 需要の価格弾力性

一般的に価格を引き下げれば需要は増加するといわれている。売れ残りの製品の価格を値引きすることで在庫を減らす試みは、多くの小売業者で行われているように、販売量の増加をねらって価格を下げることはよく見られることであろう。価格を引き下げることで、それ以上の売上げが期待される場合は、価格を引き下げることがある。また、いわゆるスケール・メリットといわれる規模の経済性が働くような場合は、コストも低くすることが可能となり、利益の向上も期待できることになる。

しかし、他方で、価格を引き上げれば需要が減少することもある。先述した日本マクドナルド社の場合、半額の効果が薄れたとして2002年2月にハンバーガーの価格を80円に上げた。このことで、既存店の売上高

が前年同月比2けた以上落ち込んでしまったのである。

　このような価格の変化が需要量にどれだけの影響を与えているのかを示す指標が、需要の価格弾力性である。つまり、**需要の価格弾力性**（もしくは、単に価格弾力性）は、価格の変動に対して需要が反応する度合いのことをいう。価格の変化に対して需要がほとんど変化しなければ需要は非弾力的となり、大きく変化するならば需要は弾力的となる。

　需要の価格弾力性は、ある製品の販売量の変化をその製品の価格の変化率で割ったもので計算する。

$$価格弾力性（E）＝\frac{売上高の変化（\%）}{価格の変化（\%）}$$

　価格弾力性（E）の値は通常、マイナスとなる。弾力性は、－1よりも低い場合は弾力的となり、－1よりも高い場合は非弾力的となる。

　価格弾力性の高い市場では低価格化を進めることで、売上増加が見込めることになる。一方、非弾力的な市場では、価格を低くしたところで売上増加が期待できないことになる。

　価格弾力性は買い手の購買行動の結果を反映しているが、競争相手の影響や商品の特性によっても異なる（石井淳蔵ほか〔2004〕.）。代わりとなる製品が多くある場合は価格を引き下げることで、その製品を取り込むことが可能となる。逆に、価格を引き上げると、代替的な製品に乗り換えてしまう可能性が出てくることになる。また、季節性の高い製品やサービスは時期によって価格弾力性が異なってくる。たとえば、需要が集中する時期は非弾力的になる。

　非弾力的な需要である場合、高価格政策がとられる。一方、弾力性の程度が高い場合、企業は低価格戦略や値下げを検討する必要がある。

4 価格と法規制

（1）独占禁止法と価格

　価格に対しては**独占禁止法**（「私的独占の禁止及び公正取引の確保に関する法律」以下、独禁法と略す）が大きくかかわってくる。独禁法は「私的独占、不当な取引制限及び不公正な取引方法を禁止し、事業支配力の過度の集中を防止」することによって、結合や協定による不当な制限や拘束を排除し、公正かつ自由な競争を促進することを目的としているものである。また、その結果として「一般消費者の利益の確保」、および「国民経済の民主的で健全な発達」を最終的な達成目標として掲げている。

　価格に関係するものとしては、カルテル、不当廉売、再販売価格維持行為などがある。

（2）価格カルテル

　価格カルテルは独禁法において、重要な規制項目となっている。独禁法においてはカルテルという名称は用いられておらず、不当な取引制限として規定されている。独禁法第2条第6項において、「事業者が、契約、協定その他何らの名義をもってするかを問わず、他の事業者と共同して対価を決定し、維持し、若しくは引き上げ、又は数量、技術、製品、設備若しくは取引の相手方を制限する等相互にその事業活動を拘束し、又は遂行することにより、公共の利益に反して、一定の取引分野における競争を実質的に制限すること」を不当な取引制限としている。つまり、①他の事業者と共同して、②相互にその事業活動を拘束し、または遂行することにより、③公共の利益に反して、④一定の取引分野における競争を実質的に制限すること、という要件が設けられているのである。

　カルテルはさまざまな形態に分類することができる。主たるものとしては価格カルテル、数量カルテルがある。**価格カルテル**とは、複数の事業者が共同して商品やサービスの価格を決定し、維持し、または引き上

げる行為のことをいう。**数量カルテル**とは、生産数量や販売数量などを制限するカルテルである。

　これらのカルテルは複数の事業者によって行われる行為によって分類されているが、市場価格をコントロールすることで競争を回避する行為であるため、独禁法によって禁止されている行為となる。図表４－３－３に見られるように、入札や価格カルテルは毎年、法的措置が施されていることが明らかであり、企業の担当者は法的遵守が求められることになる。

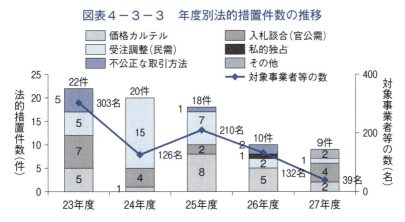

出所：公正取引委員会ホームページ（http://www.jftc.go.jp/）．

（３）不公正な取引方法と価格設定
① 不公正な取引方法

　独禁法では第19条において、「事業者は、不公正な取引方法を用いてはならない」とし、市場が公正な取引のもとで健全な競争が行われる必要があるとしている。ただし、独禁法においては不公正な取引とは何かについて明記されているわけではない。

　問題となる可能性がある取引方法は、公正取引委員会が「告示」の形式によって指定している。1982年に告示された「不公正な取引方法」に

は、16の行為類型が定められている。つまり、共同の取引拒絶、その他の取引拒絶、差別対価、取引条件等の差別取り扱い、事業団体における差別取り扱い等、不当廉売、不当高価購入、ぎまん的顧客誘引、不当な利益による顧客誘引、抱き合わせ販売等、排他条件付取引、再販売価格の拘束、拘束条件付取引、優越的地位の濫用、競争者に対する取引妨害、競争会社に対する内部干渉である。

このうち、価格に直接関係するのは差別対価、不当廉売、再販売価格の拘束である。それぞれについて、次に解説する。

② **差別対価**

差別対価とは、「不当に、地域又は相手方により差別的な対価をもって、商品若しくは役務を供給し、又はこれらの供給を受ける」ことである。通常の取引においては、取引相手や取引地域によって価格が異なるということのほうが一般的である。たとえば、大量の商品を購入する取引先には安い価格設定を行う、あるいは遠方の取引先には配達費用を上乗せするということはよく行われていることであろう。

ここで問題となるのは、その価格差が合理的であるかどうかということになる。つまり、同じ数量を購入する2つの会社があって、片方の企業には低価格で、もう片方の企業には高い価格で販売するという行為を行った場合、その価格差には合理的な根拠が存在するかどうかが必要となってくるのである。

取引数量、物流費用、あるいは商品特性の違いなどといった合理的な理由がない価格差の場合は、競争を阻害し、公正な取引が確保できないため、規制されているのである。

③ **不当廉売**

不当廉売とは、「正当な理由がないのに商品又は役務をその供給に要する費用を著しく下回る対価で継続して供給し、その他不当に商品又は役務を低い対価で供給し、他の事業者の事業活動を困難にさせるおそれがある」ことと規定されている。つまり、不当廉売には、a）供給費用を著しく下回る対価であること、b）その対価によって継続して供給し

ていること、c）他の事業者の事業活動を困難にさせるおそれがあること、の３点が要件となっている。

　本来、価格設定は各企業がみずからの責任のもとで行う行為である。思い切った低価格で市場に導入し、シェアを拡大したり、利益を確保するために一定のマークアップを乗せた価格にしたりするなど、さまざまな価格が設定されることになる。しかし、価格を設定するうえで問題となるのは、原価を割るような価格で販売することである。このような行為は、一時的に買い手である顧客や消費者にはメリットが大きいように感じられるが、競争相手の事業運営を困難にさせることで、公正な競争が失われ、結果として市場を独占してしまうことが起こりうることになる。

　なお、供給に要する費用は流通業の場合、仕入原価と考えることができるが、実際の取引においては、さまざまな値引きやリベートがメーカーなどから提供されているため、名目上の仕入原価と実際の仕入原価には差が存在する。そのため、公正取引委員会事務局による「不当廉売に関する独占禁止法上の考え方」においては、値引きやリベートを除いた「仕入原価」を基準として用いている。ただし、不当廉売の規制を免れるために、一時的に当該商品の仕入価格を低くし、その分を通常時の仕入価格に加算するといった作為的行為の場合は、修正されたものを仕入原価とみなされることになる。

　ただし、生鮮食品や季節商品、あるいは傷がある商品、はんぱ物といった商品では、仕入原価を下回る販売がときおり行われている。このようなやむを得ない商品においては、不当廉売とは判断されないことになる。

④　**再販売価格の拘束**

　再販売価格の拘束とは自己の供給する商品を購入する相手方に、正当な理由がないのに次のいずれかの拘束の条件をつけて当該商品を供給することをいう。

　a）相手方にその販売する当該商品の販売価格を定めてこれを維持さ

せること

b）相手方の販売する当該商品を購入する事業者の当該商品の販売価格を定めて相手方をして当該事業者にこれを維持させること、その他相手方をして当該事業者の当該商品の販売価格の自由な決定を拘束させること

　日本の流通において再販売価格の拘束、もしくは**再販売価格維持行為**は長らく問題となってきたことである。特にメーカーは商品の最終価格を決定し、それを取引先である小売業者に守らせることによって、商品の価格維持を図ることは、競争を阻害することになる。

　再販売価格の拘束が実効性を持っているのかが、違法かどうかの判断基準となっている。公正取引委員会の「流通・取引慣行に関する独占禁止法上の指針」においては、文書によるか口頭によるかを問わず、メーカーと流通業者との間の合意によって、メーカーの示した価格で販売するようにさせている場合と、メーカーの示した価格で販売しない場合に経済上の不利益を課し、または課すことを示唆するなど、何らかの人為的手段を用いることによって、当該価格で販売するようにさせている場合の2つにおいて実効性の要件としている。

　再販売価格維持行為は独禁法第23条において、公正取引委員会が指定する商品および著作物については適用除外としている。著作物には書籍、雑誌、新聞、音楽用CDなどが含まれると一般的に解されている。一方、指定商品については、1965年までは化粧品、歯磨き、家庭用石鹸・洗剤、雑酒、キャラメル、医薬品、カメラ、既製襟付きワイシャツがあったが、物価の引き上げという弊害が指摘されるようになり、1966年以降縮小され、現在では存在していない（佐藤一雄ほか〔2004〕.）。

（4）景品表示法と価格

　「不当景品類及び不当表示防止法」（以下、景表法と略す）は、1962年に制定されたものである。景表法は、これまで公正取引委員会が所管していたが、2009年9月1日に消費者庁が発足したことに伴い、消費者庁

に全面移管された。

　同時に、景表法も改正され、その目的が、「公正な競争を確保し、もって一般消費者の利益を保護すること」から「一般消費者による自主的かつ合理的な選択を阻害するおそれのある行為の制限及び禁止について定めることにより、一般消費者の利益を保護すること」に変更された。目的は改定されているが、具体的な規制内容（過大な景品類の提供および不当な表示規制）については変更はない。この目的は独禁法と同じであり、独禁法を補完する法律として位置づけることができる。つまり、独禁法は市場における企業間の価格や品質による競争を前提としているものであるが、企業はそれ以外にも景品や表示によっても競争を行っており、これを規制するための法律として、景表法は位置づけることができよう。

　景表法はその名のとおり、マーケティングにおいてプロモーション活動に対し、規制をかけているものである。しかし、価格設定においても価格表示を規制している。そこで、景表法で規制されている「不当な価格表示」についてのみここでは触れることにする。

　景表法では、消費者に誤認される不当な表示を禁止している。具体的には、優良誤認表示と有利誤認表示が主たる規制の対象となる。**優良誤認表示**については、「商品又は役務の品質、規格その他の内容について、一般消費者に対し、実際のものより著しく優良であると示し、又は事実に相違して当該事業者と同種若しくは類似の商品若しくは役務を提供している他の事業者に係るものよりも著しく優良であると示す表示であって、不当に顧客を誘引し、一般消費者による自主的かつ合理的な選択を阻害するおそれがあると認められるもの」（第5条1号）として、これを禁止している。**有利誤認表示**については、「商品又は役務の価格その他の取引条件について、実際のもの又は当該事業者と同種若しくは類似の商品若しくは役務を供給している他の事業者に係るものよりも取引の相手方に著しく有利であると一般消費者に誤認される表示であって、不当に顧客を誘引し、一般消費者による自主的かつ合理的な選択を阻害す

るおそれがあると認められるもの」(第5条2号)として禁止している。

→図表4－3－4

　ここで最も問題となるのは不当な二重価格表示についてである。**二重価格**とは実売価格とともに、市場での実勢価格、メーカー希望小売価格、当該店舗の旧価格などを併記して表示することである。これら対比される価格は通常、実売価格よりも高い価格を用いることになる。

　本来、二重価格は通常の価格よりも安さを強調することで販売量を増やしたいとする企業の意図がある。しかし、安さを強調するあまり、比較される価格が実際には用いられていないものであったり、あいまいなものであったりするような場合は、実売価格が著しく有利であると消費

図表4－3－4　優良誤認と有利誤認（景表法第5条）

■優良表示（第1号）
(1) 実際のものよりも著しく優良であると示すもの
(2) 事実に相違して競争関係にある事業者に係るものより著しく優良であると示すもの
　　　　　　↓
　　商品・サービスの品質を偽る

〔具体例〕
・販売する中古自動車の走行距離を3万kmと表示したが、実は10万km以上走行した中古自動車のメーターを巻き戻したものだった。
・国産有名ブランドの牛の肉であるかのように表示していたが、実はブランド牛ではない国産牛肉だった。

■有利表示（第2号）
(1) 実際のものよりも取引の相手方に著しく有利であると一般消費者に誤認されるもの
(2) 競争事業者に係るものよりも取引の相手方に著しく有利であると一般消費者に誤認されるもの
　　　　　　↓
　　商品・サービスの取引条件を偽る

〔具体例〕
・外貨預金の受取利息を手数料抜きで表示したが、実質的な受取額は表示の1/3以下になってしまう。
・基本価格を記載せずに、「いまなら半額！」と表示したが、実は50％割引とは認められない料金で仕事を請け負っていた。

出所：消費者庁ホームページ（http://www.caa.go.jp/）を改変.

者に誤認されることになってしまう。そのため、不当な二重価格については違反とされることになるのである。

　公正取引委員会は、「不当な価格表示についての景品表示法上の考え方」の中で、次に該当する場合について、不当表示に該当するとしている。
- 実際に販売されていた価格よりも高い価格を、「当店通常価格」など最近相当期間にわたって販売されていた価格であるとの印象を与えるような名称を付して比較対照価格に用いること。
- 販売実績のまったくない商品またはセール直前に販売が開始された商品など、短期間しか販売した実績のない商品の価格を、「当店通常価格」など最近相当期間にわたって販売されていた価格であるとの印象を与えるような名称を付して比較対照価格に用いること。
- 過去の販売期間のうち短期間において販売されていた価格を、「当店通常価格」など最近相当期間にわたって販売されていた価格であるとの印象を与えるような名称を付して比較対照価格に用いること。
- 過去において販売されていた価格を、具体的な販売期間を明示しないで、または実際と異なる販売期間を付記して比較対照価格に用いること。
- 販売する商品と同一ではない商品（中古品などを販売する場合において、新品など当該商品の中古品などではない商品を含む）の過去の販売価格を比較対照価格に用いること。
- セール期間経過後も販売価格を引き上げる予定がないにもかかわらず、またはセール期間経過後ごく短期間しか表示された価格で販売しないにもかかわらず、セール期間経過後の将来の販売価格を比較対照価格に用いること。

　ここで、「相当期間」については、連続した期間を意味するわけではない。また、相当期間にわたって販売されていた価格であるかどうかの判断基準として、「不当な価格表示についての景品表示法上の考え方」においては、一般的にはセール開始時点からさかのぼる8週間において、比較対照となる価格で販売されていた期間がその過半を超えている場合

は、相当期間にわたって販売されていた価格であるとみなされることになっている。

〔課徴金制度〕

2016年に景表法が改正され、前記景表法第5条に違反した場合の罰則規定が「課徴金」という形で追加された。景表法第8条では以下のように明記されている。

「事業者が、第5条の規定に違反する行為（同条第3号に該当する表示に係るものを除く。以下「課徴金対象行為」という。）をしたときは、内閣総理大臣は、当該事業者に対し、当該課徴金対象行為に係る課徴金対象期間に取引をした当該課徴金対象行為に係る商品又は役務の政令で定める方法により算定した売上額に100分の3を乗じて得た額に相当する額の課徴金を国庫に納付することを命じなければならな

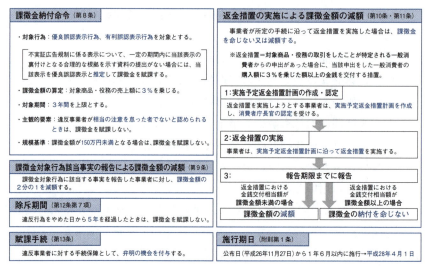

図表4－3－5　不当な表示を防止するための課徴金制度の枠組み

出所：消費者庁表示対策課「景品表示法への課徴金制度導入について」2016年.
　　　（http://www.caa.go.jp/policies/policy/representation/fair_labeling/）

い。ただし、当該事業者が当該課徴金対象行為をした期間を通じて当該課徴金対象行為に係る表示が次の各号のいずれかに該当することを知らず、かつ、知らないことにつき相当の注意を怠った者でないと認められるとき、又はその額が150万円未満であるときは、その納付を命ずることができない」

そのほか、第9条から第13条にかけて、詳細にその内容を規定している。図表4-3-5を参照のこと。

第4章 理解度チェック

次の設問に解答しなさい（解答・解説は後段参照）。

1. 次の文章の（　　）の中に入れるべき最も適切な用語を解答群の中から選びなさい。

〔解答群〕
ア．顧客　　イ．入札　　ウ．生産価格　　エ．コスト志向型
オ．需要の強度　　カ．需要の価格弾力性　　キ．スキミング
ク．市場占有率　　ケ．端数価格　　コ．生産者
サ．投資収益の確保　　シ．浸透価格　　ス．業者割引
セ．競争志向型

(1) 価格決定に必要な要素は、企業目標やマーケティング目標はもちろんのこと（　A　）や市場占有率の維持・拡大が不可欠であるが、そのほかに競争企業の製品に関する特性を分析するデータも必要である。

(2) 価格決定方法の主なアプローチとしては、①製品の製造にかかったコストに重点を置く（　B　）、②コストとは関係なく消費者が製品に対して抱いている評価と（　C　）に合わせる需要志向型の方法、③他の企業との競争に基づき（　D　）によって価格を競い合う競争価格の方法がある。

(3) 消費者の購買行動において、心理的に影響を及ぼす典型的な価格表示には（　E　）、プライス・ライン価格、名声価格、慣習価格などがある。

(4) 割引価格は、定価あるいは建値から一定金額を差し引いた価格であるが、それらには現金割引、数量割引、（　F　）、季節割引、契約割引などがある。

(5) 新製品の価格設定においては、市場に他の競争製品がない場合、高額所得者を対象に（　G　）価格といわれる高価格政策がとられ

る。一方、初期低価格政策ないしは浸透価格政策（penetration price policy）は、革新的な新製品を低価格に設定し、いち早く多くの顧客を引きつけ、大きな（　H　）を獲得しようとする場合、あるいは新製品が市場に導入されるとすぐに強力な競争企業の参入が予想されるような場合にとられる価格政策である。

2. 価格政策に関する次の記述のうち、適切なものを１つ選びなさい。
① 内的参照価格とは、競争相手の価格やこれまで消費者が購入した商品の価格のイメージのことである。
② ＰＳＭ分析は、消費者の心理に関連したコストプラス法の代表的手法である。
③ 需要の価格弾力性は、マクロ的な視点での分析であるため、価格を決定する際にはあまり参考になることはない。
④ オープン価格は、常に一定の低価格に設定することであり、ハイロー価格設定と対比されるものである。
⑤ ロスリーダーは、低価格によって顧客を店頭に引きつけることで、他の商品もあわせて購入してもらうことを期待する政策である。

········· **第４章　理解度チェック　解答・解説** ·········

1.
A－サ　B－エ　C－オ　D－イ　E－ケ　F－ス　G－キ
H－ク

2. ⑤
競争相手の価格は消費者の外部にある価格であり、外的参照価格となる。価格の需要弾力性は価格を変更する際にヒントを提供する。ハイロー価格設定と対比されるのは、ＥＤＬＰである。

〈参考文献〉

アジア太平洋研究所『APIR Trend Watch』No.25、2015.4.

アンドレ・ガボール、市川貢訳『価格決定の原理と実践』ミネルヴァ書房、1986.

石井淳蔵・嶋口充輝・栗木契・余田拓郎『ゼミナール マーケティング入門〔第2版〕』日本経済新聞社、2004.

井上崇通『新版 マーケティング戦略と診断』同友館、2001.

上田隆穂『価格決定のマーケティング』有斐閣、1995.

上田隆穂『マーケティング価格戦略』有斐閣、1999.

上田隆穂・守口剛編『価格・プロモーション戦略』有斐閣、2004.

岡本喜裕『マーケティング要論』白桃書房、1993.

久保村隆祐・出牛正芳・吉村寿・原田保『マーケティング読本〔第4版〕』東洋経済新報社、2000.

佐藤一雄・波光巌・栗田誠編『テキスト独占禁止法〔再訂二版〕』青林書院、2010.

消費者庁表示対策課「景品表示法への課徴金制度導入について」2017.

白井美由里『消費者の価格判断のメカニズム－内的参照価格の役割』千倉書房、2005.

徳永豊『マーケティング戦略論』同文舘出版、1966.

徳永豊『戦略的商品管理〔改訂版〕』同文舘出版、1980.

徳永豊・D. マクラクラン・H. タムラ編『詳解 マーケティング辞典』同文舘出版、1989.

徳永豊・森博隆・井上崇通『例解 マーケティングの管理と診断〔改訂版〕』同友館、1990.

原田一郎『戦略的マーケティングの管理』東海大学出版会、1992.

深見義一『マーケティング講座「2」価格理論』有斐閣、1966.

三上富三郎『現代マーケティングの理論』ダイヤモンド社、1974.

三上富三郎編著『新現代マーケティング入門』実教出版、1989.

Kollat, D. T., Blakwell, R. D., Robeson, J. F., *Strategic Marketing, Holt,* Rinehart and Winston, Inc. 1972.

Kotler, P., *Principles of Marketing,* Prentice-Hall, Inc. 1980.（村田昭治監修、和田充夫・上原征彦訳『マーケティング原理』ダイヤモンド社、1983.）

Kotler, P., Armstrong, G., *Principles of marketing,* 4th Edition, 1983.（和田充夫・青井倫一訳『新版　マーケティング原理』ダイヤモンド社、1996.）

Kotler, P, *Marketing Management, 11th ed.,* Prentice Hall, 2003.

Fuller, D. A., *Sustainable Marketing,* SAGE Publication, 1999.

Nagle, T. T. and Holden, R. K., *The Strategy and Tactics of Pricing,* Prentice-Hall. 2002.（ヘッドストロング・ジャパン訳『プライシング戦略』ピアソン・エデュケーション、2004.）

第5章

マーケティング・チャネル政策

【この章のねらい】

マーケティング・チャネルの政策は他の意思決定領域とは異なる特徴がある。それは、チャネル政策の管理対象には外部の組織も含まれていることである。外部組織をも含めて管理対象とするため、チャネル全体は通常の組織の境界を超えた一種の擬似組織（スーパー組織、組織間システム）として理解される。この擬似組織の設計・管理にあたってチャネル政策の課題は2つある。1つは、チャネルを構成する個別組織の機能を相互に調整し、顧客の求めるチャネルサービス水準を実現することである。もう1つは、チャネル構成員である個別組織の目的が、必ずしもチャネルというスーパー組織（組織間システム）全体の目的と一致しておらず、コンフリクト（対立・葛藤）が発生するかもしれないので、それに対処することである。

第1節 マーケティング・チャネル政策の前提

学習のポイント

◆流通は品揃え形成プロセス（取り揃え、分類・仕分け、集積、配分）として理解することができる。
◆流通に見られる競争には同形態間競争、異形態間競争、システム間競争、小売企業集団間競争の4タイプがある。
◆チャネルはそれ自体を一種の擬似組織（スーパー組織）とみなせる。チャネル政策では、チャネル全体に目を向けて、スーパー組織全体の最適化を目標にする必要がある。

1 マーケティング・チャネルの概念とチャネル競争モデル

　マーケティング・チャネルの基本的役割は種々の流通機能を発揮して、財貨やサービスを最終の顧客（一般消費者ないし産業財ユーザー）に入手・使用可能にするということである。チャネルの内部では、さまざまな流通機能が遂行されている。→図表5－1－1

　マーケティング・チャネルは、基本的に顧客に向けて商品を移転するためのしくみである。このしくみは、商品流通を通じて相互に結びついた複数の事業体（組織体）の集合として把握できる。

　商品流通は、第1に、商品の所有権（有形財の場合）や使用権（サー

図表５−１−１　チャネル内で発生する諸活動＝流通機能

市場調査	顧客との相互作用を計画、促進するために必要な情報の収集
コミュニケーション	製品とサービスに関するコミュニケーションの展開と実行
接触	見込み客の発見ならびに相互作用
適合	顧客の欲求に合致した製品／サービスの形成と調整
交渉	価格やその他の取引条件に関する最終の合意の実現
ロジスティクス	製品の輸送ならびに保管（在庫）
信用供与	取引を促すためのクレジットの供与ないし資金の提供
リスク負担	企業から顧客への製品／サービスの移転に伴うリスクの負担
アフターサービス	顧客との継続的な関係性の開発と実行（保守や修理を含む）

チャネルの中で実現される諸活動は、商的流通、物的流通、情報流通、資金流通、危険負担などの主要な流通機能に類型化できる。

ビス財の場合）の移転という意味で理解することができる。この意味での移転を**商的流通（取引流通）**と呼んでいる。第２に、商品流通は商品の物理的移転（有形財の場合）ないし商品の即時的提供（サービス財の場合）という意味で理解することができる。

　一般に、マーケティング・チャネル政策で念頭に置く流通は、有形財を前提とした商的流通（＝所有権の移転）と**物的流通**（＝物理的移転、物流）の２つである。ここで物的流通という用語は単純に、生産点から消費点に商品が物理的に流れていくということだけを意味しているのではない。物的流通は品揃え形成プロセスとして理解しておく必要がある。物理的な**品揃え形成**は次の４つのサブプロセスから構成されている。

1）取り揃え（assorting）……商品が互いに連関をもつように、再販売を念頭に品揃えを構築すること
2）分類・仕分け（sorting out）……異質な供給物の集合を相対的に同質的な個別の商品ストックに分割すること
3）集積（accumulation）……類似した商品ストックを同質的供給物のより大きな集合に転換すること
4）配分（allocation）……同質的な商品の集積物をよりロットの小さい商品集合に分割すること

生産者は一定の仕様（分類基準）に従った商品を製造することで、商品の集積を生み出し、卸売業者の注文に合わせて各地の卸売業者に出荷（配分）する。次に、さまざまな生産者から仕入れた商品を流通業者はみずからの手元で取り揃え、一定の数量になるまで集積させ、買い手の注文に合わせて再度、仕分けし、出荷（配分）する。最後に、顧客（消費者ないし産業ユーザー）は流通業者から購入した商品を取り揃え、必要な数量を集積させ、適宜、消費・使用していく。このように流通は、生産者から始まって顧客に至るまでの一連の物理的な品揃え形成のプロセスとして理解することができる。

チャネルを通じて実現される品揃え形成プロセスは、最終顧客が負担する購買コストの多寡に影響を与える。顧客が購買にあたって負担するコストとは、商品を購入するために支払った商品の価格と、商品の購買活動のために費やした買い物コストの合計のことである。

顧客にとって大切なのは、商品の価格自体が安価であるということだけではない。価格と買い物コストの合計（購買コスト）が最小化されることが大切なのである。具体例としては、コンビニを考えてみると、わかりやすいだろう。コンビニは自宅の近くに位置しており、店舗出向や帰宅に要する時間や労力が軽減されている。さらに、身近にあるため、交通費やガソリン代などの、移動コストもさほどかからない。何よりよいのは、お店を自宅の冷蔵庫代わりに利用すればよく、自宅に買いだめしておく必要もない。

チャネル政策の観点から考慮すべきことは、顧客の買い物コストを安価にしようとすると、流通業者の側でより高度な品揃え形成プロセスが必要になるということである。品揃え形成プロセスに要するコストを流通コストと呼ぶが、顧客の買い物コストを流通業者単独で低下させようとすると、一般に、流通業者が負担する流通コストが上昇する。上昇したコスト分を販売価格に反映させることができる状況であるとすれば、適正な利益を確保したい流通業者は販売価格を値上げしようとするだろう。結果として、顧客の買い物コストは下がっても、顧客が負担する購

買コスト（購入価格と買い物コストの合計）は変わらないか、かえって上昇してしまう可能性も出てくる。もちろん、上昇したコスト分をどれほど販売価格に反映させられるかは、流通段階の競争の激しさに左右される。

ここで流通段階の競争のタイプに目を向けてみよう。流通段階（とりわけ、小売段階）の競争は４つのタイプに分類することができる。→図表５－１－２

１）**同形態間競争**（intratype competition）

同じタイプの小売店どうしの間で繰り広げられる競争。たとえば、コンビニであるセブンイレブンとローソンとの間の店舗間競争。

２）**異形態間競争**（intertype competition）

異なるタイプの小売店どうしの間で繰り広げられる競争。たとえば、総合スーパーであるイトーヨーカドーの店舗と百貨店である東急の店舗との間の店舗間競争。

３）（垂直的）**システム間競争**（systems competition）

異なるタイプのマーケティング・チャネルの間で繰り広げられる競争。たとえば、資生堂の化粧品チャネルとカネボウの化粧品チャネルとの間に見られる競争（化粧品業界の用語を使えば、制度品流通間の競争）。

４）**小売企業集団間競争**（free-form competition）

複数の業態の小売店を傘下に抱える小売企業集団（コングロマーチャントと呼ばれる）の間で繰り広げられる競争。たとえば、ウォルマートグループ、イオングループ、セブン＆アイグループとの間に見られる競争。

図表５－１－２　流通競争の類型

競争のタイプ	分析レベル	特　徴
同形態間競争	店　舗	同じビジネス形態（業態）の間の競争
異形態間競争	店　舗	店舗の商品多様化に応じた競争の拡大
流通システム間競争	流通チャネル	チャネル・システム同士の間の競争
小売企業集団間競争	小売企業グループ	大規模小売業者の多角化に伴う競争

日ごろ、私たちが目にしているのは、近くのコンビニどうしの競争（同形態間競争）、生鮮品を扱うコンビニと24時間スーパーとの競争（異形態間競争）などである。これらは同じ小売市場で同一の顧客ニーズを巡って競っているのであり、まとめて水平的小売競争と呼ぶことができる。

 これに対して、垂直的システム間競争や小売企業集団間競争というのは、一般の消費者にはほとんど意識されないものである。しかし、その競争上の含意は同形態間競争や異形態間競争よりも大きい。

 垂直的システム間競争に注目する必要があるのは、小売業者単独で高度な流通機能の遂行を行うことには限界があるからである。小売業者の背後に控える卸売業者や生産者、さらには運送業者や材料を提供するサプライヤーなどを巻き込む形で、チャネル全体の総力を挙げて、流通機能の高度化（チャネルサービスの向上）という課題に取り組む必要が出てくる。コンビニの個々の店舗の背後には、共同配送のしくみ、在庫管理のしくみ、共同開発等の生産のしくみなど、種々の業務プロセスが存在しており、それら業務プロセスを1つの事業システムとして運営していかなければならない。水平的競争がうまくいくかどうかは、システム間競争のあり方に規定されているのである。

 また欧米に比べて、従来、日本の小売市場の集中度は低かった。しかし、近年、総合スーパーを中心に、複数の業態を小売りグループとして運営している小売企業集団（コングロマーチャントと呼ばれる）の姿が目につくようになり、小売市場の集中度が高まりつつある。イオングループやセブン＆アイホールディングスなどが小売企業集団の典型例である。これらの小売企業集団は複数のビジネス形態をその内部に抱えているために、それぞれの業態ごとに個別の仕入れシステムを保有し、複合システムという形をとっている。小売企業集団同士の競争はそれぞれの集団が有する複合システムどうしの競争というふうに理解することもできる。

 今日、多くの小売業者は複数の競争環境の中で競争優位を実現しようとしているので、4つの競争の分類は相互排他的なものではない。4つ

のタイプの競争に同時に直面していると考えるほうがよい。

2 スーパー組織（組織間システム）としてのチャネル

　全体最適という考え方を基軸にする場合、マーケティング・チャネルを1つの組織であると理解していくことが好ましい。組織というと、企業のように一定の雇用契約に基づいて形成された人々（従業員）の集合体をイメージすることが多いが、マーケティング・チャネルもまた1つの組織なのである。ただし、それは通常の組織とは異なったものである。チャネル論の世界では、区別するために**スーパー組織**（super-organization）と呼んでいる。スーパー組織の特徴は次のように要約することができる。

① チャネルは共通目的を有する複数のメンバー（構成員）の集合体（スーパー組織）とみなすことができる。チャネルはそれ自体1つのまとまりをなす競争単位として理解することができる。

② チャネルを構成するメンバー（それぞれの個別組織）はスーパー組織としての共通目的（全体目標）を達成すべく、各自流通業務を分担している。チャネルというスーパー組織は複雑な分業体系を有している。

③ チャネルを構成するメンバー（それぞれの個別組織）は各自の個別目的を有している。スーパー組織としての共通目的と個別組織の目的は必ずしも合致しているとは限らない。

④ スーパー組織は部分最適（個別目的のみの達成）の状態に陥らないように、全体最適（共通目的の達成）を可能にするように設計・管理されなければならない。

　チャネルをスーパー組織とみなして設計・構築・管理していくこと、これがマーケティング・チャネル政策の基本課題である。スーパー組織としてのチャネルは複数の組織からなる「**組織間システム**」と考えるこ

とができる。システムという用語はさまざまな意味で使われるが、ここでは次のように理解しておくことにしよう。

① システムはそれ自体の全体目的を有しており、その目的達成のために、システムを構成する要素の間に相互作用関係が存在していると考える。チャネル自体を1つのシステム（＝スーパー組織）とみなすならば、それを構成する各種の事業体（生産者や流通業者、補助業者など）はその構成要素ということになる。

② スーパー組織としてのチャネルの周囲には環境（チャネル環境）が存在し、環境からの影響を受け、環境条件が変化すれば、それに適応していく必要がある。スーパー組織としてのチャネルは環境変化に適合するように再編成される必要がある。

③ スーパー組織としてのチャネルを念頭に置くと、チャネルを構成する各組織体はサブシステム（部分システム）とみなされ、全体目標達成のために、各個別組織に一定の役割を割り当て、チャネル環境の変化に合わせて、役割構造の見直しを図っていくことが必要である。

④ システムのタイプにはクローズド・システム（閉鎖系）とオープン・システム（開放系）の2種類があるが、チャネルはオープン・システムの1種である。オープン・システムは外部からインプット（チャネルへの投入物＝経営資源）を取り入れ、それを変換して、アウトプット（チャネル・システムからの産出物＝チャネルサービス）を生み出すしくみである。

チャネルサービスの具体的内容は、本章第2節で説明する。

3 チャネル構成員のタイプおよびその特性

マーケティング・チャネルを定義する場合、一般にチャネルの始点は生産者であり、終点は消費者(ないし産業財ユーザー)と考えられている。生産者と消費者の間には、種々の流通機能（マーケティング機能）を遂

行する媒介業者が存在している。媒介業者の代表はもちろん、卸売りや小売りを担当する流通業者である。しかし、流通機能の遂行という観点から見れば、倉庫業者、運送業者、市場調査会社、金融機関、広告代理店なども流通機能の一部であるが、担当しているとみなすことができる。これらの業者は補助機関という地位にとどまるものではあるが、チャネルを構成する一員といえる。

　さらに、今日、チャネル構成員の範囲は拡大しており、完成品の生産者を始点とするのではなく、原材料や部品のサプライヤーを出発点とすべきであるとの認識も広がっている。それがサプライ・チェーンやバリュー・チェーンという用語を登場させるきっかけになった。サプライ・チェーンやバリュー・チェーンという用語がマーケティング・チャネルという用語に代わって広く使用されるようになったきっかけは、大きく2つある。

　1つは、流通のしくみが投機型流通から**延期型（実需対応型、同期化）流通**に変化してきたという事情である。需要の変動が激しい中、事前に販売数量を予測するのはますます困難になっている。そこで、生産や物流をできる限り時間的にも空間的にも実際の需要が発生する時点・場所に延期して、需要の不確実性に対処しようとしているわけである。SPA（Speciality Store for Private Label for Apparell）と呼ばれるアパレルの製造小売業者は延期型流通の申し子といえる。延期型流通のためには、原材料や部品のサプライヤーを含めて流通全体のしくみを、一から見直していくことが求められる。

　第2に、今日、さまざまな製品分野で生産・物流等に伴う汚染予防、排出抑制が求められ、かつ販売後であっても「**拡大生産者責任**」の原則に則って、製品が廃棄されたあとのリサイクルが生産者等に法的に義務づけられたという事情がある。つまり、従来のチャネル（フォワード流通）に加えて、バックワード流通（還流物流、リバース流通）も視野に入れなければならなくなったわけである。

第2節

マーケティング・チャネルの選定および構築

学習のポイント

◆チャネルはスーパー組織として、顧客に対して目に見えないサービス（チャネルサービス）を産出している。当該チャネルが標的とする顧客を具体的に想定することが大切である。
◆チャネル設計にあたって顧客特性以外に考慮すべき制約条件には製品特性、競争特性、自社企業特性、流通業者特性、業界特性がある。
◆マーケティング・チャネルの設計基準には、タテ（長短基準）、ヨコ（広狭基準）、統合度（開閉基準）の3軸がある。

1 顧客が求めるチャネルサービス水準の明確化

　スーパー組織としてのチャネルが品揃え形成プロセスを通じてアウトプットとして顧客に生み出すサービス内容には次のようなものがある。
　①　商品のロットサイズ……**ロットサイズ**は1回の購入によって顧客が入手できる商品の単位数量のことである。ロットサイズが小さくなれば、顧客は当面の消費に必要な分だけ商品を購入しておけばよくなる。
　②　商品を受け取るまでの待ち時間……**待ち時間**とは顧客が商品を注文してから商品を受け取るまでの期間のことを意味している。配達

が迅速なほうが顧客にとって便利である。
③ **購買場所の市場分散性**……これは小売店舗の数と空間的な立地によって示される。**市場分散性**が大きくなれば、消費者の買い物移動コストや商品探索のコストは低下する。
④ **商品の多様性（品揃えの幅と深さ）**……チャネルによって顧客に提供される品揃えの幅や深さが高まれば、顧客の買い物の便宜性は高まることになる。
⑤ **商品購買に関連した付帯サービス**……これは商品の購買に付帯して店舗から提供されるサービス（購買前、購買中、購買後）のことである。たとえば、エアコンなどの商品を購入しても、家まで運び、取り付けをしないと使えない。

通常、5つすべての項目のチャネルサービス水準を高度化することは、高額の流通コストの発生となって業者にはねかえってくる。したがって、どの程度のサービス水準にするかは、チャネル意思決定の出発点としてきわめて重要である。**チャネルサービス**の水準をどうするかは、当該チャネルを利用する消費者・顧客の目線で決めるしかない。

以上のようにマーケティング・チャネル設計の先行条件としては、顧客特性が何より重要であるが、このほかに考慮すべき要因として、製品特性、競争特性、自社企業特性、流通業者特性、業界特性などがある。詳細は次項で述べる。

2 チャネルの目標設定と制約条件

チャネルの目標はチャネルサービス水準として表現される。企業は、チャネル目標を、製品、競争企業、自社企業、流通業者、業界構造から生じる制約条件と、標的とする顧客が望むチャネルサービス水準との対応で設定していく。
① **製品特性**……チャネルの設計に影響を与える製品の特性としては、製品の嵩と重量、製品の腐敗性と陳腐化の速度、製品の単価、製品

の標準化の程度、製品の技術的複雑性、製品ラインの幅と長さがある。価格に比べて、嵩高な製品、技術的に複雑な非標準品、腐敗や陳腐化の速度の速い商品、長くて幅広い（フルラインの）製品ラインなどの条件があれば、中間に流通業者を介在させるのを可能な範囲で回避するであろう。

② **競争特性**……競合相手がどのようなチャネルを利用しているのかは、自社のチャネル設計に影響を与える。競合相手と類似したチャネルを活用する企業もあるし、競合を避けて、別のタイプのチャネルを構築する場合もある。競争が激しければ、より模倣の困難なチャネルの構築が意図されることになろう。

③ **自社企業特性**……企業の規模、資金力、管理者の有する専門知識、メンバーに対するコントロールの必要性などがチャネル設計において重要な役割を演じる。規模が巨大で資金力を有する大企業、チャネル管理に関する専門知識が豊富な企業、チャネル構成員を統制する必要性を強く感じている企業は、中間に多くの流通業者を介在させようとはしないだろう。

④ **流通業者特性**……チャネル設計を行うときは、各種の流通業者の長所と短所、それぞれが果たす機能を考慮しなければならない。能力と意欲の高い流通業者が利用可能であれば、生産者はみずから販売するよりも、その流通業者を利用したほうが好ましいだろう。流通業者が生み出す流通サービスの量や質がチャネルの構造選択に大きな影響を与える。

⑤ **業界特性**……1つのチャネルが業界のライフサイクルの全段階で競争優位を保ち続けることは困難である。ライフサイクルの導入段階では専門性の高いチャネルを通して、早期に商品を購入する顧客を誘引する。しかし、成長段階になると、売上げが増大するので、大量販売を行うチャネルが浮上する。そして、業界が成熟すると、量販店を中心とした低コストのチャネルが有力になってくる。

3 利用可能なチャネルの形態（伝統的アプローチの指針）

　利用可能なチャネルの形態は、3つの基準によって記述することができる。第1の基準はチャネルの長さに関する「**長短基準**」である。一般にマーケティング・チャネルは生産者から消費者まで商品（有形財）を移転（所有権移転と物理的移転）させるためのしくみであるが、所有権移転である商的流通（取引流通）にかかわる流通業者の数を指して、チャネル段階（流通段階）と呼び、段階数が多いチャネルを長いチャネル、逆に段階数が少ないチャネルを短いチャネルと表現している。最も短いチャネルは間に流通業者を一切利用しない直接流通のチャネルであるが、それほど一般的なものではない。

　第2の基準は直接流通ではなく、間接流通（中間に流通業者が存在しているチャネル）を選択する場合に考慮すべきものであり、「**広狭基準**」と呼ばれている。広狭基準とは生産者（メーカー）の観点から記述され、自社の商品販売に従事してもらう流通業者の店舗数（これを**市場カバレッジ**、**流通密度**と呼ぶ）をどうするかを決定するということで、市場カバレッジ（流通密度）の高いチャネルを広いチャネルと呼んでいる。

　最後の基準はメーカーが流通業者をどの程度、コントロールできるかを判断するもので、「**開閉基準**」と名づけられている。開閉というのは商品の販売に利用する流通業者に対して、競合メーカーの商品販売について一定の制約条件を課すのかどうかを意味している。特定メーカーの立場からすれば、流通業者の店舗で競合他社の製品の販売を活発に行ってもらうのは好ましくはない。できれば、競合製品よりも自社の商品販売を優先してもらいたいはずである。競合製品の販売を完全に排除している状態を閉じたチャネルと呼び、競合製品の併売を許容している状態を開いたチャネルと呼ぶのである。

　もちろん、競合製品の併売（開いたチャネル）と自社製品の専売（閉じたチャネル）との間には、さまざまなグレーゾーンが存在している。自社製品と競合製品が完全に等しく併売されているわけではなく、自社

製品に有利な形で店内の陳列がなされる状況、あるいは逆に他社製品に有利な形で販売がなされている状況は数多く見られる。

4 チャネルの段階数（長短基準）

まず、チャネルは、その流通段階数によって分類することができる。製品とその所有権を移転させる商的流通（取引流通）に関与する1つの流通業者が、1つのチャネル段階を構成する。流通は生産者と消費者の間を連結するものであるから、どんなチャネルであれ、生産者と消費者は必ず存在している。そのため、生産者と消費者を除いて介在する流通業者を数えてチャネルの長さを表示するのが一般的である。→図表5－2－1

たとえば、0段階のチャネルというのは、直接流通の方式を採用したチャネルのことであり、生産者が流通業者を利用せずに、みずからの手で最終消費者に商品を販売するものである。化粧品販売の一部に見られる訪問販売方式や生産者が利用する通信販売・ネット販売、自動販売機などが実例である。たとえば、コカ・コーラ社の販売の多くは自動販売

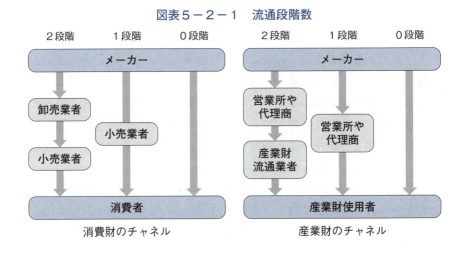

図表5－2－1　流通段階数

機によるものである。自動販売機という直接流通のしくみを全国に構築したことがコカ・コーラ社の競争上の優位性をもたらしている。直接流通（無店舗販売）のチャネルには卸売りや小売りの独立した流通業者は登場しない。

　１段階のチャネルは、生産者と消費者の間に小売業者が介在する消費財チャネルや、生産者と産業財ユーザーの間に営業所が介在する産業財チャネルなど、１つの流通業者が存在する場合を指している。２段階チャネルでは、消費財の場合、卸売業者と小売業者が中間の構成員となり、産業財のチャネルではメーカーの営業所と産業財流通業者が介在する。

　通常、チャネル段階数が増えると、商品を入手するまでの顧客の待ち時間（配達時間）は長くなるが、配分や仕分けが反復されるので、ロットサイズ（購入可能数量）は小さくなる。逆に、段階数が減って、チャネルが短くなると、待ち時間も短くなるが、購入にあたってのロットサイズは比較的大きくなる。産業財（生産用の部品等）のチャネルが一般に短いのは、１回の購入量が大きく、生産に合わせて適時、配達してもらうことが必要になるからである。ジャスト・イン・タイム物流などのしくみは待ち時間を短いままに、さらにロットサイズを引き下げようとしているのである。

5 チャネルの市場カバレッジ（広狭基準）

　間接流通（店舗販売）を選択すると、卸売業者をまず利用し、次に小売業者へと商品を流通させようとするメーカーもあれば、卸売業者を利用せずに、小売業者に直接販売しようとするメーカーも存在するだろう。いずれの形態を採用するにしろ、間接流通の場合には、それぞれの流通段階（卸売段階と小売段階）で活用するチャネル構成員の数が問題になる。特に小売段階で活用するチャネル構成員の数は、流通の密度（市場カバレッジ）の問題と呼ばれている。流通の密度とは、生産者の商品の販売に携わる流通業者（特に小売業者）の店舗数のことを意味しており、

利用店舗数が増えれば、カバーされる小売市場の範囲（市場カバレッジ）が広がり、商品が最終消費者の目に触れる機会（市場露出）が高まる。

流通密度（市場カバレッジ）の程度は３つの一般的なカテゴリー（開放的チャネル、選択的チャネル、専属的チャネル）に分けて記述することができる。→図表５−２−２

図表５−２−２　市場カバレッジから見たチャネルの３パターン

開放的チャネル	消費者がどこでも買えるようにする	スーパー、百貨店、コンビニなど小売業者を選ばない
選択的チャネル（選別的チャネル）	流通機能を統制しながら流通コストを抑える	売上効率のよい小売業者を選んで集中的にサポートする
専属的チャネル（排他的チャネル）	高いブランド価値を保持してブランド内価格競争を避ける	ある地域での独占的販売権を１人の小売業者に与える

開放的チャネル政策とは、広範囲の小売市場に到達するために数多くのチャネル構成員を活用することで市場での露出を最大化するものである。市場カバレッジが広がり、市場での露出が高まれば、消費者の商品に対する認知や理解が増し、商品の販売の可能性が増大することになる。スーパーマーケットで売られているようなほとんどの消費財はこの基準のもとに流通されている。

第２の**選択的チャネル政策**とは、流通の密度を何らかの基準によって制限するものである。制限することによって、流通コストの上昇を抑え、同時にメンバーの数が多かったときには困難であったような、よりきめの細かいディーラー・サポートを行うことを意図している。

最後の**専属的（排他的）チャネル政策**とは、企業がある一定の販売地域においてごく少数のチャネル構成員（通常、１社のみ）にだけ当該商品の営業活動を認めるものである。したがって、流通密度の面では一番、密度が低いチャネルパターンである。一定の地域に限定されるとはいえ、一種の独占的販売権を流通業者に与えるわけで、流通業者側には強力な動機づけになる。

専属的チャネルの特徴は、自社の製品を扱う別の流通業者が排除されるので、同じ自社製品を扱う流通業者どうしの競争（これを**ブランド内競争**と呼ぶ）を一定程度、抑制できるということである。

開放的チャネルを採用すると、店舗密度が高いので、市場分散性の面では顧客にとって便利である。しかし、多数のメーカーの商品を取り扱うため、特定メーカーの商品を深く品揃えしていくことは困難である。品揃えは広く・浅くという形になる。また、商品の販売にあたって顧客に提供される付帯サービスも制限せざるを得ない。

これに対して、専属的チャネルは店舗密度が低いので、市場分散性の面で顧客にとって不利であるが、特定メーカーの専属であるので、十分な付帯サービス、深い品揃えの提供が可能になる。

6 チャネルの統制力（開閉基準）

メーカーが流通業者（卸売業者、小売業者）をどの程度、統制できるかを基準とするのが、最後の開閉基準である。いわゆる「**流通系列化**」というのは、前述の選択的流通や専属的流通を背景にして、メーカーが流通業者に影響力を行使して、販売窓口を（完全にではないにせよ）閉ざしている状態のことである。

マーケティング・チャネルが間接流通の形態を採用するときには、組織間システムを管理するという課題が必ず生まれる。組織間システムは1つの擬似組織（スーパー組織）であるが、通常の組織とは決定的違いがある。スーパー組織といっても、組織間の関係は必ずしも資本によって結ばれたものだけではないということである。

1つの組織体であれば、それを構成するメンバー間には権限関係が必ず存在し、上司が部下に一定の命令を下して、行動の統制が果たされる。ところが、スーパー組織の場合、それに匹敵する権限関係が組織間に必ずしも備わっているわけではない。

組織間システムを権限関係によって統制しようとするならば、相手組

織を自社の内部に取り込むほかはない。これは相手組織をM&A（吸収合併）などの方法で子会社化（内部化）するという方法であり、**垂直統合的チャネル**と呼ばれている。垂直統合的チャネルの利点は資本を基盤にした子会社化（内部化）により、組織間システムの管理が権限をベースに確固とした形で展開できるということである。しかし、垂直統合的チャネルには欠点も多く存在している。

まず第1に、子会社化のためには一定の資本拠出が必要であり、それによって事業からの退出障壁が高まる。第2に、多額の資本が固定化されれば、市場の変化に柔軟に対応できなくなるおそれが出てくる。第3に、何でも自前でやろうとすると、選択と集中化のメリットが阻害されるおそれが出てくる。第4に、内部化のために緊張感が薄れ、官僚的な保守主義が生まれてくる可能性がある。第5に、内部化された複数の流通段階の業務規模にアンバランスが存在するかもしれない。

子会社化（内部化）以外の方法（つまり、権限関係を確立する以外の方法）で、組織間システムをコントロールすることも可能なので、生産者（メーカー）の資本投下による垂直統合はたいてい卸売段階（とりわけ、元卸段階）までで、それより川下（下流）の段階については別の手段（リーダーシップ関係、長期継続的契約関係など）が組み合わされるのが通例である。

第3節 マーケティング・チャネルのシステム化と管理

学習のポイント

◆チャネル管理にあたっては、個々のチャネル構成員の役割の確定とチャネル構成員の間に発生するコンフリクト（対立・葛藤）の解消の2つが管理課題となる。
◆チャネル管理（統制）のしくみを考える場合にはそれを裏づける5つのパワー資源（基盤）に目を向けることが大切である。
◆チャネル構成員が保有するパワー資源には非対称性が見られる。相対的に多くのパワー資源を保有しているチャネル構成員をチャネル・キャプテンと呼ぶ。

1 マーケティング・チャネルに見られる取引関係と構造

　マーケティング・チャネルはスーパー組織（組織間システム）として理解できるということは本章第1節で述べた。スーパー組織といえども、一種の組織体なのであるから、組織設計の2つの課題を解決しなければならない。1つは、チャネルを構成するサプライヤー、生産者、流通業者、補助業者等の間で各自の役割分担を明確に規定するということである。チャネル内に適切な分業体系を構築しなければならない。そして、各自の役割をチャネルの全体最適をめざして、相互に調整するのである。
　もう1つの課題は、チャネル全体の目標とチャネル構成員の個別目標

とが互いに整合化するように、チャネル構成員を動機づけしなければならないということである。チャネル構成員の個別努力がチャネル全体の目標に貢献するように、チャネル構成員に適切な誘因を提供する工夫が必要になる。誘因と貢献のバランスをとるということである。

これら2つの課題が意味していることは、スーパー組織（組織間システム）を設計・管理するためにはサプライヤー、生産者、流通業者、補助業者の間の関係を単なる売買関係の次元にとどめておくことはできないということである。ここで売買関係というのは、本来、サプライヤーは生産者に原材料や部品を販売し、生産者は完成品を卸や小売りの流通業者に販売するという、一連の商品売買の流れのことである。そこでの関係は商品の価格を巡る相互交渉の場（売り手は高く売りたい、買い手は安く仕入れたい）にほかならない。

単なる売買関係を超えた関係を組織間システムの編成原理として持ち込むこと、これこそがスーパー組織を設計するときに必要になる。そのための最も直截な方法は売買関係を資本関係に置き換えることである。これが**垂直統合的チャネル**である。

サプライヤーと生産者、あるいは生産者と流通業者、これらが資本的に結合すれば、そこには市場での売買関係は存在しなくなり、代わって権限関係が発生する。しかし、本章第2節で述べたように、垂直統合的チャネルには種々の欠点もある。そのため、権限関係以外の方法も利用される。1つはリーダーシップ関係、もう1つは長期継続的契約関係である。このような単なる売買関係を脱却したチャネルを**垂直的マーケティング・システム**（Vertical Marketing System）と呼んでいる。

垂直的マーケティング・システム（以下、VMSと略称）とは「業務上の経済性を実現し、市場インパクトを最大化するように事前に設計されたところの、専門家によって管理され、集権的にプログラムされた流通ネットワーク」のことである。VMSでは、チャネル内に特定のチャネル管理者が登場し、分業関係が明確化され、互いの役割調整が実行され、利害対立等が発生した場合には、それを解消していくメカニズムが

存在することになる。

2 垂直的マーケティング・システム（VMS）の構造と展開

　マーケティング・チャネルを構成する経済主体の間の取引が1回限りのスポット的な売買にゆだねられているとき、そのチャネルを**伝統的チャネル**と呼ぶが、今日、伝統的チャネルの利用は縮小している。伝統的チャネルではチャネル構成員の間にほとんど協調関係が構築されていないので、経済性や機能分担の面で不利になりやすいからである。これに対して、スーパー組織としてのVMSは種々の利点を有している。

　特定の主体がチャネルに属する複数のチャネル構成員を資本的に所有することで市場取引を完全に排除し、権限関係を構築している場合、このVMSを**会社型VMS**（corporate VMS）と呼ぶ。たとえば、生産者が卸売業者ないし小売業者を資本的に統合している場合、流通業者が存在していたとしても、その業者は資本によって、いわば生産者の内部組織に組み込まれ、両者の間に権限関係が成立しているわけである。一部の販売会社（販社）制度が卸段階の資本統合の典型例である。

　この形態のVMSは垂直統合的チャネルと表現することもできる。生産者が自社の支店・営業所を設置したりする場合は会社型川下統合が生まれることになるし、逆に小売業者が流通の上流で工場などを設置し、生産に乗り出す場合には会社型川上統合が誕生することになる。

　次に、チャネルのメンバーが長期継続的な取引契約（通常、フランチャイズ契約やボランタリー契約などを指している）によって、相互に連携しあう場合には、**契約型VMS**（contractual VMS）が存在していると呼ばれている。契約型VMSの最も一般的な事例はファスト・フード業界などに見られるフランチャイズ・システム、自動車業界に見られる専属的ディーラー制度、卸売主宰や小売主宰のボランタリー・チェーンなどである。化粧品業界における資生堂によるチャネルの構築はボラ

ンタリー方式による契約型VMSの嚆矢(こうし)といってよい。

　最後のタイプは**管理型VMS**（administered VMS）である。あるチャネル構成員がリーダーシップを発揮して、何らかの動機づけを他のメンバーに提供することによって、チャネル構成員の間にオペレーションに関する相互調整が図られる場合、管理型VMSが存在していることになる。ECR（Efficient Consumer Response＝効率的な消費者対応）、QR（Quick Response＝迅速な対応）、SCM（Supply Chain Management＝供給連鎖管理）、製販統合（製販連携）などの企業間協調プログラムのしくみはどれも管理型VMSの事例である。そこにはリーダーシップに基づく共同意思決定メカニズムが存在しており、それが伝統的なチャネルとの違いとなっている。

3 チャネル構成員間の役割規定とコンフリクトの発生

　スーパー組織としてのチャネル内部では、個々のメンバーが遂行すべき流通課業の役割を規定しておくことが必要である。チャネル内部での役割規定とは、自己を含むすべてのチャネル構成員が各種の流通機能の遂行にどのようにかかわってもらうかを規定するものである。役割規定に従って、チャネル構成員はある流通機能を専門的に遂行する。専門化が原因で、チャネル構成員間に業務上の相互依存性が発生してくる。

　それぞれのチャネル構成員は自己が選んだ地位を占め、それぞれの役割行動を遂行する。役割規定がチャネル構成員の考える自己の役割と一致し、役割規定と実際の役割遂行とが一致している場合、チャネルにはコンセンサス（合意）が存在していることになる。この合意によって、チャネル構成員は相互の行動を予想し、統一的な形で動くことができる。

　しかし、チャネル構成員間の相互依存性の高度化は、他方で相互に緊張を生み出す。相互依存性が高まると、相互に対立・葛藤（コンフリクト）が発生する可能性が高まる。**チャネル・コンフリクト**とは、「あるチャネル構成員が自分の目的を達成しようとするとき、それを邪魔ない

し妨害するような行動を、他のチャネル構成員が採用していると知覚するような状況のこと」を意味している。要するに、役割遂行に一定の制限が加えられることから生じる欲求不満の状態のことである。チャネル・コンフリクトの発生原因としては一般に次の3つが指摘されている。

① **目標の非両立性**……それぞれのチャネル構成員が独自の目標を追求した結果、目標が相互に矛盾してしまう状況。各チャネル構成員は自己の目的を有しているが、それはしばしば他のチャネル構成員の目的とは一致しない。

② **相互の役割領域についての同意の欠如**……指示された役割分担について不満が発生する状況。たとえば、メーカーが自社の卸売業者が販売先としている顧客に、みずから直接販売を行うようになると、メーカーと卸売業者が同じ顧客を巡って競合することになる。また、この種のコンフリクトは実行不可能な役割を割り当てられた場合や予想されるよりも過剰な要求が出された場合などにも発生する。

③ **現実認識の相違**……チャネル内で発生した問題に対する意見の食い違いが発生する状況。認識に差があるということは、同一の状況であっても異なった活動基準が存在することになる。結局、認識に基づく行動は他者の欲求不満を生み出し、コンフリクトを発生させることが多い。

スーパー組織としてのVMS内部では、システム全体の目標達成を意図してメンバー間の役割特定化が行われる必要がある。そして、この役割特定化は目標、ドメイン、現実認識についてのコンフリクトを発生させる可能性につながる。すべてのコンフリクトがチャネルにとって有害というわけではないが、チャネルの破壊・崩壊につながるような病理的なチャネル・コンフリクトは解消していく必要がある。

4 チャネル・パワーとチャネル管理の主体

役割特定化やコンフリクト解消などのチャネル管理はどのように可能

になるのであろうか。2つの点を明らかにしておく必要がある。1つは、チャネル管理を可能にする前提は何かということである。もう1つは、チャネル管理を行う主体はだれかということである。

メンバーの役割特定化にせよ、チャネル・コンフリクトの解消にせよ、それを可能にする要因が存在しなければならない。この要因が**チャネル・パワー**である。チャネル・パワーとは「あるチャネル構成員が他のチャネル構成員に、それがなければしなかったような何かをさせる能力」のことである。

チャネル・パワーの存在を説明するためには、パワーを生み出すための資源（基盤・源泉）に注目するのが有益である。パワー資源の種類については従来から次の5つが挙げられてきた。

① 報酬……特定主体がほかの参加者に対して報酬を与える能力を持っていると他の参加者からみなされるとき、その主体はこのパワーを持っている。**報酬パワー**の例としてはマージンの供与、業者割引などがある。

② 強制……特定主体の意図に従わないとき、チャネル構成員に罰則が課せられるということが予想される場合、特定主体には強制パワーが発生する。**強制パワー**の例としては契約の破棄、マージンの切り下げなどがある。

③ 正統性……特定主体の指示が権利によって裏づけられ、ほかの参加者はそれに従うことが義務として認識される場合、当該主体は**正統性パワー**を保有する。正統性には資本関係に裏づけられた権限と長期継続契約に裏づけられたパワーの2つがある。

④ 専門性……ある主体が専門知識やノウハウを持っていると、ほかの参加者が認めるとき、その主体は**専門性パワー**を持っている。たとえば、メーカーによるさまざまなディーラーヘルプ（販売店援助）、店員に対する教育訓練などがそれに当たる。

⑤ 準拠性（同一化）……特定主体の存在がカリスマ性を持ち、その行動がほかの参加者の模範になるような状況では、その主体の指示

に従うことに疑問を持たなくなり、当該主体は**準拠性（同一化）パワー**を持つことになる。

　VMSを構成するチャネル構成員は、それぞれ一定のパワー資源を保有している。報酬と強制はチャネル構成員の経済的地位から引き出されるものであり、即効性を求める場合に使われる。

　まったくパワー資源を保有していないチャネル構成員というのは存在しない。ただし、チャネル構成員が保有するパワー資源には、格差が存在していることが多い。格差が存在している場合、チャネルにパワーの非対称性（不均衡）が見られるという。パワーの非対称性（不均衡）が見られるチャネルでは、パワー資源を相対的に多く保有しているチャネル構成員が存在する。このチャネル構成員を**チャネル・キャプテン**（チャネル・コマンダー、チャネル・リーダー）と呼ぶ。

　チャネル・キャプテンとは「チャネル統制を達成するためにパワーを行使している特定のチャネル構成員」を意味している。つまり、他のチャネル構成員を統制・管理するために、相対的にパワー資源をより多く保有している構成員のことをチャネル・キャプテンと呼ぶのである。ここで、注意すべきは、チャネル・キャプテンは決して生産者（メーカー）に限定されないということである。だれがチャネルをリードしているかは、パワーを生み出す資源をチャネル内のだれが相対的に多く保有しているかに左右される。

5　チャネル・キャプテンの役割とコンフリクト管理モデル

　チャネル・キャプテンというのはスーパー組織（VMS）の内部で、いわば上司の役割を引き受けている管理者のことであり、それ以外のメンバーはその部下に該当すると考えればよい。上司であるチャネル・キャプテンはその他のメンバー（部下）を指揮し、VMS全体の目的がよりよく達成できるように、チャネル管理業務に従事するのである。

各種パワー資源の行使を介して、チャネル・キャプテンがコンフリクトを処理するメカニズムは一般に**コンフリクト管理戦略**という名称で議論されている。コンフリクト管理戦略には次のような4種類が指摘されている。

① **個別交渉戦略**……通常、チャネル構成員の間で交渉を行って、コンフリクトの解消は図られ、各種のパワー資源（報酬や強制、準拠性など）が活用される。交渉戦略では、互いの譲歩・妥協と一定の我慢が必要になる。信頼や互恵性の規範が存在しているかどうかも、交渉結果に影響するだろう。

② **境界連結戦略**……これは他のチャネル構成員との接触を専門に行う担当者として、チャネル外交官・境界連結担当者を任命し、その担当者にチャネル参加者との交渉、他のメンバーの動向などの報告を行わせるものである。会社型VMS以外では境界連結担当者の手腕が問われることになる。

③ **相互浸透戦略**……これは生産者が流通業者の同業者組合に加盟したり、共同のスポンサーとして参画したりすることで相互理解を促進するものである。また、相互に人員を派遣しあい相互理解を深めるという方法や生産者の意思決定に流通業者を参画させ融和を図るという方法（これをコープテーションと呼ぶ）などもある。

④ **上位組織戦略**……これはチャネルにおけるコンフリクトを、上位目標を導入したり、第三者（仲裁者・裁定者）の活用を通じて解決したりするものである。論争を消滅させるような包括的な上位目標の新たな設定、ロビイング活動、第三者による調停・仲裁・裁定などが、この戦略に該当する。

チャネル構成員の役割規定とコンフリクトの解消が成功裏に行われると、チャネル成果の向上につながる。チャネル管理の適否は、最終的にはチャネル成果を評価することで判断される。しかし、チャネルの成果を評価するため統一的な尺度は存在していない。最も一般的に使われているのはチャネルの生産性や収益性を測定するという、**効率性の基準**で

ある。

　しかし、これ以外にも、チャネルサービスがどれほどうまく顧客のチャネルニーズを充たしているのかを測る、**有効性の基準**もある。さらに、チャネルサービスが差別なく顧客に提供されているかどうかという**公平性の基準**も重視せざるを得ない。要するに、これら複合基準の優先順位を念頭に置いて、チャネル管理成果を不断に評価していくことが必要なのである。時間の経過の中で、効率性を重視したり、有効性を重視したりするなど、評価基準を適宜変更していくことがチャネル管理には求められる。

第4節 マーケティング・システムの構築と管理

学習のポイント

◆今日進展してきているICT (Information and Communication Technology) の意味と重要性について理解する。
◆EDI (Electronic Data Interchange) システムの意味を理解するとともに、チャネル・コミュニケーションにおける役割について理解する必要がある。さらには、その利点と決定あるいは問題点についても十分把握しておく必要がある。
◆VAN (Value Added Network) システムについても、同様に、技術的な進展のみでなく、それがBtoBおよびBtoCの情報のやりとりおよびコミュニケーションに果たす役割について理解する。また、EDIシステム同様、その利点と欠点を共に理解する。

　ICTの技術が、今日のチャネル・コミュニケーションの世界を大きく変えてきている。
　特に、インターネットの急速な普及は、パソコンやスマートフォンを利用しながら、世界中に張り巡らされた情報ネットワークをいつでもどこでも利用できるユビキタス化を促進することによって、既存のマーケティングのあり方を大きく変更してきている。このような情報技術の進展は、企業間（BtoB）および企業と消費者（BtoC）のコミュニケー

ションのあり方を大きく変え、特にその即時性とインタラクティブ性、さらには扱える情報量の膨大さなど、チャネル構成メンバー間のあり方を根本から変えようとしてきている。

　そこには、顧客情報や市場情報、さらには競争相手情報をはじめとして、商品の受発注に直接関係する業務、商品の入荷・発送・在庫・検査にかかわる日常業務活動、さらには顧客管理、店舗管理、商品管理といったより広範囲の内容を含むものまで含まれている。情報の加工の程度としても、単純な集計データから、企業のトップの意思決定に必要な情報に必要な加工度の高いデータまで複雑な情報を手にすることを可能としており、さらにはそれを能率的かつ効率的に処理し得るスキルの獲得も含んでいる。

　このような電子媒体をベースにしたコミュニケーションによる業務の効率化には、小売業において普及した**POS**（Point of Sales）**システム**を挙げることができる。さらには、EDI（Electronic Data Interchange）もその代表として指摘することができるであろう。

1　EDIシステム

　EDI（Electronic Data Interchange＝電子データ交換）システムは、「企業間、チャネル・メンバー間、あるいは企業内の事業単位間の取引およびコミュニケーションを、従来の文書や伝票により行ってきた情報交換の方法から、標準化されたデータ・フォーマットを用いて、コンピュータどうしのオンライン・ネットワークにより、迅速かつ正確に実施することを可能にするものである」といえる。

　わが国で今日普及してきている各種の**VAN**（Value Added Network）は、EDIシステムの典型的なタイプの1つということができる。

　EDIネットワークのもたらすこの迅速性と正確性は、共に、チャネル構成員のオペレーティング・コストを削減することができるだけでなく、後述するようにさまざまなメリットが考えられる。

さらに、業界内でいち早くEDIシステムを確立した企業は、既存の競争相手に対しては、先発企業の優位性を発揮することができ、潜在的競争相手には、強力な参入障壁をつくり出すことができる。

このような企業間コミュニケーションの基盤としてのEDIシステムは、販売時点における情報収集を基礎にした小売企業内部を中心とした「POS/スキャニング・システム」やコンピュータを利用した商品別の利益貢献度の算出を基礎に、商品陳列、売価設定などの方策を講じる一助となる「DPP（Direct Product Profitability）在庫管理システム」とも密接な関係を有している。

（1）EDIシステムの標準化

まず、EDIシステムを確立するには、データ交換にあたって、必要な各種の標準化が必要となる。これは、当事者が相互に独自の形式を持っていた場合、その調整にかなりのコストがかかり、両者に力の差が存在する場合、一方が他方にその形式を押しつけるという結果になりかねないからである。

そこで、この標準化を進めるうえで、従来は、相互に利用している通信回路の種類、ビジネス・プロトコルの標準化、システム運用に関する取り決め、対象とする業務内容や秘密保護などデータ交換にあたっての基本事項の取り決めなど、複雑な業務の整理が必要であった。今日では、セキュリティの問題や情報の漏洩などへの管理は一段と強まっているが、業務自体はインターネットの普及で簡素化してきているといえる。

インターネットEDIやWebEDIのようなインターネットを利用した電子商取引（Electronic Commerce）にその姿を見ることができる。

（2）EDIシステムの利点

EDIシステムがもたらす利点としては、次のような諸点を指摘することができる。

① 直接的利点

これは主に、情報処理それ自体にかかわる利点である。
- 文書・伝票による情報交換の減少
- 正確なデータの伝送
- リアルタイム・データの増加
- 仕入れ・販売などの担当人員の削減

② 間接的利点

これは、情報伝達の円滑化に伴い、マーチャンダイジング活動にもたらす利点である。
- リード・タイムの削減
- 高いサービス・レベル
- 品切れ状態の回避
- 製品情報、プロモーション情報、価格情報などのコミュニケーションの改善
- 在庫費用の削減
- 発注、配送、受注の正確性の向上
- 人件費の削減

さらに、総括的な意味で最も重要なEDIの価値は、そのシステムによって、当事者間に長期的な戦略上の同盟を確立しうる能力を付与するところにある。

ただし、このようなEDIシステムは同時に次のような問題点も内含している点を考慮して、慎重にそのシステムの構築にあたる必要がある。

(3) EDIシステムの問題点

EDIシステムの問題点としては、次のような内容を指摘することができる。
- EDIシステムを取り入れていない中小業者のために伝統的なシステムとの併用
- 供給者側のコンピュータ・システムと小売業者側のコンピュータ・

システムの調整およびそれにかかる費用と努力
- EDIシステムによるネットワークのもたらす閉鎖性（パスワードなどの利用）。外部からの参入障壁が高くなることによる、契約関係に見られる硬直化などのマイナス面
- EDIシステム自体の移動障壁としての逆機能化。すなわち、一度このシステムが確立した場合、このシステムからの退出も困難となる
- それに伴う独禁法上の問題

（4）EDIの第三者機関の役割

チャネル構成員に対して、情報の受信・発信を行う仲介機関として働く独立した組織が存在している。その代表的存在がVANである。わが国では、むしろEDIシステムの牽引的役割を果たしているといえるであろう。

① 第三者機関の介在の利点

この第三者機関は、チャネル構成員にいくつかの利点を提供している。
- この機関が情報の仲介役として存在することにより、構成員が直接接触して情報を交換する人員数および頻度を減らすことができる。
- 業務時間などの違いによって生じるリスクを回避することが可能である。
- この機関が、マーケティング・フローの1つとしての情報について専門に行うことによって、チャネル構成員よりも効率的な機能を果たすことができる。

② 第三者機関の介在の弊害

ただし、第三者機関が介在することによりもたらされる弊害も存在している。
- コスト負担……自社所有あるいは企業内コミュニケーション・システムよりもコスト負担が大きくなる可能性がある。
- コミュニケーション・ノイズの発生……供給業者と小売業者の間に存在する追加的組織であり、コミュニケーション・システムが複雑

になることにより、コミュニケーション・ノイズの発生する可能性が高くなる。
・初期コスト……自社のコミュニケーション・システムに接続させるうえでの初期コストが必要となる。
・安全性の確保……これは、一方で競争相手が自社の情報に接触できる危険性であり、他方で、オンラインで結ばれたコンピュータ・システムに介在してくる不慮の事故の発生（ハッカー、あるいは自然災害による回路の破壊など）の危険性である。
・チャネル・パワーの偏在……この第三者機関がチャネルの中でパワーを獲得する可能性がある。

2 VAN

(1) VANとは

VAN（Value Added Network）とは、一般に「付加価値通信網」と訳されており、基幹通信業者の所有している通信回線を借用して、そこに各種の通信機能を付与させて情報交換を行うネットワークのことである。VANの普及に大きく貢献しているのが流通業界であり、流通業者が中心となり構築しているVANを、特に流通VANと呼んでいる。

VANの起源は、アメリカにおいて1970年代中ごろに、いくつかの通信業者が通信回線にパケット方式による伝送サービスを行ったり、異なるコミュニケーションどうしの接続サービスを行ったのが始まりとされている。

わが国では、1985年（昭和60年）、電気通信事業の自由化に伴い、それまで、日本電信電話公社（略称：電電公社、NTTの前身）の独占業務であった各種の企業間データ通信が民間企業に開放されることになった。VANは、共同利用型の企業間データ交換システム（EDIシステム）の1つである。そこで、基本的には、先に解説したEDIシステムの特徴は、等しくVANシステムに該当するものであるが、ここでは、より

具体的にVANの問題に焦点を当てて論ずることにしよう。
　一般に、VANの運営にあたっては、VAN事業会社とVAN運営会社とが、それぞれに役割を分担し、VANサービスを行っている。
① VAN事業会社
　日々の業務を支援する情報サービスを実施することを目的として、コンピュータのハードウェアおよびソフトウェアの開発、およびそのネットワークの整備を図ることを主たる業務とする組織である。
② VAN運営会社
　一方、VAN運営会社とは、VAN事業会社の外側に位置し、システム運用上の標準化を図り、同一のアプリケーションをより多くの利用者に利用してもらうことができるよう促進していく組織である。さらには、参加者の勧誘、ネットワーク料金の体系づくりと徴収、利用者の教育・指導などにも取り組んでいる。

（2）流通VANの主導者別タイプ分類

　流通VANはその主導的役割を担っている業者がだれかによって、次のようなタイプに分類することができる。
　○メーカー主導型タイプ
　　大手メーカーが、販社、あるいは販売店・特約店体制を利用して、自社の系列の中で構築されたネットワーク。
　○卸売業主導型タイプ
　　単独企業でメーカー・小売店間とのネットワークを進めているもののほか、中小規模の事業者の多い卸売業界では、地域性のある同業種、異業種の卸売業者が共同で小売業者との間で行うネットワークもある。
　○小売業主導型タイプ
　　大規模小売業者（大手量販店、コンビニエンス・ストアなど）が卸売業者あるいはメーカーとの間で構築するネットワーク、ボランタリー・チェーンといった企業集団型のネットワークも存在している。
　○物流業主導型タイプ

物流業者の所有する自社の情報通信ネットワークを利用して、メーカー、卸売業者、小売業者を結ぶネットワークを構築し、受発注業務などを代行する。
○VAN事業会社主導型タイプ
VAN事業会社みずからが流通VANを構築し、情報通信サービスを行うものである。

（3）業界流通VANおよび地域流通VAN

主体となる組織が集団の形態を取る場合、その特性から、①業界流通VANあるいは②地域流通VANといった形態に区別することも可能である。

① 業界流通VAN

業界流通VANは、ある特定の業界内に限定して情報のネットワーク化を図ろうとするものである。日用雑貨、家庭用品、食品、医薬品などに見られる。主として、メーカーあるいは大手卸売業者主導によるものが多く見受けられる。

② 地域流通VAN

ある地域内の卸売業者と小売業者、あるいはそれらのメーカーとの間で結ばれる情報ネットワーク・システムが地域流通VANである。
これは、大手メーカーや大手小売業の系列に属さない地方の業者を結びつけるという役割を持っているとともに、独自の情報ネットワークを構築することの難しい中小小売業に対して、共同利用型のネットワークを提供するという意味も持ち合わせている。

（4）流通VANの提供するサービス機能

小売業者に対して、その経営戦略上、特に流通VANがもたらしてくれるサービスの内容はいかなるものであろうか。流通VANにより提供されているあるいは提供の期待されるサービスにはさまざまなものが存在しているが、今日、実際に運営されている流通VANの果たしている

機能から抽出されるものとしては、以下のような項目が挙げられるであろう。

・受発注業務（EOS支援）
・棚卸・在庫管理情報
・発注分析
・値札情報
・POSの運用支援およびPOS分析
・共同配送
・商品情報提供
・仕入先・販売先情報提供
・顧客分析
・FAX通信

（5）流通VANによりもたらされる利点と問題点

　流通VANによりもたらされる利点と問題点は、基本的には、上述の「EDIシステムの利点と問題点」および「EDIの第三者機関の役割（その利点と弊害）」（→本節**1**）で指摘したことと同じである。さらにここで付け加えるとすれば、特に、VANをうまく利用することで、同業他社あるいはメーカーとの情報格差、経営力格差などを埋めることが可能になるという点である。さらにVANには、参加者間のコミュニケーションの促進を図るうえで、その効力が発揮されるという利点があるが、その一方で、VANにより、資金、人材、製品といったものによる拘束ではなく、情報による拘束、すなわち系列化や取引の固定化が促進される可能性のあることも注意する必要のある点である。

　なお、流通VANは、小売業者におけるPOSシステムと結びつくことによって、さらに、経営の効率化や戦略の優位性に対して大きく貢献していくものと考えられる。

3 情報技術の進展とインターネットによるマーケティング

(1) 情報技術の進展と顧客関係管理

　情報技術が進展し、多くの情報が流通チャネルの中で取り扱われるようになってきた。従来は商取引にかかわるデータと物流にかかわるデータを突き合わせるのに時間がかかっていたが、いまはすぐに照合することができる。POSデータを分析すれば、何が売れているのかをすぐに見ることができる。

　マーケティングにおけるデータの重要性は、既存のマーケティング情報の収集および分析方法を変更している。伝統的な質問紙を用いた市場調査は、より多面的な情報を収集することができるが、即時的に収集できず、その情報を集めるために新たな努力を必要とする。そのため、市場の変化に対応できないこともある。

　一方、POSデータや倉庫にかかわるデータといった取引情報や物流情報は、取引や移動に応じて発生するため、そのデータを収集し保管しておくことができれば、何らかの知見を得ることができよう。データマイニングといわれる大量のデータから知見を得ようとすることははその代表的なものであり、そこから、製品開発や流通管理に利用する動きがよく見られる。

　その中でも、顧客データをもとに顧客関係を前提してマーケティング活動を行う顧客関係管理（Customer Relationship Management）は、近年大きく発展している。顧客関係管理のプロセスとして、ノックスらは、次のように示している（Knox., et al.〔2003〕.）。

① 戦略開発
・達成しようとしているものは、どこにあり、それは何か。
・われわれが望むべき顧客はだれで、どのようにセグメントするべきか。

② 価値創造

- 顧客に対してどのように価値を提供すべきか。
- 顧客の生涯価値をどのように高めるべきか。
③ チャネル・メディア統合
- 顧客を獲得する最もよい方法と顧客にとって接点を持つ方法は何か。
- 適切なコストで提供できる優れた顧客経験は何か。
④ 情報管理
- 顧客に関する情報をどのように組織化するべきか。
- 顧客の考えをどのように複製すべきか。
⑤ 成果評価
- 利益と株主価値をのように増加させるべきか。
- 標準化し、数式を開発し、結果を測定し、さらに成果を改善するためにどのようにすべきか。

このとき、チャネルは顧客とのインターフェイスとしてリレーションシップを維持するために重要となる。また、在庫データと流通チャネルの関係については、第6章のサプライ・チェーンマネジメントを参照してほしい。

(2) インターネット・チャネル

インターネットを経由した取引が大幅に増加している。これは企業・消費者間取引（BtoC）および企業間取引（BtoB）ともに顕著である。特に定型化された取引は、インターネットを経由することが多くなってきている。これは、情報伝達の正確性や迅速性が反映していると思われる。図表4－4－1に示しているように、インターネットを経由した取引は大幅に増加している。ここでは企業・消費者間取引におけるインターネットのチャネルへの影響について考えてみる。

① インターネット小売り

ネット通販大手のアマゾンやショッピングモールを展開する楽天市場、旅行検索サイトのexpediaなど、インターネット上で多くの企業が、イ

図表４－４－１　小売りの特徴

店舗小売業	カタログ通販小売業	インターネット小売業
自由に見られる 商品に触ることができる 人的サービス 現金での支払い すぐに満足できる エンターテイメントと社会的な相互作用	便利さ 持ち運び可能：容易なアクセス 安全性 視覚的な説明	便利さ 安全性 幅広い選択 細かい情報 個別化 問題解決のための情報提示

出所：Levy, Michael. and Barton, Weitz., Retailing management, Irwin,〔2004〕p.81.

ンターネットの特性を最大限利用してビジネスを展開している。いうまでもなく、インターネットを利用することは無店舗小売業という特徴を有することになる。

　店舗小売業は店舗の最大の特徴を利用することになる。自由に商品を見ることができ、さらに触ることができることによって、実際の商品の品質を確かめることができる。また、無店舗小売業（カタログ通販やインターネット小売業）とは異なり、支払いを現金で行うことによって信用の問題を解決することができる。

　一方、インターネット小売業は利便性を強調することになる。商品選択が幅広くできるように多種多様な製品を扱えるようにすることになる。また、インターネットの特性を利用して、画像や動画あるいは文字情報を使って細かく説明することができる。

　さらに、インターネットの場合、顧客の識別が可能とすることができれば、その顧客の購買履歴やその他の情報を利用して、商品のお勧めを提示することができる。顧客情報と関連商品のデータベースを確立することでさまざまな可能性が生み出されることになる。

② **マルチチャネル**

　チャネルとしてのインターネットが登場することによって、製造業やサービス業において、通常のチャネルだけでなく、インターネットを利

用することが多くなっている。そのため、インターネットを前提としたチャネル戦略を検討する必要がある。

　その政策の1つがマルチチャネル政策である。インターネットと既存の店舗の相乗効果が得られるような工夫を行う。インターネットで注文して、店舗で受け取るといった形態は、大手ネット通販業者、コンビニエンス・ストア、家電量販店で見られることになる。

　また、O2O（Online to Offline）と呼ばれるインターネットから実店舗の誘導する試みも行われている。簡単なクーポンを提供して、顧客を呼び込むものから、先述した家電量販店では、ネットで注文を受けて実店舗に誘導する試みも行っている。

　近年では、このような試みをオムニチャネルと呼ぶことがある。あらゆるチャネルを連携させることで顧客との接点を増加させることで、顧客の利便性を向上し、その結果企業の収益性を高めることになる。

第5章　理解度チェック

次の設問に解答しなさい（解答・解説は後段参照）。

1. 次の流通に関する記述のうち、不適切なものを1つ選びなさい。
   ① サービス財の流通は商的流通と物的流通の2側面に分けることができる。
   ② 物的流通は品揃え形成プロセスとして理解できる。
   ③ 流通のサブプロセスとして、商的流通は、製造業者から消費者への取引の流れを指している。
   ④ 流通機能としての信用供与とは、業者間のマーケティング協力関係を示す。
   ⑤ 流通における品揃え形成プロセスでの分類・仕分けは、同質的な商品の集積物をよりロットの小さい商品集合に分割することである。

2. チャネルに関する次の記述のうち、不適切なものを1つ選びなさい。
   ① 近隣の食品スーパーとコンビニとの間の競争は、同じ食品や酒類を扱っていたとしても異形態間競争となる。
   ② 複数の組織体がチャネルに関与しているので、チャネルはスーパー組織とみなすことができる。
   ③ チャネル環境との間に投入・産出関係を持つ組織間システムであり、チャネル構成員はそのサブシステムである。
   ④ 組織間システムとしてのチャネルが産み出すサービス水準を高めようとすると、高度の流通機能の遂行が必要になる。
   ⑤ チャネル形態を分類するための基準として使われてきたのは、長短基準、広狭基準、投機延期基準の3つである。

3. チャネル管理に関する次の記述のうち、不適切なものを1つ選びなさい。
   ① パワー資源のうちの専門性と準拠性は、チャネル構成員の経済的地位から引き出されるもので、即効性がある。
   ② 垂直的マーケティング・システム（VMS）には会社型、契約型、管理型の3タイプがある。
   ③ チャネル構成員間で役割分担を行おうとすると、相互依存性が高まり、コンフリクトが発生する可能性が出てくる。
   ④ チャネル・キャプテンというのは、チャネル構成員の中で相対的に多くのパワー資源を有する。
   ⑤ コンフリクト解消の管理戦略には個別交渉、相互浸透、境界連結、上位組織などがある。

############ **第5章　理解度チェック　解答・解説** ############

1. ⑤
分類・仕分けは、異質な供給物の集合を相対的に同質な個別の商品ストックに分割することである。

2. ⑤
伝統的に使われてきたのは長短・広狭・開閉の3つの基準である。

3. ①
経済的地位から引き出されるのは報酬と強制のパワー資源である。

〈参考文献〉

江尻弘『流通系列化』中央経済社、1983.

田島義博・原田英生編著『ゼミナール　流通入門』日本経済新聞社、1997.

陶山計介・高橋秀雄編著『マーケティング・チャネル－管理と成果』中央経済社、1990.

風呂勉『マーケティング・チャネル行動論』千倉書房、1998.

P・コトラー、恩蔵直人監修・月谷真紀訳『コトラーのマーケティング・マネジメント』ピアソン・エデュケーション、2001.

Stern, L. W., Adel, I. El-Ansary, *Marketing Channels First ed*. Prentice Hall, 1977.

Knox, S., et. al, *Customer Relationship Management*, Butterworth-Heinemann, 2003.

第6章

物流政策と
パッケージング政策

【この章のねらい】

　第6章では、今日、戦略マーケティングの一翼を担っている企業の物流政策とパッケージング政策の全体像を理解するために、物的流通（以下、物流）が、わが国でいかに発展したか、その歴史的変遷について概略を学習する。物流管理の領域は、時代の要請や物流技術、物流情報の革新によって、絶えず激しく変化し続けている。

　さらに、戦略的マーケティングとしてのロジスティクスの問題を詳しく取り上げるために、いくつかの視点を用意した。ロジスティクス価値連鎖、サプライ・チェーン・システム、ジャスト・イン・タイム・システムである。ロジスティクス・サービス管理は、今日の企業間の競争および差別化の重要な要因として、ロジスティクス関連の顧客サービスとその具体的な内容について知識を深める必要がある。それは価値連鎖の統合や情報テクノロジー、グローバリゼーション、時間管理型の戦略などである。

　パッケージングの問題領域は、ややもすれば戦略マーケティングで等閑視されてきたきらいがあるが、本書を通じて知識を吸収し、戦略マーケティングの実践に適用できるよう努めてもらいたい。

第1節
物流管理と物流システム

> **学習のポイント**
>
> ◆わが国では、企業において物流の諸問題がどのように取り上げられ発展していったか、歴史的変遷を理解し、戦略マーケティングの中でどのような役割を演じてきたか、また今後、どのような位置を占めるかを理解する。
> ◆物流は、製品を生産地点から購買ないしは消費地点まで、商品を動かすことに関するすべての活動をカバーするものであると定義されている。この定義は、いうまでもなくマクロ的あるいは社会経済的な視点からの定義であることを、理解しておかねばならない。個別企業の場合の物流はそうはいかない問題が山積している。それは、当面の顧客サイドから見た物流に対する期待をどの程度満足できるかにかかっていることに注意しなければならない。それが個別企業における物流管理の考慮要因である。

1 物流管理と物流システム

（1）わが国の物流管理の変遷

　わが国において、広く物流という用語が導入されたのは、日本生産性本部が、1956（昭和31）年にアメリカに派遣した「流通技術専門視察団」の報告書の中で、**フィジカル・ディストリビューション**（physical distribution）を物流と翻訳したことに始まる。さらに、この用語がわ

が国で、一般に用いられるようになったのは、昭和30年代末から40年代初めにかけてであるとされている。

　実務面からとらえたとき、物流を構成している要素は、それ以前より存在していたことも事実であるが、企業の活動領域として統一された形で把握されておらず、企業の諸活動の中に埋没していたといえる。しかも、物流需要は一種の派生需要であり、生産・販売にかかわる副次的活動あるいは後処理的活動としてしか認識されておらず、その重要性に対する認識は存在していなかった。

　しかし、高度経済成長が進展していく中で、生産量の増加、製品数の著しい増加、販売方法の多様化、それに伴う倉庫数の増加、出荷作業の煩雑化といった新しい動きが顕著となり、1つひとつの企業の問題としてだけではなく、わが国全体においても物流の総量が増大していった。

　一方で、忘れてならないのは、わが国へのマーケティングの導入である。昭和30年代初頭に導入されたマーケティングにおいては、その重要な要素として物流が組み込まれていた。

　このように、物流に対する認識および重要性の高まりとともに、それまで、ばらばらにとらえられていた物流の問題は、包括的なフレームを持ってとらえる必要性が唱えられるようになっていった。ここに、「トータル・コスト・アプローチ」および「物流システム論」といった考え方が生まれてきた。昭和40年代のことである。

　物流システム論が盛んに議論された時期は、特に物流における技術革新が進んだ時期であり、欧米における最新の施設あるいは機器の導入が行われていく。いわば、「ハードの革新」の時期といわれている。

　一方、昭和40年代後半のオイル・ショック以降の安定成長の時期になると、需要の縮小、物流コストの増加など多くの問題が発生し、ここに「減量経営」「省エネ」といった課題とともに、経営の効率化が叫ばれるようになり、物流もいや応なくそのような流れの中に取り込まれていくことになる。

　ここに、物流問題を単にハードに力点を置いた取り組みから、マネジ

メントとしての物流の問題、すなわち、「物流管理」の取り組みへと視点が移っていくことになる。すなわち、「ソフトとしての革新」の時期が到来した。

　管理の側面から物流をとらえるとき、そこには、多岐にわたる領域が存在していることがわかる。しかし、そこにマネジメントの視点を導入するということは、いわゆるマネジメント・サイクルの視点を入れることにほかならない。つまり、計画（plan）－実施（do）－統制（see or check）がそれである。

　さらに、ロジスティクスという新しい概念も登場することになる。これは、本来、軍事用語であり、兵站学などとも訳されることもあるが、必ずしも、一般に承認された定義は存在していない。しかし、かつて物流を担当していた企業の認識していた輸送、保管、荷役などの技術・活動面からの物流の認識を「狭義の物流」とし、マーケティング戦略の中における戦略的な物流を「広義の物流」ととらえる考え方があり、この広義の視点から「マーケティング・ロジスティクス」なる用語を用いる研究者も存在している。

（2）物流管理の領域

　一般に、物流は、製品を生産地点から購買ないしは消費地点まで、商品を動かすことに関与するすべての活動をカバーするものである。そのような活動を具体的に指摘してみると、①輸送・配送活動、②荷役活動、③保管活動、に分けられる（苦瀬博仁〔2014〕.）。

　輸送活動においては、輸送機関の選択が必要となる。一般に、船舶、鉄道、飛行機、貨物自動車が用いられる。船舶は、長距離かつ重量のある貨物の輸送に用いられる。一方、トラック等に代表されるのが貨物自動車であり多様に用いられている。大型トラックであれば、長距離の輸送に用いられ、小型の車両は短距離の輸送に使用される。

　荷役は、輸送機関と物流施設との間、もしくは物流施設内で行われる、荷下ろし、検品、棚入れ、保管、ピッキング、加工、仕分け、包装とい

った施設内で行う作業とそれに伴う移動である。

　保管は、商品や物資を保持することにかかわる活動である。保管するための倉庫として営業倉庫のほか、上屋・保管庫、農業倉庫に分けられる。営業倉庫は倉庫業法によって登録される倉庫になる。

　保管を行う際に考慮すべきなのは在庫の問題である。現代の流通、小売りの戦略において、在庫はできる限り少なく持つほうが望ましい。→図表６－１－１

図表６－１－１　在庫の多少による物流の特徴

在庫を多めに持つことによって	在庫を少なめに持つことによって
・大ロットでの発注ができる	・小ロットでの発注が必要
・輸送頻度を低くできる	・輸送頻度が高くなる
・大ロットでの輸送ができる	・小ロットでの輸送が必要
・流通加工等がまとめて行える	・流通加工、包装等をそのつど行うことが必要
・在庫を抱えるため、賞味期限、使用期限管理等の徹底が大切になる	・欠品・品切れしないよう、需要予測の精度を上げる

出所：寺嶋正尚〔2010〕129頁.

(3) 物流管理の考慮要因

　次に問題となるのは、上記のような物流活動に含まれる諸要素をいかに組み合わせていくかということである。そこで、より適切な物流諸活動の組み合わせを考える場合に、考慮すべき問題点を考えておく必要がある。

　一般には、次のような３点が重要な考慮要因となる。

> ①物流体制の組織化のあり方
> ②物流活動の遂行基準の開発
> ③物流全体の管理システム

①の問題は、物流活動をどのような体制で行うべきかについて検討することを指している。これは、それぞれの企業内の組織づくり、チャネル内の物流拠点の配置といった問題への解答を必要としている。

②の遂行基準の開発の問題は、物流活動を行うにあたって、その活動の効率を測定するうえで必要な「もの差し」、つまり基準の策定、あるいはそれをもとにした各種の測定手順の開発である。

③の問題は、特に物流を継続的に管理していく方法に関する問題である。今日では、特に情報システムの問題と密接に関連している。

（4）物流コストの問題

企業が物流問題を取り上げるとき、その多くは、**物流コスト**と結びついているといっても過言ではない。といっても、実際に物流コストがどれくらいかかっているのかを把握することは容易ではない。それは、どのようなコストが物流コストに該当するのかを把握することが難しいからである。さらに、今日、物流コストが議論される背景には、物流コストに基づく物流管理の重要性が指摘されていることによる。そこで、物流という活動領域にかかわるコストを抽出しようとすると、単に、財務会計上の費用項目を把握するだけでは十分ではない。

そこには、以下の2点からのアプローチが必要となる（中田信哉〔1983〕114～117頁.）。

① 機能別の物流コスト
  （輸送・配送費、荷役・保管費、在庫管理費……）
② 対象別の物流コスト
  （商品別、顧客別、地域別……）

そのような基準をもとに、わが国の平均的な物流コストを対売上高構成比で見ると、図表6－1－2のように、その減少が見られ、2015年度で4.63％ほどとなっている。これを、図表6－1－3の構成比別に見ると、57％が輸送費、16％が保管費、15％が荷役費という内訳になっている。

また、物流コストの視点から物流管理の問題にアプローチをすること

の意義あるいは効果についてまとめると以下のようになる。(中田信哉〔1983〕124頁.)
① 物流予算と実績との関係で物流上の問題点を探し、改善・調整を行う。
② 物流コストの推移によって物流上の問題点を発見し手を打つ。
③ 物流コストによって物流活動の評価を行う。
④ 物流コストによって物流担当者に対して動機づけを行う。
⑤ 物流コストを使って物流システムの変化の実験を行う。

そして、近年では物流ABCと呼ばれる管理会計で発達した活動基準原価計算を取り入れた物流コストの改善をめざす動きも出てきている。

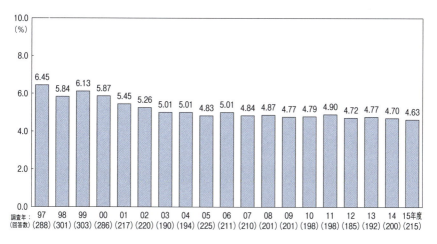

図表６－１－２　日本における物流コストの対売上高比率の推移

出所：(公社)日本ロジスティクスシステム協会（JILS）「2015年度 物流コスト調査報告書」(http://www.logistics.or.jp/data/).

第6章 物流政策とパッケージング政策

図表6－1－3　日本における物流機能別物流コスト比率の推移

凡例：■輸送費　■保管費　■包装費　■荷役費　□物流管理費

調査年	輸送費	包装費	保管費	荷役費	物流管理費
96	57.9	17.3	10.8	9.0	5.0
97	54.7	19.5	5.8	11.7	8.4
98	52.1	21.5	6.9	11.1	8.5
99	54.2	21.2	6.8	9.5	8.4
00	52.7	19.7	6.8	12.3	8.6
01	57.5	18.2	5.4	10.8	8.2
02	56.0	18.0	5.0	12.4	8.6
03	57.0	17.2	4.8	13.8	7.1
04	58.4	17.7	5.7	12.0	6.2
05	58.5	16.9	5.4	11.7	7.5
06	57.4	17.5	5.2	13.1	6.8
07	58.2	16.3	6.2	13.0	6.3
08	59.1	16.2	5.8	12.7	6.2
09	58.2	16.5	5.2	14.7	5.3
10	57.4	15.9	5.2	15.2	6.3
11	57.7	15.1	4.6	16.3	6.3
12	57.7	15.3	5.1	15.4	6.4
13	57.5	15.4	6.0	14.9	6.2
14	57.2	15.0	5.5	16.2	6.1
15年度	56.6	16.3	5.6	15.5	6.0

注）物流コストの内訳は、輸送コスト（（陸運・内航海運・鉄道等）調達輸送、社内輸送、販売輸送）、保管コスト（（営業倉庫・自家倉庫）資材保管（原材料・部品等）、製品保管）、包装コスト（ケース・段ボール・パレット等の輸送包装。個装は除く）、荷役コスト（ピッキング・仕分け等）、物流管理コストである。

出所：（公社）日本ロジスティクスシステム協会（JILS）「2015年度 物流コスト調査報告書」（http://www.logistics.or.jp/data/）．

第2節 ロジスティクス・マネジメントと現代物流戦略

学習のポイント

◆全米ロジスティクス協議会によるロジスティクスの定義は、顧客の要求を中心に位置づけ、それを達成するための活動として規定していることに注目しなければならない。そして、そのポイントを要約して理解すると、戦略的マーケティングとしてのロジスティクス像が浮かび上がる。

◆ロジスティクスは、物流を下位概念としてとらえていることに注目すると、その違いを理解できる。

◆そして、物流をマーケティング・ミックス要素の1つとして場所効用、時間効用、所有効用および価値効用を提供することによって、ロジスティクス価値連鎖に結びつくことになる。この価値連鎖の概念は、いうまでもなくポーターによって提唱され、多くの企業の企業間取引やロジスティクス業務内容の再検討、特に物流コストの削減に用いられることも注目に値する。

1 ロジスティクス・マネジメント

(1) ロジスティクス・マネジメントの目的と範囲

全米ロジスティクス協議会によると、「ロジスティクスは、顧客の要

求に適合することを目的として、生産地点から消費地点まで商品およびサービスの効率的効果的なフローおよび保存さらには関連ある情報の計画、実施、統制のプロセスである」としている。さらに、**ロジスティクス管理**については、「生産地点から消費地点に至る原材料、半製品、完成品の効率的なフローを計画、実施、統制するためのさまざまな活動の統合」と述べている。

　この協議会の定義をさらに詳しく見ると、次のようないくつかのポイントを抽出することができる。

　第1に、ロジスティクスとは、顧客満足の視点に立ち、顧客の要求に十分対応するレベルで顧客の求める種々のサービスを提供することも目的としている。

　第2に、ロジスティクス管理には、顧客サービス、需要予測、流通コミュニケーション、在庫管理、荷役、注文処理、サービス支援、倉庫選定、調達、包装、返品処理、廃棄処理、輸送、保管といったさまざまな活動が含まれる。

　第3に、ロジスティクスとは、原材料や加工製品を消費者に移転するうえで求められる上述の諸活動を計画・実施・統制するというマネジメント・サイクルを内包している。

　第4に、従来の物流が、伝統的に商品の移転に焦点を合わせていたが、今日のロジスティクスは、より広く、サービスや情報も含めるようになってきている。

　第5に、ロジスティクスは、生産地点から消費地点に至る財の移転および保管を含んでいるという点である。この視点は、広く原材料や部品の供給業者から製造業者への財の移転、さらには、その完成品として財を流通業者を介在したうえで消費地点へ移転することをも含む、かなり広範囲の領域をカバーするものとなっている。

　このようにロジスティクスの論点を整理すると、従来の物流概念に含まれている要素を踏襲しているところと、それを超えた内容を含んでい

ることも理解することができる。さらに、それは単に領域の広狭のみでなく、より本質的な違いが存在していることも忘れてはならない。

（2）ロジスティクス価値連鎖

　ロジスティクスの問題を考えるうえで重要な視点は、製品のフローを担当している事業体を個々の存在としてとらえるのではなく、それらを総体として考慮し、その全体の効率化を考えるということである。このような視点については、物流概念が進歩していく中でも考慮されてきていたが、さらにその変革を推し進める中で生まれてきた概念が、**ロジスティクス価値連鎖**（logistics value chain）である。

　ロジスティクス価値連鎖は、原材料から顧客への販売まですべての活動を統制する垂直的統合を行っている企業に典型として見ることのできるしくみである。そこには、原材料の供給、製造、卸売り、小売りおよびその間の輸送保管業務のすべてを含むものであり、伝統的な輸送・保管業務のみでなく、情報フローと在庫フローが存在している。この場合、ここには営利を目的とした事業体のみでなく非営利の事業体も含める必要がある。さらには、このようなフローは、顧客に向かう通常の流れのほかに、逆の流れ、つまり顧客からの流れが存在している。いわゆる「**リバース・ロジスティクス**」と呼ばれる流れである。

　ロジスティクスのフローを総体として考える場合、次の3つの視点が必要とされる。
① 物流（physical distribution）
② 製造支援（manufacturing support）
③ 調達（procurement）

　ここに、物流とロジスティクスの関係を指摘することができる。物流はロジスティクスの下位概念としてとらえられている。さらには、完成品を顧客へと配達するうえでかかわり合う担当業者およびそこで果たされる諸業務が焦点となる。

つまり物流は、マーケティング・ミックスの一要素として、場所効用、時間効用、所有効用および価値効用を提供することでロジスティクス価値連鎖に結びつくことになる。さらに、すべての物流システムは、価値連鎖に、製造業者、卸売業者、小売業者を取り込む役割も果たしている。これを**出荷物流**と呼んでいる研究者もいる。→図表６−２−１

図表６−２−１　統合化されたロジスティクス・オペレーション

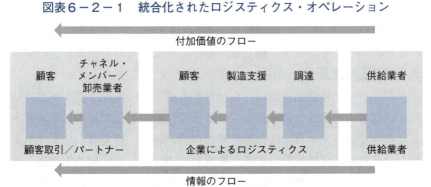

出所：D. J. Bowersox, and D. J. Closs, "Logistics and Physical Distribution," in M. J. Baker, (ed.), *Companion Encyclopedia of Marketing*, 〔1955〕p.574.

製造支援とは、製造過程の諸段階間を移転する財の管理に焦点を当てるものである。主として、製造過程に関連したロジスティクスは、生産スケジュールの円滑な進展とそれに伴う資源の適切な調達に責任を持つことである。製造支援と物流の違いは、前者が最終顧客を対象にしたものであるのに対して、後者は生産それ自体と関連する資源の管理に力点を置いている点である。

調達は、**購買オペレーション**（purchasing operation）あるいは**調達物流**ともいわれており、原材料、部品、半加工製品を製造あるいは組立工場へ、あるいはその移動にかかわる業者への手配・配送を含んでいる。

もちろん、通常の企業活動においては、これらの３つの要素は重複している。

価値連鎖の視点から考えると、ロジスティクスは、原材料の供給業者を始点として、製造業者、卸売業者、小売業者に原材料、半製品、完成品を移転することにかかわる統合的な管理のシステムを提供するものでなければならない。この意味で、ロジスティクスは、統合的な移転と保管にかかわる戦略的な管理と結びつく必要がある。

　ロジスティクス・システムをデザインし管理する場合、価値連鎖を構成しているメンバーは、次のような6つの目的を達成すべく努力する必要がある。

① 迅速な対応……迅速に顧客の要求に応える能力の向上
② 予期せぬ混乱の除去……生産プロセスの混乱、遅配、商品の損傷、需要変動などからもたらされる混乱への対応策の確保
③ 在庫の最小化……価値連鎖内での適切な在庫配置とトータル在庫量の削減
④ 物流施設の適切な配置……輸送距離の縮小に伴う雇用の削減および製品の保全の向上をめざす努力
⑤ トータル・クオリティ……ロジスティクス・システム全体におけるトータル・クオリティ管理（ＴＱＭ）の確立
⑥ ライフサイクル支援……製品のライフサイクルを考慮した顧客対応の確立。製品のメンテナンス、あるいは廃棄後の回収をも含めた対応

（3）サプライ・チェーン・マネジメントとJIT（ジャスト・イン・タイム）とロジスティクスの関係

　近年、このようなロジスティクス価値連鎖を1つのシステムとしてとらえる具体的な取り組みとして、「サプライ・チェーン・システム」の構築が叫ばれるようになってきている。サプライ・チェーンについての統一された定義が存在しているわけではないが、「供給業者から消費者に至る開発、調達、製造、配送、販売の一連の業務のつながりのことをいい、ここには、供給業者、製造業者、卸売業者、小売業者、消費者が

関与している」という形で、その内容を要約することができる。

　つまり、今日の物流あるいはロジスティクスの問題は一企業の問題にとどまらない。それは、企業の境界を越え、複合化した企業間の問題としてより高度なシステムの構築を要求されている。つまり、原材料を出発点として、最終消費者に至る経路全体に関与している。さまざまな企業がトータルとして取り組む問題として物流を考えるべきであるという視点である。

　サプライ・チェーンの基本的な視点は、ジャスト・イン・タイム・プロセスからもたらされたといわれている。

　ジャスト・イン・タイム・システム方式はわが国において開発されたしくみであるが、このしくみが欧米において、サプライ・チェーン・システムに大きな影響を与えてきたことは周知のところである。

　しかし、自動車部品供給業者とトヨタ自動車工場との協調関係を考えると、部品供給業者と川下にある製造業者との結びつきは、サプライ・チェーンというよりは、むしろ**デマンド・チェーン** Key Word による製造業者主導によって結合し展開されたものであると解釈したほうが理解しやすいと思われる。

　ジャスト・イン・タイム（以下、**JIT**）は、顧客に「必要なときに、必要なものを、必要な量」提供しうることを意味している。その目的は、在庫量と在庫費用を最小にすることである。需要が一定しており、予測可能であるとき、JITシステムはその能力を最大限発揮することができる。

　JITシステムは当初、流通システムというより、生産コントロール

Key Word

デマンド・チェーン——ポーターの価値連鎖の垂直連結の一種で、後方型垂直連結と呼んでいる。デイ（Day, G. S.）は、これをデマンド・チェーンと呼び、協調的なパートナー関係と位置づけ、POSシステムによる卸売業者と小売業者間のロジスティクスなどにも用いられている。

方法として開発された。この概念は、高金利が在庫運用を増加させた1980年代初期に流通に拡張されている。運用費用を減らす最良の手段は在庫を最小化することだった。JITはそれを実現する方法として脚光を浴びたのである。

　JITシステムには4つの必要条件がある。

　第1の条件は、顧客の注文の迅速なフィードバックである。これにより、製造業者は、その注文が寄せられるたびに生産を行うことができる。米国では、よくトイザラスの例が引き合いに出されるが、同社では、JITシステムを利用して、顧客に関する迅速な情報を得ることを可能とし、さらには、この情報を基礎におもちゃの製造業者に注文を送ることを可能としている。その結果、在庫経費を大幅に削減することができ、より安い価格で販売することが可能となる。同社は、また、需要動向を踏まえた頻繁な注文によって、需要変動の激しいおもちゃ市場で売れない在庫を抱える危険を避けることができる。

　第2の必要条件は、効率的なコンピュータシステムである。迅速に受発注システムが稼働し、顧客のもとに商品が届けられるには、コンピュータの存在を抜きにしては考えられない時代となっている。具体的には、レーザースキャナーを利用したバーコード情報が情報伝達手段として利用されるようになっている。

　第3の必要条件は、迅速かつ効率的な輸送システムである。これは、多くの場合、より頻度の高い配送と小口の配送量を意味している。ここで注意しなければならないのは、在庫コストと輸送コストのバランスである。輸送コストの増加と在庫コストの減少は、トレードオフの関係にあるわけであるから、その最適ポイントを見つけ出すことが必要となる。

　第4の構成要素は、流通センターの存在である。これは、単なる保管機能としてのみでなく、製品の分類・配送の機能をより強化した大型の輸送中継点としての役割を有した施設といえる。

　このような視点を考慮に入れて、ロジスティクスが果たすサプライ・チェーンへの役割をまとめると以下のようになる。

① サプライ・チェーン全体の最適化への貢献
② 各段階における的確な計画・実行・統制への貢献
③ 制約条件を考慮した最適化への貢献

（4）ロジスティクス・サービス管理
① ロジスティクス・サービス管理と顧客満足

ロジスティクス・マネジメントの最終目的は、どのようなロジスティクス・システムであれ、顧客を満足させることである。しかし、最終顧客と接点を持たない生産計画や在庫管理の担当者は、このようなごく基本的な経営マインドを持ち続けることが意外と困難である。

しかし、顧客志向に立ったロジスティクス・マネジメントであれば、社員全員が必ず何かしらの顧客サービスを提供する立場にあるということを認識すべきである。つまり、「ロジスティクス・マネジメントは、

コラム　コーヒーブレイク

《発想がものをいう》

原料供給業者と川下にある製造業者とを結びつけるデマンド・チェーンは、また、重複した活動を一本化することで利益を得ることができた例を紹介しよう。

チョコレート供給原料企業は、菓子メーカーにチョコレートを供給する際、10ポンドの固形バーで引き渡すよりも、タンク車で液状化して供給するほうがかなり効率的であることに気づいた。つまり、チョコレートを固形化して包装するコストが節約できるだけでなく、製造業者がそれを溶かして処理するコストも節約できるからである。両者がWin−Winで喜ぶほど、企業間は親密さを増す。

この事例は、デイの書籍だけではなく、ポーターの『競争優位の戦略』にも、価値連鎖の事例として掲載されている。

皆さんの企業にも、それらしきものが潜んでいるのではないか、社員が探りを入れてみるのも一興であろう。それが企業間の協調的パートナー関係の発火点になれば幸いだ！

組織のあらゆるレベルの人を、直接あるいは間接的にマーケットと関連づける連鎖を確立することを目的とすべき」(M. クリストファー〔2000〕32頁.) なのである。

　今日の経営環境を見ると、多くの市場で、製品間の技術的な差が小さくなっており、製品そのものだけで競争力を維持することはより難しくなってきている。それは、企業の抱えているブランド力の衰退に見てとることができ、顧客は、特定のブランドにとらわれることなく、進んで代替物を受け入れるようになってきている。このような中で、自社製品と競合他社の製品との間に明確な違いを提供できるのは、カスタマー・サービスである。カスタマー・サービスが重視される理由としては、顧客の期待の質・量両面での増大がある。ロジスティクスの世界にこの傾向を当てはめてみると、買い手が求める売り手へのより高いサービスであり、その顕著な結果がジャスト・イン・タイムの生産方式であり、物流システムである。

　さらに、「コモディティ化」の進展が、製品の差による購買の動機づけを困難にしており、その反面、顧客サービスの違いによる売り手の選択へと向かわせる傾向に拍車をかけているといえる。つまり、顧客の要望に応える形での製品調達あるいは提供の可能性である。これを、「アベイラビリティ (availability)」というが、やさしく表現すれば、顧客の希望する製品を、希望する時期に、迅速かつ正確に用意することができるかということである。つまり、経営上の配送機能は、本質的にはモノあるいはサービスを「利用可能 (アベイラブル)」にするということである。

　「アベイラビリティ」は、カスタマー・サービスを構成する無数の要因がからまった複雑な概念である。これらの要因には、たとえば、配送の頻度と信用、在庫レベル、およびオーダー・サイクル・タイムなどが含まれる。

　ラロンド (LaLonde, B. J.) とジンザー (Zinszer, P. H.) は、次の3つの項目について、どのようなカスタマー・サービスが含まれることになるか検討を加えている (M. クリストファー〔2000〕36頁.)。

1．取引前要素
2．取引要素
3．取引後要素

そこに含まれる要素は多岐に及んでいるが、具体的に指摘してみると、図表６－２－２のように整理することができるであろう。

図表６－２－２　顧客サービスの要素

	例：	
取引前要素	・カスタマー・サービス方針の記載文書	内部および外部に知らされているか、理解されているか、明確であるか、可能であれば計量化できるか
	・アクセシビリティ	顧客から見て、連絡がとりやすく取引しやすい企業であるか。窓口が一本化されているか
	・組織構造	適切なカスタマー・サービス・マネジメント構造があるか。それは、サービスプロセスをどのようなレベルで管理しているか
	・システムのフレキシビリティ	特定の顧客ニーズを満たすために、サービス・デリバリー・システムを適合させることは可能か
	例：	
取引要素	・オーダー・サイクルタイム	オーダーからデリバリーまでの時間はどれくらいか。信頼度／バリエーションはどうか
	・在庫のアベイラビリティ	各商品の需要の何％が在庫から調達できるか
	・オーダー履行率	オーダーのどれくらいが、指定された先行期間の間に完全に満たされているか
	・オーダー現状についての情報	問い合わせに対して必要な情報を提供するのに、どれくらいの時間がかかるか。問題があった場合、顧客に連絡するのか、それとも顧客から連絡が入るようになっているのか
	例：	
取引後要素	・スペアパーツのアベイラビリティ	スペアパーツの在庫レベルはどれくらいか
	・緊急連絡の入ったとき	技師が到着するにはどれくらいかかるか。最初の修理費用はいくらか
	・製品トレース／保証	販売された製品１つひとつの場所が確認できるか。顧客が要求するレベルまで保証を維持・拡大できるか
	・顧客からの苦情、クレームなど	苦情や返品にどれだけ早く対応できるか。顧客満足を返品の割合で計っているか

出所：M. クリストファー〔2000〕37頁。

② カスタマー・サービスと顧客保持

T. レビット（Levitt, T.）は、**プロダクト・オーグメンテーション**（pro-duct augmentation）という概念を用い、「人は製品を買うのではない。製品がもたらすベネフィットに対する期待を買うのである。人は製品やサービスのために代金を払うのではなく、買おうとしているものが自分にもたらすと信じる価値の期待値に代金を払うのである」および「製品とは、エンジニアが口にする性能だけではなく、パッケージ、流通チャネル、価格、営業マンの質と働きぶりも含んでいる」と論じている。明らかに顧客が入手した製品のほうが、倉庫内の製品に比べはるかに価値がある。

このように考えると、ロジスティクスに関連したサービスは、付加価値の源である。クリストファー（Christopher, M.）は、このような付加価値の源泉を図表６－２－３のような「コアの製品」と「サービス環境」という概念でまとめている。

図表６－２－３　サービスによる製品価値の拡大

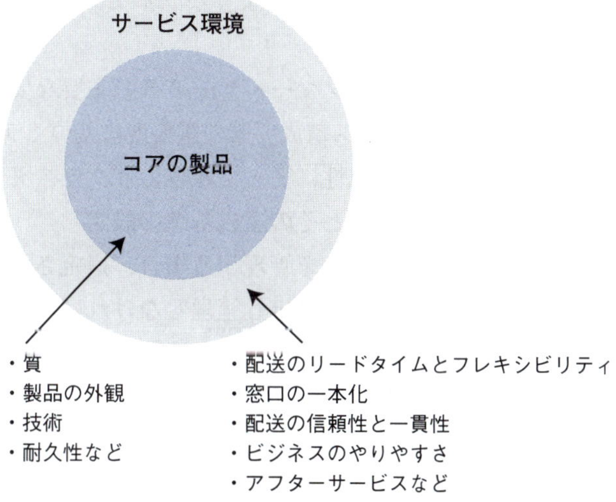

サービス環境

コアの製品

- 質
- 製品の外観
- 技術
- 耐久性など

- 配送のリードタイムとフレキシビリティ
- 窓口の一本化
- 配送の信頼性と一貫性
- ビジネスのやりやすさ
- アフターサービスなど

出所：M.クリストファー〔2000〕40頁.

さらに、今日では、顧客との関係の継続性を考える場合、「顧客を確保し、保持する」という考えが基本となる。特に、今日のように市場の量的拡大が難しい時代は、既存の顧客との関係をより強固にし、リピーターとして長期的な愛顧客に育ってくれることが重要となる。そこで、重要となるのが、特定の顧客が、その生涯にわたって当該企業の製品あるいはブランドを反復的に購入し続けてくれることである。これは一般に、「生涯価値」あるいは「終身価値」というが、企業の市場への取り組みという点からすると「マーケット・シェア」から「生涯シェア(lifetime share)」への転換ということになる。

③　**カスタマー・サービス目標とその達成基準の設定**
1）カスタマー・サービス目標の設定プロセス
　顧客が求めるサービスが、それぞれ異なることは当然である。しかし、求められる基本的なサービスの種類をある程度明確にしておくことは重要である。そのサービスの種類が明確になれば、その質的および量的な改善や変革がサービス目標となり、その達成度を測定することが可能となる。さらには、さらなる改善や追加事項を明確にすることも可能となる。そのための手順としては次のようなプロセスが必要である（M. クリストファー〔2000〕45頁.）。
　①　顧客の視点からカスタマー・サービスの主要な要素を確認する。
　②　顧客に対するサービス構成要素の重要度に基づくランク付けをする。
　③　サービス選好の類似性に従って顧客の「クラスター」を特定する。

2）サービス要素の具体化とその達成基準の設定
　サービス・パフォーマンスを管理する場合、選定されたサービス要素に対して具体的な達成基準を設定し管理しなければならない。
　もちろん、その具体的サービス項目と達成目標は、顧客の視点から論じられるべきものであり、結果として個々のケースで大きく異なる。しかし、ここでは、多くの企業に該当するであろう、ロジスティクス・サービスの基本的要素とその目標達成のための指針については、図表6－2－4を参照してほしい。

図表6－2－4　サービス基準の設定

オーダー・サイクルタイム	これは、顧客のオーダーから配送までに要する時間である。顧客の要求に対して、基準が定められる必要がある。
ストック・アベイラビリティ	利用可能な在庫のある商品（最小在庫単位あるいはSKU）需要の割合と関連している。
オーダー・サイズの制約	少量商品のジャスト・イン・タイム・デリバリーを要求する顧客がだんだんと増加している。顧客の需要の幅に対応できるフレキシビリティを備えているかどうかが問われる。
オーダーの便宜性	顧客が利用しやすいか。顧客からどのように見られているか。顧客のシステムとのインターフェイスはよいか。
配送の頻度	顧客は短期間に頻繁な配送を要求している。これはジャスト・イン・タイムに向けた動きをさらに加速する。ここでも柔軟に対応できるかどうかがパフォーマンス基準の基礎となる。
デリバリーの信頼度	全オーダーのどの程度が時間内に配送されるか。これは配送活動のみならず、ストック・アベイラビリティとオーダー処理活動も反映する。
説明書の質	インボイスや配送報告や顧客とのコミュニケーションにおけるエラーの頻度はどれくらいか。説明書は顧客にとってわかりやすいものになっているか。失敗のうちの多くが説明書の不備によるものである。
クレーム手続	どのようなクレームが出されているか。その原因は何か。それらのクレームにどれだけ早く対応できているか。「サービス・リカバリー」のための手順はあるか。
オーダーの完全性	全オーダーのうちどの程度が完全な形、つまり、受注残や分割船積みがなく配送されるか。
テクニカル・サポート	販売後、顧客にどんなサポートを提供できるか。緊急連絡の入ったときや、最初の修理コストについての基準はあるか。
オーダー状況についての情報	オーダー状況についていつでも顧客が確認できるようになっているか。「ホットライン」や、同等のものがあるか。ストック・アベイラビリティやデリバリーで将来の課題になり得る点について顧客に連絡する手順はあるか。

出所：M. クリストファー〔2000〕pp.58-60の内容を表として作成．

2 現代ロジスティクス戦略

(1) ロジスティクス戦略からのマーケティング戦略の見直し

　このロジスティクスは、それ自身を1つの研究領域として取り扱う場合のみでなく、マーケティングとの関連の中で議論されることもある。この点は、先に指摘したところであるが、さらに詳しく述べると、いわゆるマーケティング・ミックスの4Pの1つとしてのplace、すなわちマーケティング戦略上の流通問題と密接に関連した問題として議論されている。具体的には、どのように流通業者を利用するか、どれほどの地理的領域を対象とするか、商品の在庫量および注文量をどれくらいにするか、商品の保管移動にかかわる情報支援システムをどのように構築するか、このような問題は、すべてロジスティクスと関連してくる。

(2) 3PLによるロジスティクス・マネジメント

　昨今、3PLという言葉がよく使われるようになった。これは、Third Party Logisticsの頭文字からの略称であるが、邦訳すれば「第三者機関によるロジスティクス」ということになろう。その意味するところは、荷主でも、従来の運送業者でもない第三者企業（サードパーティ）に自社のロジスティクス戦略の設計、構築から運用まですべてを委託することである。いわば、最適なロジスティクス提案およびその運用を一括して外部化することであり、わが国の場合、大手運送業者や商社が参入している。

　言い換えると、企業の物流機能を包括的にアウトソーシングするものである。具体的な業務内容としては、以下のような内容を含むものである。

① 従来の元請けよりも業務範囲が広く、複数の物流機能（輸送・保管・流通加工など）を受託するサービス
② 物流システムを改革し、物流システムの構築・管理・運用までを包括的に提供するサービス
③ 商・物流情報システムの構築・管理・運用

④ 人材、資産（国内・海外拠点、設備）、資金、情報システムといった経営資源の活用による企業目標を完達・実現へのサポート

3PLは、最も合理的な物流手段を選択できるメリットがある。自社で物流施設を持つ既存の物流会社は、自社のトラックや物流倉庫を所有しているという利点があるが、反面、そのことがみずからの動きを限定することになり、必ずしも合理的なルートを選択できない。この点、3PLは、物流コストや在庫の削減につながる合理的なルートを選択できる。また、ITや業務効率化に精通していることが多く、その点でも競争優位を提供することができる。3PLのメリット・デメリットに関しては、図表6－2－5を参照のこと。

図表6－2－5　3PLのメリット・デメリット

	メリット	デメリット
3PL事業者	・新規業務への取り組み、取り扱い量の拡大や新規荷主の獲得による収益拡大 ・ロジスティクス業務の一括受託・管理による業務の効率化 ・長期にわたる契約による収益の安定 ・ロジスティクス業務に関するノウハウの蓄積 ・荷主企業との信頼関係の構築 ・契約まで長時間が必要なため荷主の選別がしやすい	・業務のアプローチから契約までの期間が長い ・受注のための業務改善提案に多額の費用がかかり受注できなかった場合回収ができない ・情報関連をはじめとしたかなりの初期投資の必要性 ・荷主の取引形態の変化に合わせてシステム提案が必要 ・業務の喪失時は受託業務すべてを失う ・専門性の高い従業員の柔軟な管理が必要
荷主	・ロジスティクスの効率化による費用の削減 ・基盤事業への経営資源の集中 ・受注から納品までの期間（リードタイム）の短縮 ・在庫の削減、保管スペースの縮小 ・コスト、輸送状況の確実な把握 ・物流事業者の絞り込みによる取引の簡潔化 ・ロジスティクス関連の投資負担の軽減	・従業員の削減ができず余剰人員が発生する場合、ロジスティクス業務委託に伴い新規職務の創出が必要 ・ロジスティクス業務がブラックボックスとなるおそれがある ・ロジスティクスのノウハウが社内に蓄積されない ・企業戦略の中心となる情報漏えいの危険性の上昇

資料：輸送経済新聞社『サードパーティ・ロジスティクス　世界の物流改革屋たち』、菊池康也『最新ロジスティクス入門〔改訂版〕』等を参考に、ニッセイ基礎研究所作成.

3 現代物流およびロジスティクス・システムとグリーン・ロジスティクス

　以上、今日の物流およびロジスティクスの特徴について解説してきた。現在、物流およびロジスティクスの最前線で起きている顕著な特徴について、M. バーカー（Baker, M. J.）の枠組みを利用しながら、まとめておく。

（1）価値連鎖の統合

　今日、わが国では、流通システムの統合の問題が関心を集めている。この問題は、20世紀中ごろより「流通統合システム」「垂直的マーケティング・システム」「垂直統合システム」などの視点より議論され、実務上も学問上も大きく進展した領域である。

　さらに、流通業者のチャネル・キャプテンとしての存在が大きくなるとともに、製造業者と流通業者の共生の問題が発生し、「製販同盟」「生販統合」、あるいは「製販統合」などという形で議論されてきた。このような動向がロジスティクスと無縁でないことは、これまでの議論で十分推測のつくところである。

　このような動向は、ロジスティクスの領域においては、チャネル・メンバー間の価値連鎖の統合システムとしてとらえることができる。そこには、上記でも指摘したような情報の共有化、トータル在庫量の削減、さらには輸送・保管・包装などの物流機能の適切な役割分担、また、それらの結果としてのロジスティクス関連コストの削減など、さまざまなメリットの実現が期待されている。

　そうした期待のもと、このような形の価値連鎖への模索はますます増加していくことが予想される。

（2）情報テクノロジー

　ITの進展とともに、新しい情報テクノロジーの適応が、より完成度

の高いロジスティクス組織の構築を可能としてきている。今日では、ロジスティクスに関連したデータ処理、記憶装置、伝達装置などのハード面は急速な進歩を見せている。コンピュータの性能の飛躍的な向上、インターネットの利用可能性の急速な拡大、さらには、たとえばサプライ・チェーン・システム構築のためのソフトなどを筆頭にして、さまざまな実務上の便益を提供するソフトウェアの開発が進んでいる。このようなコンピュータを基礎とする情報テクノロジーの進歩および整備は、ロジスティクス・システムに、従来にも増して迅速性、正確性、柔軟性、統合性、および適時性などの特徴を付加させることになる。

(3) グローバリゼーション

グローバル・ロジスティクスという用語にも表れているように、ロジスティクスの世界にも、グローバリゼーションの波が押し寄せている。すべての企業が国際化の洗礼を受けているわけではないが、多くの企業は、国境を越えて価値連鎖のシステムのしくみを構築していかなければならない。

これは単に先進国との関係のみでなく、発展途上国、あるいは新興の成長国との関係でもある。特に、わが国にとって近隣諸国とのロジスティクス・システムの構築は急務であり、その効果への期待も高い。

(4) 時間管理型の戦略

今日の企業戦略の1つの側面として、「**アジル経営**(agile management)」の重要性と有効性が指摘されるようになってきている。ロジスティクスに携わる先端企業においても、時間を管理しうる戦略構築の能力が求められている。これは、具体的にいうと先に述べたジャスト・イン・タイム(Just In Time:JIT)をはじめとして、**クイック・リスポンス**(quick response:QR)、**継続的在庫補充システム**(continuous replenishment)といったさまざまな概念とともに紹介されている新しいシステムの構築に共通している考え方である。

（5）グリーン・ロジスティクス

　地球環境を保護する動きは、企業活動全般にかかわってくる。1990年代あたりから持続可能な発展に向けて、企業の環境マネジメントに関心が持たれるようになった。ISO（国際標準化機構）によるISO14000シリーズは、環境マネジメントに関する手法を対象とした規格として、多くの事業者がその認証を受けている。企業活動の一部となる物流活動も例外ではなく、自然環境に配慮することが求められている。政府の物流に関する方針を示す「総合物流施策大綱」において、環境負荷の低減に向けた試みが出されている。総合物流施策大綱は、物流を国家レベルで改革するために、目標を設定するとともにその具体的な施策をまとめたものである。この中（2013-2017）においても、鉄道・内航海運の輸送力強化とモーダルシフトの推進、トラック・船舶・鉄道等の省エネ化等、荷主・物流事業者の連携による輸配送共同化の促進などが提示されている。

　モーダルシフトは、トラックによる輸送から海運や鉄道に輸送手段を変更するものである。海運や鉄道は、環境負荷が小さく、一度に大量に配送することが可能であり、長距離での輸送に適している。また、物流共同化も取り組まれるべき方法の1つである。複数の荷主企業が共同で輸送を行うことで、トラックの台数を減らすことが可能となり、排出される二酸化炭素も半減することができる。さらに、物流コストの削減も可能となる。

 コラム　*知ってて便利*

《物流の講座は昔のほうが盛ん!?》
　大学での物流といった講座は、非常に少ない。昔はどうだったのだろうか。戦前から戦後にかけて、交通論、倉庫論、陸運論、海運論などの講座が開講し、その多くは社会経済学の視点で講義されていた。その中のいくつかが、いまでも講義されている。これらは昭和の初めごろには開講されていたという話も聞いたことがある。もちろん、いまでも商学部や経営学部、あるいは経済学部でも、探せばあるかもしれない。理工学部にも流通工学があるそうだ。

第3節
パッケージングの計画・管理とデザイン

学習のポイント

◆ビジネス活動において、パッケージングの果たす役割は、ますます重要になってきている。そのため、マーケティングないしは営業職に従事する人々もパッケージングの諸機能や開発・取り扱いにおける考慮要因を十分に理解しておくことが求められる。

◆現代ビジネスにおいては、ちょっとしたパッケージングの変更によって既存製品が新製品としてよみがえったり、売上げが大きく変化することは少なくない。パッケージングの開発プロセスを理解し、開発時から関与することにより、パッケージングのビジネス戦略における位置づけを理解し、管理できるようにすることが市場活動を優位に進めることにつながる。

◆再包装（再パッケージング）がプロモーション活動に大きく影響を与え、再包装の仕方いかんによっては、新たな顧客を引き付けることができる。再包装のマネジメントは営業・マーケティング活動と大きく関係するだけでなく、等級化やラベリングはプロモーション活動の一部でもある。また、製品を開発し、販売するプロセスにおいて、そのパッケージに記載されていることが消費者の購買にどのような影響を与えるか、安全で、安心できる購買にどのような配慮がパッケージないしはラベルに必要であるかを知っておくことは、マーケターにとって重要なことである。

1 パッケージングの基礎知識と初期パッケージングにおける考慮要因

　パッケージングは内容物の保護や明記、盗難の抑止、および製品のプロモーションを含むさまざまな目的を遂行する消費者向け製品のための容器もしくは包装である。つまり、パッケージングは、包装紙や容器、缶、ガラス、木材、プラスチックなどの材料で製品を整える手段をいい、生産、輸送、流通、消費のすべての段階を通じて健全な状態で最終消費者へ製品を安全に届けることを保証する手段の１つである。パッケージングの機能には大きく分けて、色彩、形状、サイズ、使用上の便利さなどを通じて消費者へ製品に関する情報および製品をプロモートする**マーケティング的（販売促進的）機能**と、物流システム内で製品の輸送および保管に際して、製品の破損や損傷を防止したりする**物流的（技術的）機能**がある。

　パッケージは通常（日本工業規格による）、次のような３種類に分けられる。

① 個装……物品個々の包装をいい、物品の商品価値を高めるため、または物品個々を保護するために適切な材料、容器などを物品に施す技術、および施した状態をいう。

② 内装……包装貨物の内部包装をいい、物品に対する水、光熱、衝撃などを考慮して、適切な材料、容器などを物品に施す技術、および施した状態をいう。

③ 外装……包装貨物の外部包装をいい、物品を箱、袋、タルなどの容器等に入れて結束し、記号、荷札などを施す技術、および施した状態をいう。

　このほかに、パッケージングは、生産から卸売りや小売りといった流通段階を通じて製品を保護するパッケージングと、小売りなどでいったん解かれた包装を再度包装し直して消費者に渡す再包装とがあり、それによって包装の仕方も異なってくることを考慮に入れなければならない。

つまり、製造の時点では、梱包、取り扱い、封印など、生産工程における作業の効率化、コストの引き下げなどが考慮に入れられる必要があり、輸送の時点においては、破損の防止、運賃に関連する容器、重量などが問題となる。そして小売店の店頭などにおいては、陳列への適応性、購買決定に関する色彩とデザイン、再包装の仕方などが考慮に入れられねばならない。

これらを目的別に区分した場合、工業包装（industrial packaging）、商業包装（commercial packaging）、輸送包装（transport packaging）そして、消費者包装（consumer packaging）といった用語が用いられ、それをまとめたのが図表6－3－1である。

図表6－3－1　包装の目的別区分

工業包装	物品を輸送、保管することを目的として施す包装の総称。商業包装に対して呼ばれる用語。
商業包装	小売を主とする商取引の一部として、または商品をまとめて取り扱うために施す包装。工業包装に対して用いられる用語。
輸送包装	輸送を目的として物品に施す包装。工業包装と同意に用いることもある。
消費者包装	物品などについて消費者の手元に渡るために施す包装。

出所：産業調査会事典出版センター〔2005〕682頁.

しかしながら、これには家庭における物品もしくは製品の使用・保管状況は考慮に入れられておらず、不十分な定義であるといわざるを得ない。家庭においては、貯蔵の仕方、開閉の容易さ、使用頻度、幼児使用への配慮やリサイクル性、大きさなどが考慮要因となる。

このように、パッケージング計画はあらゆる角度からの検討が必要であることがわかる。以下、いくつかの側面からパッケージングの機能を検討していくことにしよう。

（1）パッケージングの物流的側面からの検討

パッケージングの物流的側面についての問題は、製品の特性、輸送方

法、貯蔵方法などによって異なってくる。たとえば、製品が流動物であったなら、それが輸送や貯蔵において漏れたり、割れてこぼれたりしないようなパッケージを用いなければならないであろうし、化学製品であったら、化学変化によって腐敗したり、内容が変化しないようなパッケージを用いなければならない。あるいはまた、包装する製品が非常に重い製品であったなら、その重量に耐えるだけの素材で、そのような組み立て方あるいは形状をしたパッケージを用いなければならない。

① パッケージングの物流的機能

パッケージングを技術的な側面ないしは包装機能的側面から見た場合、以下に挙げる諸機能が考えられる（産業調査会事典出版センター〔2005〕683〜684頁.）。

1）内容物の保護
  ・物流中の振動、荷役・輸送中に受ける落下衝撃や水平衝撃、保管ないしは輸送中の積み重ねによって受ける圧縮などから内容物を保護する。
  ・物流途中における天候や気温などの環境条件から内容物を保護する。
  ・物流途中における微生物および細菌、その他生物などの障害から内容物を保護する。

2）単位化

単位化とは、輸送や保管、取引上のベネフィットのために製品をある一定の単位にまとめることである。物流上、取り扱いやすい単位・大きさ・重さに包装しておくことは、当然のように思われるが、きわめて重要な要素である。販売現場によっては、パレットのまま店内に陳列することもあるため、荷役における作業機械に適した単位にしておくことも製品によっては必要である。

3）区分け

区分けは、マーケティングにおける「分類・取り揃え」機能とほぼ同義である。これは、製品の輸送・保管・荷役などの業務を効率的かつ正確に行うために、製品を製品別または品質別、大きさなどによって区分

けして包装することである。

近年では、区分けされた製品別にその内容をコード化したバーコードもしくはチップを包装の側面ないしは製品に付与し、POSシステムなどによって、輸送時や倉庫内、さらには店頭においても自動的に処理できるようになっている。

② 輸送包装の設計上の考慮要因

パッケージングの技術的側面における輸送包装もしくは保管を目的とした包装を考える場合、その設計段階から考慮しなければならない要素がいくつか存在することはいうまでもないことである。それらの主要な要素を挙げ、整理すると以下のようになる。

1）生産・流通加工現場における考慮要因

生産および流通加工現場は、輸送の基点であると同時に、作業場内でさまざまな形式で輸送が行われる。そのため、現場では製造および流通加工工程がスムーズに連携するように考慮されなければならない。

〈流通・加工現場での主要な考慮要因のチェック・リスト〉

- 原材料ないしは半製品がどのような形状かつ包装で、どれくらいの量が入荷してくるか。
- それら原材料／半製品は、どの部門ないしは工程でどれくらい使用されるのか。
- そのためにはどのような形態でそこまで運ばれるべきか。
- 使用機械の型はどうか。
- 出荷に際しては、どのような包装で、どれくらいの大きさで、さらにはどの出荷口にどれぐらいの単位で移送されるべきか。
- 上記の内容が工程に従ってシステマティックに整えられているかどうか。
- パッケージのほかにラベルを貼る必要があるか。
- 従業員の生産性および業務遂行能力はどの程度か。
- それらシステムが全体最適化を目的に設計されているか。

近年ではテクノロジーの発達により、製造現場や流通センターは、ほ

とんどの工程で自動化が進み、より効率的に管理されているが、製造・流通加工の現場だけでなく、流通システム全体を考えた形での現場パッケージングが必要となる。

2）輸送・荷役中の考慮要因

輸送・荷役は、輸送包装の設計において主要な部分をなす活動であるために、さまざまな状況を想定しなければならない。先の要因と同様、チェック・リスト的に典型的な要因を挙げてみると以下のようになる。

・積み出しに用いる方法はどんな方法か。
・輸送手段はどんな手段か——列車、トラック、船、航空機など。
・輸送基準はあるか。
・輸送パッケージの占有面積はどれくらいになるか。
・温度や湿度に対して保護する必要があるか。
・輸送コストはどれくらいかかるか。
・輸送時間（期間）はどれくらいか。
・荷役にはパレットを用いるか。
・荷役はどれくらい乱雑な扱いをするのか。

3）倉庫内での考慮要因

倉庫内での保管状態についても考慮される必要がある。それらは次のような項目として管理されるべきである。

・貯蔵方法
・取扱方法
・通常の積み出し単位数はどれくらいか。
・棚卸はどのくらいの周期で行われるか。
・どのくらいの期間、在庫されるか。
・どんな保護手段が必要か。
・ピッキングによる再パッケージングがなされるか。

現代では一般的に、倉庫内において流通加工が行われることが多いため（流通センターは倉庫と流通加工業務の両方の機能を担っている）、の生産・流通加工現場における考慮要因と組み合わせた形で考えられる

必要がある。
 4）経済性
　内容物の保護といった名目から必要以上に厳重な包装を行うと、包装費用がかさむだけでなく、重量も増えることから、輸送費用や保管費用も高くなる。そのようなことから、輸送包装は、包装の必要条件を満たしつつ、最もコストがかからないように設計されるべきである。
　また、必要以上の包装は、廃棄ないしはリサイクルにもコストがかかることから、設計段階から材質、廃棄・リサイクル方法を念頭に入れて開発されることが必要である（産業調査会事典出版センター〔2005〕684頁.）。
 5）消費者・環境問題への対応
　詳細は後述するが、近年の環境問題ないしは上述の資源節約および消費者の受け取り・保管状況を考慮して輸送包装も開発されることが必要である。特に考慮すべき点として、次のようなものが挙げられる（産業調査会事典出版センター〔2005〕684頁.）。

- 包装容器の減量化……容器および包装の薄肉化や形状変更によって、資材の消費量を減らすと同時に、廃棄量も減らす。
- 繰り返し使用……ガラス瓶、プラスチック製の通い容器のように繰り返し使用することによって、全体の消費量および廃棄量を減らす。
- 再生利用……使用後に回収して、同じもの、あるいは別のものにつくり変えて資材の有効利用と廃棄量の削減を図る。
- 焼却の可否……焼却しやすく、無公害化であるような容器ないしは包装を使用する。
- 埋め立て可能性……生分解性プラスチックのような埋め立て処理をしたあとに、分解処理され無公害化されるような資材を用いる。
- 分離性……複合材の場合、使用後分離して処理しやすいようにしておく。

（2）パッケージングの販売促進的側面

　パッケージングにおける販売促進的側面は、主として消費者の購買時点において問題とされる。パッケージングの販売促進的側面において強調されることは、パッケージの形、色彩、大きさ、あるいはラベル、商標などとともに、パッケージ全体から受けるイメージが購買の決定に大きな役割を果たす。テクノロジー、生産技術の発達により、品質にあまり差異がつかなくなっている現代において、パッケージのよしあしが購買決定の1つのカギとなっていることは間違いない。

　パッケージングと新製品開発の部分でも詳述するが、パッケージング、さらに消費者とコミュニケートする手段として、パッケージに特定の意味、あるいは暗示的意味を付加して、製品それ自体と組み合わせた別の製品として提供したり、あるいはまた、広告や陳列などの他のプロモーション要素とそれらを組み合わせた形でのトータル・プロモーションが考え出されている。

　また、販売促進の目的のために消費者を引き付けるパッケージングとしてデザインにおける美術的な統一性、均衡性、単純性、そして集中性、強調性、対照性なども考慮される必要がある。

（3）パッケージングのその他の状況的側面からの検討

　パッケージングはまた、その製品が置かれる状況、あるいは使用される場面などを考慮に入れて開発・管理する必要がある。

① **家庭および使用場所における考慮要因**
- パッケージはすぐ壊されるかどうか。
- 内容物は使用し尽くすまで、どれくらいの時間、パッケージに入れたままで置かれるか。
- パッケージは分割して使用できるようにすべきか。
- 一度に使用する分量はどのくらいか。
- パッケージは再使用するようにするべきか。
- パッケージをリサイクルできるようにつくるべきか。

- 家庭ではその製品はどこに置かれるか――使用前、使用後。
- パッケージは使用後に他の使い方で用いられるか。
- パッケージを含む製品は家庭内のどこで使用されるか。
- 大きさ、色、材料についてどのようにするか。

② 小売店における考慮要因
- どんな小売店でその製品が販売されるか。
- どんな消費者が主たる消費者か。
- 売れ行きにパッケージが大きな役割を果たすか。
- パッケージが陳列の一部をなしているか。
- 製品がどのくらい離れた距離から知覚されるか。
- 内容物を見分けられるようにすべきか。
- 売上げはどれくらいか。
- 貯蔵するのにどのような貯蔵方法がとられるべきか。
- 陳列およびその他の取り扱いを楽にするためのパッケージを求められているか。

③ その他の状況での考慮要因
- 商標が特定されているか。
- 標準色彩計画があるか。
- 広告および陳列について、どんな美的技巧がこらされるべきか。
- テレビなどの視覚広告を用いるか。
- 業界の習慣や既成の基準があるか。
- 他社はどんなパッケージをしているか。
- 社内での受け入れはどうか。

　これらは、前述した物流的な側面からの考慮要因と重複するものもあるが、本部分では、あくまで状況に即した考慮要因であることから、あえて重複する要素も提示する。
　このほかにも想定されるべき状況はいくつか考えられる。また、パッケージングは物流と同様に（物流の一部と考えられる場合もある）、さまざまな部門を横断する概念であるために、企業内のさまざまな部門か

らの検討も必要となる。

（4）非包装品のためのパッケージ

　長年にわたってわが国のスーパー（スーパーマーケット）やコンビニエンスストアなどは、プリパッケージを使用してセルフサービス販売を行ってきた、というよりも、プリパッケージによってセルフサービス販売を促進してきた。しかしながら、環境問題の高まりやコスト面からの要請、あるいは少子高齢化および非婚者の増大などによって、かつてのような非包装もしくは単品ないしはバルクによる商品販売が増えつつあるのは確かである。

　そのような状況下、非包装品のパッケージを考慮する、または見直すことによって、新たなマーケティング機会、あるいは物流方法が生み出されるのである。そのためには、非包装品のパッケージの目的および考慮要因を理解しておくことが必要になる。非包装品に対するパッケージングに関する考慮要因を挙げると以下のようになる。

- その商品は単品ないしはバルクで売るべきか、特定量を1つのパッケージにして売るべきか。
- その商品はパッケージをする（しない）ことによって、売上げが上がるか。
- その商品はパッケージをすることによって、新しい販路を生み出せるか。
- その商品はパッケージをすることによって、ブランド化できるか。
- その商品は複数のパッケージをつくることによって、消費者に購買のしやすさ、消費のしやすさを提供するか。
- その商品はパッケージをすることによって、陳列がしやすくなり、盗難や減耗を防止できるか。
- その商品をパッケージする（しない）ことで、販売・輸送のコストがどれくらい削減されるか。

2 パッケージング開発の手順とパッケージング管理者の役割

(1) パッケージング開発における管理者の役割と責任範囲

　パッケージングは製品の売上げと収益に直接的に、かつ長期にわたって影響を及ぼす要素である。直接的な影響としては視覚的刺激を与え、初期購買に導く働きがあり、長期的な影響としては便宜性や品質的特徴を提供することで、その製品の再購買を促進する働きなどが挙げられる。

　今日のような高度に競争的な市場状況にあっては、管理者は利益を生み出す要素としてのパッケージングの役割を認識し、創造的なパッケージング開発プログラムを支援する能力を有することが求められているのである。パッケージング開発プログラムは通常、パッケージング専門管理者の責任のもとで遂行されるが、その場合、その管理者はディレクターであり、マネジャーであり、コーディネーターといった複数の役割を果たすことが必要になる。企業によっては、パッケージング管理者は製品開発管理者やマーケティング管理者の管理下に置かれたり、それらの管理者が兼務することもある。

　パッケージング管理者もしくはパッケージング開発部門が責任を持たなければならない要素を挙げると以下のようになる（Griffin, R., et al.〔1993〕pp.15-17.）。→図表6－3－2、6－3－3

① 既存の、および新しいパッケージング材質を認識し、それらの持っている性質やコストに関する全体的な知識を有すること
② 新しいパッケージング要求を生み出し、旧来のそれを陳腐化させてしまうようなマーケティングおよび技術的な進化を認識すること
③ 競争的なパッケージングおよびその構成要素、経済性、その優位性、そして欠点を認識しておくこと
④ コストを低減し、製品の貯蔵寿命を改善し、製品回転率を高め、製品受容を改善し、新製品導入を支援するような短期的なパッケージング変更を開発すること

図表6-3-2 パッケージング開発プロジェクトの調整

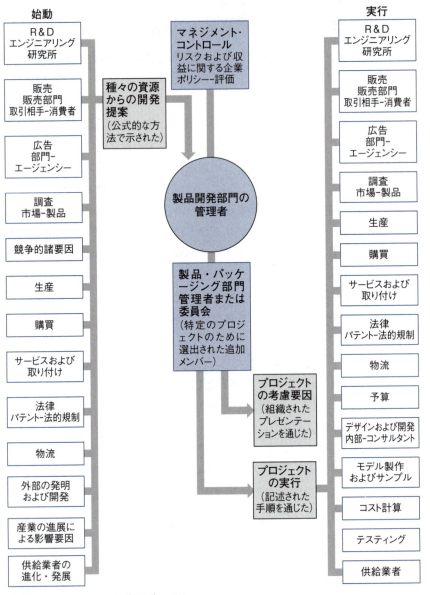

出所：Griffin, R., et al. 〔1993〕p.16.

図表６－３－３　プロジェクトの始動

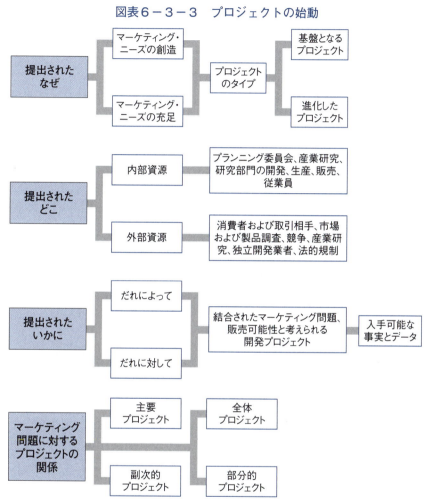

出所：Griffin, R., et al.〔1993〕p.19.

⑤　企業イメージを高め、製品ラインを調整し、むだを削減し、市場領域の拡大、ないしは企業が新市場へと拡大できるような長期的なパッケージング・プログラムを開発すること
⑥　新しいパッケージング・イノベーションを開発すること

⑦　有効なパッケージング製作機械ないしはテクノロジーとその能力を認識すること
⑧　パッケージ、製品、および設備のニーズを統合化する完全なパッケージング・システムを開発すること

　パッケージング開発プロジェクトは、改善された売上げにおける潜在利益に対する全体的なコスト、および市場に対する最終的な結果をもたらすのに必要な時間によって計画・管理されることが必要である。開発にあまりに長い時間を費やしてしまえば、それが完成する前に製品は陳腐化してしまう。

（2）パッケージング開発の手順

　新製品／パッケージ・システムの開発の方法には大きく2つある。主たる開発手順としては、コンセプトから市場に至るまでを考慮に入れたトータル・システム開発があり、そしてもう1つが、その全体システムの統合的一部分としてパッケージそれ自体を開発するパッケージング開発行路である。→図表6-3-4

　どちらの方法、あるいは手順をそのパッケージング開発部門が採用するかは、企業のタイプに依存するが、パッケージ製品（packaged goods）を製造する企業の多くはトータル・システム開発とパッケージング開発行路の両方を採用している。また、パッケージ素材製造企業や加工業者は第2の方法、すなわちパッケージング開発行路のほうを採用している場合が多い。パッケージングの開発機能を明らかにするために、それら両方の方法ないしは手順を定義しておくことが必要である（Ibid., pp.18-29.）。

① **トータル・システム開発**

　トータル・システム開発では、マネジメント、マーケティング、生産、そしてパッケージング開発部門といったさまざまな機能ないしは部門の調整が重要である。そのステップには、①目標（開発のための当初の必要性、潜在的売上高の予測、受け入れ可能な開発コストの見積もり、そ

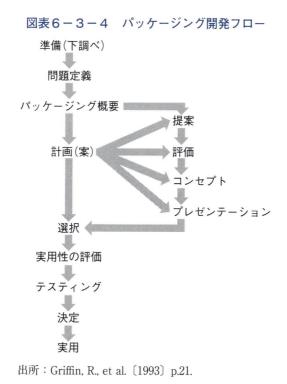

図表6−3−4　パッケージング開発フロー

出所：Griffin, R., et al.〔1993〕p.21.

して最終的なパッケージのコスト）の定義、②パッケージング開発手順の策定、③市場テスト（計画、実行、そして結果の分析）、④続行、変更および再テストを行うか、さらなる努力を行わないかの決定、⑤製造（全体的な販売および広告プログラムと連動した形でフル生産に移行するための計画と実行）、がある。

② **パッケージング開発行路**

　パッケージング開発行路は、パッケージング・マネジメントおよび社内開発部門、供給業者、契約パッケージ開発業者などを含むものである。それは通常、次のようなステップからなっている。

　1）パッケージの技術的な要件に関連した製品特性の定義
　2）パッケージの技術的・機能的要件の定義

3）パッケージのデザインおよびスタイル要件の定義
4）法的な規制ないしは制限の明確化
5）可能なパッケージ・デザインと材質の選択
6）開発にかかわる蓋然的コストの積算
7）開発の続行か中断かの決定
8）技術的なパフォーマンスおよび消費者の選好、経済的な実行可能性のためのパッケージ準備とテスト
9）市場テストに進むかどうかの決定

市場テストへ進むかどうかの決定が肯定的であった場合、パッケージング開発の権利者はトータル・システム行路の最後の段階に入っていることになる。

○開発のための初期前提

パッケージング開発の最初の刺激は、どこにでも存在する。新しいテクノロジーより効率的なプロセスをつくり出すかもしれないし、供給の新しい源泉がより安価で、より高いパフォーマンスを遂行する材質を提供したり、広告が新しいイメージを生み出し、売り出したいと望むかもしれない。

○経済的要因

基本的な経済的基準を構築するために市場調査が行われる。提案された製品のための潜在的売上高はどれぐらいか。販売価格には時間をかけた開発コストを埋め合わせるだけの十分な利益マージンが含まれているか。消費者はプレミアムを支払うか。そのパッケージは、そのようなプレミアムを支払うのに十分な特別な特徴を持つ必要があるか。提案されたパッケージのアーティストのスケッチもしくはモックアップ・モデルがその調査には含まれているか。経済的要件もしくはコスト要件はパッケージング計画の最も基本となる要素である。テスト・マーケティングまでに十分な市場調査が行われなければ、莫大な開発費が費やされて終わることになってしまうだろう。利益は失われ、コストは返ってこないのである。このパッケージング開発行路の1）か

ら7）までのステップとトータル・システム開発の第1番目のステップ（目標の定義）は特に重要であり、相互に関連しているのである。
1）パッケージングの技術的特徴に影響を及ぼす製品特徴（属性）の定義
　パッケージが持っていなければならない特徴を決定するために、その製品の特徴を知ることが必要である。

　a）包括的属性……まず最初に考えなければならないのが、その製品の包括的な属性である。それは、食品であるとか、薬品であるとか、化粧品、飲料、生地、機械、化学品、金物、おもちゃ、ガラス製品、工具、家具といったカテゴリーである。このことはあたりまえに思われるが、それぞれの分類がパッケージや輸送、荷役などのルールを規定する、ないしは特定化するものであるために、この最初の段階で全体的に適したルールを理解しておくことが重要である。

　b）物理的形式……その製品の全体的な物理的形式が用いられるパッケージングの種類に大きく影響を及ぼすことになる。それゆえに、たとえば、それが相当量のばら荷であるのか、小さい単位であるのか、あるいは固形なのか、液体なのか、ガスなのか、乳化剤のような物質の組み合せなのか、さらには、それらは固まりなのか、粒子状なのか、粉末状であるのか、固体であるならば、それらは乾燥状態なのか、水気を含んでいて水っぽいか、粘り気があるのか、液体であるならば柔らかいのか、硬いのか、高密度であるのか、といったことを知っている必要がある。

　c）特別な性質……パッケージに特別な性質を要求する製品の場合は特別な性質に注意することが必要となる。その製品は温度に敏感であるのか、凍ったまま販売されるのか、製品の溶解度や蒸発性がその製品を売りものにならない状態にしてしまうのか、虫やバクテリアに弱いか、どれぐらいで腐敗するのか、さびる可能性は高いか、どれぐらいの期間、パッケージはその製品を保護する必要があるのか、といったことである。

　d）危険性……その製品固有のあり得そうな危険性を認識しておくこ

とは特に重要である。仮にそれが毒物や腐食剤、可燃物、鋭利なもの、爆発物、放射性物質であるならば、特別な取り扱いが必要となり、特別な規制が適用されるのである。もし、それが強い臭気を発するものであれば、人々に害を与えたり、その製品の近くにある他の製品に影響を及ぼすことになるのである。

2）パッケージ技術および機能的要件の定義

新しいパッケージのための機能的な要件は、仮にそのパッケージ開発が低コストで、または短期間で遂行されることを要求されても、確実にかつ完全に定義されなければならない。パッケージ開発が終了に近づいた段階で、そのパッケージが製品開発者のイメージに合わないとか、製品の持っている特徴を反映していないといったクレームによって、開発を一からやり直すことになってしまった、などといったことを耳にすることは少なくない。パッケージング開発を成功裏に遂行するためには、そのターゲットの要件を正確に定義し、そして完全な情報を収集することが必須なのである。答えられるべき質問、集めるべき情報は莫大である。開発者はそれらの答えを記述し、適切に組織化するために、チェック・リストを作っておくべきである。

市場から得られたデータと製品それ自身の特徴について収集された情報をもとに、パッケージング開発者は、そのパッケージが必要とする、あるいは取り除かれるべき材質などの特性のリストを作るのである。また、伝統的なアプローチからの急激な変更が望まれない限り、経験が重要な開発指針となるために、どんなパッケージがいままでに存在し、どのような類似したパッケージが使用されているかを知っていることは非常に重要である。既存のパッケージの利点および欠点を理解しておくことは、以後の開発過程や最終的な産出物にとっても非常に重要である。既存のパッケージは現在の市場の単位規模や総数、既存の価格、製品の可視性が必要とされるかどうかといったことを明らかにし、期待される有効期間の証拠となるものを提供してくれるのである。

また、製品に必要とされるパッケージのタイプ（内装および外装、個

装）を考慮する際には、その製品の消費、販売、輸送、保管、積み下ろしされる状況を理解しておくことが重要である。（→本項「1）パッケージングの技術的特徴に影響を及ぼす製品特徴（属性）の定義」を参照）

○パッケージまたはパッケージ製造にかかわるパッケージの機能的要件

　パッケージ製造過程の性質によってパッケージング開発者には非常にたくさんのパッケージにかかわる制限ないしは規制が課されることになる。たとえば、アルミニウム缶を整形するある手法は、ある特定の基準によってその深さや厚みが決められている。内容物をすばやく注入するためには広い口幅が必要になるだろう。あるいはまた、製造ラインによっては、耐えられる温度や、利用されるラベルの耐久性が異なるかもしれない。このように、パッケージング開発者はパッケージ機能要件に影響を与える可能性のあるすべてのパッケージ局面および製品製造を十分に理解していなければならないのである。

3）パッケージのマーケティング要件の定義

　a）スタイルとデザイン……マーケティング、広告、販売の担当者は市場を研究し、パッケージのためのスタイリングとデザインの要件を提案してくるであろう。パッケージング開発者は、それらがパッケージの技術的および機能的特徴を大きく規定することを理解し、開発当初からそれらの提案を認識・理解しておくことが必要である。極端に複雑なプロセスのグラビア・プリントのデザインは単純な1色あるいは2色印刷よりもはるかに高品質の用紙ないしは板紙を必要とするだろう。

　　ディスプレイ棚の形状が異なった輸送方式や異なった**パッケージ・デザイン**を要求するかもしれない。もし、そのパッケージがフックから吊るされることによってディスプレイされるなら、棚にしまわれるのとは異なったデザインが必要となるのである。

　b）実用的特性……習慣的なパッケージングは、どんな実用的特徴が市場の消費者によって期待されているかということを表している。これらには、開けるのが簡単な装備、再閉包性、盗難防止などとい

った特徴が含まれ、可処分性・再使用性などは、今日かなり重要性を増してきている。市場はどんな実用的特性が必要であるかを明らかにしてくれるのである。

4）法的規制の明確化

　パッケージング開発者はパッケージングの材質やデザインに影響を及ぼすすべての法的およびその他の規制について、十分な知識を持っていることが必要である。これらの規制のうち最もよく知られているのがパテント（意匠登録や商標登録）の権利侵害の問題である。通常、供給業者は自分たちの製品に関するパテントについて十分な知識を持っており、それらの使用に対するライセンスの獲得の必要性に注意を払っている。しかしながら、仮にそれに違反したならば、その製品のみならず、その事業自体が大きな危機にさらされることになるのである。→図表6－3－5

　パッケージング開発者はパッケージの選択に影響を及ぼす法律やその他で制限されていない部分にも、十分注意を払っておくべきである。産業が受け入れている基準は、望まれる寸法や大きさを含んでいないかもしれない。宗教によっては、食品に対して用いられるパッケージに厳しい制限を課しているものもある。民族によっては、あるパッケージの形状や色彩を激しく嫌う場合もある。

　近年、世界的な関心事となっている地球環境や人体への影響をも考慮に入れ、パッケージング開発者は注意深く、新しいパッケージ・システムのための材質を選択しなければならないのである。

5）可能なパッケージ・デザインの選択

　次に、パッケージ・デザイナーやスタイリングを行っている人々とともに作業を遂行しているパッケージ開発者は、どんなものが技術的に実現可能であるかを記述した可能なパッケージ・デザイン・リストを作成することになる。そのリストには、パッケージの材質、製造方法、見積もりコストの仕様が含まれているべきである。このリストは予備的なスクリーニングにかけられ、市場調査によって得られた消費者の選好に関

図表6－3－5　パッケージングに関する法的規制

不正な表示・意匠の規制	
他社（他者）の権利を侵害しない	不正競争防止法（類似品の規制） 特許法・実用新案法（発明の保護） 意匠法（工業デザインの保護） 商標法（ブランド・ネームの保護） 著作権法（著作物の保護）
消費者に誤認を与えない	不当景品類及び不当表示防止法（過大景品提供・誇大および誤認表示の規制） 不正競争防止法（産地誤認表示） 自治体条例（空間率） 公正競争規約（各種の業界規制） 薬事法（薬効・表示）

消費者に適切な情報を提供する
●JAS法（遺伝子組み換え品情報・有機表示） ●食品衛生法（アレルギー表示、賞味期限・食品添加物その他の各種表示義務） ●健康増進法（特定保健用食品）など

危険を防止する
製造物責任法（PL法）

環境にかかわる法規制	
一般的なしくみの確立	
廃棄物処理法 資源有効利用促進法	●廃棄物の適正処理 ●廃棄物処理施設の設置規制 ●廃棄物処理業に対する規制 ●廃棄物処理業者の設定 ●再生資源のリサイクル ●リサイクル容易な構造・材質などの工夫 ●分別回収のための表示 ●副産物の有効利用の促進
個別物品の特性に応じた規制	
容器包装リサイクル法 家電リサイクル法 建築資材リサイクル法 食品リサイクル法 グリーン購入法	●容器包装の市町村による収集 ●容器包装の製造・利用業者による再資源化 ●廃棄家電を小売店が消費者より引き取る ●製造業者などによる再商品化 ●工場受注者が建築物の分別解体 ●建築廃材などの再資源化 ●食品加工・販売業者が食品廃棄物の再資源化 ●国などが率先して再生品などの資源化を促進

するいくつかのアイディアの好ましい、ないしは望まれるいくつかの特徴がアーティストのスケッチ、もしくは実際のパッケージの原寸大模型に付け加えられるのである。

6）開発コストの積算

ここまでくると、パッケージング開発者は自分の直面する問題の重要性を十分認識している状態である。提案された個々のパッケージ・デザインに対して、開発者はそれを市場に導入して、それが市場で成功するのに必要な開発コストを見積もることが十分にできるようになっているはずである。開発者はまた、新しい設備、あるいは生産設備変更が必要かどうかを判断することができるようになっている。

7）開発を続行するか否かの決定

この段階になると、開発を続けるかどうかの決定を開発者が行うことになる。もしすべてが続行されるとなると、管理者は失敗を最小限のリスクでとどめる理性的な決定を行うことが求められる。

8）提案されたパッケージ・デザインの評価テスト

次に、パッケージング開発者は、評価テストを実施することができるように、それぞれのデザインに対する数多くのパッケージを用意しなければならない。それらのパッケージは購入されることもあるが、手作業か、試作機械もしくは通常機械によって作られることになる。開発者はまた、それぞれのコンセプトに対して、いくつかの代替材料ないしは組立方法を選択することになる。この手順の間に、製造不可能であるとか、あまりにコストのかかる品目が削除され、そして選別されたパッケージを製品能力テスト（product capability test）やデザイン充実度テスト（design fulfillment test）、輸送・濫用テスト（shipping and abuse tests）にかけることになる。

製品能力テストは、そのパッケージが製品に悪い影響を与える可能性があるかどうか、およびその製品がパッケージに悪い影響を与えるかどうかを判断するものである。デザイン充実度テストは、そのパッケージがデザインと性能を満たしているかどうかを判断するものである。それ

が望まれた数量を製作されるに足り、機能を果たし、重要な保護するというニーズを提供し、最小限度の品質保持要求を提供しているかということである。輸送・濫用テストは、そのパッケージが流通チャネル上において予期される一般的な取り扱いに耐えうるかどうかということである。濫用テストは特に、そのパッケージの安全性の限界を判断するものである。予期される最小限のものよりもどれくらい長く品質を保持できるのか、そのパッケージは何度落下に耐えうるのかといったことに関するテストである。

最後に、それらは最もよいデザイン・コンセプトが適用され、実際にそれらを使用する消費者テスト、およびそれを販売するマーケティングもしくは販売担当者によるテストにかけられるようにすることが望ましい。これにより、そのデザインに対する消費者の反応や市場での成功をもたらす要因を理解することができるのである。予期せず、消費者はいくつかのコンセプトを嫌うかもしれないし、いくらかのデザイン変更を望むかもしれない。

パッケージング開発者は、パッケージ・デザインを選択する際、製品のニーズに適合するために、過度に高価な材質やデザイン料がかからないようにするために、材質のコストや最終的なパッケージの形態にかかるコストを熟知していなければならない。クレームを引き起こしたり、売上げを失ったり、過度なコストをかけ、不必要な保護を施したような限度を超えたパッケージングを生み出したりしてはならない。開発の初期段階よりも、より進んだ段階での誤りのほうがましである。なぜなら、プロセスの改良および新しいテクノロジーの開発によって、市場での性能の喪失なしにパッケージ・コストを削減することが可能な場合が多いからである。

また、新しい製品－パッケージの組み合わせによって提供される付加された便益に対して、消費者がどれぐらい支払うかを判断することは困難である。ある人は塗料や化粧品、家庭用品用のエアゾール缶の自動販売機のコストとあまり便利でないパッケージのコストを比較するかもし

れない。また、ある人は家庭での調理時間を削減してくれるプリパッケージされた調理済み食品の数のおびただしい増加に注目しているかもしれない。

　高度に競争的な製品品目の中で、パッケージング開発者は、より低いパッケージング・コストで、より高い製品保護機能を果たす新しい材質ないしは新しいアイデアを日夜、探し続けなければならないのである。

9）市場テストに進むかどうかの決定

　管理者はここである決定をしなければならない。いくつかのパッケージ・デザインが研究部門で徹底的にテストされたあと、そのパッケージの限定数量生産が行われ、試用される。輸送テストや性能テストがその機能を保証し、積算コストも十分納得のいくものであった。残っているのは、消費者がその製品をどんな価格で購買するかということを見つけ出すことだけである。管理者は市場テストのコストが正当であるかどうかを判断しなければならないのである。

　この決定は製品開発において最も重要な管理者の意思決定の1つである。パッケージ・デザインは、市場テストが成功するか失敗するかということにおける主要な要因である。この時点までに、リスクを生み出してきたものはすべて開発コストであった。ここからは、市場でそのパッケージが意図した役割を果たさなければ、企業全体のイメージにも影響を及ぼすことになる。パッケージング開発の成功は、マーケティングの成功を達成する手助けをすることもあるが、そうでない場合もある。しかしながら、パッケージの失敗はほとんど確実に製品の成功のチャンスを亡きものにしてしまう。それゆえに、市場テストにおける失敗のリスクよりもむしろ、不確実性に直面することを回避すること、あるいはさらなる開発作業を続けることを決定することには慎重でなければならない。マーケティングあるいは技術的なパラメーターを再定義すること、他のデザイン・コンセプトを見いだすこと、ある程度の不確実性を除去するために以前のコンセプトについてさらなる評価テストを行うことが必要となる。

10) 市場テスト

市場テストの計画・実行、そして結果の分析はマーケティング担当者の主たる責任の範囲である。しかしながら、もちろん他の部門もそれには関係してくる。それらは、テストの範囲を計画し、結果を分析する市場調査担当者、用いられる広告のタイプと量を計画する広告担当者、標的地域を選択する手助けをし、地域企業の協力を取りつける販売担当者、必要であるならば機械の修正を行うエンジニア、原材料の適切な源泉を見つけ出す購買担当者、仕様および技術的なアドバイスを提供し、予期せぬ小さな問題に対処することに備えるパッケージング開発担当者などである。

市場テストは、消費者がその製品を買うかどうか、それはどんな価格で、どれくらいの販売単位で買うのか、そしてどのような広告に反応するかを明らかにするものである。それはまた、購買状況を示しつつ、その販売が継続されるべきかどうか、あるいは一度の購買から、それらの購買が次第に減っていくかどうかといった兆候を見つけ出すものである。それは、パッケージ・デザインの足りない部分、あるいはまた製造上の問題を白日の下にさらすことになるのである。

11) プロジェクトを続行するかどうかの決定

市場テストのあと、管理者はそのプログラムを中断するか、変更を加えるか、あるいは再テストをするか、本格的な生産に入るかどうかの決定をしなければならない。

12) 本格的な生産

本格的な生産に入るための試作品プログラムを中断するかどうかは、パッケージング開発者の責任範囲ではないが、パッケージング管理者がこの製品－パッケージ結合に関して最も豊富な技術的経験を持ち、その製品が適切に構築されるまでその活動に関与し、アドバイザー的能力を提供しなければならないことはいうまでもない。パッケージングはプロジェクト全体にかかわる重要な要素なのである。

3 再包装マネジメント

（1）再包装の概念と目的

　再包装（repackaging）とは、既存の包装あるいは製品ラインの包装を再検討し、その包装を改善・改良することによって、販売促進、コストの合理化、市場の拡大の要求に応えようとするもの（徳永豊〔1966〕297頁．）と、小売店などにおいて、パッケージされた製品もしくは非包装品をパッケージすることにより、それらの製品を顧客が購入しやすいようにしたり、また、それにより店舗愛顧動機を高めたり、消費者が目的地に商品を安全かつ簡便な方法で持ち帰る手助けをするものである。

　既存製品を再包装することは、初期包装の計画および管理と基本的には異なるところはないが、既存の包装を市場に出してみて、その結果を検討することで、新たな方向性が導き出せるという点で、非常に重要な意味を持つ。また、パッケージに関しては、以前のパッケージを変更しただけで製品の売上げや消費者の受け取るイメージが変わったりすることから、重要なマーケティング決定の1つであるともいえる。さらに、小売店における再包装は、小売店と消費者の間のコミュニケーションを形成する手段でもあることから、小売店にとっては特に重要な意思決定になるのである。

（2）再包装の諸タイプと再包装管理

　再包装は以下のような目的に沿って計画・管理される（徳永豊〔1966〕297～302頁．）。

① 再包装を通じた販売促進

　再包装を通じた販売促進はいくつかの目的のために行われるが、それらを概説すると以下のようになる。

1）実用性の付加による販売促進的効果

　製品の品質を長期間維持するための再包装や、新しく開発された包装材料を使用した再包装、または環境に配慮した材料による再包装、消費

者の使用上の便宜を考慮に入れた再包装などのように、実用性を付加することによって製品の販売促進効果をねらうものである。

このタイプの再包装で最も一般的かつ効果的なものに二重用途包装（dual-use packaging）がある。二重用途包装とは文字どおり、その製品を使用してしまったあとに他の用途にもその包装を利用することのできる包装であり、消費者の費用負担がそれほど大きくなければ、高い販売促進効果が得られる可能性が高い。もちろん、その包装に多くの費用がかかれば、その価格は製品価格もしくは販売価格に転嫁されることになるが、顧客のブランドあるいは店舗に対するロイヤルティーが高ければ、それらは十分効果的なプロモーション要素にもなり、顧客は価格の高さをそれほど問題にしない。しかしながら、顧客がその包装の他の用途を必要としない、もしくはそのブランドまたはその店舗に対するロイヤルティーが低い場合、それにかける費用あるいは高価格性はマイナス要因になる可能性が高いことを認識しておかなければならない。

この種の包装は贈答品や新奇な製品、または化粧品や装飾品などといった比較的高額な製品に多く用いられたり、有名店舗ないしは高級品販売店などに多くの例を見ることができる。

また、本来、二重用途目的で製造・使用されたわけではない包装が、そのデザインあるいはブランドの名声がゆえに、複数の方法で何度も利用されることもある。実際、Louis VuittonやChanelなどのお持ち帰り袋は製品購入・使用後も利用されており、有名百貨店や有名店舗の買い物袋（KINOKUNIYAなど）が複数回使用されているのはよく見かけるところである。

2）美的斬新性・新奇性の付加による販売促進的効果

パッケージに美的な斬新性もしくは新奇性を付加することによって、製品パッケージを改良・改善し、販売促進効果を高めるようにする方法である。

このタイプの再包装はそのデザイン次第で、まさに新製品として、あるいは従来製品とは異なったイメージで消費者ないしは顧客に受け止め

られ、市場で新しいポジションを構築することができる可能性も大いにある。しかしながら、パッケージへの斬新性や新奇性の付与、ないしは変更による販売促進的効果は一時的なものである場合も多い。その意味ではパッケージだけでなく、製品それ自体の改良・改善をにらみつつ実行することが好ましい。

またこの場合、従来の製品イメージないしはコンセプトとの関連で、その差異がどれくらいのインパクトをそれらに与えるか、あるいは変化するかをある程度理解しておかなければならない。パッケージはあくまでも製品内容を反映するものでなければならないのである。

3）包装ラインに類似性を持たせることによる販売促進的効果

これは、異なった訴求点を持った製品もしくはパッケージに統一的類似性を強調することによって、販売促進的効果を高めようとする施策である。もともと同一の、あるいは類似した製品ラインである製品が、顧客に対する訴求ポイントが異なることから異なったパッケージで販売されていて、互いがカニバリゼーション（共食い）を起こしたり、消費者に個々別々の企業ないしはブランドの製品として受け入れられていることから売上げが上がらないといった現象は少なくない。そのような場合、あるブランドもしくはある製品ラインごとに統一性を持たせるパッケージを付与することで、密接に関連した製品であること、あるいは同じブランド下で販売されている製品であることを消費者に認識させることで、共食いを避けたり、関連消費を促すことが可能になったりするのである。

この包装ラインに類似性を強調することによるパッケージングを共通デザイン・パッケージングと呼び、ブランド政策の一部として計画・管理されることが多い。

② **再包装を通じた市場拡大**

既存のパッケージが売上げへの寄与もしくは市場の拡大の妨げになっているような場合、その要因を検討し、パッケージを改良・改善することによって、売上げの増大や市場の拡大、需要の喚起を図ることになる。

それらの要因には次のようなものが挙げられる。

1）パッケージの耐久性の不足
2）パッケージの重量過多
3）パッケージの内容物の保護性の低さ
4）パッケージの高コスト性
5）パッケージ・デザインと製品の不適合
6）パッケージ・デザインの貧弱さ

　これらの問題を解決するためには、パッケージを丈夫に、かつ軽量にして、長距離の運搬と運搬中のさまざまな弊害に耐えられるようにパッケージを改善することによって、市場を拡大することが必要になる。それと同時に、店頭に並んだ場合をも考慮に入れた、デザインと耐久性の両方を兼ね備えたパッケージを考案・製作することが求められる。

　また、製品（内容物）を腐敗から守るための包装改良や新しいパッケージ技術の使用は、製品デザインの面から見ても、市場拡大の重要な要因となる。

　さらには、製品によっては、パッケージを複数回使用することはコスト面からも環境面でも求められる要素であり、そのような配慮をすることも現代では市場の拡大につながることになる可能性が高くなっているといえる。

　一方、小売業では、製造業者などによるパッケージをその店独自の形式あるいは方法で再パッケージすることよって、異なった企業の製品を組み合わせて販売することができたり、関連製品の関連購買を促し、市場拡大を図ることが可能になる。

　小売業における再包装は、店舗内におけるマーチャンダイジングの一環としての再パッケージと、店舗イメージを高めるためのプロモーションの側面からの再包装という両面からのアプローチが必要となる。

　また、上述のとおり、現代ではパッケージにおける環境、顧客の健康・生活への配慮が顧客のロイヤルティーにつながることから、小売業においてもそのような要素を再包装計画に組み入れておくことも、再包装を通じた市場拡大には重要である。

③ 再包装による費用低減の可能性

　再包装により費用が低減されれば、それが製品価格にもはね返り、販売促進の要素になることはいうまでもないことであるが、再包装による費用低減にはそのほかにも重要な側面が存在する。

　第1に、再包装により不効率であったパッケージを物流面での効率性に合わせて再パッケージすることで、そのコストを他の物流要素の再構築に活用できるのである。第2には、パッケージを改良することによって削減されたコストは、そのまま製品計画にもはね返る可能性が高い。つまり、その分のコストを製品開発のさまざまな部分に再投入することができるのである。さらには、パッケージ面での製品ラインの統一ないしは整備が図れれば、パッケージそれ自体の製作コストが削減され、同時に複数製品を同じプロモーション・キャンペーンのもとで訴求することができるのである。前述のように、パッケージの多様性・複雑性から、顧客に別々にとらえられていた製品が同一のイメージ、あるいは同一の製品属性としてとらえられるようになり、販売促進の効果も得られるのである。

　この文脈から、やはり小売業では、再包装の用途・状況的側面からの削減・見直しを図ることが重要となる。必要のない再包装は避けることにより、コスト削減が図れ、企業イメージが上がる場合もある。しかしながら、その一方で、高額で顧客がこだわりを持った製品、あるいは贈答に使用される製品ないしは状況では、それに応じた再包装が必要になるかもしれない。また、現代の趨勢を考えたならば、贈り物だからこそ、贈られる人の生活様式や嗜好、あるいは処理の煩雑さを避けるといった理由から、あえて華美な包装を敬遠することもある。

　包装過多であるといわれているわが国の現代消費市場にあって、パッケージそれ自体の削減は、企業にとってのコスト削減による他の資源の有効活用だけでなく、それによる価格引き下げのプロモーション的効果や自然環境保護に敏感な顧客ないしは消費者に対するプロモーション的要素にもなることが十分考えられることから、全社的な視点から計画・

管理されることが求められるようになってきているのである。

　最後に、既存のパッケージを変更することにおいては、管理者は、その変更が迅速になされうるかどうかだけでなく、それが突然に行われるべきか、段階を踏んで徐々に行われるべきかどうか考慮しなければならない。突然の変更は製品イメージを刷新し、新規の顧客を引き付けるかもしれないが、顧客あるいは消費者の製品に関するアイデンティティーを喪失させ、既存の顧客を失うことにもなりかねない。しかしながら、パッケージの変更は製品に大きな改善をもたらし、マーケティングや流通に変化を与え、企業イメージや企業の所有者に対する印象を改善する手段としても重要であり、企業もしくは事業の全体戦略にも影響を与える要素である。

　パッケージの全面改訂は通常、ある製品の売上げが落ち込み始め、市場でのシェアを失う危険性を呈したり、収益が失われそうになった場合に行われる。他方、段階的なマイナー変更は一般的には、ある製品が十分な売上げおよび収益レベルを確保しているときに行われる。この種の変更はコストの削減、品質の改善、便宜性の付加、あるいは競争相手に対抗することを目的として行われるのである。

4　新製品開発とデザイン

（1）新製品におけるパッケージングの戦略的重要性

　新製品に限らず、パッケージの美しさは、消費者のニーズを満たすものとして重要となっている。新製品のデザインは、新製品開発に密接に関係するものであり、パッケージとデザインは密接に関連するものである。商品を包装するというパッケージではなく、よりマーケティングの意味を持つデザインから検討することが必要となる。

　杉野はデザインの価値を3つに整理している（杉野格〔2013〕.）。

　①　形の美的価値

② 生活における意味的価値
③ モノゴトの論理的価値

　多くの商品の普及率が高くなり、コモディティ化が進展するようになると、差別化の要因として商品のパッケージもしくはデザインが重要となる。ペットボトルの形状を竹の形にして販売したサントリーの伊右衛門、あるいは企業の中核となるブランドとして投入された資生堂のTSUBAKIなどは特徴的なデザインを有している。バランスや色などを考慮しておくことが必要となる。

　さらに、デザインを製品ラインで統一し、ライフスタイルを提示するのが生活における意味的価値である。家電メーカーが導入した若者向けのラインアップは、その代表例となる。色やデザインを統一し、それを利用する消費者のライフスタイルを示す。同様に、自動車であれば、日産リーフやトヨタのプリウスはエコ志向を示す商品となる。自然志向や環境志向はデザインを考える際、重要な検討事項となる。

　パーソナルコンピュータでは、アップル社のMacBookはその使用空間にマッチしたデザインとなっている。外出する機会が多いPC利用者を対象に、すぐに起動し、ネットワークにつなげるよう機能をシンプルにすることによって、喫茶店などでも利用できるデザインとなっている。

　社会的な意味は、その時代で要求されていることを反映する必要がある。クールビズといわれるわが国政府が主導している地球温暖化対策は、従来のフォーマルとなっているネクタイからクールビズ向けのシャツを導入する動きになった。シンプルであり、かつ納得できるデザインを持った製品の創出が求められている。

　製品の外観から受けるイメージも重要となる。モノゴトの論理的価値は、製品の持つ意味から使用者が想像できるということを意味するものであり、個別の部品の単なる集合体ではなく、利用している段階における価値を重視することになる。

（2）新製品開発とパッケージ・デザイン

　新製品のためのパッケージ・デザインは、新製品開発計画の一環として取り扱われるべきであり、新製品が完成したあとにパッケージを考えるということは、一般的にはあまり行われない。それどころか、新製品のアイデアが評価段階にあり、当分の間、製品として完成しそうにないようなものについても、それに適したパッケージの開発を行っているということも少なくない。そのような場合、製品開発とパッケージ開発は同進行的に行われ、相互に調整を行い、製品の性質や形態に応じてパッケージを変更しなければならないこともあったり、パッケージに合わせて製品を変更することもあり得るのである。

　パッケージのよしあしが、新製品の市場導入に大きく影響を与える要素となっていることが非常に多いのである。特に、化粧品やトイレタリー製品、食料品といったパッケージが製品のイメージを大きく左右するような製品分野においては、パッケージ・デザインの開発は、新製品開発と密接に関係しているばかりでなく、製品そのものの開発であると考えられるべきであるといってもいいすぎではない。

　新製品のためのパッケージ開発において注意しなければならない要素を挙げると、次のようになる。

①　従来の製品にない新しい、または斬新なパッケージ・デザインを考案すること
②　端的に商品の内容がわかるようにすること
③　視覚的な連想を起こさせるようにすること
④　ディスプレイの仕方、ディスプレイをされた状態を考慮に入れるようにすること
⑤　使用上の便宜性を考慮に入れるようにすること
⑥　ブランドとの整合性

　さらに、デザインは重要な戦略的資源となる。そのため、知的財産権としてその保護を検討する必要がある。意匠権は、製品デザインの保護において中心となるものである。意匠法は、「意匠の保護及び利用を図

ることにより、意匠の創作を奨励し、もって産業の発達に寄与することを目的とする」もので、製品のデザインの有用性を法律で認め、保護することによって、デザイン開発および経済発展を果たそうとするものである。意匠権の権利期間は、20年となる。知的財産権は、グローバル競争の激化に伴い、より重要な資産として認識されているので、デザインやパッケージングにおいて重要な要素であることを認識する必要がある。

5 ラベリングと等級化

(1) ラベリングの概念と要件

ラベリングはパッケージングと密接に関係はしているが、それとは異なった別の管理的視点を必要とする製品に関する決定であるとされる(Stanton, W., et al.〔1994〕p.278.)。ラベルは、製品と製造もしくは販売業者に関する情報を提供する製品の一部であると同時に、パッケージの一部でもあり、それは製品に付けられるタグ（値札、荷札、付け札）であるかもしれない。それはまた、ブランドを表示するための有効な手段であるために、パッケージ同様、ブランド設定ないしはブランド・プロモーションと密接な関係にあり、その一部であるとすることも多い。

加えて、ラベリングすることは製品を区別する手段でもあることから、製品計画における製品ライン管理あるいは等級化、小売業におけるマーチャンダイジング計画における等級化による商品管理の一部として計画・管理される方向が一般的である。

そのようなことから、ラベルは本来的には、顧客ないしは消費者が購買に際して必要である、あるいはその製品を訴求するのに必要であると思われる種々の情報を伝達する手段であるという意味において、解説的であるべきである。しかしながら、ラベルに記載される事項は製品または法的規制などによってさまざまであり、必ずしも解説的であるとはいえないラベルも多く存在する。

ラベルに記載されるべき主要な項目を挙げると、次のようになる。

① 商標またはブランド名
② 製造業者名および販売業者名(発売元)
③ 内容物の数量または容量
④ 製造された場所・日時
⑤ 包装された日時
⑥ 賞味期限などの有効期限
⑦ 商品の大きさ(形状)
⑧ 商品の型・種類
⑨ 商品(内容物)の成分
⑩ 用途および利用法
⑪ 取り扱い上の注意
⑫ 保証内容・保証期間
⑬ 品質ないしは性能
⑭ 政府または公認団体による検査証(印)
⑮ その他

現代では物流上の要請から、これらの事項のすべてもしくはほとんどが電子情報としてバーコードないしはICチップなどにも織り込まれ、ラベルに添付されている。

(2) ラベリング政策と種類

上記のような特徴を持ち、要件を必要とするラベルであるが、それらは企業の採用する政策によって、以下のような3つの種類に分けることができる。

① **ブランド・ラベル**

単純に製品ないしはパッケージにブランドのみを記載したラベルを適用する政策である。特定の農作物や一部のアパレルなどの服飾品に用いられている。ブランド・ラベルは、ラベリングとしては最もシンプルでわかりやすいラベルではあるが、購買者に対して十分な情報を提供しているとはいい難い側面を持つ。

② 記述的ラベル

　ラベルに製品の成分、重量、用途、使用上の注意、使用方法、有効期限などが記載されたラベルであり、解説的ラベルとも呼ばれる。それらは製品の重要な特徴を文字や絵などで表現したり、解説したりしている。製品に付けられているタグのほとんどがこれに含まれる。

　記述的ラベルの目的は、消費者が購買するにあたって、製品が妥当なものであるかどうかの判断をするのに必要な情報を伝達することにある。その意味では記述的ラベルは、シンボル、文字、数字などによって製品の情報が記載されているので、等級ラベルのように購買者を品質や性能の面で混乱させることはない。したがって、記述的ラベルは等級ラベルよりもセルフサービス方式の販売には適しているとされている。

　しかしながら、記述的ラベルは製品の品質や性能についての情報を提供するが、顧客もしくは消費者が購買決定に至るのに必要な情報をすべて提供しているとは必ずしもいえないとする見解も少なくない。

③ 等級ラベル

　文字や数字、言葉によってその製品の品質が識別できるようにしてあるラベルであり、その等級は製造業者もしくは発売元がある品質基準に従って等級分けしたものである。

　等級ラベルはさまざまな製品の品質に対して、1つの価値体系を提供するものであることから、消費者ないしは顧客が製品を購買するにあたって、ブランド名にのみ頼るという危険性を軽減するものであるといえる。つまり、等級ラベルには製品をある一定の基準によって等級分けしてあることが明示されているので、購買者はそれによってさまざまな製品の中から合理的に選択が行えるという利点を持っているといえる。

　しかしながら、等級ラベルには「製造業者もしくは発売元による等級分けであるので、それが正しく行われていて、そのように表示されているか定かではない」「等級分けが不十分であるという懸念から、それぞれの産業に対する政府の介入ないし影響力が強くなるおそれがあり、産業の成長・競争を妨げる」「それによって、消費者が不利益を被る」

「農産物や食料品のような主観的な味覚などによって左右される商品の等級化自体が明確性を欠く」といった、等級化それ自体の本来持つ問題とラベル表示に関する問題が複雑に関係し、購買者に対して十分な情報を与えていないという指摘もある。

（3）ラベル表示に関する法律と記載事項規定

　わが国におけるラベル表示に関する法律は、古くは1934（昭和9）年の「不正競争防止法」によって、虚偽の原産地、品質、数量につき誤認させる表示が禁止されたことに始まる。

　その後、製造業者、販売業者のラベル政策に影響を与える法律が制定されていく。主要なものを挙げると、以下のようなものがある。

1) 薬機法（医薬品、医療機器等の品質、有効性及び安全性の確保等に関する法律）（旧薬事法）
2) 輸出検査法
3) 不公正な取引に関する告示（特殊指定）――畜肉など缶詰における特定の不公正な取引方法（公取表示）
4) 不当景品類及び不当表示防止法
5) 家庭用品品質表示法――繊維製品、合成樹脂加工品、電気機械器具および雑貨工業品
6) 食品衛生法――添加物、賞味期限など
7) JAS法（農林物資の規格化等に関する法律）――遺伝子組み換え品情報、有機表示
8) 健康増進法――特定保健用食品など

　このように、ラベルの使用方法については法律によって制限されている。製造業者や販売業者は法律で規制された部分だけでなく、消費者および使用者の安全と健康を考慮に入れて、みずから進んで製品およびパッケージの材質や内容物、品質、性能などを明示することが必要であることはいうまでもないことである。

コラム コーヒーブレイク

《パッケージにおけるユニバーサル・デザインの必要性とポイント》

ユニバーサル・デザインとは米国ノースカロライナ州のユニバーサル・デザインセンターによって提唱された概念で、「あらゆる体格、年齢、障害の度合いにかかわらず、だれもが利用できる製品・環境の創造性をめざすものである」とされている。

とりわけ、わが国においては世界に類を見ないスピードで高齢者比率が増加しており、高齢者は、加齢による身体変化(筋力の低下、視力の低下、指先の制御機能の低下など)が発生し、普段の生活に不具合を来すことが多い。そのため、パッケージもユニバーサル・デザインを考慮に入れた開発・管理が必要になってきている。

パッケージにおけるユニバーサル・デザインのポイントとしては、以下の3点が挙げられる。

1．五感に対する視点と考慮

視覚、聴覚、味覚、触覚、嗅覚といった人間の五感に対してユニバーサル・デザイン的な配慮。

2．心理的側面からの視点と配慮

理解しやすい言葉を用いたり、図式化するなどして、心理的な抵抗や障害を取り除くような配慮(外来語の多用を避ける)。

3．側面からの視点と配慮

具体的な包装の構造にかかわる部分での十分な配慮。

第6章　理解度チェック

次の設問に解答しなさい（解答・解説は後段参照）。

1. 在庫を少なくすることによって必要となる政策に関する次の記述のうち、不適切なものを1つ選びなさい。
　① 在庫スペースを確保することができない可能性があるので、小ロットでの発注が必要となる。
　② 流通加工、包装等をそのつど行うことが必要で、そのためのコストがかかる可能性がある。
　③ 頻繁に輸送をすることが必要となるので、輸送経路の工夫による効率化が必要である。
　④ 輸送単位は効率性を高めるために、ロット数を大きくすることが必要になる。
　⑤ 需要予測の精度を上げることによって、在庫を減らしたことによる欠品を起こさないようにする。

2. パッケージに関する次の記述のうち、不適切なものを1つ選びなさい。
　① パッケージの消費者・環境問題への対応として、包装容器の減量化や繰り返し使用、再生利用、焼却の可否、埋め立ての可否が考慮される必要がある。
　② 広告や販売促進とは異なり、パッケージには法的規制がないが、消費者保護の視点から自主規制が求められる。
　③ 再包装とは、既存の包装あるいは製品ラインの包装を改善・改良することによって、販売促進、コストの合理化、市場の拡大の要求に応えようとするものである。
　④ パッケージの開発は慎重に行われるべきであり、開発時間の長短にかかわらず、製品に最も適したパッケージを開発するよう努めるべきである。
　⑤ パッケージには、商品の保護の視点だけでなく、プロモーションの視点を持って開発を行う必要がある。

> **第6章　理解度チェック　解答・解説**
>
> 1. ④
>   在庫スペースの関係で発注と輸送は小ロットで対応できるようにする必要がある。
>
> 2. ②
>   パッケージには複数の法的規制が存在する。

〈参考文献〉

石原武政・石井淳蔵編『製販統合』日本経済新聞社、1996.

(一社) 日本ロジスティクスシステム協会 (JILS)「2015年度物流コスト調査報告書」2016.

M. クリストファー、田中浩二監訳『ロジスティクス・マネジメント戦略』ピアソン・エデュケーション、2000.

苦瀬博仁編著『ロジスティクス概論』白桃書房、2014.

「新物流実務辞典」編集委員会編『新物流実務事典』産業調査会事典出版センター、2005.

杉野格『デザインマネジメント』丸善書店、2013.

ダイヤモンドハーバードビジネス編集部編『サプライ・チェーン理論と戦略』ダイヤモンド社、1998.

竹安数博・坂爪裕『バーチャル・マルチメディア時代の生・販・物統合システム』中央経済社、1996.

通商産業省商政課編『90年代の流通ビジョン』通商産業調査会、1989.

通商産業省産業政策局・中小企業庁編『21世紀に向けた流通ビジョン』通商産業調査会、1995.

寺嶋正尚『事例で学ぶ物流戦略』白桃書房、2010.

中田信哉『物流のはなし』中央経済社、1983.

中田信哉・長峰太郎『物流戦略の実際〔新版〕』日本経済新聞社、1999.

徳永豊『マーケティング戦略論』同文舘出版、1966.

日本物的流通協会編『物流戦略と革新事例』日本物的流通協会、1987.

村田潔編『ロジスティック型情報システム』日科技連出版社、1996.

矢作敏行・小川孔輔・吉田健二『生・販統合マーケティング・システム』白桃書房、1993.

Assael, H., Marketing: *Principles & Strategy, 2nd. Ed.* Dryden, 1993.

Baker, M. J., *Companion Encyclopedia of Marketing,* Poutledge, 1995.

Griffin, R. C. JR. and Sacharow, S. Brody, A. L., *Principles of Packaging Development second edition,* Krieger Publishing Co, 1993.

Stanton, W. J., Etzel, M. J., Walker, B. J., *Fundamentals of Marketing 10th edition,* McGraw-Hill, 1994.

第7章

プロモーション政策

【この章のねらい】

　第7章では、マーケティング要素としてのプロモーションの位置づけを確認し、政策を立案するうえでの構成要素を抽出して、その特性を把握し、政策を組み立てるための考慮要件を整理し、政策決定までを考察する。そして、プロモーション政策の実施と管理、効果測定の考え方と進め方を学習する。

　Plan－Do－Check－Actionの手順を踏まえて、プロモーション全般にわたる知識と手法を習得してもらいたい。

　次に、広告は、ターゲットの設定、メッセージの統一、予算設定などの点でプロモーション・ミックスの先導役を果たしている。広告戦略の2本柱であるメディア（媒体）戦略とクリエイティブ（表現）戦略推進の手法を考察し、マスからパーソナルへの転換期といわれている中での広告メディアの決定、クリエイティブのテーマとアイデアの採択など、基本的な方向をつかんでもらいたい。投資効果向上のための広告効果測定、コンプライアンスを背景にした広告倫理と規制の2点について十分な理解が大切である。

第1節 プロモーション政策の構築と管理

学習のポイント

◆マーケティング目標とプロモーション目標の位置づけを確認する。
◆プロモーションの主要素であるメッセージ策定とプロモーション・チャネル選定の基本的枠組みをつかむ。
◆プロモーション・ミックスの決定要因を把握する。プロモーション・ミックスの決定とは、プロモーション政策決定そのものを意味する。
◆プロモーション・ミックスの実施と管理を方向づける予算設定方式を確認する。
◆予算設定方式とともに重要なポイントであるターゲット設定方式を検討する。
◆プロモーション効果測定のあり方について考察する。

1 プロモーション・ミックスの構築

（1）プロモーション目標の決定

　プロモーション目標は図表7－1－1のように、企業の経営目標、事業戦略、そして直接的にはマーケティング目標に準拠している。
　① 売上げやマーケット・シェアの向上というマーケティング目標は、同時にプロモーション政策のゴールでもあること
　② 商品、価格、流通といったマーケティング・ミックス諸政策の決

第1節　プロモーション政策の構築と管理

図表7－1－1　プロモーション政策の位置づけ

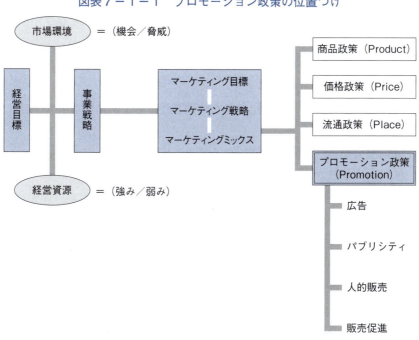

　定を消費者に伝えるアンカーの役目を果たすこと
③　広告、販売促進、人的販売、パブリシティなどプロモーション・ミックスの最適化を方向づけること

　以上が基本枠組みであり、これに沿って、新製品の発売や既存商品販売の強化、流通業者や社内のコミュニケーションの活性化、消費者への適確な情報伝達など、プロモーション活動別の個別目標が設定されることになる。

（2）メッセージの策定

　プロモーション活動の原点は**コミュニケーション・プロセス・モデル**にある。ここでは、情報の送り手である企業と受け手である消費者が、1つの情報の意味を共有することが命題となる。企業の意図した情報が

受け手に届かなかったり、意味が間違って伝わったりではコミュニケーションは不成立となり、いわゆるコミュニケーション・ギャップが生じることになる。そのため、
① 情報の送り手である企業に絶対的な信頼、圧倒的な魅力といったパワーがある
② 送り手によって記号化された情報を受け手である消費者が正確に解読できる
③ 正確なメッセージが適切なメディアに乗って送られる
④ 競合他社からの情報などのノイズが少ない

などがコミュニケーション効率を上げる基本条件となる。

メッセージは、企業と消費者が共有できる**シンボル**、具体的には文字、言葉、絵画、写真、商品デザイン、店舗構成などを組み合わせて記号化したものである。なかでも、消費者との絆となるブランドはメッセージに不可欠な構成要素となっている。また、複数のチャネルを駆使する多面的なプロモーションにおいては、シンボル表現の統一が図られ、それらはワンボイス、ワンルックとも呼ばれる。もちろん消費者の立場に立った、消費者が解読できる情報の伝達が基本である。伝わらなければ何の意味もない。

（3）プロモーション・チャネルの選定

コミュニケーション・プロセス・モデル（→図表7－1－2）において、メディアに相当する部分がプロモーション・チャネルである。すなわち、意図したメッセージを消費者に届ける機能であり、以下に示す複数のチャネルをシナジー効果の高い、最適な組み合わせに構築する手法がプロモーション・ミックスである。

1）広告

広告はプロモーションを企図する企業が広告主として名を明らかにし、ターゲットとなる特定の人々を対象に、アイデア・商品・サービスについて、新聞・雑誌・テレビ・ラジオといったマス・メディアを有料で利

用して、人を介さずに情報を提示し、購買を勧める手法である。短期間に広範囲へ浸透を図ることができる点が大きなメリットである。マス・メディアは、その影響力から多数のオーディエンスを対象とすることができるので、広告の中心となる。

マス・メディア以外でも通勤・通学電車の車内吊り広告や屋外看板広告などコミュニティ広告がある。これらの広告は、ターゲットを明確にすることができる。電車の車内広告であれば、通勤・通学客が対象となり、屋外広告であれば、設置場所に関連するオーディエンスを対象とすることになる。

さらに、近年ではインターネットが重要な広告メディアとなっている。パーソナル・コンピュータ、スマートフォンなどが大幅に普及することによって、インターネットを利用する人々が増えている。メール、ウェブ、SNS等を活用した広告は、大幅に増加している。

図表7-1-2 コミュニケーション・プロセス

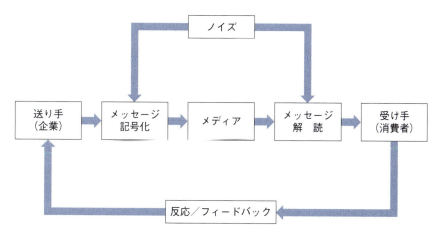

2）パブリシティ

　パブリシティは広告と同様に、マス・メディアを使った情報発信手法である。広告との違いは、広告の場合、みずからが内容をコントロールすることができるが、パブリシティの場合は、記事やニュース番組として報道されるため、掲載やオンエアのコントロールは不可能となる。そのため、すべてのパブリシティが企業にとって望ましいものになるとは限らないが、そのような特性があるため、消費者の信頼性は高いと考えられる。

3）人的販売

　セールス・パーソンと呼ばれる販売員が特定の消費者に口頭で行う販売活動である。商品特性や使用メリットを説明する、いわゆる対人コミュニケーションであり、1対1のフェイス・ツー・フェイスが基本であるが、最近では、電話セールス、ホームパーティ形式など、手法が多様化してきている。いずれにせよ、販売を完結させるという機能を担う。

4）販売促進

　狭義のプロモーションと呼ばれ、広告、パブリシティ、人的販売を補う。折り込みチラシ、DM、店頭POP、サンプリング、セミナー、展示イベントなどさまざまな手法が用いられ、ターゲットも消費者のみならず、流通業者に対するリベートやアローワンス、社内でのコンテストなど、広くインセンティブを図って販売を促進する。最近では、携帯電話の普及に伴いWOM（Word of Mouth＝口コミ効果）へ注目が集まるなど、販売促進手段の多様化も著しい。

　近年のインターネットやSNSの台頭は、プロモーション・チャネルの選定に大きな影響を与えている。広告中心のマス・コミュニケーションから1人ひとり異なるパーソナル・コミュニケーションへ、パラダイム・シフトは確実に進展している。

(4) プロモーション・ミックスの決定

　プロモーション・ミックスの決定とはプロモーション目標の達成をめざして、チャネルの最適な組み合わせを構築することである。この政策を方向づけるのは、次の２つの戦略である。

1）プッシュ戦略

　プッシュ戦略は、生産者であるメーカーから卸売業者、小売業者といった販売チャネルを通じて、消費者まで商品を押していく（プッシュする）戦略で、セールス・パーソンによる人的販売とそれをサポートする販売促進活動が、プロモーション・ミックスの軸となる。

2）プル戦略

　メーカーが、広告やパブリシティといったプロモーション・ミックスによって、直接消費者へ情報発信し、刺激し、購買意欲を喚起し、小売店へ向かわせて指名買いを促進する、いわば消費者を引っ張る戦略が**プル戦略**である。

　これらの戦略を案出するためには、以下のような点が考慮要因となる。
① 　市場の特性
　市場エリアが狭ければ人的販売、広ければマス・メディア広告中心のチャネル選択となる。
② 　製品の特性
　一般的に生産財は人的販売や販売促進、それに対して消費財は市場、客層も広がるためマス・メディア広告が中心となる。
③ 　販売網の特性
　開放型のチャネルなら広告が主力、閉鎖的なチャネルなら人的販売が主力になる。
④ 　プロモーション予算
　消費者１人当たりのコストは、広告やパブリシティが低く、人的販売、販売促進活動が高くなるが、あくまでも売上高に対する費用対効果を第一に検討する必要がある。

⑤ 製品ライフサイクル

製品ライフサイクルに対する判断は、戦略決定に最も影響が大きい。特に、昨今は製品短サイクル時代といわれ、技術革新は目まぐるしく、マーケティング競争が一段と厳しい状況にあって、じっくり商品を育てて果実を得ることが難しくなってきている。機を逃さない戦略の真価が問われている。→図表7-1-3

a）導入期……イノベーターと呼ばれる革新的な消費者に対して、製品特性の認知を図ることが課題になる。人的販売を核に消費者啓発にあたることが肝要である。

b）成長期……マス・メディアを使った広告、パブリシティの投入時期である。競合相手が続出する中で、自社ブランドの明確なポジションを確立しなければならない。

c）成熟期……市場での生き残りを賭けたサバイバル戦の時期であり、人的販売や各種の販売促進活動に加えて、広告、パブリシテ

図表7-1-3　製品ライフサイクル

	導入期	成長期	成熟期	衰退期
売上げ	低水準	急速上昇	緩慢な上昇または停滞	下降
顧客	革新者	早期追随者	後期追随者	遅期追随者
目標	製品の認知	ブランドの浸透	シェアの防衛	撤退または残存者利益の確保
基本戦略	プッシュ戦略（人的販売＋販売促進）	プル戦略（広告＋パブリシティ）	プッシュ戦略（人的販売＋販売促進）	フォローまたはゼロ

ィなどきめの細かいミックスが重要になる。現在、多数の製品がこのサイクルにあるといわれる。
d）衰退期……撤退のタイミングと残存者利益を逃さないことである。プロモーションも終結の時期となる。

　以上のような特性を踏まえて、プッシュ戦略とプル戦略からなるプロモーション・ミックスが決定されるわけであるが、最適のプロモーション・ミックスを決定する定式はない。そのため、ここで挙げた多様な要因を、一定の予算とスケジュールの中で、どのように組み上げていくか、状況判断のための情報収集力と経験がものをいう。

2 プロモーション・ミックスの管理

(1) プロモーション予算の決定

　決定されたプロモーション・ミックスの効率的な実施と管理を支えるのは、最適なプロモーション予算の設定と運用である。

　プロモーション予算がプロモーション活動経費であることはもちろんであるが、より幅広く、ブランドや企業イメージを維持し、市場基盤を固めるための戦略投資ととらえる視点を持つ必要もある。長期にわたった消費不況からより早い立ち直りを見せたのは、こうした展望を持って予算管理にあたった企業である。長期的視野に立った堅実なプロモーション投資が実を結んだといえる。

　この点に配慮しながら、プロモーション予算は、
① 安定商品、ブランドのプロモーション活動実績をベースにした固定的な割当予算
② 新製品発売や突発的な競合対抗などに伴う変動予算
の効率的な配分を計画、管理することになる。その予算設定には、次のような方式がある。
　a）売上高比率法

売上実績または売上予算に一定のパーセンテージを乗じて設定する方式で、一般的に採用されている。

b）利益比率法

利益額に対する比率を基準に算定する方法であるが、利益予想の困難さを考えると、正確性に欠ける嫌いがある。

c）競合対抗法

有力な競合企業のプロモーション費用を基準に、これに対抗できる予算の設定方式である。基礎になる政策の違いを換算するのが難しい。

d）支出可能額法

企業の状況から判断して支払可能な予算設定を図る方法である。経営者の勘と度胸にゆだねられることが多い。

e）目標課業達成法

プロモーション目標の達成に必要な課業（タスク）をブレイクダウンして、おのおのの予算を積み上げる方式で、最も合理的とされる。

以上の予算設定方式の中で、最も多く採用されているのは売上高比率法である。特に安定した売上げが見込めるブランド商品の予算設定に向いている。一方、新製品など上市してみなくては売上予測がつかないような場合には、支出可能額法が適当である。目標課業達成法は積み上げ方式ともいわれており、プロモーション目標の到達状況をにらんで、タスクごとに予算を積み上げていくので、状況対応に勝る方式である。

（2）プロモーション・ミックスの実施と管理

プロモーション・ミックスの実施にあたっては、ターゲットの設定が最重要ポイントである。プロモーションの主なターゲットとして、消費者、販売業者、社内の三者が挙げられるが、何といっても消費者がアプローチの最終目標である。その設定にあたっては、当該製品の特性やブランドのイメージ・ポジションに加えて、次のような市場セグメンテーション因子が分析軸となる。

① 性、年齢、職業、収入、住まいなどの人口統計学的要因
② 保守的か革新的か、趣味や嗜好は、などの心理学的要因
③ 北か南か、都会か地方か、食品飲料プロモーションには不可欠な地理学的要因
④ ヘビーユーザーか、ライトユーザーか、商品使用上の顧客特性要因

　ターゲットの特定とは換言すれば個別化である。何となく都会的な、平均的に若い、女子大生風、などといったあいまいで集団的な設定では中途半端で、プロモーションの実行には役立たない。たとえば、隣のハナコさん、といった個人がイメージできなくてはならない。

　また、今日、平均的な消費者は1日に約1,600の**プロモーション・メッセージ**に出会い、そのうち約80を認知し、12程度に反応するという米国の調査データがある。わが国においても、情報氾濫時代といわれる昨今、単発のメディア、限定されたチャネルだけのプロモーションでは、効果はほとんど期待できない。朝起きてから、外出時、仕事や勉強、レジャーの場、団らんのときなど、隣のハナコさんがプロモーション・メッセージに接する**コンタクト・ポイント**は多様で、日々変化している。つまり、この接点＝コンタクト・ポイントの定点観察と、生活行動の洞察（インサイト）こそ、プロモーション・ミックス管理の基本である。

　以上、予算とターゲットの設定こそが、プロモーション実行の両輪である。
　その実務にあたるプロモーション担当部門は、通常、販売促進部、宣伝部などと呼ばれ、次のような業務を遂行する。
① 情報収集と状況分析を行い、プロモーション戦略与件を抽出する。
② マーケティング目標に合致するプロモーション目標を設定する。
③ 効率のよいプロモーション・チャネルのミックスを構築する。
④ 予算設定とターゲットの特定、活動の管理を図る。
⑤ 広告会社、SP（セールス・プロモーション）会社などを選定、作業の発注と管理にあたる。

⑥ 実施結果の効果測定と時期活動へのフィードバックを図る。
⑦ 部門スタッフの能力開発、人材補強を進める。
これはプロモーション活動進行の手順でもある。

（3）プロモーション効果の測定

　プロモーション目標はマーケティング目標に準じた、売上高の増大、マーケット・シェアの拡大である。したがって、その効果測定とはプロモーション（費用）の投入量に対する売上高やマーケット・シェアの成果の測定を意味する。この考え方は伝統的に、目標管理法、売上対応モデルとして知られてきたものである。

　しかしながら、売上高やマーケット・シェアは必ずしもプロモーション成果のみに依拠するものではない。商品の品質、デザイン、価格、サービス等々、さまざまな要素が絡み合って生まれた結果であり、中身は説明不能、まさにブラックボックスといわざるを得ない。

　この課題に対して、プロモーションの効果を売上高やマーケット・シェアへの直接的な反映ととらえず、プロモーション・メッセージに接触した消費者が購買行動に至るまでの、心理変容、態度変容に与える影響として把握するといった考え方が、主流になってきている。

　図表7-1-4に示したAIDMAモデルは、その基礎とされるものである。消費者はプロモーション・メッセージに接触することによって、注意を引かれ、関心を持ち、欲求を喚起し、記憶し、購買する、という心理変容プロセスを示したもので、プロモーション効果の管理はもとより、プランニングのさまざまな場面で応用されている。なお、このAIDMAモデルは伝統的なマス・メディアを前提にした考え方である。つまり、広告を見る場面と購買の場面が物理的にも時間的にも隔たりがあるので、記憶（M）が必要となる。一方、インターネットが出現していく中で、その特性を前提にしたモデルも提示されている。電通によって提示されたAISASはその代表例で、注目（Attention）、関心（Interest）、探索（Search）、行動（Action）、共有（Share）と、イン

図表7－1－4　プロモーション効果モデル

〈AIDMAモデル〉

〈売上反応モデル〉

ターネットでよく見られる検索と共有が含まれている。

　プロモーション効果の測定を、単に売上げに対する寄与率としてだけでなく、それぞれの活動のコミュニケーション効果を相乗して判定するものととらえることが肝要である。

 コラム　コーヒーブレイク

《顧客関係とプロモーション》

　情報技術の進展と個別のマーケティングの必要性が認識されることによって、従来のマス媒体を利用した広告やプロモーションではなく、個別対応のプロモーションが検討されている。デシル分析やRFM分析といった顧客を購買金額等から分類し、見込みがある顧客に対するプロモーションを行うことになる。従来のマス・メディアを用いた手法では、到達させる必要のないオーディエンスにも情報を提供することになるため、効率性が低くなってしまう。しかし、人的販売のような手法で個別に対応することはコストが著しく増加してしまう。そこで、顧客リレーションシップマネジメント（CRM）で用いられる顧客データベースを活用して、上位顧客に絞ったプロモーションを行うことで、より効率的に広告費を用いることができる。この方法では、ダイレクトメールが使われることがあるが、インターフェイスを整備することによってより幅広い分野で用いることが可能となる。

コラム 知ってて便利

《IMC》

　1990年代初頭の米国に登場したIMC（Integrated Marketing Communication）は、これまでの企業のマネジリアルな視点から、消費者の立場に立って、マーケティング情報を統合しようとする概念である。「IMCとは、広告、ダイレクト・マーケティング、販売促進、PRといったあらゆるコミュニケーション手法の戦略的な役割を生かして組み立てられた包括的コミュニケーション計画の付加価値を認め、かつこれらの手法を合体することにより、明晰で一貫性があり、最大効果を生むコミュニケーションを創造すること」（米国広告業協会）と定義される。→図表７－１－５

　細かな点に異論もあり、完成された理論とは言い難いが、マーケティング・ミックス、プロモーション・ミックス、メディア・ミックスなどを統合した、消費者にとってメリットの多いコミュニケーション戦略として、わが国でも最近、急速に注目されてきている。

図表７－１－５　IMC

〈マーケティング・コミュニケーション統合の視点〉

> １つの商品には、開発から使用に至るまで、消費者とのさまざまなコミュニケーションが連続的に存在する

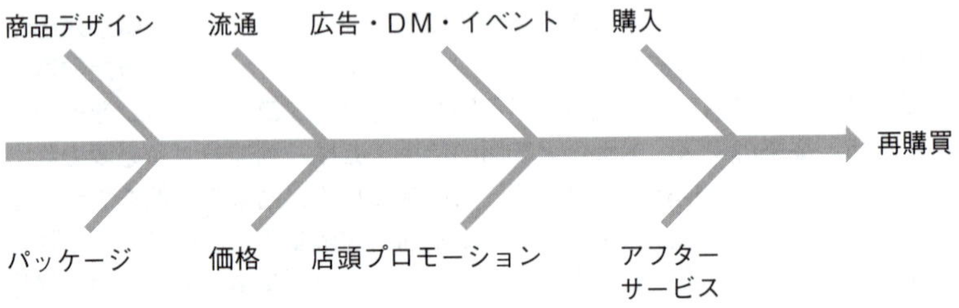

商品デザイン　流通　広告・DM・イベント　購入　→　再購買

パッケージ　価格　店頭プロモーション　アフターサービス

> 消費者の立場に立って効率的に情報を提供することを目標に、商品・価格・販売網・AD・DM・SP・PRなどのマーケティング、プロモーション、メディアの戦略的組み合わせを図る

第2節 広告

学習のポイント

- ◆4つのマス・メディアと躍進するインターネットの特性を抽出する。
- ◆メディア戦略の基礎的要因であるメディア到達の考え方を把握する。
- ◆メディアの特性とメディア到達の検討をもとに、メディア・ミックス推進の手順を確認する。
- ◆広告クリエイティブによって何を訴えるのか、広告テーマの内容を整理し、学習する。
- ◆どのように訴えるのか、アイデア創出手法を把握する。
- ◆クリエイティブ・プランの決定要因とは何かを考察する。
- ◆目標管理の原則に合致した広告効果測定のフレームを把握し、学習する。
- ◆コミュニケーション効果の測定とは何か、その理論を把握し、学習する。
- ◆広告効果に対する見方が厳しくなっている折、職場での意見、業務の変化も観察する。
- ◆消費者保護と広告倫理の項を通じて、広告における倫理とは何かを考察し、広告規制の枠組みを把握する。
- ◆景品表示法を中心に関連法規と規制の内容を確認し、学習する。
- ◆報道記事などをもとに各種規制問題の実態を学び、コンプライアンス時代の広告活動のあり方を考察する。

1 広告メディア

（1）メディアの特性

戦略的な媒体計画を立案する作業のメディア・プランニングはメディアの特性を把握することからスタートする。→図表７－２－１

図表７－２－１　メディア特性

新聞	＋	・社会的な信頼性、説明力 ・広い読者対象 ・多彩な暮らしの情報 ・記録性、保存性	テレビ	＋	・広範囲な視聴者 ・臨場感、親近感 ・映像のインパクト ・速報性、同時性
	－	・多い記事に埋没 ・雑誌より低い反復性 ・テレビに劣る即時性		－	・短い露出時間 ・同時比較が不可能 ・情報の一過性 ・不安定な視聴者層
雑誌	＋	・ターゲットが絞りやすい ・購読時間が長く、高い回読性 ・都市部、富裕層集中	ラジオ	＋	・ながら聴取が可能 ・音によるイメージ ・パーソナル性
	－	・配布地域の特定不能 ・劣る速報性、情報鮮度 ・不定期な購読率		－	・記録性がない ・異質なイメージを持つ危険

いわゆる**マス４メディア**の中で、「新聞」は信頼性が最も高く、その信用との相乗効果に期待する不動産広告や求人広告が集まっている。結果、類似広告の多さに埋没してしまう不利もある。「雑誌」は読者層が明確に絞られているのでターゲットに照準を合わせやすいが、週刊・月刊のため速報性に欠け、情報鮮度が落ちる。反面、記録性や保存性に優れているのが、印刷メディアとしての特徴でもある。

これに対して、電波メディアは速報性・同時性がある。「テレビ」はいまや１人１台といわれる普及率で、最も多くのオーディエンスをカバーしており、広告露出時間は短いものの、唯一動きが見える、インパク

トのあるメディアである。テレビ広告には、新製品販売やキャンペーンの告知に適した「スポット」と、企業イメージや安定したブランドの訴求に適した「番組提供」のタイプがある。「ラジオ」も雑誌に似てパーソナル性が強く、ターゲットが絞りやすい反面、情報の記録性に弱い。

このような不特定多数を対象とするマス・コミュニケーションに対して、インターネット・コミュニケーションの対象は多数ではあっても、1人ひとりの顔が見える特定多数である。必要に応じて瞬時に情報発信できる速報性、国境を越えたコミュニケーションを可能にするグローバル性、情報の受発信を同時に操作できる双方向性が、その際立った特徴である。このインタラクティブな通信機能を活用したダイレクト販売は、これまでにない広告即販売システムとして、プロモーション政策に革新をもたらしている。

多方面から注目を浴びている**インターネット広告**は、近年、マス・メディア広告を大きく凌駕する成長率を示している。その規模を見ると、2016年にインターネット広告媒体費は、1兆378億円（対前年比112.9％）となっており、媒体費が1兆円を初めて超え、広告の世界はインターネットメディアへのシフトが続いている。→コラム「日本の広告費」、図表7－2－2

インターネットによる広告手法はさまざまな方法が開発されている。ウェブ広告として、バナー広告、フローティング広告、テキスト広告がある。また、近年ではGoogleやYahoo！などの検索エンジンを用いることが多い。そのため、検索内容に応じて掲載される検索連動型広告（リスティング広告）も重視されている。これに関連して、近年では、**SEO（検索エンジン最適化）** によってホームページを改良することも行われている。

メルマガを使ったeメール広告、スマートフォンや携帯電話を利用したモバイル広告などが挙げられる。アフィリエイトプログラムも新しい広告手法の一種としてみなすことができる。アフェリエイトプログラムとは、ブログやメールなどからオンラインサイトにアクセスした顧客が

コラム コーヒーブレイク

《日本の広告費》

2016年の総広告費は6兆2,880億円、対前年比101.9%と、5年連続でプラス成長となった（電通調査）。

媒体別に見ると、「新聞広告費」（対前年比95.6%）、「雑誌広告費」（同91.0%）、「ラジオ広告費」（同102.5%）、「テレビメディア広告費」（同101.7%、地上波テレビと衛星メディア関連）を合計した「マスコミ四媒体広告費」は、同99.6%となった。「インターネット広告費」は1兆3,100億円（同113.0%）であり、「インターネット広告媒体費」は1兆378億円（同112.9%）と初めて1兆円を超えた。

2014年以来、2桁成長を続けるインターネット広告の構成比は年々高まっており、広告市場のプラス成長をけん引する形がさらに鮮明になってきている。

図表7－2－2　媒体別「日本の広告費」（2014～2016年）

広告費 媒体	広告費（億円）			前年比（%）		構成比（%）		
	2014年(平成26年)	2015年(27年)	2016年(28年)	2015年(平成27年)	2016年(28年)	2014年(平成26年)	2015年(27年)	2016年(28年)
総広告費	61,522	61,710	62,880	100.3	101.9	100.0	100.0	100.0
マスコミ四媒体広告費	29,393	28,699	28,596	97.6	99.6	47.8	46.5	45.5
新聞	6,057	5,679	5,431	93.8	95.6	9.8	9.2	8.6
雑誌	2,500	2,443	2,223	97.7	91.0	4.1	4.0	3.5
ラジオ	1,272	1,254	1,285	98.6	102.5	2.1	2.0	2.1
テレビメディア	19,564	19,323	19,657	98.8	101.7	31.8	31.3	31.3
地上波テレビ	18,347	18,088	18,374	98.6	101.6	29.8	29.3	29.2
衛星メディア関連	1,217	1,235	1,283	101.5	103.9	2.0	2.0	2.1
インターネット広告費	10,519	11,594	13,100	110.2	113.0	17.1	18.8	20.8
媒体費	8,245	9,194	10,378	111.5	112.9	13.4	14.9	16.5
広告制作費	2,274	2,400	2,722	105.5	113.4	3.7	3.9	4.3
プロモーションメディア広告費	21,610	21,417	21,184	99.1	98.9	35.1	34.7	33.7
屋外	3,171	3,188	3,194	100.5	100.2	5.1	5.2	5.1
交通	2,054	2,044	2,003	99.5	98.0	3.3	3.3	3.2
折込	4,920	4,687	4,450	95.3	94.9	8.0	7.6	7.1
DM	3,923	3,829	3,804	97.6	99.3	6.4	6.2	6.0
フリーペーパー・フリーマガジン	2,316	2,303	2,267	99.4	98.4	3.8	3.7	3.6
POP	1,965	1,970	1,951	100.3	99.0	3.2	3.2	3.1
電話帳	417	334	320	80.1	95.8	0.7	0.5	0.5
展示・映像ほか	2,844	3,062	3,195	107.7	104.3	4.6	5.0	5.1

注）2014年より、テレビメディア広告費は「地上波テレビ＋衛星メディア関連」とし、2012年に遡及して集計した。

購入した際に、そのブログやメールの発信者に対して報酬が支払われるものである。発信者はあらかじめ登録しておく必要がある。

SNS（ソーシャル・ネットワーキング・サービス）を利用した広告も出現している。SNSの中に、よく閲覧されるシーンで広告を挿入することが行われている。

このような各メディアの特性を考慮して、広告メディアの選択とミックスが進められることになる。

（2）メディアの到達

メディア戦略を立案するうえで、メディア特性の把握とともに、もう1つの留意点がメディア到達目標の設定である。**メディア到達**とは、ターゲットを広告に接触させるための媒体投入方式を意味し、次のような指標をもとに判断される。

① リーチ（Reach）

ターゲットとなるオーディエンスの何％がその広告を見たか、1人1回の接触をカウントするもので、媒体到達率（**リーチ**）と呼ばれる。広告キャンペーンを展開している際には、その期間に到着するオーディエンスの量や率によって測定される。たとえば、1ヵ月のキャンペーンで50％のオーディエンスがその広告を見てもらうことが目標となる。

② フリークエンシー（Frequency）

ターゲットはその広告を何回見たか、接触の回数をカウントするもので、媒体到達平均回数（**フリークエンシー**）と呼ばれる。繰り返し見てもらうことができると、その広告を記憶する、覚えてもらうことが期待できる。

③ GRP（Gross Rating Point）

リーチとフリークエンシーを乗じて算出した数値で表され、媒体延べ到達率（**GRP**）と呼ばれて、メディア・ミックス策定の指標とされている。たとえば一定水準の新製品知名度を得るために、GRP

2,000ポイントが必要という場合、〔リーチ80×フリークエンシー25〕とするか、〔リーチ50×フリークエンシー40〕とするか、条件に応じて、さまざまな組み合わせが考えられる。

メディア・ミックスを検討するうえで、メディア到達目標は重要な考慮要件である。「テレビCMは消費者に3回接触させれば有効」（クラグマン教授のスリーヒット理論）、「1週間以内に見た広告が購買に影響を与える」（J. F. ジョーンズ教授のリーセンシー理論）などは仮説ながら、関係各方面ではよく採用されている。

メディア選択においては、CPM（Cost Per Mill, Cost Per Thousand）という指標も使用されることがある。1,000人に到達するためにかかるコストで、そのメディアを利用するべきかどうかを判断する際に用いられる。たとえば、新聞という媒体が比較的高齢者層によって見られ、雑誌は若年層が見ることが多ければ、CPMから、高齢者をターゲットとする場合、新聞を用いることになる。

このように、メディアの選択とその組み合わせを考える際には、ターゲット特性、メディア特性、プロモーション・ミックスの目標などをもとに、このようなメディア到達のこれまでの実績と予測、類似商品のケースを比較検討して、構築することになる。

(3) メディア・ミックスの決定

マス・メディアの選択にあたっては、まず、製品とメディアとの相性を考えて、新聞、雑誌、テレビ、ラジオのどれを採用するか、媒体クラスを選ぶ。次に、そのスペースやタイムの露出量である媒体ユニットを決め、最後に、個別メディアの特徴と購読率や視聴率などのデータをもとに、ビークルと呼ばれる具体的な掲載紙、放送番組を確定する。

こうしたマス・メディアに加えて、SP広告メディアも無視できない。消費者の多様なコンタクト・ポイントに合わせて、通勤・通学時の車内吊りや屋外看板も主要メディアになっており、インターネット、携帯電話はすでにミックス戦略の必須メディアになっている。

マス・メディアと、SP広告メディアと、インターネットと、携帯電話などのモバイルと……これらは単なる並列的なミックスを超越して、コミュニケーション上の相互の役割をより有機的に組み合わせた、**クロス・メディア戦略**と呼ばれるレベルに進化している。

広告投入のタイミングも、同時に検討しなければならない課題である。年間を通じた連続型か、盆暮れのシーズン集中か、それを合わせたパルス型か、製品特性、需要期、競合製品動向などをもとに決定する。

以上の広告メディア関連作業手順をまとめると、媒体目標の設定→戦略の検討→予算配分→ユニット、ビークルの決定→スケジュール案の作成→ミックスの最終決定→媒体の購入→出稿と確認→効果測定となる。

2 広告クリエイティブ

(1) クリエイティブのテーマ

広告表現の制作にあたって第1のポイントは、ターゲットの洞察、**コンシューマー・インサイト**である。マーケット・ターゲットの正確な把握、広告ターゲットとの相違点、介護広告なら介護する人・される人の利便性や気持ちの差、といった細かな洞察が欠かせない。

インサイトの結果を踏まえて、このターゲットに何を伝えるのかを考察する。いわゆる「What to say」の決定が広告コンセプトであり、クリエイティブのテーマにつながる。メッセージを送る広告主の立場からは、

① 商品・ブランドの特徴、発売予定、プロモーション企画などを告知する。ほかにはない、USP（Unique Selling Proposition）といわれる訴求ポイントを消費者に知らせる

② 購買につなげるべく説得を図る。競合製品との比較優位性を提示する、ユーザータイプにマッチした製品の利用メリットを魅力的に説明することによって、高い消費者ベネフィットを伝える

③ ショッピングの際のブランド想起を促す。商品選びの時点で最初に自社ブランドを連想させる、TOM（Top of Mind）効果をねらう。

同時に、購買後に商品選択の失敗を悩む、いわゆる認知不協和のストレスを解消し、安心感とブランド・ロイヤリティを高める
などの方向が挙げられる。どの方向で広告コンセプトを固めるか、この方針はそのまま広告テーマの設定につながる。何を表現するのか、テーマが見えてくる。

「What to say」の立案に際して、広告する商品・ブランドのイメージ・ポジションの検討は欠かせない。図表７－２－３のマップは、首都圏の消費者を対象に行った自動２輪車の商品イメージ調査をもとに作成したものである。業界にはA社を筆頭に、B社、C社などハイイメージのライバルが割拠しており、D社のポジションは図の位置である。

調査の結果、この商品に最も支持されているイメージは「若さ」（若々しい・明るい）、次いで「ハイセンス」（高級な・知的な）である。A社は両方のイメージが圧倒的に高い理想的なポジションにあり、これに対抗するためには、

① 実線コース：C社との競争あり
② 点線コース：B社との競争あり

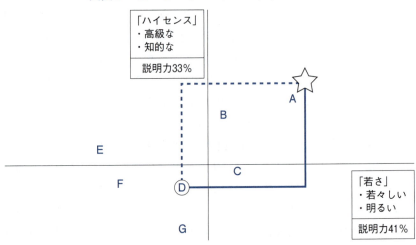

図表７－２－３　イメージ・ポジショニング

のいずれかの選択になる。

　競争相手との同質化戦略でいくか、それとも、あくまで差別化戦略か、自社と相手のマーケティング力を勘案して、**イメージ・ポジショニング**を検討しなければならない。クリエイティブを方向づける重要な要因である。

（２）クリエイティブの決定

　決められた広告コンセプトをどのように伝えるのか、「How to say」を考案するのが、以下のクリエイティブ・ワークである。

① この広告の目的、メディア・ミックスの方針、ターゲットの特性とこれまでの商品・ブランドに対する態度、広告接触後ターゲットに期待する態度変容、そのためにこの広告で伝えるべきことなどを、**コピー・プラットホーム**と呼ぶ一覧表にまとめて、スタッフに伝える。ディレクターの仕事である。

② 広告テーマを簡潔に表現し、注目させるキャッチフレーズを決める。感情に訴えるのか、理性に訴えるのか、それともモラルに訴えるのか、以後のアイデア創出のきっかけとなるものである。

③ キャッチフレーズに合ったコピー、ビジュアル、サウンド、キャラクター、タレントなどのアイデアを固め、**トーン＆マナー**といわれる全体の雰囲気・構成を整える。

④ ユニークなアイデアか、面白さがあるか、消費者を引き付けられるか、役立つ情報が伝わっているか、衝撃的か、といったポイントでプランを評価・修正して、最終案に仕上げる。また、消費者の反応を確かめるために、アイカメラやタキスコープといった手法を使って、**コピー・テスト**といわれる評価調査を行うこともある。

　広告表現の制作は、おおむねこのようなプロセスで進められ、決定される。クリエイティブはアートの世界といわれるが、芸術性のみが追求されるわけではない。消費者心理を読む、本物を見抜く、社会の動きに目配りする、といった意識と行動によって確かな情報と豊かなアイデア

が融合する場なのである。

3 広告の効果測定

(1) 広告目標と効果

　図表7－2－4は広告効果の段階、すなわち消費者が広告に接触して、意識と態度を変え、購買行動を起こし、それが企業の売上げにつながる流れを示したものである。この成果を獲得するためには、まずマーケティング目標が設定され、そのための消費者行動推進の目標を、またそのためのコミュニケーション向上目標を、そしてそのための媒体接触目標へとブレイクダウンされていく必要がある。

　各目標はそれぞれ測定可能な数値で計画・管理されることになる。「測定できないものは管理できない」。この原則は広告効果測定の基本理念でもある。実際、メディア戦略であれ、クリエイティブ戦略であれ、測定数値の裏づけなしのプランでは、しょせん世間話・雑談の域を出ない。

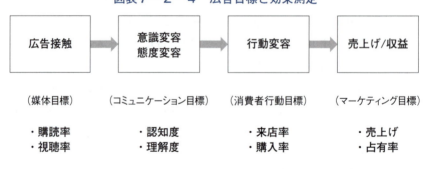

図表7－2－4　広告目標と効果測定

(2) コミュニケーション効果

　測定可能な目標設定を具体化したモデルが、R. H. コーレイの研究報告書のタイトルからとった**DAGMAR**（Defining Advertising Goals for Measured Advertising Results）**理論**である。→図表7－2－5

広告目標をコミュニケーションに限定し、広告コミュニケーションの目標として、未知、認知、理解、確信(態度)、行動の各段階を設定する。事前にそれぞれの目標を定めることによって、広告効果を明確に測定することが可能となり、その結果として広告活動を、目標 – 達成対比方式で管理しようとするものである。伝統的なAIDMA理論を踏襲しており、売上対応モデルの欠点を補う考え方でもある。広告活動においてもROI（Return on Investment＝投資収益率）がシビアに問われる時代の管理法ではある。

図表７－２－５　DAGMARモデル

4 消費者保護と広告倫理

(1) 広告と倫理問題

広告情報が消費者の日常の生活行動を左右する社会においては、情報の管理が正当に規制されることは至極当然であろう。企業経営のさまざまな分野で、コンプライアンス（法令遵守）が叫ばれる今日、広告に対する倫理問題も厳しさを増している。

すなわち、医薬品や介護施設広告における消費者保護問題、食品飲料や金融商品の比較広告に見られる公正な競争問題、低俗な車内吊り広告

などの社会秩序維持の問題、消費者金融広告の社会的責任問題などである。

広告規制に関しては、あのケネディ大統領によって発布された消費者の4大権利である、安全である権利、知らされる権利、選択できる権利、意見が言える権利、が原点にあることを忘れてはなるまい。消費者保護の精神である。

広告に関する法規制とは、独占禁止法、景品表示法を核として、薬機法や食品衛生法など関連法規による規制を指す。また、**自主規制**として、金融機関、食品業界団体などの広告主、新聞社、放送局などの媒体社、日本広告審査機構（JARO）に代表される広告業界団体による申し合わせ事項、いわゆる業界ルールがある。また**公正競争規約**とは、この自主規制を単なる業界の申し合わせにとどめず、認定を受けて公正取引委員会の監視下に入るシステムである。公正取引委員会は法の番人、取り締まりの元締めである。以上の法規制、自主規制、公正競争規約が広告規制といわれるものであるが、いずれにせよ、遵守すべきは消費者保護の大原則に相違ない。

（2）広告関連法規と規制

広告関連法規としては、前述のとおり、独占禁止法、景品表示法、食品衛生法、薬機法、医療法、屋外広告物法、製造物責任法（PL法）などが挙げられる。**独占禁止法**は私的独占の禁止および公正取引の確保に関する法律で、不当な顧客誘引行為を禁止している。また、食品衛生法は公衆衛生に危険を及ぼすような広告の禁止、薬機法・医療法は医薬品や医療機関の広告内容の制限、屋外広告物法は屋外看板類の危険防止や景観の維持を規制している。**PL法**は本来、製造物の欠陥による被害を保障する法律であるが、警告ラベル、取扱証明書、パンフレット類などのコピー制作とかかわりが深い。

広告に関する法規制の柱になっているのは、不当景品類及び不当表示防止法、いわゆる**景品表示法**（景表法）で、広告表現に関する規制と景

品提供に関する規制が定められている。広告表現の**不当表示**に関する規制としては、

① 優良誤認……品質、規格、その他の内容（原産地、有効期限、製造方法など）について、実際のものより著しく優良であると誤認させるような表示
② 有利誤認……価格、その他の取引条件について、実際のものより取引の相手方に著しい有利があると誤認させる、たとえば不当な二重価格のような表示
③ その他の不当表示……一般消費者が誤認するおそれがあるものについて、公正取引委員会が指定している、おとり広告のような表示

などが挙げられる。特に、不動産のおとり広告、サービス内容が著しく異なる老人ホーム広告、消費者金融の勧誘広告、1週間で10kg減量の健康食品広告などの違反表現が、昨今では目立っている。

また、景表法は、景品提供に関して、

① 「○○円以上お買い上げの方へくじ引きで」の懸賞による景品の提供には、一般懸賞と、商店会や同業者協賛による共同懸賞がある。一般懸賞の場合、商品買い上げ5,000円未満は、買い上げ額の20倍まで、5,000円以上は10万円までの景品が提供できる。景品の総額は懸賞にかかわる売上予定額の2％となる。共同懸賞の場合は、買い上げ額にかかわらず景品類の総額が30万円までで、懸賞にかかわる売上予定額の3％となる
② 懸賞によらない、「お買い上げの方皆さんへ」のベタ付景品（総付景品）の場合、買い上げ1,000円未満まで200円、1,000円以上は買い上げ額の20％までとなる

というように景品類の最高額を定めている。また、景品類の総額についても定めている。こうして過大な景品の提供や不当表示による顧客の誘引が規制されているのである。→図表7－2－6

図表7−2−6　景品表示法

〈広告表現に関する規制〉

- ●優良誤認（品質、規格）
- ●有利誤認（価格）
- ●その他の不当表示（おとり広告）

  ↓
  - ・虚偽表現
  - ・誇大表現
  - ・誹謗、中傷表現
  - ・差別表現
  - ・公序良俗に反する表現
  - ・知的所有権に反する表現
    （著作権、商標権、肖像権）
  - ・製造物責任法（PL法）に反する表現
  - ・公正競争規約違反　　など

＋

〈景品提供に関する規制〉

景品＝顧客を誘引するための手段として、事業者が自己の供給する商品またはサービスの取引に付随して提供する物品、金銭、その他の経済上の利益

- ・懸賞景品（一般懸賞、共同懸賞）
- ・ベタ付（総付）景品

第3節 販売促進（セールス・プロモーション）

学習のポイント

◆販売促進は買い手に対する直接的な購買刺激を与えるためのプロモーション政策の一手段である。
◆競争手段として重要な役割を担う販売促進は、常に社会的に認められた公正なルールの範囲内で行われなければならない。

1 販売促進の種類

（1）販売促進の意義と重要性

　販売促進（sales promotion） Key Word はマーケティング戦略におけるプロモーション政策の一手段として、特に買い手に対して直接的な購買刺激を与えることのできる手法として重要な意味を持つ。過去においては"販促"もしくは"エスピー（SP）"と略称されて、企業の市場に対するプロモーション活動のすべてを意味する用語として使用されていたが、今日では広告、パブリシティ、PR、人的販売以外のプロモー

Key Word

セールス・プロモーション──買い手の購買を促すために直接働きかける行為で、キャンペーンや展示会の開催、カタログの利用や景品付加、試供品の提供、チラシの配布、POP広告などの手段を駆使して行われる。

ション活動を意味する用語として認識されている。たとえば、製造業者や卸売業者、あるいは小売業者が買い手に対して行う展示会や実演販売、景品付加、試供品（見本品：サンプル）配布、チラシ配布、カタログ提供、装飾陳列、ＰＯＰ（Point of Purchase）広告、各種キャンペーン（campaign）などの手法がある。

　このような販売促進策が実施されるのは、買い手が必ずしも事前の購買計画に従順ではないことが知られているからである。特に、実際に買い手が購買対象となる商品を目の前にしたとき、それ以前に理解していた情報の確認や一層の詳細情報の要求、あるいは自身の理解以上の効用に気がつくことで、購買計画の変更が促されやすい。特に、店頭で購入商品を選択することが多く見られる中で、店頭でのプロモーションを重視する場面になると、重要となってくる。小売業では店舗内でのプロモーションが重視されていることから、**インストア・プロモーション**に力を入れることが求められている。

　さらには、買い手が購買するかどうか迷っている状況にある場合や購買予定になかった場合でも、こうした販売促進手法によってその迷いが解消されたり、あるいは新たに購買欲求が生じたりすることもある。

　このように、販売促進手法の積極的な展開は、売買取引における最も究極的な局面でその効用が発揮されることから、マーケティング戦略においてきわめて重視されなければならない問題なのである。また、広告機能と同様に潜在的な購買者を顕在化させるという機能からも重視されなければならないことはいうまでもない。もちろん、こうした手法は単に売り手側にとっての役割だけでなく、買い手側にとっても実際の使用効果がサンプルで確かめられたり、景品による予期せぬ収穫や実演による実際の使用方法を知ることができたりするなど大きな役割を果たしているからこそ、これらの手法が効くのであって、売り手と買い手の真の信頼関係を生み出す瞬間であるといっても過言ではない。

（2）販売促進手法の特質と効果
① 展示会
　展示会は、企業が新商品を販売する場合などに行われることが多い。新商品に実際に触れてもらったり、使用してもらったりして、その商品の効用を実感してもらうことができる。特に1社だけで行う場合には、当該新商品だけでなく、同時に旧来の自社商品も一堂に会した展示規模拡大による展示会への出向魅力を高めたり、そうして集まった人々に手土産としてさまざまな自社関連商品や自社カタログ、各種サンプルなども提供したりすることも多々、行われている。

　また、百貨店や地域公共機関などが行う「物産展」も、上記と同じような効果を目的として行われる一種の展示会である。たとえば、北海道の代表的な物産を一堂に会して「北海道物産展」などと称して北海道以外の地域で行うことによって、その開催地域の人々に北海道の魅力を知ってもらい、観光的効果や開催地企業との新たな取引などを期待して行われる。

② 実演販売
　実演販売は、買い手の目の前でその商品の使い方の説明だけでなく、実際にそれを使用して見せることによって、その効用の大きさを実感させ、購買意欲を高めることをねらいとする。産業財などでは展示会で行われることが多く、また消費財では台所用品などで、その使い勝手のよさを直接示すことができるため、製造業者や卸売業者などが小売店頭で行うことが多い。一般に低価格品では買い手の衝動的購買に最もつながりやすい手法である。

③ 景品付加
　景品付加は、販売対象商品に何らかの景品を付けることで、より一層の購買魅力を引き出そうとするものである。プレミアムともいう。プレミアムは本来、割増金や手数料、権利金などの意味に用いられる用語であるが、一般ビジネスにおいては景品付き販売を意味する用語としての理解も定着している。

　こうした景品を専門に仕入れたり販売したりする業者もあり、必要と

する製造業者や販売業者に大量に納入するだけでなく、プレミアム・アイデアやイベント・アイデアなども提供したりする業者もある。また、こうした景品はそのプロモーション期間しか扱われないために、また、消費者も単なる"おまけ"としてしか見ないために、時が経つにつれて希少価値となるものも少なくない。また、本末転倒してその景品目当てで購入される商品も少なくないため、製造・販売する側も過剰在庫品の一掃を意図的にねらって行う場合もよく見受けられる。

④ **試供品（見本品：サンプル）配布**

化粧品や食品などの消費財だけでなく、産業財でも見本品として提供される。特定の業界が行う見本市などはその典型である。試供品の形態的特質としては、1、2回試しとして使用できる程度で十分なために、実際に販売される商品とまったく同型ながら小サイズで提供される場合が一般的である。また、食品の場合については、特に製造業者の場合、試食マネキンと呼ばれる委託販売員によって、新商品をスーパーマーケットなどの小売店内で消費者に実際に味わってもらってその魅力を実感してもらう方法がとられる。

消費者心理として、試供品が気に入った場合、従来から使用してきた商品から変更する場合が多く、その効果は絶大である。また、食品の場合についても、母親は気に入らなくても子どもがその味が気に入ってねだったために購買するというケースも一般的によくある。

何よりも、購買前にその商品を使って確かめてもらうことから、製造・販売者側に十分にその品質や性能に関する自信があればこその手法であり、万が一、それが買い手の気に入らなければ、そのことの口コミ効果も含めてまったくマイナスの販売促進効果になってしまう。したがって、この手法の特質からすれば、シェア下位の企業が上位企業のブランド愛顧客を奪還するための方法として最も強力であるといえる。

⑤ **チラシ配布**

一般消費者にとって、毎日の新聞とともに大量に届けられる"チラシ"広告は最もなじみ深い販売促進手法である。特に近所の小売店情報とし

てのチラシは、その日その日の特売情報を詳細に伝えることから、商圏域が地域的に限定されざるを得ない小売店にとっては不可欠の手法であり、その日の売上げを左右するほどの効果を持つ。また、小売業にとっての利点は、チラシの作成と配布に関する費用の点から考えても経済的であり、販売成果を高めたい商品や、その日その日の、あるいはその週のイベント情報を思いつくままに広告できるのである。

このようなことから、チラシ広告が小売業の最も中心的な広告戦略であることは疑いのないところである。

しかし、この作成上や費用上の手軽さが逆に惰性的になり、単にチラシのためのチラシ広告、あるいは何となくチラシを打っておけば販売促進戦略的に安心であるといった安易なとらえ方に陥っている小売業も多々見受けられることも事実である。真に買い物客に魅力的な、よい商品を安く提供するための基本的な情報源としてのチラシの本質的な効果を見失うような打ち方だけは避けなければならない。

そこで有効なチラシ戦略のためには、次のような点に留意する必要があると指摘されている（徳永豊〔1980〕27～31頁.）。まず第1の留意点は、その販売促進テーマや商品、手段などについての検討が十分になされる必要があるということである。大抵の場合、「大売出し」「大特売セール」「決算大売出し」といったキャッチフレーズとともに、その紙面いっぱいに商品写真と価格だけの情報を羅列する場合が多いが、それでは逆に十分に商品情報を有している現代の消費者には何の刺激にもならないであろう。まして毎回惰性的に価格刺激だけによる情報では、しかも多くの小売店のそうしたチラシばかりが大量に届けられたのでは、「またか！」と消費者に突き放され、まったく買物時の記憶にとどめてもらえないというのも無理からぬところである。その店独自のチラシの見せ方やプレミアム、クーポンなど、他店とは異なる差別的な魅力性や的確な商品情報を載せることで、消費者にとって真に役立つチラシ情報の提供を心がけなければならないであろう。

2つ目の留意点は制作技術上の問題である。単に、広告代理店や印刷

会社にキャッチフレーズやイラスト、レタリングなどを任せるのではなく、小売店の販売促進担当者が適切にプロモーション戦略の観点からチラシ全体のコントロールを行いながら進めることが重要である。消費者の関心の高い問題と掲載する商品の関連性を明確にわかりやすく表現したり、見て楽しいイラスト、好ましいデザインなどを心がける必要があり、そのためには十分に消費者の関心を引くことに関する心理的なマーケティングやプロモーションに関する戦略的知識をその販売促進担当者が有していなければならない。

3つ目の留意点は配布地域の問題である。すなわち、自店の商圏域を的確に把握することの重要性である。そうでないと地理的要因からまったく来店が期待できない地域に配布してしまうようなむだが生じることになる。また、配布した地域から効果的に集客できているかどうかを探るためにも、クーポンの利用やプレミアムの利用が不可欠となる。そして、チラシ広告と商品売上高の実績記録を関連させながら整備しておくような努力が、次回のより効果的な販促活動のための貴重なデータ源として生きてくることになるのである。

⑥ **カタログ提供**

カタログは、その企業の製造もしくは扱っている商品についての型番や属性特質に関する詳細情報を紹介するもので、その企業のすべての商品を網羅している場合が一般的である。買い手はそのカタログに掲載されている中から、みずからの必要とする商品を容易に選定することができる。カタログは、特に産業財企業の買い手に対する営業戦略において自社商品を勧める際の重要な役割を果たし、買い手にとってはそれを購入するかどうかに関する意思決定上の重要な手がかりとなる。

したがって、通常、カタログは掲載商品に関して実物とまったく同じ状態を認識してもらわなければならないので、写真1つにしても、実物とまったく同じ色調で撮影されなければならないし、冊子としての体裁自体も手の込んだ重厚な装丁で制作する企業が多い。また、通信販売や電話注文を受ける場合についても、買い手側にそのカタログがあって初

めて適切な売買取引が可能になるので、この点からもカタログに関する費用を十分にかけることが認められなければならない。

⑦ **装飾陳列**

　装飾陳列は、特に、小売店内における販売戦略において非常に重要な意味を持つ。小売店内における陳列問題は、とりもなおさず店内の全商品に関して、買物客にとっての見やすさ、取りやすさを前提に、販売促進対象とする特定の商品をどのように魅力的に並べるかという問題にほかならない。店頭ウィンドウ内の飾りつけ陳列やショーケース内の商品の置き方1つで、その商品が魅力的に見えたり見えなかったりする。魅力的であるほど、店内への客の入店確率やその商品を手に取ってみたくなる確率を高めることはいうまでもない。

　また、特にスーパーマーケットのように全売り場がセルフサービス形式をとる場合には、棚陳列の仕方をどうするかは直接売上高を左右する非常に重要な問題である。たとえば、従来1列か2列程度しか並べていない商品を5列や6列に広げる拡張陳列をしただけで、棚前を通る買い物客への訴求度、すなわち客側の注目度を高めることになるし、手に取りやすい効果を生み出す。特に新商品の場合については、その認知度を迅速に高めるうえでも重要である。その商品の製造業者側からすれば、このことはしたがって、小売業者への積極的な営業活動を通じて当該製品の有利な陳列をしてもらうことが、製造企業の新商品販売戦略上、非常に重要となることはいうまでもないであろう。さらに、特売商品については、通路の中央にゴンドラを置いてその上に商品を積み上げたり、缶詰品などを床からピラミッド型にうず高く積み上げることで注目度を高めたり、安さを強調したりする特別陳列なども効果的である。

　こうした陳列効果をさらに高めるために必要となるのは照明技術である。照明効果はそれに照らし出される商品のイメージを一層魅力的に見せることによって得られる。一般に高級品をイメージさせたい場合には、店内照明全体を落としぎみにして、商品にスポットライトを当て、それらの光源には白熱灯が使われる場合が多い。逆に店舗全体の安さを強調

したい場合にはできるだけ明るい照明で、蛍光灯により昼間光に近い明るさを演出したほうがよい。これには低価格でも粗悪品でないことを強調するために、買い手によく商品を見てもらうという意味からも重要である。このように、陳列手段と照明手段をどのように用いるかを考慮することは、その売り場やその商品をどのようにマーケティングするかといった小売戦略全体の観点から適切に展開されなければならない。

⑧ POP（Point of Purchase＝購買時点）広告

　POP広告は、商品の陳列されている棚に直接付されるカード型の広告メッセージであったり、店内に貼り出されたイベント情報などが掲載されたポスターであったり、あるいは天井から吊るされて示される場合もある。商品に付されるPOP広告は手書きの場合も多く、その商品の消費上の特質や性能、あるいはさまざまな関連情報が記載されており、そこから得られた情報が動機となって衝動的な購買を促す効果が期待できる販売促進手段であるといってよい。

　特に、昔の消費者とは比べ物にならないほどさまざまなメディアとの接触から商品情報を大量に得ている現代の消費者にあっては、たとえば、食品などの原産地表示や添加物表示にも非常に敏感に反応するようになってきた。そうした買い手側の不安を解消するような品質や性能、あるいは流通に関する詳細な説明を、販売する小売店が責任をもって表示する手書きのPOP広告は非常に有効な販売促進手段となっているのである。近年では書籍店においても、店員が読んだ感想をPOP広告として書籍前に付すことで、その本の売上げを大きく伸ばすなどの効果が見受けられるようになった。

⑨ キャンペーン

　キャンペーンは一定の期間、特定のテーマでイベント的なビジネスを行い、その期間中の取引や購買に際してさまざまなプレミアムを付けることによって、販売対象となる商品やサービスに関する迅速な情報浸透をめざして行われる場合が一般的である。買い手の側から見れば、プレミアムの付くキャンペーン期間中に購買することの魅力は明らかであり、

その魅力がさまざまな欲望を持つ買い手にとって等しく大きいほど、キャンペーン効果が高くなることはいうまでもない。

　キャンペーン効果を高めるための留意点は、まず何よりも市場の状況にとって、そのキャンペーン・テーマが時期的にも十分にタイミングのいいものであるかどうかということである。第2は、プレミアムが対象顧客にとって十分に魅力的と感じられるような内容のものであるかどうかということである。まさに、キャンペーンの成否はこの2点に尽きるといっても過言ではない。

2 販売促進と「独占禁止法」

(1) 公正取引とマーケティング活動

　資本主義経済下における売買取引は基本的には自由であることが前提であるが、この経済体制が肯定される背景には、その取引行為に対する意図的もしくは組織的な支配力や統制力が行使されない限りにおいて、純粋に需要と供給の適合が達成できるような市場機能が果たされるであろうという論理が仮説的に存在している。したがって、さまざまな販売促進手段に代表されるような各種競争手段をどのように用いようとも原則的に自由であるが、あくまでも市場の取引秩序を乱さない限りにおいてのことである。こうした経済制度下においては、市場の秩序を混乱させた場合には、"反社会的"であるとの観念で認識されるようになるのは、至極当然のことであろう。

　しかし、すべての企業人の倫理観という意識的な要因だけで市場の秩序が守られることが不可能に近いことは、世界中の長い資本主義経済の歴史的経験としても証明されるところである。これは、常に事業の利益導出を前提とした企業の存在を確保するためには、売上げの増大や競争の克服が不可欠であり、したがって、その事業を推進する過程において、往々にして他企業の市場からの排除や市場の独占を目的とした戦略採択を恒常的に行わなければならないという資本主義経済制度下における企

業行動の宿命的な現象であるといってもよい。

　だからこそ、反社会的な競争手段による市場の混乱や秩序破壊といった弊害を取り除くためのルールが必要であるとの認識が出るのは当然のことであろう。たとえば、他企業の評判のよい商品とまったく同じ外形や表示の商品を製造・販売したり、競争相手の商標と消費者が見間違うほどに似せたマークを付したりといった同業者の利益を不当に妨害するような行為、あるいは契約内容と異なる商品の供給といった行為などについて、これを不正行為として法律的に取り締まるための「公正取引」概念の構築と法整備が、多くの資本主義経済国家において履行されているのである。

　一方で、こうした法律的な規範に守られた市場においていかなる状況が生じるかといえば、資本規模の大きな企業であるほど、"公正取引"の範囲内での利益拡大に好都合に作用し始めたのである。設備規模や産出規模が大きくなればなるほど、規模の経済性の原理に則り、大企業の製品ほど低価格で市場供給が可能になるので、そうであるほど市場の独占に向けての傾向が容易に見られるようになったのである。逆に、中小企業のさまざまな努力によるゲリラ的な低価格攻撃が"不公正"行為として取り締まられるようにもなったのである。

　このように、資本の集中化が進むほど取引自由の原則は形骸化し、独占的大企業による市場支配の弊害のほうがきわめて重要な問題とならざるを得ない状況が多くの業界で発生した。この問題の解決をめざして登場したのが、いわゆる「**独占禁止法**」（私的独占の禁止及び公正取引の確保に関する法律）にほかならない。

（２）「独占禁止法」と公正取引委員会の役割

　独占禁止法は、特定の私企業が買い手に対して自在の価格づけが可能となる"独占"状況や、わずかな大企業だけで市場を分け合うような、いわゆる"カルテル"といった自由な市場競争が阻害される状況を防ぐことを目的とする。これは同一品種を扱う多くの企業群のそれぞれの価格が、市場における自由競争を通じて特定の価格に収束しながらも、し

かもそうした多くの企業群の市場での存在が可能である状態をこそ"公正競争的"であるとする「**完全競争的市場原理**」に基づく考え方からすれば、多くの企業の存在とそれらの自由な価格競争自体が消滅してしまう1社による市場独占状況や、自然的であろうと共謀的であろうと、わずか数社によって同一価格で固定されてしまうようなカルテルによる寡占市場的な状況は、消費者などの買い手側にとって自由な市場競争原理によってよいものが安く供給されないという不都合さが生じるために、明らかに"不公正な競争"遂行結果による現象として社会的にも否定されるのは当然であろう。

　本質的に、資本主義的経済競争原則からして純粋に市場が完全競争的であることは、理論的にも現実的にも矛盾せざるを得ないのであるが、この原理を否定することは自由な競争自体を旨とする資本主義的市場体制自体を否定せざるを得なくなる。そこで、独占やカルテルが必然的に生じる直前に法律によって意図的かつ強制的にその状況を阻害するという手法が要求されることになるのであり、まさにこの法律的対応こそが資本主義的経済体制自体における"市場競争の公正さ"を維持するために不可欠な社会経済的手段とならざるを得ないのである。ここにこそ、いわゆる"独禁法"の存在価値が認められるのである。

　一方で、個々の企業が適切なマーケティング活動を展開し、その市場戦略的内容も高度化すればするほど、買い手側のそれに対する支持も高まるので、そうした買い手にとっての適切な戦略をとれない企業との売上げや利益の格差も広がり、結果的に寡占的市場状況が創出されていかざるを得ないという現実もある。しかし、高度で適切なマーケティング戦略手段の行使における競争結果として、たとえ寡占的な状況が生まれたとしても、それが消費者などの買い手にとって、過去よりもよりよい品質や性能の製品やサービスが一層買いやすい価格で提供されるようになった場合などは、一概に独禁法による取り締まりが強制されることは適切ではないであろう。そうした見極めが法律の運用にとって、すなわちそれが真に社会経済的に効用を発揮するうえでも重要にならざるを得

ないであろう。この役目を担う公的機関として設置されているのが「公正取引委員会 Key Word 」である。すなわち、国の行政機関として一般消費者の利益が阻害されないような"公正な"競争が促されるように、市場での企業行動を監視することがその主たる任務の組織なのである。

　取り締まりの対象となる企業行為は、すでに前項に述べた行為以外にも、虚偽広告や誇大広告はもちろんのこと、複数企業の共謀的な価格引き上げや、取引先企業に対してその彼らの再販売価格を強制的に設定したりするような行為、さらには流通企業に対する系列化的な圧力行為などである。また、プレミアム・キャンペーンなどにおいても、その提供の仕方によっては不当な顧客誘引や消費者の適正な商品選択を誤らせることにつながるような販売促進活動についても、不当景品表示法に触れるものとして規制の対象となる。

コラム　コーヒーブレイク

《マーケティングは売り手と買い手の対話である》

　潜在的購買者と有意義な相互関係を確立することが売り手の仕事である。ザルトマン（Zaltman, G）は、これを次のように要約している。「潜在的購買者と有意義な相互関係を確立することが売り手の仕事である。マーケティング管理者は、製品もしくはサービスに最もよく適合する主要な文化的メッセージ・システムの範囲内で、潜在的採用者に『語りかける』ことができなければならない。マーケティング管理者は、選択されたメッセージ・システムの範囲内で顧客に効果的なサインを用いて『語りかける』。これらのサインは、顧客の役割、地位、準拠集団の規範、個人的な特性と行動パターンの点から意味づけされる……」と述べている。
(Gerald Zaltman., *Marketing, Contributions from the Behavioral Siences, New York:* Harcout, brace, and World, Inc., 1965, p.5.)

Key Word

公正取引委員会──独占禁止法の目的を果たす役割を務める行政機関で、準司法的権限や必要となる諸規則の制定権限を有している。

第4節 人的販売

> **学習のポイント**
> ◆人的販売は買い手に最も多くの情報を、買い手の反応を見ながら提供できる強力なプロモーション手段である。
> ◆営業担当者の販売技術に関する教育だけでなく、人格的な教育にも力を注ぐことが重要である。

1 人的販売と販売員管理

(1) 人的販売の今日的重要性

人的販売（personal selling） Key Word とは、企業の営業担当者によって行われる販売活動のことであり、小売業者の場合はその店の小売従業員や製造企業から委託された従業員によって行われる販売活動を指す。これまではわが国でも、米国でもそうした業務の担当者を"セールスマン（salesman）"と呼称してきたが、今日ではそうした性別的呼称は避け、単に販売員（sales people）と呼ばれることのほうが一般的となっている。

他のプロモーション手段に比べて、直接的に買い手に対して口頭で購

Key Word

人的販売──販売員あるいは営業担当者によって行われるプロモーション行為であり、他の手段に比べて詳細で大量の情報提供を行うことができる。一方で、情報伝達範囲から見たコストは高くなる。

買を促すために、提供できる商品情報量は圧倒的に多く、また買い手のその場での心理的な動きに合わせながら、説得技術を駆使できるために、人的販売は最も有効なプロモーション手段であると認識されている。もちろん、売り手が口頭で情報を伝えて購買を促すという、この人的販売の基本的な機能からすれば、必ずしも買い手との同一空間での相対的状況でなくても、たとえば電話やメールによって同時的・相互的コミュニケーションによってその機能を果たすこともできる。いずれにせよ、その最終的な目的は売り手の所有する商品を買い手へと移し変える、いわゆる<u>「所有権の移転」</u>のための活動にほかならない。このことは単に"売りつけてしまえばよい"という問題ではないことに注意しなければならない。

　このような非常に顧客説得性の高いプロモーション手段でありながら、プロモーションに必要な一定の費用額における情報拡散力の点からすれば、テレビやラジオ、新聞、雑誌などのマス媒体を利用した広告に比べてその不効率さは否めないであろう。すなわち、相対的に顧客1人に与える情報量の面において、それらマス媒体における時間的紙面的制約が大きいとはいえ、その情報認知範囲の広がり、言い換えればどれだけ多くの人々がその商品の存在を認識するかという人数的観点から見たときには、人的販売に必要な販売員の人件費とその情報伝達可能人数の比率は小さいものにならざるを得ない。

　たとえば、視聴率1％で約100万人が見ているとされる現代のテレビ視聴状況下で、10％の視聴率を示す番組にCM提供をすれば、テレビ広告費として1,000万円を投じたとしても、視聴者が1,000万人であるので、1人当たりの情報伝達費用は1円で済むことになる。こうした点から、一般に、人的販売は取引額が相対的に大きく、購買者数も限定的であるような産業財ビジネスに有利なプロモーション手段であり、他方、大量販売を必要とし小額取引であるところの消費財ビジネスに有利なプロモーション手段が<u>マス広告</u>であるという住み分け的論理が常識とされている。

しかし、過去に比べると圧倒的多数の媒体利用が可能になった現代消費者によって形成される市場においては、提供情報量が少ないマス広告だけの説得には応じなくなってきており、マス媒体利用型の手法ではより詳細な情報を要求している買い手側の期待に応えられなくなってきたことも事実である。一方で、最終消費財に組み込まれる産業財の需要が、結果的に消費者市場の動向に左右されざるを得ないし、また、特定の業界以外にも汎用的に取引を拡大したいという企業や社名を社会的に広く認知させたいという企業においては、産業財であってもマス広告は必ずしも不適切な手段ではなくなってきている。

　コトラーとアームストロングは消費財と産業財におけるプロモーション手段の相対的重要性について述べている（Kotler and Armstrong〔1997〕.）。それによれば、消費財企業はプル戦略に力を入れることで、広告、販売促進、人的販売の順で力を入れるとしている。一方、産業財の場合は、人的販売、販売促進、広告の順になる。高価でリスクの高い製品の場合、細かな説明や対応が必要となるで、特に産業財において重視されることになる。

　ただし、産業財企業であれ消費財企業であれ、人的販売というプロモーション手段が特定の財取引に固有のものである必要はなく、市場の状況や買い手の状況に応じて特定のマーケティング戦略を効果的に遂行するために適切に利用されなければならないのである。特に、買い手が一層詳細な情報を必要としている現代市場においては、あらゆる企業において、人的販売の有効性とその利用方法を的確に理解することの重要性が認識されなければならないのである。

（2）人的販売の方法

　前項において人的販売の目的は売り手から買い手への「所有権の移転」にあると述べたが、このことは単に"売りつけてしまえばよい"という問題ではないことに注意しなければならない。販売員の対買い手との初めての接触時から展開される販売行為のプロセスにおいて、買い手

の疑問に十分に応え、購買における不安をなくし、安心して取引できる雰囲気や状況をつくり出さなければならない。そのためには、販売員自身の販売行為から受ける人間的な印象が重要となり、真摯で誠実な人柄を感じさせるような態度を買い手に示さなければならない。それを感じて初めてその商品購入によってもたらされる効用について、販売員の話す内容から間違いなく買い手自身にとっての利益となることを確信できるのである。このことは、販売員の活動が単に売った段階で終了するものではないことを意味する。すなわち、買い手が販売員の説明を信じて購入したのであるから、実際に商品を使用したときにその説明どおりの効用が得られて初めて、言い換えれば、その商品の購買と利用への満足感を得た段階で初めて販売活動が完了するといえるのである。

　こうした販売活動を行うためには、十分に買い手側の商品使用能力の水準を買い手との対話の中から推し量る努力を行い、その買い手が使用して十分に満足の得られる水準の商品を勧めなければならない。単に売り手にとっての利益の高い製品や、たとえば使用に際してある程度の専門的知識を必要とするような商品を、販売利益が大きいという理由だけで、それを十分に使いこなせない買い手に売った場合は、当然ながら買い手側の不満を発生させることになるであろうし、その販売員に"だまされた"との印象を抱くかもしれない。そのような体験を買い手に与えてしまうと、決して再購買をしてくれないだけでなく、今日では買い手がインターネットを通じて"口コミ"としてその不満情報を多くの人々に知らせるかもしれないのである。

　したがって、販売員は十分に買い手に満足を与えると思われる商品を自信を持って勧める必要があり、その満足を買い手が実感して初めて、その販売員とその所属する企業や店舗、そしてその商品自体、およびその製造企業に対する信頼と信用を買い手の認識の中に創造することができるのである。こうした販売員による販売成果を具現化するための考慮要因は、次のように整理される（徳永豊〔1966〕211〜213頁.）。

① **商品に関する知識**

販売員はその扱い商品についての的確な知識を持っていなければならない。単にその品質や性能上の特質、あるいは用法について、さらには当該商品の周辺知識も含めてしっかりと理解していなければならない。そして、顧客からの情報提供の要請についてその場で迅速に応えられるように、日ごろから商品知識の習得について研鑽しなければならない。
② 　顧客に関する知識
　販売員は顧客の市場細分化基準に応じて、その購買時における心理的特質や反応特質についての分析的知識を備えていなければならない。たとえば、1人のときの購買と恋人や夫婦での購買における特質的な差異、あるいはさまざまな気候条件下における購買特質の違いなど、その時々の顧客の買物状況に応じて、常日ごろからの十分な観察眼が重要となる。
③ 　販売方法に関する知識
　販売員は顧客が特定の商品への関心を持ち、最終的な購買満足に至るまでのプロセスにおいて、その段階ごとの販売技術を駆使したり、観点を明確に認識したりしておく必要がある。たとえば、購買を促すための一連の反応段階を経ることの重要性が強調されることがある。これは"AIDA理論"とか"AIDMA理論"としてよく知られている。→本章第1節

2　販売員の訓練と教育

（1）販売店援助における顧客情報の重要性

　製造企業や卸売企業の営業担当者の重要な機能の1つが**販売店援助**(Dealer Helps)、あるいは小売店援助（Retail Support）と呼ばれる活動である。これは、最終ユーザーあるいは消費者への販売を担当する業者に商品知識の提供や売り出しの応援、あるいは各種イベントの提案やそれらに必要なプロモーション道具の提供、そしてそれら業者への販売戦略の提案などを通じて、売り手とその顧客であるこれら業者との密接な取引関係を維持しようとするのである。この活動のためには、営業

担当者は最終ユーザー市場あるいは消費者市場に関する十分な知識と分析力、そして提案能力が不可欠となる。さらには経営全般やマーケティング戦略などに関する援助を行う場合もある。

しかし現代のように、**POSシステム**の普及によって消費者の購買情報が小売業者に蓄積される時代においては、この機能を果たすことが困難な状況になってきた。まして、大規模小売業者やチェーン業者などは大規模な製造業者や卸売業者以上の情報を持っているので、逆に何をつくり、何を仕入れるのかについてそうした小売業者からの情報支援を仰ぐ場合も増えてきている。こうした状況下における取引での利益獲得は小売業者に有利とならざるを得ず、したがって、製造業者や卸売業者における販売店援助機能の主体性をいかに発揮していくかどうかが彼らの利益獲得の決め手になるので、この機能の一層の重要性が認識されなければならない。

(2) 販売員の教育訓練

販売員もしくは営業担当者は、みずからの店舗や企業の**マーケティング・コンセプト**を具体的に表現するための最も重要な要素である。顧客は販売員との接触を通じて、その態度や説明の仕方、言葉づかいなどからその商品や店舗のよしあしを推し量ることになるので、それはとりもなおさず、その店舗や企業の顧客に対する態度そのもの、理念そのものとして判断・評価されているということにほかならない。したがって、販売員への不満はその店舗や製造企業そのものへの不満となって顧客の脳裏に蓄積されるものと考えてよい。たとえば、「先日あの店で買物したのだが、ひどい店員だったよ。あの"店"はダメだね」とか「あの販売員はいい加減な説明しかしないよ。本当にあの"企業"はしようがないな」といった顧客の悪評は、その店舗や企業の**販売員教育**への不満というよりは、まさに店舗や企業自体への"不信感"の表れであり、"顧客"というものをどのように考えているかという企業哲学への批判であるととらえるべきものである。

そのため、販売員とは企業の顔そのものであり、企業が顧客をどのように解しているかのバロメータそのものであるといってよい。コンタクト・パーソナルとしての販売員は、顧客の満足度を決定する重要な要素である。企業の代表としての使命を担った販売員であればこそ、企業における販売員教育とその具体的な訓練の重要性が認識されるのである。

① 教育上の留意点と販売効果の確認

　教育プログラムにおいて冒頭に置くべき最も重要なテーマは「顧客をどのような対象としてとらえるべきか」ということである。これこそが教育の要である。なぜなら、顧客を単なる収益の対象として見るか、自社の製品やサービスを通しての援助対象として見るか、といった視点の取り方次第でその後の顧客への対応の仕方が異なってくるからである。

　前者の視点を取るのであれば、とにかく自社の提供財を購入してもらい、お金を払ってもらえばそれでよく、それ以上の顧客への関心はまったく不要であり、すぐさま次の収益対象としての別の顧客に目を向け、そこに販売アプローチを行っていけばよい。そうして次々と顧客が見つかり販売できる限りにおいて、顧客が満足しようがしまいが気にする必要はないであろう。そのような状況下における販売員の最大の関心事も、どれだけ売り上げ、どれだけ利益が出るか、それらの目標額を達成できるかどうかのみにならざるを得ないであろう。仕事自体が単に販売すればよいだけであるから、アルバイトでもだれでもよく、顧客満足を得るための教育や特殊な訓練は一切いらず、そうした費用も不要であろう。

　一方、自社の商品やサービスを通じて、顧客のよりよい生活への支援や、あるいは彼らの抱えるさまざまな問題をいかに解決していくかというところに視点を置くのであれば、その顧客がいかなる夢や期待や希望を持ち、また、いかなる問題を解決しようとしているのかについての情報が不可欠であろうし、顧客が不満を感じないような販売活動をいかにすればよいかについての知識が不可欠となるであろう。したがって、顧客の生活の現状や不満に関する情報の探索や顧客の購買心理に関する知識の習得に必要な教育のプログラムとそれを実行するための費用が不可

欠となる。

　また、こうした視点からの教育においては、必然的に顧客の満足を引き出すための技術や、そうした仕事に対する意義についても理解していくことから、みずからの販売業務に対する誇りも持てるようになるであろう。このような教育を通じて、顧客とのコミュニケーションを円滑に進め、販売が成立した後の満足状況を確認して初めて販売員としての業務が成就することになる。すなわち顧客が再度の購買を希望したり、購入後の感想や評価を再来店によって伝えてくれたりすることによって、**販売効果**を確認することができ、この時点において顧客の喜びが販売員の喜びとしても認識されることになるであろう。販売員と顧客とのこのようなコミュニケーションを通じて初めて、長期的な取引関係と信用の創造が可能となるのであり、さらには販売員自身のモチベーションの向上にもつながるのである。

② **販売訓練の具体的な方法**

　従業員に対する**販売訓練**はさまざまな方法によって可能であるが、代表的なものは以下のとおりである。

1）学習による訓練

　上司や先輩、あるいは外部講師によって行われる場合が一般的である。企業の扱う製品に関する知識の伝達や販売業務に関する基本的な知識の伝達だけでなく、販売業務に関する客観的な価値認識をつくり上げ、自覚を促し、やる気を起こさせるような成果に結びつくように行われなければならない。

2）ケーススタディによる訓練

　自社のケースだけではなく他社や異業種に関するさまざまなケースを学習することで、自社の販売課題に関する客観的な視点を養うことができる。また、グループ討議によって、そのケース課題にチャレンジすることも行われ、互いの意見を出し合うことによって、1人ひとりの能力を超えたより創造的な解決策を生み出す効果も得られる。

3）現場における訓練

OJT（on-the-job training）という略語でも知られている方法である。販売業務を実際に顧客の前で行いながらの訓練であり、指導者がその活動をかたわらで評価しながら行われる。営業業務においては上司などとともに得意先を回ったり、その業務手法を見習ったりすることによって、じかに業務内容を覚えていくことができる。最も具体的な訓練方法である。

第5節
パブリシティ

> **学習のポイント**
> ◆ネット社会の到来によって、買い手側の情報の収集分析力が飛躍的に向上した現代においてこそ、パブリシティ戦略が重要となる。
> ◆パブリシティにおけるマイナスの情報露出の影響力の重要性について理解する。

1 パブリシティの重要性とその展開

（1）パブリシティの今日的重要性とプロモーション的意義

　パブリシティ（publicity）は一般的に次のような意味で認識されている。すなわち、「新聞媒体もしくは媒体所有機関に向けて、編集長の資格でニュース価値があると判断し、無料で報道されることを希望して、情報を伝達すること」（徳永豊ほか〔1989〕.）とされる。これは、マーケティング主体である企業によって意図的に、媒体としてのマスコミ機関（mass media）を通して有料で掲載されたり放送されたりする"広告"との相違が明確に示されている。

　パブリシティの場合は、企業によって提供された情報が掲載されたり報道されたりするかどうかは、その情報を受け取ったマスコミ各社にゆだねられているのである。したがって、企業が記者会見をわざわざ開いてマスコミに提供した情報でも、その日に社会全体や経済全体、あるいは地域などにとって一層重大な出来事などが起きた場合には、そちらの

ニュースが紙面を埋めて肝心の企業の情報が掲載されないこともある。

　しかし、このパブリシティとしての情報は一度掲載されたり放送されたりすると、その情報拡散効果は絶大なものがある。また、第三者である報道機関としてよく知られたマスコミ各社が、客観的に価値あるニュースとして流したという認識が受信者側にあるため、マーケティング戦略の一環として企業に都合のよい情報として流される"広告"の場合と異なり、信頼度の高い情報として認識されやすいという利点がある。特に、近年のように買い手側あるいは一般消費者側に多くの情報が行きわたり、また、いつでもどのような情報でも引き出せるインターネットなどが普及した現代においては、広告などの通常のプロモーション手段がなかなか信じてもらえず、過去に比して効果が十分に期待できない状況下に置かれており、このパブリシティを戦略的にどのように利用していくかが重要な課題となってきている。

（2）パブリシティ戦略の展開方法

　パブリシティ戦略において十分な効果を得るためには、種々のマスコミ企業の特質を的確に理解しておく必要がある。特に、パブリシティを展開するうえで最も重要なことは、それらマスコミ各社がそれぞれの視聴対象者に対して情報を流す重要性をどの程度認識してくれるかという点である。したがって、パブリシティを行う側は、そのニュースがそれぞれのマスコミ側の対象顧客（情報の受け手）にとって興味関心の高い魅力的な情報であることを十分に強調した記者会見になるように、その準備を入念にしておく必要がある。すなわち、単に自社の流したい情報をマスコミに提供すればよいというのではなく、マスコミ側にとっての情報商品としての価値を十分に認めてもらえるように、彼らの立場での配慮が不可欠となるのである。

　したがって、単に新事業や新製品に関するニュースリリースとしての記者会見への案内だけでなく、所属する業界が行う各種展示会や出店ブースへの案内、あるいは創業何周年記念といった際に開かれるようなパ

ーティーや新社長就任パーティーといったさまざまな企業側のイベントへの案内も、マスコミ各社に対して積極的に行われなければならない。そうしたイベントのニュース性が高いと判断するかどうかはマスコミ側にゆだねざるを得ないが、常にそうした活動を通じて、企業側とマスコミ担当者との間のコミュニケーションを深めることによって、掲載可能性も高くなることが期待できるのである。

(3) パブリシティに関するマスコミ側にとっての価値と留意点

　このように、企業が行うパブリシティ活動は、マーケティング戦略の観点からすれば、PR活動や広告活動と同様、一種の企業から市場への情報露出行為にほかならない。これをマスコミ側から見るならば、マーケティング主体としての企業というものは、マスコミみずからが報道すべきニュース・ソースの塊としての価値ある存在であると考えてよい。したがって、実はマスコミの側が、常に経済的・社会的に影響のあるような企業の活動成果に対する監視を行っていることも確かである。それらの情報はたとえば、新聞であれば経済欄はもちろんのこと、社会欄、文化生活欄などにかかわる情報を企業側が豊富に持っていることからも、その取材対象として重要な意味を持っているのである。このことは、実はマスコミ側も企業からの情報提供を待ち望んでいるのであり、上述したように積極的にパブリシティ情報として提供することの有利性があるのである。

　しかし、企業とマスコミ側に暗黙の取引関係が常に存在しているということは、必ずしも企業側にとって利益のある関係ばかりではないことを認識しなければならない。すなわち、企業の何らかの活動が反社会的であったり、社内不祥事があったりした場合でも、それは報道の対象となるということである。これは、まさにマイナスのパブリシティ情報として社会に報道されることになる。

　したがって、企業自体やその従業員の一挙手一投足がパブリシティの"種"になることを認識し、反社会的行為を行わないように企業全体

での法的遵守を励行せねばならないし、マスコミから興味を持たれるような社内不祥事など起きないように留意しなければならない。もちろん、そうした場合の記者会見においても、企業側の人々の態度や言葉づかいにも十分に注意しなければならない。マイナスのパブリシティが企業にとって徹底的なダメージになる場合も少なくないことに留意しなければならない。

なお、本来的なパブリシティの定義から外れてしまうような、有料のパブリシティ（**ペイド・パブリシティ**）も行われている。これは、媒体機関にある程度の情報掲載を確約してもらえるように一定の料金を支払って行われるもので、さらには雑誌などにかなりの紙面を割いて、雑誌社側の記事風に自社の特集を組んでもらうこともよく見受けられる。

2 パブリシティにおける媒体機関の特質

(1) 印刷媒体

① 新聞

全国紙、地方紙、業界紙、市民報などさまざまな新聞があるが、朝日、毎日、読売といった一般全国紙は膨大な発行部数を誇っており、紙面自体の信頼性も非常に高いものがある。国際的・国家的な問題から地域の問題までさまざまな情報が掲載されているが、一企業の新製品の発表記事などが詳細に取り上げられることは少ない。日本経済新聞などのように経済色の強い新聞の場合のほうが詳細情報の掲載可能性が高く、ビジネス関係者に認知されやすい反面、主婦などの一般消費者には認知されにくい。

地方紙は、特に中央の企業が自社ビジネスを地方展開する場合などは大きく扱ってくれる可能性が高い。業界紙は同業他社の情報も多数掲載されているが、産業財などにおいて特定の業界を対象とした製品情報を市場に認知させたい場合などに掲載されると非常に効果が高い。

市民報など市町村レベルで出されている行政関連紙などでも、地域単

位で企業が行う製品説明会や工場等の建設に際しての企業側の考え方などを掲載してくれる場合もあり、地域との密接な関連を望む場合などに効果的な情報を流してくれることを期待できる。

② 雑誌

　月刊・週刊・季刊など定期的に出版されており、大衆誌から専門誌までさまざまである。新聞や電波媒体と異なり、比較的長期的に目に触れやすいので、記憶に残りやすいという利点を持つ。特に、紹介記事として取り上げられる場合などは非常に効果的である。ただし、記事の準備期間が長いために、雑誌社への情報提供タイミングが重要となるので、掲載時期よりかなり前から雑誌社側との綿密な打ち合わせと、さらに市場効果とのタイミングも十分に留意しながら行われなければならない。

（2）電波媒体

① ラジオ

　ラジオの聴取者特質で最も特徴的であるのは、個人的な職業環境において、仕事をしながらでも聴取できることである。たとえば、家庭における主婦の内職仕事やトラックやタクシーなどの運転業務、理容店などにおいてよく聴取されている。こうした聴取者特性に適合するような企業情報であれば、事業や商品に関してニュースや番組内で紹介されることも多く、効果的に情報を拡散することができる。

　また、若者の深夜放送だけでなく、高齢者も深夜に病院や家庭内においてイヤホンなどの利用により周囲への迷惑を気にすることなく聴取できることから、そうした聴取者向けの情報媒体としても重視されてきている。

② テレビ

　販売対象者に直接映像でアプローチでき、また、ワイドショーやニュースショーの司会者や解説者による信頼度も加わって、そうした番組に自社関連情報がニュースとして放映されることのパブリシティ効果は非常に高いものが期待できる。企業の広報担当者は、積極的にテレビ局へ

のニュース・ソースとしての自社情報を提供する努力をすることが重要であり、記者会見場には新聞や雑誌媒体関係者だけでなく、テレビ局の担当者も必ず招待するといったような配慮が必要である。

　さらには、ドラマやバラエティ番組の中にも積極的に自社商品を使ってもらえるようにプロモーションすることが重要となる。そうしたドラマなどの場面の中で使用された道具が視聴者の興味を引き、販売拡大につながることはよく見受けられるところである。

第7章 理解度チェック

次の設問に解答しなさい（解答・解説は後段参照）。

1. 次のプロモーションに関する次の記述のうち、適切なものを1つ選びなさい。

① マーケティング・ミックスは、プロモーション・ミックスの一部となる。
② 情報の記号化において企業メッセージを正確に伝えることが第一義で、消費者には解読の努力が求められる。
③ ICTの影響を考慮するとパーソナル・コミュニケーション・メディアは、マスメディアに匹敵するものとして考慮しなければならない。
④ プッシュ戦略とプル戦略はそれぞれ異なるプロモーション・チャネルから成立しているので、戦略ミックスはあり得ない。
⑤ ターゲット・マーケットをマスとした場合、プロモーションもマスとして実施することが必要である。データベースを活用して個別に対応することが求められる。

2. 広告設定に関する次の記述のうち、適切なものを1つ選びなさい。

① 一度設定した予算設定方式は、キャンペーン期間中にこれを変更することはできない。
② 広告の自主規制項目は、あくまでも業界の基準であり、個別企業の行動を縛るものではない。
③ 広範囲のエリアに広告展開を図るときは、テレビを選択しておけば間違いない。
④ 広告のトーン＆マナーには、製品の特性もさることながら、企業やブランドのイメージが意識的に反映される。
⑤ 広告効果は最終的に売上げに対する効果であり、コミュニケーション効果は個別にそれぞれの作業目標のチェックに利用するのがよい。

3. 次のプロモーションに関する記述のうち、不適切なものを１つ選びなさい。

① インターネットの影響が大きくなっているのは、メディアの特性が変化しているだけでなく、情報の源泉としてのマスメディアの限界も示しているからである。企業の情報発信も信頼性の高いものが求められることになる。

② パブリシティは自社にとって都合のよい情報ばかりが扱われるとは限らないので、マイナスのプロモーション情報にならないように、マスコミとは全社員が気を配りながら付き合うことが肝要である。

③ 販売促進策が重視されるのは、消費者が広告や人的販売によって購買の意図を示したとしても、最終的には必ずしもそうした事前の意思に従うとは限らないからである。

④ 消費者財製造企業の営業担当者にとって最も重要な職務は、自社製品の買い手である商業者に対する情報の探索と分析による購買意思の確認および購買決定への促進行為である。

⑤ ＳＮＳは消費者が個人的に発信するものであるので、誤りも多い。１つ１つ誤りを訂正することは難しいので、ＳＮＳで消費者が発信する企業に関する情報はあまり関心を持たないほうがよい。

第7章　理解度チェック　解答・解説

1. ③

ICTの発展によって、インターネットやSNSを意識したプロモーション戦略、マーケティング・コミュニケーションが必要である。

2. ④

広告はマーケティング予算でも大きな割合を占める。計画、実施、効果のマネジメントが必要となる。メディアの特性を盲目的に信じるのではなく、自社の置かれた環境のもとで検証していく必要がある。

3. ⑤

SNSへの対応が十分ではないことでの問題が発生する事例が増えている。その状況把握するための投資が各企業にとって求められている。

〈参考文献〉

井上崇通『マーケティング戦略と診断〔新版〕』同友館、2001.

亀井昭宏監修『新広告用語辞典』電通、2001.

岸志津江・田中洋・嶋村和恵『現代広告論〔第3版〕』有斐閣、2017.

小林太三郎・嶋村和恵監修『新しい広告〔新版〕』電通、2001.

澤内隆志編著『マーケティングの原理－コンセプトとセンス』中央経済社、2002.

電通「2016年（平成28年）日本の広告費」2017.

徳永豊『マーケティング戦略論』同文舘出版、1966.

徳永豊『流通マン入門・再入門－ポイント総点検』ダイヤモンド社、1980.

徳永豊・D. マクラクラン・H. タムラ編著『詳解マーケティング辞典』同文舘出版、1989.

徳永豊・森博陸・井上崇通編著『例解 マーケティングの管理と診断〔改訂版〕』同友館、1990.

和田充夫・恩藏直人・三浦俊彦『マーケティング戦略〔第5版〕』有斐閣、2016.

Kotler, P. and G. Armstrong, Marketing: An Introduction, 4th ed., Pearson Education, 1997.（恩藏直人監訳『コトラーのマーケティング入門〔第4版〕』丸善出版、2004.）

ビジネス・キャリア検定試験　標準テキスト
マーケティング 2級

索　引

あ
アジル経営 … 351
アベイラビリティ … 343

い
異形態間競争 … 287
意思決定支援 … 81、118
イノベーション … 163
イノベーション採用モデル … 144
イメージ・ポジショニング … 417
インストア・プロモーション … 424
インターナル・マーケティング … 219
インターネット広告 … 411

う
上澄み吸収価格政策 … 246

え
エブリデイ・ロープライス … 241
延期型（実需対応型、同期化）流通 … 291

お
オープン価格 … 261

か
絵画解釈法 … 53
会社型VMS … 303
改善 … 64
外的参照価格 … 264
開閉基準 … 295
開放的チャネル政策 … 298
価格カルテル … 268
価格感度 … 260
価格感応性 … 88
価格設定 … 256

価格帯 … 240
価格プレミアム … 94
革新 … 65
拡大生産者責任 … 291
仮説検証の支援 … 120
仮説立案の支援 … 120
価値共創 … 222
課徴金制度 … 276
価値連鎖 … 68
カテゴリー拡張 … 203
カテゴリー類似点 … 211
金のなる木 … 16
環境志向型価格 … 243
環境スキャニング・システム … 36
環境要因 … 123
関係型 … 197
観察法 … 126
慣習価格 … 236
完全競争的市場原理 … 433
管理型VMS … 304
関連多角化 … 21

き
企業戦略 … 10
企業内環境 … 30
企業の目的 … 82
企業ブランド … 206
企業理念 … 57
技術軌道 … 196
技術軌道のシフト … 196
技術的品質 … 214
機能的品質 … 214
機能別戦略 … 12
機能割引 … 250
規模の経済性 … 86
基本戦略タイプ … 84

ギャップ・モデル……………………216
キャプティブ製品……………………257
急進的革新……………………………196
業界標準………………………………194
業界流通ＶＡＮ ……………………317
境界連結戦略…………………………308
強制パワー……………………………306
競争…………………………………… 82
競争戦略……………………………… 84
競争的類似点…………………………211
競争ポジション……………………… 96
競争優位の戦略……………………… 84
業務レベルの戦略…………………… 13

く

クイック・リスポンス………………351
グローバル・ロジスティクス………351
クロスインパクト分析法……………178
クロス・インパクト法……………… 32
クロス・メディア戦略………………415

け

経験（曲線）効果…………………… 86
経験志向型の購買行動………………154
継続的在庫補充システム……………351
形態学的分析法………………………178
景品表示法……………………………420
契約型ＶＭＳ ………………………303
激震型…………………………………198
ケリー・レパートリー・グリッド… 53
限定的契約……………………………167

こ

コア活動………………………………195
コア資産………………………………195
広狭基準………………………………295

公正競争規約…………………………420
公正取引委員会………………………434
行動セグメンテーション…………… 47
購買意思決定プロセス………………144
購買オペレーション…………………338
後発導入戦略…………………………184
高品質と低コスト…………………… 91
公平性の基準…………………………309
後方統合……………………………… 22
小売企業集団間競争…………………287
効率性の基準…………………………308
顧客価値……………………………… 84
顧客参加………………………………221
顧客志向…………………………………3
顧客セグメント……………………… 28
顧客づくり…………………………… 71
顧客つづき…………………………… 71
顧客つなぎ…………………………… 71
顧客の創造…………………………… 84
コスト集中戦略……………………… 88
コスト・プラス方式…………………229
コスト・リーダーシップ…………… 93
コスト・リーダーシップ戦略……… 86
小粒の宝石戦略……………………… 92
固定料金………………………………258
コピー・テスト………………………417
コピー・プラットホーム……………417
個別交渉戦略…………………………308
個別ブランド…………………………206
個別ブランド戦略……………………209
個別ブランド内回遊戦略……………209
コミュニケーション・プロセス・
　モデル………………………………397
コモディティ…………………………196
コンシューマー・インサイト………415
コンジョイント分析…………………187

コンタクト・パーソネル	219
コンタクト・ポイント	405
コンプライアンス	57
コンフリクト管理戦略	308

さ

サービス・エンカウンター	219
サービス・デザイン	220
サービス・ドミナント（S-D）ロジック	221
サービスの機械化	220
サービスの工業化	221
サービスの失敗	220
サービスのマニュアル化	220
サービス品質	214
サービス・ブループリント	220
サービス・プロセス	220
サービタイゼーション	221
最高価格	266
サイコグラフィック基準	45
最低価格	266
最低価格保証	260
再販売価格維持行為	272
再販売価格の拘束	271
サプライ・チェーン・システム	339
差別化戦略	87、90
差別化集中戦略	88
差別対価	270
差別的優位性	90
産業	194
産業軌道	195、198
産業軌道のシフト	195
産業発展	194
参照価格	264

し

事業戦略	8、10
刺激－反応モデル	143
事後的細分化	48
自主規制	420
市場開発戦略	21
市場カバレッジ	295
市場細分化	42
市場細分化とターゲッティング	210
市場シェア優先仮説	193
市場浸透戦略	19
市場成長率－マーケット・シェアマトリクス	13
市場分散性	293
システム間競争	287
事前的細分化	48
実験法	127
質問法	124
品揃え形成	285
シナリオ分析	34
ジャスト・イン・タイム（JIT）	340
修正された再購買	162
修正ハフモデル	139
集団意思決定プロセス	161
集中戦略	87、92
柔軟価格設定	242
自由連想法	53
出荷物流	338
受容最高価格	265
受容最低価格	265
需要の価格弾力性	267
準拠性（同一化）パワー	307
上位組織戦略	308
生涯シェア	346
商的流通（取引流通）	285
情報探索	148

初期高価格政策⋯⋯⋯⋯⋯⋯⋯⋯246
初期低価格政策⋯⋯⋯⋯⋯⋯⋯⋯246
所有権の移転⋯⋯⋯⋯⋯⋯⋯⋯⋯436
新規購買あるいは新しいタスク⋯⋯163
人口統計的基準⋯⋯⋯⋯⋯⋯⋯⋯ 44
真実の瞬間⋯⋯⋯⋯⋯⋯⋯⋯⋯⋯219
新製品開発戦略⋯⋯⋯⋯⋯⋯⋯⋯ 20
新製品カテゴリー開発⋯⋯⋯⋯⋯201
新セグメント開拓⋯⋯⋯⋯⋯⋯⋯201
人的販売（personal selling）⋯⋯435
浸透価格政策⋯⋯⋯⋯⋯⋯⋯⋯⋯246
新ブランド⋯⋯⋯⋯⋯⋯⋯⋯⋯⋯203
シンボル⋯⋯⋯⋯⋯⋯⋯⋯⋯⋯⋯398

す

垂直的マーケティング・システム 302
垂直統合的チャネル⋯⋯⋯⋯300、302
スーパー組織⋯⋯⋯⋯⋯⋯⋯⋯⋯289
数量カルテル⋯⋯⋯⋯⋯⋯⋯⋯⋯269
ステークホルダー⋯⋯⋯⋯⋯⋯⋯ 25

せ

製造支援⋯⋯⋯⋯⋯⋯⋯⋯⋯⋯⋯338
成長ベクトル⋯⋯⋯⋯⋯⋯⋯⋯⋯200
正統性パワー⋯⋯⋯⋯⋯⋯⋯⋯⋯306
製品カテゴリー間競争⋯⋯⋯⋯⋯ 52
製品カテゴリー内競争⋯⋯⋯⋯⋯ 52
製品クラス⋯⋯⋯⋯⋯⋯⋯⋯⋯⋯194
製品コンセプト⋯⋯⋯⋯⋯⋯⋯⋯179
製品差別化⋯⋯⋯⋯⋯⋯⋯⋯90、211
製品進化⋯⋯⋯⋯⋯⋯⋯⋯⋯⋯⋯196
製品の差異（知覚差異）⋯⋯⋯⋯ 88
製品バンドル⋯⋯⋯⋯⋯⋯⋯⋯⋯258
製品ミックス⋯⋯⋯⋯⋯⋯⋯⋯⋯200
製品ミックス戦略⋯⋯⋯⋯⋯⋯⋯200
製品ライフサイクル⋯⋯⋯⋯⋯⋯174

製品ライン拡張⋯⋯⋯⋯⋯⋯⋯⋯201
製品ライン補充⋯⋯⋯⋯⋯⋯⋯⋯201
セグメンテーション⋯⋯⋯⋯⋯⋯ 42
セグメント浸透⋯⋯⋯⋯⋯⋯⋯⋯200
セグメント・マーケティング⋯⋯209
セット価格⋯⋯⋯⋯⋯⋯⋯⋯⋯⋯258
セマンティック・ディファレンシャル
　尺度⋯⋯⋯⋯⋯⋯⋯⋯⋯⋯⋯⋯ 54
セルフ・サービス⋯⋯⋯⋯⋯⋯⋯220
漸進型⋯⋯⋯⋯⋯⋯⋯⋯⋯⋯⋯⋯197
漸進的革新⋯⋯⋯⋯⋯⋯⋯⋯⋯⋯196
専属的（排他的）チャネル政策⋯⋯298
選択的チャネル政策⋯⋯⋯⋯⋯⋯298
先発優位性⋯⋯⋯⋯⋯⋯⋯⋯⋯⋯184
前方統合⋯⋯⋯⋯⋯⋯⋯⋯⋯⋯⋯ 22
専門化⋯⋯⋯⋯⋯⋯⋯⋯⋯⋯⋯⋯102
専門性パワー⋯⋯⋯⋯⋯⋯⋯⋯⋯306
戦略経営⋯⋯⋯⋯⋯⋯⋯⋯⋯⋯⋯⋯4
戦略事業単位（SBU）⋯⋯⋯⋯⋯ 13
戦略ターゲット⋯⋯⋯⋯⋯⋯⋯⋯ 86
戦略的情報システム（SIS）⋯⋯ 81
戦略マーケティング⋯⋯⋯⋯⋯⋯⋯4

そ

相違点⋯⋯⋯⋯⋯⋯⋯⋯⋯⋯⋯⋯210
想起セット⋯⋯⋯⋯⋯⋯⋯⋯⋯⋯148
総合的なコスト⋯⋯⋯⋯⋯⋯⋯⋯ 89
相互浸透戦略⋯⋯⋯⋯⋯⋯⋯⋯⋯308
総コスト・リーダーシップ戦略⋯⋯89
創造⋯⋯⋯⋯⋯⋯⋯⋯⋯⋯⋯⋯⋯ 65
創造型⋯⋯⋯⋯⋯⋯⋯⋯⋯⋯⋯⋯197
相対的マーケット・シェア⋯⋯⋯ 14
組織間システム⋯⋯⋯⋯⋯⋯⋯⋯289
組織の購買意思決定プロセス⋯⋯164

た

ターゲット・マーケット················· 49
ターゲット・マーケティング········ 42
ターゲティング································· 42
ダイアログ・システム····················· 79
多角化戦略··· 21
妥協価格···266
タスク環境··· 30
多属性態度モデル···························· 54
多変量解析法·································132
多変量データ分析·························132
単一価格設定·································242

ち

地域流通ＶＡＮ····························317
知覚地図···180
知覚マップ··· 55
チャネル··· 21
チャネル・キャプテン···············307
チャネル・コンフリクト···········304
チャネルサービス·······················293
チャネル・パワー·······················306
調査対象の決定···························123
調査内容の決定···························123
調査目的の設定···························122
調査様式の決定···························123
調達物流···338
長短基準···295
地理的基準··· 43

つ

追走企業（trailing firm）············· 98

て

定型的な意思決定···························· 80
定性的調査·····································129

索引

定量的調査·····································129
デファクト・スタンダード········184
デプス・インタビュー················130
デマンド・チェーン····················340
デルファイ法·······················32、176
電子商取引·····································312
伝統的チャネル···························303

と

統一ブランド·······························206
投影技法··· 53
同形態間競争·······························287
トータル・システム開発···········366
トーン＆マナー···························417
独占禁止法·················260、268、420、432
独占的価格設定···························246

な

内的参照価格·······························264

に

二重価格···274
ニッチ市場·····································102

ね

値入額（マークアップ）···········261
ネット・コミュニティ···············157

は

ハイパーメディア型コンピュータ
　介在環境····································154
ハイブリッド戦略···························· 91
ハイブリッド・ブランド戦略········210
破壊的技術·····································196
場所の独占··· 91
端数価格···238

バス・モデル……………………… 79
パッケージ開発行路………………367
パッケージ・デザイン……………371
花形………………………………… 15
ハフモデル…………………………138
パブリシティ（publicity）………444
パブリシティ戦略…………………445
ハワード＝シェス・モデル……… 79
販促アロウアンス…………………253
販売員教育…………………………440
販売訓練……………………………442
販売効果……………………………442
販売促進（sales promotion）……423
販売店援助（Dealer Helps）……439
反復再購買…………………………162

ひ

ヒアリング調査……………………130
比較対照価格………………………275
非関連多角化……………………… 21
非受容最高価格……………………265
非受容最低価格……………………265
非定型的な意思決定……………… 80
評価基準……………………………148

ふ

ファミリー企業群…………………194
フィジカル・ディストリビューション
　………………………………………328
フォーカス・グループ・インタビュー
　……………………………33、130、178
プッシュ戦略………………………401
物的流通……………………………285
物流管理……………………………330
物流コスト…………………………332
物流的（技術的）機能……………354

不当表示……………………………421
不当廉売……………………………270
部分スタッフ………………………221
プライスゾーン……………………240
プライスライン……………………240、257
プラットフォーム・ビジネス……158
ブランディング戦略………………208
ブランド・イメージ………………207
ブランド・エンドースメント戦略…209
ブランド階層………………………206
ブランド開発………………………194、202
ブランド拡張………………………208
ブランド拡張（ライン拡張、
　カテゴリー拡張）………………194
ブランド間競争…………………… 52
ブランド強化………………………202
ブランド内競争……………………299
ブランド・ネーム…………………211
ブランド・パーソナリティ調査… 53
ブランド変更………………………202
ブランド・ポジショニング………210
ブランド・マップ………………… 55
ブランド・マネジャー……………191
ブランド・ミックス………………202
ブランド・ライン…………………202
ブランド・リポジショニング…194、202
フリークエンシー…………………413
プル戦略……………………………401
ブレーン・ストーミング………33、176
フロー………………………………153
プロダクト・オーグメンテーション
　………………………………………345
プロダクト・マネジャー…………191
プロデジー・モデル……………… 79
プロトタイプ………………………193
プロモーション・メッセージ……405

文章完結法……………………53
文脈価値………………………222

へ

ペイド・パブリシティ………447
ベネフィット……………………93
ベネフィット・セグメンテーション
　………………………………46、54
ベンチマーク……………………64
変動料金………………………258

ほ

包括的競争戦略…………………84、88
報酬パワー……………………306
ポートフォリオ…………………13
ポートフォリオ・ポジション………204
ポートフォリオ・モデル………13
ポジショニング………………42、50
ポジショニング戦略……………51
ポジショニング・マップ………55

ま

マークアップ（値入額）………229
マーケット・シェア……………19
マーケット・セグメンテーション…42
マーケット・チャレンジャー……98
マーケット・ニッチャー………102
マーケット・リーダー…………96
マーケティング環境……………29
マーケティング管理……………64
マーケティング機会……………37
マーケティング脅威……………38
マーケティング近眼視…………27
マーケティング計画……………60
マーケティング・コミュニケーション
　………………………………69

マーケティング・コンセプト……3、440
マーケティング情報システム（MIS）
　………………………………76
マーケティング戦略……………35
マーケティング・チャネル……67
マーケティング的（販売促進的）機能
　………………………………354
マーケティング・ミックス………35
マーケティング目的……………66、193
マーケティング目標……………61、193
マーケティング・モデル………136
マーケティング・リサーチ……118
マクロ環境………………………30
負け犬……………………………16
マス4メディア………………410
マス広告………………………436
待ち時間………………………292
マルチセグメント……………201
マルチブランド………………203

み

ミクロ環境………………………30

め

名声価格………………………237
女神のサイクル…………………57
目玉商品政策…………………259
メディア到達…………………413

も

モーダルシフト………………352
目的志向型の購買行動………154
モディファイヤー……………206
モデル・システム………………79
問題児……………………………15
問題認識………………………146

ゆ

有効性の基準……………………309
有利誤認表示……………………273
優良誤認表示……………………273

よ

予算競争…………………………52

ら

ライフスタイル・セグメンテーション
　………………………………46
ライン拡張………………………203

り

リーチ……………………………413
理想価格…………………………266
リバース・ロジスティクス………337
流通ＶＡＮ………………………316
流通機能…………………………284
流通系列化………………………299
流通段階数………………………296
流通密度…………………………295
量産市場…………………………93

る

類似点……………………………210

れ

連鎖割引…………………………251
連続割引…………………………251

ろ

ロジスティクス………………330、335
ロジスティクス価値連鎖…………337
ロジスティクス管理……………336
ロス・リーダーシップ政策………259

ロットサイズ……………………292

わ

割安（消費者余剰）……………252

A

ＡＩＤＡＳモデル………………144
ＡＩＤＡモデル……………136、144
ＡＩＤＡ理論……………………439
ＡＩＤＭＡモデル…………144、406
ＡＩＤＭＡ理論…………………439
ＡＩＯセグメンテーション………46
ＡＩＳＡＳ………………………406

B

ＢＣＧモデル……………………13

C

ＣＲＭ……………………………407
ＣＲＭ（Customer Relationship
　Management）………………75
ＣＳ（Customer Satisfaction）……59
ＣＳＲ……………………………57
ＣＳ経営…………………………59

D

ＤＡＧＭＡＲ理論………………418
ＤＰＰ（Direct Product Profitability）
　………………………………312

E

ＥＤＩ……………………………311

G

ＧＥモデル………………………17
ＧＲＰ……………………………413

I
ISO規格 ……………………… 57

M
MIS …………………………… 76

P
PL法 ……………………………420
POSシステム ……………311、440
POS/スキャニング・システム……312
PSM (Price Sensitivity Meter) 分析
　……………………………………265

Q
QCサークル ……………………187

R
RFM分析 ………………………407

S
SBU (戦略事業単位) ………13、18
SEO (検索エンジン最適化) ………411
SERVQUAL …………………218
SFA (Sales Force Automation)… 70
SWOT分析 …………………… 39

V
VAN ……………………… 311、315

記号・数字
2次データ調査…………………128
3PL ……………………………348

──ビジネス・キャリア検定試験のご案内──

(令和5年4月現在)

● 等級区分・出題形式等

等級	等級のイメージ	出題形式等
1級	企業全体の戦略の実現のための課題を創造し、求める目的に向かって効果的・効率的に働くために、一定の専門分野の知識及びその応用力を活用して、資源を統合し、調整することができる。(例えば、部長、ディレクター相当職を目指す方)	①出題形式　論述式 ②出題数　2問 ③試験時間　150分 ④合否基準　試験全体として概ね60％以上、かつ問題毎に30％以上の得点 ⑤受験料　11,000円（税込）
2級	当該分野又は試験区分に関する幅広い専門知識を基に、グループやチームの中心メンバーとして創意工夫を凝らし、自主的な判断・改善・提案を行うことができる。(例えば、課長、マネージャー相当職を目指す方)	①出題形式　5肢択一 ②出題数　40問 ③試験時間　110分 ④合否基準　出題数の概ね60％以上の正答 ⑤受験料　7,700円（税込）
3級	当該分野又は試験区分に関する専門知識を基に、担当者として上司の指示・助言を踏まえ、自ら問題意識を持ち定例的業務を確実に行うことができる。(例えば、係長、リーダー相当職を目指す方)	①出題形式　4肢択一 ②出題数　40問 ③試験時間　110分 ④合否基準　出題数の概ね60％以上の正答 ⑤受験料　6,200円（税込）
BASIC級	仕事を行ううえで前提となる基本的知識を基に仕事の全体像が把握でき、職場での円滑なコミュニケーションを図ることができる。(例えば、学生、就職希望者、内定者、入社してまもない方)	①出題形式　真偽法 ②出題数　70問 ③試験時間　60分 ④合否基準　出題数の概ね70％以上の正答 ⑤受験料　3,300円（税込）

※受験資格は設けておりませんので、どの等級からでも受験いただけます。

●試験の種類

試験分野	試験区分			
	1級	2級	3級	BASIC級
人事・人材開発・労務管理	人事・人材開発・労務管理	人事・人材開発	人事・人材開発	
		労務管理	労務管理	
経理・財務管理	経理・財務管理	経理	経理（簿記・財務諸表）	
			経理（原価計算）	
		財務管理（財務管理・管理会計）	財務管理	
営業・マーケティング	営業・マーケティング	営業	営業	
		マーケティング	マーケティング	
生産管理	生産管理	生産管理プランニング	生産管理プランニング	生産管理
		生産管理オペレーション	生産管理オペレーション	
企業法務・総務	企業法務	企業法務（組織法務）	企業法務	
		企業法務（取引法務）		
		総務	総務	
ロジスティクス	ロジスティクス	ロジスティクス管理	ロジスティクス管理	ロジスティクス
		ロジスティクス・オペレーション	ロジスティクス・オペレーション	
経営情報システム	経営情報システム	経営情報システム（情報化企画）	経営情報システム	
		経営情報システム（情報化活用）		
経営戦略	経営戦略	経営戦略	経営戦略	

※試験は、前期（10月）・後期（2月）の2回となります。ただし、1級は前期のみ、BASIC級は後期のみの実施となります。

●出題範囲・試験日・お申し込み方法等

　出題範囲・試験日・お申し込み方法等の詳細は、ホームページでご確認ください。

●試験会場

　全国47都道府県で実施します。試験会場の詳細は、ホームページでお知らせします。

●等級区分・出題形式等及び試験の種類は、令和5年4月現在の情報となっております。最新情報は、ホームページでご確認ください。

●ビジキャリの学習体系

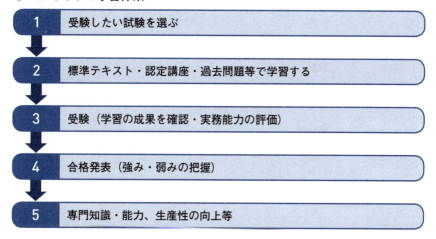

	1	受験したい試験を選ぶ
	2	標準テキスト・認定講座・過去問題等で学習する
	3	受験（学習の成果を確認・実務能力の評価）
	4	合格発表（強み・弱みの把握）
	5	専門知識・能力、生産性の向上等

●試験に関するお問い合わせ先

実施機関	中央職業能力開発協会
お問い合わせ先	中央職業能力開発協会　能力開発支援部 ビジネス・キャリア試験課
	〒160-8327 東京都新宿区西新宿7-5-25　西新宿プライムスクエア11階 TEL：03-6758-2836　FAX：03-3365-2716 E-mail：BCsikengyoumuka@javada.or.jp URL：https://www.javada.or.jp/jigyou/gino/business/index.html

マーケティング　2級〔第2版〕
── テキスト監修・執筆者一覧 ──

監 修 者

井上　崇通	明治大学　商学部 教授	

執筆者（五十音順）

井上　崇通	明治大学　商学部 教授	第1章（第1節） 第2章（第2節）
首藤　禎史	大東文化大学　経営学部 教授	第1章（第4節）
庄司　真人	高千穂大学　商学部 教授	第1章 （第2・3節） 第3章〜第7章
田口　尚史	茨城キリスト教大学　経営学部 准教授	第3章（第2節）
福田　康典	明治大学　商学部 教授	第2章（第1節）

（※）所属は平成30年4月時点のもの

マーケティング 2級〔初版〕
―― テキスト監修・執筆者一覧 ――

監修者

徳永　豊	明治大学 　名誉教授	

執筆者（五十音順）

井上　崇通	明治大学　商学部 　教授	第1章（第2節） 第2章（第2節） 第5章（第4節） 第6章 （第1・2節）
大友　純	明治大学　商学部 　教授	第7章 （第3～5節）
岡本　喜裕	和光大学　経済経営学部 　教授	第4章 （第1・2節）
小林　一	明治大学　商学部 　教授	第5章 （第1～3節）
坂本　是馬	亜細亜大学 　非常勤講師	第7章 （第1・2節）
首藤　禎史	大東文化大学　経営学部 　教授	第6章（第3節）
庄司　真人	高千穂大学　商学部 　教授	第1章（第1節） 第4章（第3節）
高橋　昭夫	明治大学　商学部 　教授	第3章（第1節）
武田　哲男	株式会社武田マネジメントシステムス 　代表取締役	第1章（第3節）
寺本　和幸	愛知工業大学　経営情報科学部 　教授	第2章（第1節）
徳永　豊	明治大学 　名誉教授	第1章（第1節） 第5章（第4節）
永田　仁	東京マーケティングアカデミー 　副学院長	第1章（第4節）

執筆者（五十音順）

長谷川　博	愛知工業大学　経営情報科学部 　教授	第3章（第2節）
福田　康典	明治大学　商学部 　専任講師	第1章（第3節） 第2章（第1節）

（※）所属は平成19年3月時点のもの

MEMO

MEMO

MEMO

ビジネス・キャリア検定試験標準テキスト
マーケティング　2級

平成19年7月14日　　初　版　発行
平成30年4月13日　　第2版　発行
令和4年1月28日　　　第2刷発行
令和5年8月26日　　　第3刷発行

編　　著　　中央職業能力開発協会

監　　修　　井上　崇通

発　行　所　　中央職業能力開発協会
　　　　　　〒160-8327 東京都新宿区西新宿7-5-25 西新宿プライムスクエア11階

発　売　元　　株式会社 社会保険研究所
　　　　　　〒101-8522 東京都千代田区内神田2-15-9 The Kanda 282
　　　　　　電話03-3252-7901（代表）

- 本書の全部または一部を中央職業能力開発協会の承諾を得ずに複写複製することは、著作権法上での例外を除き、禁じられています。
- 本書の記述内容に関するご質問等につきましては、書名と該当頁を明記の上、中央職業能力開発協会ビジネス・キャリア試験課に郵便（上記「発行所」参照）、FAX（03-3365-2716）、または電子メール（text2@javada.or.jp）にてお問い合わせ下さい。
- 本書籍に関する訂正情報は、発売元ホームページ（https://www.shaho.co.jp）に掲載いたします。ご質問の前にこちらをご確認下さい。
- 落丁、乱丁本は、お取り替えいたしますので、発売元にご連絡下さい。

ISBN978-4-7894-9861-6 C2036 ¥3200E
©2023 中央職業能力開発協会 Printed in Japan